CENTRAL CITY THEORY

中心城市论

广州走向国际中心城市发展战略研究

RESEARCH ON DEVELOPMENT STRATEGY
TO BUILD GUANGZHOU TOWARDS
AN INTERNATIONAL
CENTRAL CITY

甘 新　主编

社会科学文献出版社
SOCIAL SCIENCES ACADEMIC PRESS (CHINA)

图书在版编目（CIP）数据

中心城市论：广州走向国际中心城市发展战略研究/甘新主编.
—北京：社会科学文献出版社，2014.12
　ISBN 978 - 7 - 5097 - 6981 - 2

　Ⅰ.①中…　Ⅱ.①甘…　Ⅲ.①城市经济 - 经济发展战略 - 研究 -
广州市　Ⅳ.①F299.276.51

中国版本图书馆 CIP 数据核字（2014）第 310730 号

中心城市论
——广州走向国际中心城市发展战略研究

主　　编／甘　新

出 版 人／谢寿光
项目统筹／王　绯　周　琼
责任编辑／张建中　周　琼

出　　版／社会科学文献出版社·社会政法分社（010）59367156
　　　　　　地址：北京市北三环中路甲 29 号院华龙大厦　邮编：100029
　　　　　　网址：www.ssap.com.cn
发　　行／市场营销中心（010）59367081　59367090
　　　　　　读者服务中心（010）59367028
印　　装／北京盛通印刷股份有限公司

规　　格／开　本：787mm×1092mm　1/16
　　　　　　印　张：31　字　数：503 千字
版　　次／2014 年 12 月第 1 版　2014 年 12 月第 1 次印刷
书　　号／ISBN 978 - 7 - 5097 - 6981 - 2
定　　价／128.00 元

《中心城市论》编委会

目 录

Contents

第一章　绪论

当今世界，在经济全球化的强力推动下，各国之间的竞争已越来越集中表现为中心城市及大城市群之间的竞争。广州作为广东的省会城市、珠三角核心城市和国家中心城市，不仅要服务全省、周边省份乃至全国，而且还要代表国家参与国际竞争，这是历史赋予广州的更高使命。因此，广州新一轮的大发展，就不能脱离国家对广州中心城市的定位，广州要紧紧围绕增强高端要素集聚、科技创新、文化引领和综合服务等功能，强化国家中心城市、综合性门户城市和区域文化教育中心的地位，提高辐射带动能力，努力将广州建成广东宜居的首善之区，建成面向世界、服务全国的国际中心城市。

第一节　经济全球化推动中心城市体系
不断向国际化发展

自 20 世纪 80 年代以来，经济全球化已经成为学术界研究和探讨的热点之一。伴随着经济全球化的发展，许多城市也被卷入经济全球化的浪潮。由此，国内外学术界在对城市的研究和探讨中也形成了关于国际性大城市的不同称谓，如世界城市、全球城市、国际中心城市、国际大都市、中心城市等。一些学者从全球性联系的重要性出发，从更广的意义上来理解当今世界的城市体系。

国外对城市研究经历的一次重要的范式转变，就是将世界城市研究和世界经济发展直接联系起来，并且将认识世界城市的角度从传统的地方空间扩大到流动空间，把世界城市发展与提高国际化程度联系起来，强调作为全球经济体系中的一个重要节点，世界城市体系在全球经济中的战略重要性体现在外部的高度联系和高度流动上。国内对城市的研究则主要集中在区域中心城市和世界城市的概念、性质、特征和评价指标，以及中国建设区域中心城市、世界城市的必要性和可行性等方面，对国际中心城市的研究还是比较缺乏的。

对中心城市的研究，既是一个理论问题，也是一个实践问题。这是因为，中心城市除应具有比一般城市更优越的地理区位等条件外，更重要的是应拥有强大的推进因素；既要有雄厚的经济实力、优化的产业结构、完善的服务体系等较高的经济社会发展水平，还要有高效、舒适的城市环境和科学、合理的城市布局，更要有善于吸纳创新的能力和政府宏观调控的能力。如何创建国家中心城市、走向国际中心城市，是摆在我们面前的一个重大课题。

当前，国内学者的主流观点是，现代意义上的"国际城市""全球城市"与"世界城市"的概念基本相同，是指在世界体系中生产性服务业高度集中的、在世界经济及世界文化领域掌握着控制权的城市。从概念和内涵上看，世界城市、全球城市和国际城市三者在概念上即使不统一也极为相近，都强调城市对于全球范围内经济发展的影响和控制力，其动力基础都是经济全球化，发生作用的空间在于"全球"这一空间范围。但是，世界城市、全球城市、国际城市的概念是不尽相同的，在世界城市体系中客观上存在等级体系。在经济全球化推动中心城市体系不断向国际化发展的进程中，可以根据规模和功能、辐射范围和经济地位将世界城市体系划分为三个等级：第一级是综合性的全球城市，即世界中心城市；第二级是洲际性的中心城市，即国际中心城市；第三级是区域性的中心城市，即国家中心城市。广州在世界城市体系中仍然处在第三级与第二级之间，广州的城市国际化进程还任重道远。

第二节　广州城市国际化战略的目标定位及演变过程

在经济全球化背景下，城市的国际化发展尤其需要制定城市发展战略来指导。"战略"一词源于军事学，是指对战争全局的筹划和指导。1961年，自从美国耶鲁大学教授赫希曼在其《经济发展战略》一书中首次提出"发展战略"的概念后，"发展战略"的概念已经延展到许多领域，包括城市科学领域，由此"城市发展战略"的概念应运而生。城市发展战略，是指在较长时期内，人们从影响城市发展的各种因素、条件和城市发展的可能趋势出发，做出的关系城市经济社会建设发展全局的根本谋划和基本对策，是城市经济、社会、建设三位一体的统一发展战略。城市发展战略的核心因素可以概括为三个方面，即城市发展的定位、城市发展的内外部约束条件、城市发展的途径选择。

制定城市发展战略，首先需要建立一个系统性的目标框架，在城市的区域发展、产业发展、社会发展、生态发展、空间发展等方面建立一种新秩序，以适应新经济发展和社会转型的要求，聚集人口和资本，改善城市生活的环境质量，培养城市的活力和竞争力。制定城市发展战略，同时需要有城市问题意识，因为现实中的许多城市问题具有迫切性、瓶颈性的特征，已成为阻碍城市发展的绊脚石，一些久治不愈的"城市病"必须上升到战略的高度才能消除。治理城市发展中的问题，防患于未然，这是城市发展战略的重要目标指向。制定城市发展战略，还需要有城市愿景意识，如广州提出要建设成为经济低碳、城市智慧、社会文明、生态优美、城乡一体、生活幸福的理想城市，就是为市民描绘了一幅诱人的、充满希望的城市发展愿景，让城市发展为市民满意的理想城市。城市发展愿景是城市战略目标指向的最高层次，也是城市发展战略的吸引力所在。

近20多年来，我国城市发展战略的研究方兴未艾，不同城市对各自的发展战略也一直在进行探索和实践。近15年来，广州在全国省会城市中率先进行了城市发展战略的研究，广州城市发展战略的目标定位是清晰的，经历了一个由现代化区域性中心城市、国际性区域中心城市再到国家中心城市不断演进的过程。1992年，广州就提出了建设"国际化大都市"的目标，有人认为这在当时太超前，其实这可以认为是广州正式提出城市国际化战略的开始。城市各方面的工作用国际标准来衡量，大大提升了广州当时的城市发展水平。2008年，在国家颁布的《珠江三角洲地区改革发展规划纲要（2008～2020年)》中，就明确提出广州要通过强化国家中心城市、综合性门户城市和区域文化教育中心的地位，将广州建设成为广东宜居城乡的"首善之区"，还要建设成为面向世界、服务全国的国际大都市。2012年9月，广州市正式颁布《关于全面推进新型城市化发展的决定》，提出到2020年，广州新型城市化发展实现大跨越，基本实现经济发展、城市发展、文化建设和社会建设转型升级，产业竞争力、文化软实力和国际影响力显著提升，全省宜居城乡"首善之区"示范作用充分发挥，国家中心城市功能全面增强，努力迈进世界先进城市行列，把广州建设成为人民满意的理想城市。

综上所述，广州城市国际化战略目标定位的演变过程说明，广州虽然现在还处在世界城市体系中的第三级与第二级之间，但广州已经表明努力走向国际中心城市和迈向世界中心城市的理想和信心，即广州首先要迈入第二级的国际中心城市行列，成为与世界各国和地区紧密联系并有强大影响力的国际性的经济中心、金融中心、信息中心、文化中心、创新中心，同时还要迈入第一级的世界中心城市行列，走向世界城市体系中的最高级形态。

第三节　广州从国家中心城市走向国际中心城市的条件

从战略上看，一座城市能否成为国家中心城市，不是由政府规划决定，更不是想成就成。进一步说，即使这个城市有了国家中心城市的地位，这一地位也不是一成不变的，从根本上讲这是市场长期选择的结果。因此，一座城市能否成为国家中心城市，核心问题是看这座城市是否具备和能否继续保持国家中心城市的功能。

也就是说，广州要从国家中心城市走向国际中心城市，不仅要将这个城市的总量做大，更重要的是要提升国家中心城市和国际中心城市的功能。提升中心城市的主要功能，一要提升高端要素集聚功能。中心城市最基本的功能是对所辐射区域内的经济社会发展能量与要素进行高效、有序、合理地聚集与扩散。它最突出的作用就是使中心城市的经济社会活动产生外部经济效应和聚集经济效应。正是这两种效应使中心城市对外界产生强大的吸引力和辐射力，从而使中心城市进入"聚集—扩散—再聚集—再扩散"的良性循环发展状态中。二要提升科技创新功能。国际中心城市需要建立健全科技创新体系，完善和落实激励自主创新的政策，加大对自主创新的投入力度，进一步实施重大科技专项，吸引和培养高层次人才，全面提高自主创新能力。三要提升文化引领功能。从世界各国城市发展趋势看，城市之间的竞争正朝着资源竞争—资本竞争—技术竞争—文化竞争的方向发展，未来竞争的主战场将转向文化领域，谁占据了文化发展的制高点，谁就掌握了可持续的竞争优势，谁就能更好地在激烈的城市竞争中掌握主动权。不仅文化创意产业成为国内外许多城市首选的战略性支柱产业，而且提升文化软实力已上升为国内外许多城市"以文化求发展"的重要战略支点。四要提升综合服务功能。如果说高端要素集聚功能是国际中心城市四大功能的内核，综合服务功能则是其外延，城市的集聚辐射功能强不强，主要取决于其综合服务功能的强弱。综合服务功能越强，集聚辐射的能力就越强，资源配置的范围就越广，资源配置的能力也越强，国际中心城市的地位也就越突出、越巩固。因此，我们要用大视野谋划和花大力气来创建这座城市，使之与国际中心城市的地位相匹配；我们要牢固树立以功能论地位、论输赢的城市发展理念，把向高端发展转型作为加快国际中心城市建设的根本途径。

广州要从国家中心城市走向国际中心城市，首先要建设国际商贸中心。广州具有历史传承的"千年商都"形象，"商贸"无疑是广州的比较优势之所在，也是广州的核心竞争力之所在，确立以"商贸"带动城市经济社会可持续发展的新战略，这是对现代国际化大都市、国际商贸中心定位的深化。建设国际商贸中心，至少有以下几点值得考虑：一是完善城市商业规划。特别是要重点配合城市总体规划与各产业规划，合理布局商业资源的总量与分布，进一步完善各种商业业态、优化商业结构，不断实现城市商贸活动与国际的全面接轨。二是扩大城市经济规模。经济规模是城市商贸业国际影响力的基础，当然在扩大经济规模的同时，也要保证经济结构的不断优化和升级，使城市经济结构与各项服务业间的比例始终处于协调发展的状态。三是优化城市政策环境。适当的政策倾斜不仅可以有效调动交易双方的积极性，将消费者潜在的需求转化为实际的需求，而且还可以引导金融业、零售业、信息服务业等领域优质外资企业的总部进入。四是强化科学智慧主线。依靠科学智慧引领城市的可持续发展，将智慧城市和商贸城市融合发展，不仅要有自然科学以及工程技术的自主创新，也要有哲学社会科学等智慧资源的有效整合。五是提升城市品牌效应。注重城市品牌的宣传和提升，不仅包括利用大型赛事、公益活动和大型会展等机会来扩大城市的知名度和美誉度，而且还包括提升城市汇集世界名牌、名品的能力，为世界范围的高消费群体提供充足的选择空间。六是挖掘城市特色文化。越是民族的，越是世界的，因此要充分挖掘属于城市本土的历史文化资源，同时注重开发具有城市本土特色的消费品与消费方式，进而进行有效的国际化经营与管理。

广州要建设国际中心城市，充分发挥辐射带动作用，一要明确广州中心城市的定位，突出广州在"点—轴—网格"的城市体系中的核心作用。加强交通网络体系等基础设施的规划建设，最大限度发挥综合交通网络输送能力，完善区域主要交通枢纽的承接转送能力，促进广州以更高效能和更大程度发挥辐射力；做好广州城市环境的规划，践行低碳城市的规划理念，营造生态城市，促进人居环境改善，强化广州可持续的辐射力。二要力促产业升级改造，做强城市辐射源。城市是国家和社会经济的主要发展极，广州作为中心城市应该首先是国家重要的经济中心之一，而中心城市的经济实力来源于产业和产业组织的基本单元——企业。所以，产业的升级改造与企业实力的增强，是培育和做强城市辐射源的固本强基之举。广州需要通过改造传统产业，加快战略性新兴产业和知识密集型产业的发展，推动科技能力创新，促进总部经济建设，扩大产业辐射。三要创新拓展辐射路径，提升广州带动力。城市辐射力的形成，不仅需要辐射源的凝练，也需要辐射路径或载体。广州需要建立成熟的产业网络，促进产业组织水平提高；建立有效行使职能的行业自治的公共服务机构，凝聚行业辐射力；形成更完善的城市创新体系，促进协同创新机制的运作等。四要凝练广州城市特色，形成独特辐射力。几乎所有国际中心城市都有其独特的、富有魅力的辐射能力，而且具有自身特色的辐射边界是可以远远延伸的。广州应该在学习借鉴的基础上，凝练自身特色。"国际商贸中心""世界文化名城""花城绿城水城"等，既包含了广州城市的发展定位，也包含了广州在可持续发展理念指导下打造花城、绿城和水城，实现经济发展、人居环境建设、区域特色打造、软硬实力提升的目的。

第四节　国际中心城市的发展路径是
推进新型城市化

在城市国际化的发展战略中，不管是什么等级的中心城市，都与城市化的发展密切相关，并相互作用。一方面，实施中心城市发展战略可推进新型城市化进程。由于中心城市具有集聚、扩散等功能，在区域发展中往往具有率先增长的特征，并成为带动整个区域发展的增长极，从而有力地辐射带动区域发展。另一方面，通过新型城市化又可加快实现中心城市的发展战略。随着全球进入"城市时代"，世界各国在城市化进程中无不体现出对中心城市建设的急切需求。一个国家或地区在全球经济中的控制力和影响力，往往通过其中心城市来实现，并在很大程度上取决于这些中心城市在世界城市体系中的等级地位。少数居于全球经济发展控制中枢的中心城市将成为世界中心城市，处于全球价值链的最高端，主导着全球经济活动和价值创造。因此，中心城市的新型城市化与中心城市的国际化战略是一致的，通过加快推进新型城市化进程的发展路径，中心城市的国际化程度就能不断升级。

在过去的二三十年间，中国城市化发展速度不断加快。据统计，2012年我国城镇化率达到 52.57%；而在未来的二三十年里，我国快速的城市化进程还将延续。麦肯锡报告预测，2030 年中国城市人口将达到 10 亿，将出现 221 座百万以上人口的城市，其中包括 23 座 500 万以上人口的城市。然而，以工业化为基本动力，以经济发展为导向的传统城市化，尽管促进了经济的快速发展和城镇建设的现代化进程，但由于片面追求规模的增长、量的扩张和物质基础的建设，忽视了人自身的发展、质的提升和精神文化建设，"城市病"问题随着城市化进程日益凸显，表现为人口膨胀但市民化进程缓慢，交通设施投入增加但拥堵日益严重，城乡分化与空间隔离，生态恶化与环境污染，资源短缺与生活成本攀升，弱势群体增加与城市贫富差距扩大，公共服务供给不足与综合承载力不强，人地矛盾突出与可持续发展能力减弱，等等。

2002 年，我国提出走新型工业化道路，新型城市化概念也随之出现。新型城市化道路是与传统城市化道路相对应的，是在我国特殊国情下发展出来的新概念，目的在于纠正传统城市化道路下的发展偏差。所谓新型城市化，概而言之，就是一种以科学发展观为指导，强调以人为本的城市化战略，是以"集约、和谐、公平、可持续"为特征的城市化发展道路，其本质是农民的市民化，重点是提高城市化的质量。与传统城市化只强调以城市人口占总人口比例的高低作为衡量尺度不同，新型城市化发展战略至少具有以下五个方面的战略价值。

一是破解"增长停滞"的魔咒。从亚当·斯密开始，经济学理论一致认为经济发展到一定程度后，增长停滞是一种必然。我国自改革开放到2010年，GDP 年均增速为两位数，始终处于高增长阶段。问题是，我国经济持续增长的动力和潜力是否已经到了尽头？有效破解增长停滞这一世界性难题，是我们面临的严峻挑战。仔细分析日本、"亚洲四小龙"发展中的历史教训，寻找新一轮经济增长的突破口，破解增长停滞的魔咒，是中国城市化率超过 50% 之后实施新型城市化战略的首要任务。

二是跳出"中等收入陷阱"的怪圈。"中等收入陷阱"为 2006 年世界银行发布《东亚经济发展报告》中提出的概念。当人均 GDP 达到中等收入水平后，由于不能顺利实现经济发展方式的转变，经济持续增长乏力；同时由于贫富差距、社会分配不公等引发心理恶化和矛盾激化，社会发展长期处于停滞状态。因此，城乡统筹、城际一体、区域协调的新型城市化道路，将使经济发展跳出"中等收入陷阱"的怪圈，成为破解世界性发展难题的重大举措。

三是寻找缓解新时期社会矛盾的钥匙。传统城市化的发展以关注城市人口数量、城市发展规模、城市经济总量为主要特征，虽然取得了城市财富的快速积累，但同时也造成了越来越严重的社会对立。中国新型城市化的发展，应在共同富裕的基础上，缩小城乡之间、不同行业之间、不同人群之间的收入差距，提供公平的民生待遇，实施公共服务均等化，从而化解社会矛盾，实现社会和谐。

四是实现区域一体化的发展均衡。新型城市化发展战略，将以区域为基底，实现优质的"空间充填"，协调城市和农村、城市和城市，逐步实现分工合理、全域有序的均衡发展，获取整体效益的交集最大化；通过审慎的顶层设计，实现在整体发展概念下的基础设施、产业布局、生态环境、社会保障、公共服务和管理体制的一体化，引领区域共同富裕与社会和谐。

五是体现"动力、质量、公平"三大发展元素的交集最大化。中国新型城市化战略将全面关注城市创新发展的"动力表征"、城市绿色发展的"质量表征"、城乡机会平等的"公平表征"。在构成新型城市化"动力、质量、公平"的三大基础元素中，努力寻求三者的有机协调，是新型城市化健康发展的战略基础。

第五节　广州推进新型城市化是走向国际中心城市的实践

改革开放30多年来，广州经济社会发展取得巨大成就。广州经济总量连续22年位居全国城市第三位，2011年成为继北京、上海之后第三个经济总量突破万亿元的城市；城市化发展进程快速，城市人口规模增长迅猛，2010年城镇人口占常住人口比重达到83.78%；城市空间规模加快扩张，基础设施逐步完善，城市综合承载能力明显增强；服务业发展水平稳步提升，人民群众生活显著改善；城市中心职能不断强化，城市竞争力和影响力不断增强。但我们也清醒地认识到，传统的拼土地、拼资源、拼成本的城市发展道路，已经难以适应新时期科学发展的新要求。长期积累的深层次矛盾和体制性障碍逐渐凸显，实现城市可持续发展面临新挑战。站在国际中心城市的战略高度，把广州的发展置于世界先进城市的坐标体系中来比较，我们在城乡统筹、公共服务、资源环境、核心竞争力、城市特色和治理结构等方面，还存在不少差距。城市的问题意识以及发展危机意识，迫切需要我们增强转型发展的紧迫感和使命感，走出一条具有广州特色的新型城市化发展道路。

广州推进新型城市化发展，是探索特大型城市科学发展的创新实践，是遵循世界城市发展规律、破除"增长停滞"魔咒和避免"中等收入陷阱"的积极探索，是推动城市化与工业化、信息化、市场化、国际化同步发展的重要途径，是顺应广大人民群众对幸福生活新期待的根本要求，是新形势下全面提升领导城市工作能力的现实需要。站在新的历史起点上，必须坚持以科学发展为主题、以转型升级为主线、以民生幸福为主旨，继续解放思想，勇于改革创新，敢于先行先试，促进城市发展从

"重物轻人"向以人为本、把人民的幸福作为最高追求转变，从拼土地、拼汗水、拼资源向拼人才、拼知识、拼创新转变，从城乡二元分割向城乡一体发展转变，从城市"摊大饼"式的外延扩张向多中心、组团式、网络型的集约高效城市发展格局转变，从"千城一面"向更加注重传承岭南优秀文化、凸显城市特色转变，从全能型政府向建立政府引导、以市场为主体、社会参与的善治模式转变，全面提升城市发展质量。

如何推进广州中心城市的新型城市化发展？从战略层面来看，改革开放、文化引领、科学决策是我们当前推进新型城市化的"三大法宝"。以改革开放推进新型城市化。这是因为改革开放30多年来，城市承载的沧桑与变化告诉我们，城市发展遇到了一系列"成长的烦恼"，传统城市发展模式已经难以为继。推进新型城市化，唯一正确的选择，就是坚持社会主义市场经济的改革方向，通过深化改革开放，增强城市发展的体制新优势；就是要通过形成一套具有强大动力、充满活力和可持续竞争力的体制机制，构建新型城市化过程中政府、市场、社会三者相互协调、良性互动的新格局。以文化引领推进新型城市化。这是因为一座城市不仅可以文化论输赢，而且还可以文化定未来，文化创新就是"未来的灯塔"。一座城市要做大做强，除了靠经济、科技等硬实力外，最终还是要靠文化的力量，即由文化所彰显出来的软实力具有一种安近致远的力量。一座城市有什么样的文化，就一定会有什么样的历史、现实与未来，推进新型城市化就一定要有强大的文化来支撑并伴随着文化的繁荣。以科学决策推进新型城市化。这是因为科学决策是做好各项工作的重要前提，而科学决策的形成是需要不断完善的正确决策机制。特别是基于政策和舆论的公共需求、市场经济多元利益格局的现实需求、大规模城市化对大策略大思维的未来需求，我们迫切需要"思想工厂"、"头脑风暴"和"独立思想的盒子"，也就是迫切需要思想库、智囊团为新型城市化提供真正科学的解决方案。

从广州推进中心城市新型城市化发展的目标定位和指导原则来看，要紧紧围绕满足人的需求、提升人的素质、促进人的全面发展，牢固树立低碳、智慧、幸福的城市发展新理念，把广州建设成为低碳经济、智慧城市、幸福生活的美好家园。一是突出以人为本。民生幸福是城市发展的最高追求，应将促进人的全面发展作为城市工作的出发点和落脚点。依照人的需要进行城市规划建设管理，打造宜居宜业城市。提高公共服务均等化和优质化水平，不断提升城乡居民生活品质。积极稳妥地促进外来人口融入城市，推动不同社会群体广泛融合。合理控制城市人口规模，促进人口与城市资源相适应。二是强调创新驱动。把自主创新作为城市发展的核心动力，让创新思想、创新文化植根于广州。把握全球新一轮科技革命和产业革命的机遇，推进创新型城市建设。确立人才优先发展战略，大力发展教育事业，完善人才服务机制，形成育才、引才、聚才、用才的良好环境。推进体制机制创新、社会管理创新、商业模式创新，营造鼓励创新的社会氛围，最大程度激发城市发展活力。三是要求协调发展。妥善处理城市经济、社会、文化、生态之间以及城乡之间的关系，提高城市发展的协调性。加强社会建设，创新社会服务管理，不断促进社会和谐。强化文化引领功能，提升文化软实力。加强生态文明建设，促进人与自然、人与城市和谐相处，推进城乡一体化发展。四是开拓国际视野。把广州放在世界先进城市的坐标体系中定位，以更宽广的视野、更开放的心态、更包容的机制推进城市发展。顺应世界城市发展潮流，学习借鉴世界先进城市经验，积极主动融入和参与国际合作竞争。引领珠三角一体化发展，深化穗港澳合作，在共同打造更具综合竞争力的世界级城市群中发挥龙头作用。拓展对外开放的广度和深度，推动各种要素自由流动和高效配置。五是追求低碳智慧。把生态文明建设深刻融入和全面贯穿到经济、政治、文化、社会建设的各方面和全过程。大力发展低碳经济、低碳建筑、低碳交通、低碳技术，倡导低碳生活，建设低碳社区。全面实施"智慧广州"战略，建设智慧基础设施，发展智慧产业，研发智慧技术，推广智慧应用，推动城市建设管理服务数字化、网络化和智能化。六是凸显岭南特色。遵从岭南自然地理气候条件，塑造"山、水、城、田、海"的城市形态。传承和弘扬岭南优秀文化，精心保护与开发利用历史街区、名镇古村。倡导并鼓励中西合璧、崇尚自然、以人为本的岭南建筑风格，凸显城市风貌的独特性与多样性。大力发展文化事业，彰显城市文化魅力。

从广州推进中心城市新型城市化发展的主要措施来看，实现创新尤其重要。一要推进新型城市化的结构创新。结构创新是新型城市化的核心。城市化的发展涉及诸多领域，从我国的实际国情出发，新型城市化的结构创新主要包括产业、空间等结构创新。产业结构创新即产业布局优化和产业结构优化。产业布局优化要在城市化的进程中对城乡产业布局统筹考虑，实现城乡之间产业结构的联动调整，促进城乡经济的健康、协调发展。产业结构的优化，一方面要调整各产业之间的比例关系，加大高技术产业的投入；另一方面，要以工业反哺农业，用高新技术产业来带动和改进传统产业，提高各产业的技术水平，实现产业结构的升级。空间结构的创新包括城乡结构创新和区域结构创新，要运用城乡统筹的思想，以城市为中心，在扩大城市规模的同时，强调城市的集聚效应和辐射效应，以此带动农村的空间开发，使城乡分割的二元空间结构逐步转变为城乡一体的空间结构。区域结构的创新强调区域内城市间以及区域间的分工协作，通过制定相关的政策措施，使空间结构分布合理，各种规模和功能的城市相互协调发展。二要推进新型城市化的科技创新。科技创新是新型城市化的动力，一方面能够使生产要素的使用得以完善，从而提高劳动生产力，节约产品成本；另一方面能够使城市的企业获得具有垄断优势的资源和产品，从而扩大产品市场占有率。科技创新在能源、交通、信息通信等领域为城市化提供支持，使城市能够真正发挥应有的经济社会效应。三要推进新型城市化的制度创新。制度创新是新型城市化的关键，城市化进程与制度安排之间有着密切关系。有效的制度安排和制度创新能够促进城市化进程；相反，则会阻碍城市化的发展。我国城市化滞后的深层次原因在于土地制度、社会保障制度、户籍制度等不能有效地促进城市化进程。因此，新型城市化必然要求相应的制度创新。新型城市化制度创新的重点就是要从城乡和谐的角度实现和谐发展的城市化。推进制度创新，进一步完善社会经济体制，建立更具活力和更加开放的城市系统，是新型城市化的关键。

　　广州走中心城市新型城市化发展道路、建设人民满意的理想城市，可以与广州建设国家中心城市和走向国际中心城市连成一个系统进行战略定位，即在珠三角和全省的区域范围内，广州要发挥好城市群核心城市和省会城市的龙头带动作用；在国家城镇体系中，要强化高端要素集聚、科技创新、文化引领、综合服务功能，巩固国家中心城市地位；在世界城市体系中，加快建设国际商贸中心和培育世界文化名城，走向国际中心城市，迈向世界城市。从这三个层面明确广州城市发展的目标定位，并且推进广州中心城市的新型城市化，可以为广州的未来发展带来新的重大机遇。

第六节　广州走向国际中心城市发展
战略的谋篇布局

当今世界，从伦敦、巴黎到纽约、柏林，从东京、首尔到北京、上海、香港，这些代表国家参与国际竞争的中心城市，无论是世界中心城市、国际中心城市，还是国家中心城市，都是一个国家或地区综合实力在空间形式上的集中体现，起着配置资源、主导发展和连接国内外市场的重要作用，其辐射力和影响力远远超出本国或本地区的范围。因此，当今世界许多国家为了争取有利的国际地位，取得未来发展的主导权，都在积极采取各种措施保持和提升其中心城市的国际竞争力。特别是在当今世界经济增长重心向亚太地区转移的重要历史机遇期，在我国创建若干个国家中心城市和国际中心城市，对中国的未来发展至关重要，广州要有从国家中心城市走向国际中心城市的担当和使命。广州市社会科学界联合会主管主办的高端学术刊物《城市观察》，就是要聚集全球城市研究的智慧资源，构建城市科学发展的公共智库，并为中心城市的学术研究发表了一系列高质量、高水平的文章，本书选题也是以此为基础开始酝酿和谋划的。

2013 年是广州市社会科学界联合会成立的第 30 周年，也是广州市领导来市社科联机关和活动场地调研最集中的一年。按照市领导和市委宣传部的要求，开展高水平的学术活动和高质量的课题研究，是对市社科联成立 30 周年的最好纪念。为此，市社科联组织了广州地区有关高校、科研单位的专家学者，开展了"广州走向国际中心城市发展战略"的课题研究，并在这个基础上形成了《中心城市论——广州走向国际中心城市发展战略研究》一书。

《中心城市论——广州走向国际中心城市发展战略研究》全书的谋篇布局由三大板块组成，共安排了十五章的内容。第一板块由第一章到第四章组成，主要论述中心城市的新型城市化；论述中心城市的理论体系并揭示中心城市的功能、特征、演化规律等；论述中心城市的国际样本并分析其在建设和发展过程中的经验和启示；论述广州作为中心城市的形成过程及其后的演变发展状况等。第二板块由第五章到第十一章组成，主要论述广州走向国际中心城市的总体战略、体制机制、主导产业、创新驱动；同时论述了广州在走向国际中心城市进程中的金融中心、文化名城和生态城市建设。第三板块由第十二章到第十五章组成，主要论述广州强化中心城市的辐射带动能力，并从空港经济发展、海上丝路建设等方面对广州充分发挥辐射带动作用进行了思考；同时论述了建立中心城市辐射带动作用的指标体系，并对广州和北京、上海等中心城市辐射带动作用进行了实证分析和比较研究。

在《中心城市论——广州走向国际中心城市发展战略研究》三个板块的谋篇布局和章节安排中，如果说第一板块和第二板块的特点是虚实结合、定性研究和定量研究相结合，那么第三板块则构成了广州走向国际中心城市发展战略研究的主体，即以世界重要的国际中心城市为标杆，围绕总体战略思路和体制机制创新，通过确立战略性主导产业、建设国际性金融中心、实施创新驱动战略、推进低碳发展与建设生态城市、培育世界文化名城等方面，对广州走向国际中心城市进行了较全面的战略研究，以期为广州中心城市的新型城市化发展，走向国际中心城市和迈向世界先进城市行列，进行积极的探索和提供有益的建议。

第二章　论理论体系

21世纪是城市的世纪。2007年，世界城市人口所占比重突破了50%。城市化和城市的国际化，成为全球化时代的新象征。一个国家城市发展的速率、水准及其中心城市在整个国家中与世界上的地位和影响力，已经成为判断文明程度的主要尺度。国际中心城市特别是全球化大都市研究，已被列入优化全球治理的重要领域。

第一节　世界城市理论体系

20世纪80年代以来，随着和平与发展成为时代的主题，随着国际化进程日益渗透到各个领域，随着新科技革命引起的信息化时代的到来，全球化、城市化、信息化三大进程同时加速并融合发展。全球化通过加强人口、货物、资金、服务和思想、文化的交互流动，将国家、城市和民众紧密联系在一起；信息化使人类的联系方式发生了翻天覆地的变化，空间距离不再成为城市与城市联系的障碍，信息流对物流、人流、资金流的拉动作用更加迅猛。在全球化、城市化、信息化的共同推动下，一批新兴国家和地区的城市迅速崛起；原有的发达国家的若干国际中心城市，更是凭借其雄厚的经济与科技实力，以强大的国际先进要素集聚能力和辐射带动能力，成为世界城市体系的主导者，控制和影响着全球的政治、经济命脉，这些城市就是世界城市（World City）或全球城市（Global City）。世界级中心城市居于各类中心城市的顶层，其经济社会的活动对世界经济社会发展具有较大的直接影响。在世界级中心城市的主导下，形成了多层次的城市体系，包括洲际的国际中心城市、区域的国际中心城市、国际化城市和国内区域中心城市、国内一般中小城市等。

在中国，改革开放所激发的经济社会发展的活力，同样首先表现在城市化的推进上。美国学者科特金（Joel Kotkin）在 2005 年为其《全球城市史》中文版写的序言指出："中国在从事着世界历史上最雄心勃勃的城市建设活动。"中国目前的长江三角洲城市群、环渤海城市群和珠江三角洲城市群，已经具备跻身世界大都市群的规模。我们的国家中心城市需要进一步内强素质、外塑形象，加快走向国际中心城市。因此，把握世界城市理论，揭示中心城市的功能、特征、演化规律和指标性判别标准，是我们的中心城市加快发展，进而走向国际中心城市的重要逻辑起点。

一　世界城市理论脉络

（一）国际社会对世界城市的研究

作为经济增长的引擎和国家财富创造的领先者，世界城市早已占据特殊位置。国际社会对世界城市进行理论研究大致经历了三个阶段。

1. 理论萌芽阶段（18 世纪～20 世纪初）

学者们一般认为，早期使用世界城市这一术语的是德国诗人歌德，他当时主要以罗马、巴黎为例，从文化中心的角度认为这类城市是世界都市，但未能够从城市理论的角度深入系统地研究。至 1915 年，苏格兰城市规划学家格迪斯（Geddes，1915）在《演变中的城市》（*Cities in Evolution*）（又译为《进化中的城市》）一书中较早提出"世界城市"这一概念，认为世界城市是指那些在世界商业活动中占有一定数量比例的城市。在他看来，那些商业活动高度集聚的城市便被视为世界城市，这一单一视角的定性研究只是对世界城市做了简单描述，还缺乏对世界城市的概念、主要特征等进行详细的研究。

2. 理论形成阶段（20 世纪中叶～20 世纪 80 年代）

二战后以及 20 世纪下半叶，世界经济逐步复苏，伦敦、巴黎、纽约、东京等国际性大都市的快速发展为城市研究者提供了实践素材和理论灵感。1966 年，彼得·霍尔（Peter Hall，1966）撰写了《世界大城市》（*The World Cities*）

一书，开启了现代意义上关于世界城市的系统理论研究。彼得·霍尔认为世界城市是指能对大多数的国家产生经济、政治、文化等控制力与影响力的城市，他还具体分析了伦敦、巴黎、纽约、东京等 7 个世界城市或城市综合体。在彼得·霍尔理论研究的基础上，关于世界城市的理论研究逐步进入更多学者的视野，引发了世界城市的理论研究热潮。

20 世纪 70 年代，随着新国际劳动分工的深入，世界城市理论进入成型阶段，研究者们主要从全球性特征和经济跨国合作的角度来定义和探索世界城市，如斯蒂芬·海默（Stephen Hymer，1972）引入跨国公司这一因素，并将跨国公司总部的落户数量作为判断世界城市的关键指标。科恩（R. Cohen，1981）沿着这一思路提出的全球城市概念实则与世界城市内涵相似。他基于新国际劳动分工理论，把跨国公司经济活动与全球城市的发展联系起来，认为全球城市（世界城市）是新的国际劳动分工的协调和控制中心。

在 1982 年、1986 年，弗里德曼（J. Friedmann）和沃尔夫（G. Wolf）融合新国际劳动分工理论、世界体系理论以及都市全球化理论，提出了"世界城市假说"（the world city hypothesis），总结了世界城市的主要特征，认为世界城市主要是世界经济的指挥与控制中心。他们运用新的国际分工理论，较为详细地阐述了世界城市形成的内在动力机制，同时采用 7 个指标，研究了世界上 30 个城市，并进行了世界城市等级体系的划分。"世界城市假说"是现代意义上研究世界城市的系统性理论之一，是世界城市研究中有较大影响力的理论流派。

3. 理论深化阶段（20 世纪 90 年代以来）

20 世纪 90 年代以来，世界城市理论进入深化发展阶段。更加全面宏观的总结与更加微观精细的研究成为理论深化研究的主要走向。

以卡斯特尔斯（M. Castells，1989）为代表的学者将世界城市的形成置于网络社会之中进行研究，并提出了信息城市理论。该理论认为，城市通过信息网络被吸纳进世界城市体系中，全球城市是全球信息网络中的"重要节点和中心"，通过关键信息的生产、发布、流动在全球城市体系中占据支配地位。

萨森（S. Sassen，1991）将世界城市定义为发达的金融和商业服务中心，并从生产性服务业视角来阐释世界城市。他对世界城市的功能、社会、空间等进行了多视角多方位的审视，其研究成果也成为当今研究世界城市的重要理论基础之一。

以斯各特（Scott）、戴维斯（Davis）、苏贾（Soja）等为代表的洛杉矶学派从后现代主义理论出发，认为弗里德曼和萨森的研究过分看重城市的经济实力，对世界城市的研究还应兼顾这些城市的政治、文化功能，全球城市应该有更为广泛的定义，它不只是经济全球化的结果，更应该是包括政治、文化、生态在内的多因素综合作用的结果。

2001 年以来，以泰勒（P. Taylor）和毕沃斯托克（J. Beaverstock）为首的英国拉夫堡（Loughborough）大学地理系学者所组成的"全球化与世界城市研究小组与网络"（GaWC）采纳了萨森、卡斯特尔斯（M. Castells）的观点，从世界城市网络体系视角，将生产性服务业（以会计、广告、金融和法律等为代表）的跨国公司的办事处网络系统纳入全球城市体系网络；将城市作为在复杂的跨国网络中的变化的联系结构，通过商品、资本、人口和信息的流动来衡量，从而得出城市的等级划分和排名。基于较强的理论基础和覆盖面广的城市组合，这一小组的理论研究成果被研究者和城市管理者广泛采用。同时，该小组持续发布年度报告，在世界范围广受关注。[①]

世界城市理论经历了一个从简单的概念认知到内涵深化、从单面的因素分析到综合的多面分析的过程。其发展的脉络大致可归纳为表 2 - 1。

表 2 - 1　世界城市的理论演进

演进阶段	代表人物	主要理论观点
萌芽阶段	格迪斯	发达的商贸活动是世界城市的典型特征
	彼得·霍尔	世界城市能对大多数的国家产生经济、政治、文化等控制力与影响力
形成阶段	海默	跨国公司总部的落户数量是判断世界城市的关键指标。跨国公司在世界经济竞争中发挥着主导作用,跨国公司总部常常集中在世界主要城市,它们的集聚使得这些地方具有全球的经济与管理的控制力,成为真正意义上的世界城市
	科恩	全球城市(世界城市)是新的国际劳动分工的协调和控制中心
	弗里德曼	提出了"世界城市假说"以及七大世界城市的论断和假说

---

①　其成果发布网站为 http://www.lboro.ac.uk/gawc。

续表

演进阶段	代表人物	主要理论观点
深化阶段	萨森	将世界城市直接定义为发达的金融和商业服务中心,并认为世界城市既是协调过程的节点,也是专业性很强的金融产品和高端服务的特殊生产基地
	洛杉矶学派	全球城市(世界城市)应该有更为广泛的定义,不仅是经济全球化作用的结果,更应该是包括政治、文化、生态在内的多因素综合作用的结果
	卡斯特尔斯	将全球城市看成全球信息网络中的"重要节点和中心",通过关键信息的生产、发布、流动在全球城市体系中占据支配地位
	泰勒	全球城市的本质在于"联系",是"提供全球服务的中心"

（二）我国学者的主要理论研究

中国学者关于世界城市的研究起步较晚,国内的世界城市研究主要是对世界城市发展、一些专门产业以及世界城市网络模式进行研究。宁越敏（1991）是国内较早将国际劳动分工理论引入世界城市研究的学者；姚为群（2003）从经济视角探讨了全球城市的成因；柏兰芝等（2004）从跨国广告业这一生产性服务业的视角分析了全球化和全球城市；郑伯红（2005）提出了世界城市网络体系研究的概念性框架,指出了中国城市进入世界城市网络系统的主要接口和对策建议。

随着中国经济社会的快速发展以及中国城市化进程的加速,中国的学者更为关注世界城市的发展战略（屠启宇,2008；金元浦,2010）和世界城市的发展经验（周振华,2004）。金元浦（2010）在研究北京世界城市的发展战略时介绍了伦敦、纽约、巴黎和东京的发展过程,主要侧重于对各个城市功能演变和城市定位的研究。苏雪串（2010）认为,根据北京城市空间结构的现状及发展世界城市的需要,未来特别需要重视 CBD 能级的提升、高技术制造业的空间集聚及新城的合理规划和建设。李国平等（2010）针对世界城市的空间发展模式以及网络化大都市的空间发展模式,从世界城市的空间结构特征和发展趋势出发,认为北京在建设世界城市过程中应打造多中心、网络化的市域空间结构。赵娇（2010）认为需要通过更加包容性的城市政策，将北京建设成一个具有内生性、可持续性和良性运转的世界城市。

　　同时，我国学者对世界城市理论的动态发展进行了系统总结，为将国际先进理论引进中国的城市规划实践提供了理论思路。苏宁（2010）在总结世界城市理论的基础上，提出了当前世界城市理论研究的主要领域是世界城市内涵、发展模式、西方中心倾向、发展瓶颈、发展依托等。赵晓康等（2011）基于世界城市理论的研究趋势，归纳出世界城市的实证研究角度主要有企业组织角度、基础设施角度、流空间角度等；徐聪等（2012）梳理了世界城市理论脉络及新进展；袁晓辉、顾朝林（2012）对世界城市理论研究中关于概念、特征、理论演变、层次划分、空间结构、评价标准、城市体系的演化及其构成要素等方面的成果进行了较为系统的梳理。

　　中国社会科学院城市与竞争力研究中心倪鹏飞等学者，从产出、要素投入及过程的视角，以绿色 GDP（总量及人均、地均）、经济增长、专利、跨国公司指数等为综合竞争力指标，以企业、当地要素与需求、基础设施、内部环境、公共制度、全球联系等为要素环境指标，结合 22 个产业组成的产业链指标体系，在分类比较分析的基础上，编制了全球 500 个城市的综合竞争力指数（GUCI）[①]。在 2011～2012 年度报告的形成过程中，该研究中心以有效的国际合作方式，与联合国人居署全球城市评估与研究部、世界银行全球营商环境研究小组、经合组织秘书长办公室等机构中的相关研究团队合作。《全球城市竞争力报告》是以中国学者为研究主体的目前国内最完整的观察城市国际竞争力的评价报告，突出了要素与要素环境指标对于城市竞争力的意义，抓住了观测与评价中心城市和国际中心城市或世界城市的关键因素。

　　总体而言，中国学者的国际城市研究主要涉及四个层次：一是对发达国家的世界城市或全球城市理论引进与评述；二是开展对亚太地区包括中国的国际城市研究；三是深入分析国外相关理论研究的逻辑性与可行性，对国际城市研究与建设提出有针对性的建议；四是对中国与世界城市进行

[①]　倪鹏飞主编的《全球城市竞争力报告》自 2005～2006 年度起，按双年出一期的周期发布，此处归纳的评价指标体系来自 2011～2012 年度的报告（倪鹏飞与美国巴克尼尔大学原校长彼得·克拉索联合主编）。

大范围多指标的分类与综合的量化测评，在定量分析的基础上对国际城市的竞争力进行比较研究。

二 世界城市体系构成及分类

在全球化与信息化交互作用的背景下，资源要素的全球流动打破了国家界限，城市之间形成的网络开始主宰全球经济命脉。在全球城市网络体系中，既涌现一些在资源配置上超越国家范围的、处于网络体系顶层的世界城市，也有大量处于网络体系不同层次和节点的区域性中心城市。在这一基本格局下，世界城市占据了全球范围城市体系金字塔的最高级，是全球经济、科技、信息等多个领域的控制和决策中心。虽然世界城市已经处于高等级体系，但世界城市内部还表现出不同的特征，学者们从开始就注意到这一问题，并提出一些世界城市的判别标准，并试图结合当时的实践，将世界城市划分成不同层次和类别。

彼得·霍尔（1966）从政治权力中心、国家贸易中心、金融中心、人才中心、信息中心、人口中心、娱乐中心等七个标准来界定世界城市范畴，最终确定了伦敦、巴黎、莱茵－鲁尔区、兰斯塔德、莫斯科、纽约、东京七个城市为世界城市。

在将跨国公司因素引入世界城市理论研究后，海默（S. Hymer，1972）认为公司决策机制在联系日益密切的全球经济中至关重要，跨国公司总部往往集中在世界的主要城市，因而可以用跨国公司总部数量多少来对世界城市予以排序。

20 世纪后半叶，服务业成为全球增长的重要动力，也成为世界城市的重要产业支柱，特别是生产性服务业的发展受到高度重视，学者们也将其引入世界城市理论加以考察。雷德（Reed，1981）收集了 76 个美国城市近 80 年间有关金融、经济等方面的数据，阐述了美国金融中心的等级体系和演变过程；随后的 1989 年，又对全球范围的金融中心城市体系进行研究，认为纽约、伦敦是全球性金融中心，法兰克福、巴黎、东京等是第二层次的全球性金融中心，新加坡、香港等城市属于第三层次的区域性金融中心。萨森也从生产性服务业角度进行研究，认为纽约、伦敦、东京是真正全球化的城市，处于世界城市体系金字塔的顶端。

20 世纪 80 年代，弗里德曼运用"核心—边缘"的方法，采用金融中心、跨国公司总部、国际性机构、制造中心、世界交通枢纽等七项指标衡量世界城市，并将世界城市划分为三个层次。萨森（Sassen，1991）提出了全球城市的研究框架，通过生产性服务业实证诠释了纽约、伦敦、东京这三个目前顶级的全球城市。彼得·泰勒和比弗斯达克等人（1999）在静态分析世界城市特征的基础上，用现代服务业中的财务、广告、金融和法律等四大产业来区分城市的地位和作用，将世界城市划分为10个 Alpha 级城市、10个 Beta 级城市、35个 Gamma 级城市。

从现有研究结果看，在目前世界城市格局中，世界城市多集中于欧、美、日等国家或地区，是全球经济的重要节点，在全球经济中发挥控制中心的作用，但目前还没有一个统一的世界城市划分标准。据此，我们将众多学者的划分标准与结果列示如表2-2，从中可以看出几种主流理论的主要异同。

1970年以来世界城市的相关研究主要通过反映城市经济综合实力、国际要素配置水平、国际化服务功能、科技创新能力、基础设施水平、人居环境等的指标划分世界城市等级。随着新国际劳动分工出现和世界经济发展重心向亚太转移，一些发展中国家的中心城市正在崛起，世界城市网络格局不断重组。虽然对世界城市的发展层次还没有统一的划分标准，但根据时代特点以及城市在全球、洲际等不同区域范围的影响，世界城市等级体系大致可划分为三个层次。第一层次：纽约、伦敦、东京、巴黎，这四个城市均为综合性、全球性城市，是全球的政治、商业、科技、金融中心。第二层次：芝加哥、洛杉矶、旧金山、法兰克福、鹿特丹、新加坡、香港、大阪等，属于区域性国际中心城市，在国际政治、经济、文化生活中具有较大影响力。第三层次：休斯顿、迈阿密、多伦多、悉尼、慕尼黑、马德里、罗马、苏黎世、阿姆斯特丹等，其辐射范围以所在国及其邻近地区为主。新兴国家的中心城市近年来崛起较快，部分城市的国际化水平和竞争力与发达国家中心城市的差距开始缩小。具有国际化色彩和一定的国际影响力的城市，是世界城市的"预备队"，中国的广州目前位于这个层次，正在走向国际中心城市。

表 2-2　世界城市网络体系结构划分标准及分类[①]

代表人物	划分标准	城市分类	主要城市
弗里德曼 (1986 年)	衡量世界城市的 7 项标准:(1)主要金融中心;(2)跨国公司总部所在地;(3)国际性机构集中地;(4)第三产业高度增长;(5)主要制造业中心;(6)世界重要交通枢纽;(7)城市人口达到一定标准	第一层次 世界城市	纽约、东京、伦敦
		第二层次 世界城市	迈阿密、洛杉矶、法兰克福、阿姆斯特丹、新加坡、巴黎、苏黎世、马德里、墨西哥城、圣保罗、首尔、悉尼
		第三层次 世界城市	大阪 - 神户、旧金山、西雅图、休斯顿、芝加哥、波士顿、温哥华、多伦多、蒙特利尔、香港、米兰、里昂、巴塞罗那、慕尼黑、莱茵 - 鲁尔
斯瑞福特(1989 年)	强调服务功能的重要性,划分选取公司总部数量、银行总部数量两个指标	全球中心	纽约、伦敦、东京
		洲际中心	巴黎、新加坡、香港、洛杉矶
		区域中心	悉尼、芝加哥、达拉斯、迈阿密、檀香山、旧金山
伦敦咨询 委员会(1991 年)	划分指标:(1)基础设施;(2)财富创造能力;(3)增加就业和收入;(4)提高生活质量	第一层次	伦敦、巴黎、纽约、东京
		第二层次	苏黎世、阿姆斯特丹、香港、法兰克福、米兰、芝加哥、波恩、哥本哈根、罗马、马德里、里斯本、布鲁塞尔
比弗斯达克、 泰勒和 R. G. 史密斯(1999 年)	强调服务功能,以会计、广告、金融、法律四种主要的生产服务行业总部与分支机构在世界各大城市的分布进行划分	Alpha 级世界城市	伦敦、巴黎、纽约、东京、芝加哥、法兰克福、洛杉矶、香港、米兰、新加坡
		Beta 级世界城市	旧金山、悉尼、多伦多、苏黎世、布鲁塞尔、马德里、墨西哥城、圣保罗、莫斯科、首尔
		Gamma 级 世界城市	阿姆斯特丹、波士顿、加拉卡斯、达拉斯、杜塞尔多夫、日内瓦、休斯顿、雅加达、约翰内斯堡、墨尔本、大阪、布拉格、圣地亚哥、台北、华盛顿、曼谷、北京、罗马、斯德哥尔摩、华沙、亚特兰大、巴塞罗那、布宜诺斯艾利斯、布达佩斯、哥本哈根、汉堡、伊斯坦布尔、多伦多、马尼拉、迈阿密、明尼阿波利斯、蒙特利尔、慕尼黑、上海
		具有成为"世界城市"条件的城市	奥克兰、布里斯班、胡志明市、利马、西雅图、温哥华、阿德雷德、广州、河内、提华纳、威灵顿

①根据以下文献整理:周振华:《崛起中的全球城市:理论框架及中国模式研究》,上海人民出版社,2008;谢守红、宁越敏:《世界城市研究综述》,《地理科学进展》2004 年第 5 期;陆军、宋吉涛、谷溪:《世界级城市研究概观》,《城市问题》2010 年第 1 期。

三 世界城市理论对国际中心城市发展研究的启示

当前，关于国际中心城市的理论研究更多是关于国际中心城市相关定位的讨论。我们认为，国际中心城市的概念可以有宽窄不同的界定口径，宽的口径可以与广义的世界城市等值，因为世界城市也是国际中心城市；而窄的口径是按其经济、文化或政治上的要素集聚与能量辐射的国际化程度而定，只要具有较大的国际联系度与影响力，就属于国际中心城市，尽管它们还不能达到世界级城市（狭义的世界城市特指前述第一层次的城市）的高度。在城市的发展实践与理论研讨方面，世界城市相关理论给国际中心城市的研究提供了基本的理论范式，为开展国际中心城市的理论研究提供了经验。

（一）概念及特征的界定

关于世界城市的概念界定是各阶段世界城市理论研究的核心内容之一，无论是早期的格迪思还是后来的弗里德曼以及 GaWC，都将世界城市概念研究放在首位，十分注重作为城市发展高级形态的世界城市与一般城市的区别。因而，不同学者阐释世界城市概念的视角差别很大，有的是从城市功能的角度，有的是从产业分工的视角，也有的是从更为微观的企业组织的视角。同时，城市的发展是动态的，因而在概念界定上同样表现出这一特点。早期的概念带有明显的静态特点，直到卡斯特尔斯关于世界城市节点功能、信息网络中心、流的载体功能的发现，世界城市的动态特征才进一步得到体现。国际中心城市的概念阐述同样会遇到这一问题，即在城市体系中，从何种视角说明国际中心城市与一般城市、世界城市的区别，其概念内涵与外延的阐释将是国际中心城市研究的首要难点与重点，特别是在全球及各级城市经济社会都处在动态发展的情况下，如何规避理论研究的时空局限性，将成为核心问题。

（二）层次划分的方法

关于城市的层次划分，也是国际中心城市理论研究的基本问题之一。根据袁晓辉、顾朝林（2012）的总结，以跨国公司总部选址，以城市在全球经济中的整合程度、对全球资本的吸引力以及提供生产服务的强度，以产业重组情况等来划分世界城市体系的层次，都体现了不同时期学者们所关注的世界城市的特征及划分方法的不同取向。层次划分在国际中心城市研究中同样不可避免，在全球经济一体化、信息化、城市化加速发展的进程中，层次划分方法将有新的视角，如从产业角度看，在第三次产业革命中，产业在全球范围城市中的集中度可能成为新的划分维度，而国际性的信息流、金融流和交通流的规模、密度及层次具有重要的意义。从全球经济增长点看，新兴市场经济体中许多中心城市将在全球城市网络中占据重要地位。

（三）判断标准及指标体系

世界城市的判断标准与指标体系几乎是现有世界城市理论各流派的核心议题与主要创新点，也反映了世界城市理论研究的基本脉络，从歌德的"城市文化功能"到彼得·霍尔（P. Hall，1966）的"七个中心论"再到弗里德曼（J. Friedmann，1986）的"跨国公司论"等，划分标准越来越完善，越来越能够体现时代特点，指标体系也越来越丰富，越来越具有代表性、典型性。国际中心城市理论若能自成体系，那么关于判断标准的研究将是必要的。从世界城市理论的研究经验看，围绕城市功能、分工定位、要素集聚、发展趋势等维度，结合当代政治、经济、社会、技术、环境演进状况，进而确定每个维度的代表性变量（指标），将可能是国际中心城市研究的良好思路。

（四）发展中国家的国际中心城市研究

现代城市理论一直被西方学者主导。他们的研究多是以西方城市的发展为脉络，因而不免存在理论研究的局限性，对于一些问题，比如西方世界城市的成功是否在世界范围内均可复制？在广阔的亚非拉区域，为什么世界城市较少且发展缓慢？既有理论无法给出答案。现有的西方理论往往从城市的现状出发进行考察，而较少关注世界城市形成的内在原因和长期演化机理，比如西方学者往往关注企业总部存在的事实，却不关注它们在某些城市聚集的原因。也就是说现有世界城市理论对世界城市还缺乏全面的解释。近些年发展中国家特别是新兴市场经济体的特大城市、大城市正在崛起，向世界城市迈进。这无疑将为世界城市理论、中心城市理论研究提供新的视角和样本，对这些城市发展脉络的研究或将引起更多学者的注意。

　　总之，关于国际中心城市的理论研究体系不仅需要论证国际中心城市与世界城市、一般城市等其他城市体系的"共性"与"个性"，还需要以动态发展的视角确定其概念内涵、作用与功能定位、划分标准、影响因素等。这应是开展国际中心城市理论研究的基础性问题，而已有的关于世界城市的基本理论为其提供了一套可供参照的理论范式。

第二节　中心城市的概念、特征及功能

一　中心城市的基本概念

　　"中心"一词的字面意思是与四周距离相等的位置，但更多引申为在一个空间或群体中最具有凝聚力与扩散力的发展核。从城市与区域的关系看，"中心"常用来指在某一方面占重要地位的城市或地区。但对于"中心城市"这一理论范畴，应当有更深入、全面和透彻的研究。

　　从现有理论研究看，关于中心城市，研究者们更关注其"中心性"城市功能，而不是版图中的地理位置。例如，从经济引领角度看，中心城市首先是区域的经济中心，在经济发展中起主导作用，要素集聚和辐射能力强，带动区域发展的作用大。从区域版图角度看，中心城市是某个区域经济相对发达或首位度较高、各种功能相对完善、有较强的吸纳要素特别是较高端要素的能力、其能量能够辐射和带动周边区域经济共同发展的地域综合体和经济文化社会等多种组织的集合体。从城市等级体系角度看，中心城市是在区域城市体系中处于核心地位和等级体系顶端、发挥主导和引领功能的首位城市。可以看出，中心城市是一个综合性、复合性的概念，而且城市的发展与演变总是处于动态变化过程中，因此要想精准界定中心城市的内涵与外延是很困难的。也就是说，关于中心城市的概念不可避免地带有时代的局限性和视角的单一性。研究者大多只能为研究的需要而采用自我的视角。综合而言，我们对中心城市采取较为综合性的描述和定义：中心城市是在某一区域范围内，相对于其他城市而言，在政治、经济、文化、社会等各方面的辐射力、集聚力具有领先地位的城市。当然，

从经济地理学研究视角看，中心城市本属于空间地域结构，其在所有以城市、乡村组成的地域组织中，处于更为高端的层级，或者说在功能上更加综合，在形态上更加完善。

二　中心城市理论基础

（一）中心地理论

中心地理论是由德国城市地理学家克里斯塔勒（W. Christaller）和德国经济学家廖士（A. Lösch）分别于 1933 年和 1940 年提出的，被认为是 20 世纪人文地理学最重要的贡献之一，它是研究城市群和城市化的基础理论之一。克里斯塔勒认为，在市场原则、交通原则和行政原则这三个不同原则支配下，中心地网络呈现不同的结构，而且中心地和市场区大小的等级顺序有着严格规定，即按照 K 值排列成有规则的、严密的系列。他认为区域有中心，中心有竞争。中心地的等级由中心地所提供的商品和服务的级别所决定，中心地的等级决定了中心地的数量、分布和服务范围。中心地的数量和分布与中心地的等级高低成反比，中心地的服务范围与等级高低成正比。一定等级的中心地不仅提供相应级别的商品和服务，还提供所有低于这一级别的商品和服务。中心地的等级性表现在每个高级中心地都包括几个中级中心地和更多的低级中心地，形成中心地体系。中心地理论为中心城市提供了理解中心城市作为区域范围内中心地的较为全面的理论基础，特别是从地域等级体系的角度，解释了中心城市之所以服务功能高级、齐备的原因。在空间结构上，中心城市显然是某一个区域的中心地。

（二）核心—外围理论

中心城市的中心地位还表现在其与外围区域的相互影响上，这一影响往往是非均衡的或者说表现出一种极化现象。由此，核心—外围理论的主要观点为中心城市的发展与形成提供了理论解释。核心—外围理论又被称为中心—外围理论，代表性人物有普雷维什（Raúl Prebisch，1949）及弗里德曼（J. Friedmann），这一理论主要解释了经济空间结构演变模式，即一个区域如何由互不关联、孤立发展，变成彼此联系、发展不平衡，又由极不平衡发展变为相互关联的平衡发展的区域系统。弗里德曼认为区域发展是通过一个不连续的但优势逐步累积的创新过程实现的，而发展通常起源于区内少数"变革中心",创新由这些中心向外围扩散,周边区域依附于"中心"获得发展,这些中心决定了发展过程。按照弗里德曼的观点,中心之所以能够对外围施加影响,是因为其除了具有活跃的创新能力外,还具有使外围区域服从和依附的权威和权力,从而中心对外围形成优势效应、信息效应、心理效应、现代化效应、联动效应、生产效应等六种效应。从中心城市对其外部区域的影响来看,其影响机理同样符合中心——外围理论的基本逻辑,中心城市对外围形成非均衡的领先地位,正是基于其不仅具有经济优势,而且具有社会、创新能力、信息等全方位的优势。

(三)增长极理论

增长极理论最初由法国经济学家佩鲁(F. Perroux)提出,许多区域经济学者将这种理论引入地理空间,用它来解释和预测区域经济的结构和布局。佩鲁认为增长并非在所有地方同时出现,它以不同的强度首先出现在一些增长点或增长极上,然后通过不同的渠道向外扩散,并最终对整个经济产生不同的影响。这种非均衡增长的必然性来自增长地区对其他地区的支配,即少数经济单位通过不对称和不可逆或部分不可逆的效应控制着其他经济单位,这种支配效应的主要决定因素是地区间创新能力的差异。佩鲁的追随者布代维尔(J. Boudeville)在佩鲁的理论基础上做了进一步解释,认为创新主要集中在城市的主导产业,而这种主导产业是城市中一组扩张并诱导其控制地区经济活动进一步发展的产业,主导产业群所在的城市就是增长极,它通过扩散效应带动其腹地发展,不同规模的中心城市构成增长极的等级体系。不同等级的增长极与其腹地构成地域空间的最基本的等级体系。我们看到,增长极理论更加明确地从经济功能、产业带动、创新能力等角度说明了中心城市之所以是增长极的原因,为中心城市功能的发挥做了具体的阐述。

三 中心城市的主要特征及功能

中心城市是城市发展的较高形态,既可以是全球性或洲际性的中心城市,也可以是一个国家的国家中心城市或某个更小区域的中心地。无论是从传统的非均衡增长理论还是从当前的世界城市发展相关理论,我们都可以认为,在城市地域空间体系中,一个国家的国家中心城市应该是有条件、有潜力发展成为世界城市的一种城市形态，不仅在其所在国家发挥着影响，同时又随着本国经济在全球的地位发生变化而影响世界，其发展体现出全球性、国别性、阶段性和类别性等特点。因此，中心城市是在经济、政治、文化及社会等领域具有重要影响，综合实力强，引领作用明显，集聚辐射和带动能力强的城市代表，在区域范围内位居城镇综合体系的顶端，在对外交流与竞合中，是代表某一区域与其他区域交换各种"流"的核心载体。从区域视角看，中心城市至少具有以下几个基本特征及功能。

（一）区域城市群发挥经济辐射力的核心

中心城市经济规模大，占区域经济总量的份额大，其城市首位度和资源聚集度高、辐射带动力和综合竞争力强，是区域内重要的决策中心，是大公司或跨国公司总部、金融机构的集中地，通过经济带动、极化聚集、创新示范和扩散辐射效应等促进了整个区域经济的发展；代表所属区域参与全球经济的竞争与合作，对外围经济产生重要的控制力和影响力。

中心城市作为发挥经济辐射力的核心，必须在外部依托其具有相当规模的腹地，在内部加强自身经济结构特别是产业结构的优化升级。许多中心城市均依托一个发达的城市经济区或城市群、都市圈，甚至是都市连绵带，而且其依托的经济区内部各节点的协调发展是中心城市保障其持续、稳定、高效发展的空间基础。以国际金融、文化创意等为精髓的现代服务业是促进中心城市实现产业结构不断升级的助力器和催化剂。从中心城市产业结构发展演进的过程看，都出现制造业的比重总体降低，转向以生产性服务业为主的第三产业的共同特征。现代服务业的高速发展促使高端生产要素不断集聚，提高了中心城市对外辐射的能级。

（二）区域对外经济文化交往的中枢

在经济全球化和文化国际交流日益广泛的条件下，中心城市应具备国际水准的城市管理能力、较高的城市开放度和包容度，具有较为明显的语言和文化多元性，拥有良好的国际形象和较高的城市美誉度。中心城市引领频繁的区际交流或国际交流，是重要的区域对外交流中心和国际交流中心，有一定数量和比重的国际企业和国际机构，是国际商务活动频繁的枢纽性城市，也是国际旅游目的地或集散地。中心城市由于国际化特色与本土特色相结合，具有独特的城市特色与魅力，居民的人文修养水平较高，城市有浓郁的历史文化氛围。

当中心城市达到一定的能级特别是世界城市的能级后，较高的国际化程度也是保障其在全球城市体系内发挥控制和管理中心职能的基础，这时的中心城市依托跨国公司成为控制世界经济体系的核心。按照倪鹏飞等主编的《全球城市竞争力报告（2011~2012）》，纽约的跨国公司指数全球第一，表明在纽约的跨国公司的经济活动总量居世界首位。[①] 这些世界城市聚集了跨国公司总部企业，一定程度上决定了该城市或者所在国家在世界上的功能地位，并促进了城市经济增长与技术创新等核心竞争要素的积累，强化了世界城市的控制和管理中心职能。

（三）优质的基础设施枢纽和高端资源要素配置中心

优越的地理位置和良好的基础设施条件成为中心城市发展的重要支撑。快捷的地面和地下轨道交通、空港、港口（海港或大型内河港）、高速公路等交通基础设施在中心城市形成与发挥功能的过程中具有重要作用；信息基础设施由于信息化的核心作用，逐渐成为关键的支撑条件之一。战略性枢纽型基础设施能够确保城市作为物质流、能量流、信息流、资本流、人才流在国内外实现集聚和扩散的枢纽。发达的基础设施一方面推动城市合理有序地发展，实现城市内部功能板块的合理调整，推动城市空间的有序扩张；另一方面促进中心城市与其他城市进行高端生产要素的交换，形成完善的城市体系。

（四）区域性的知识创新、科技创新、管理创新基地

中心城市是国家各类创新资源和高端人才的集聚地，最有条件和能力抢占世界产业发展的战略高点；是推动产业技术创新、管理创新和标准创新的"革新中心"。弗里德曼的核心—边缘理论中，已经对此有了很明确的论述。中心城市通过自身的创新活动，引领和带动着次一级城市乃至整个区域的创新活动。而城市鲜明的文化是中心城市创新活力的载体，也是

---

① 倪鹏飞、彼得·卡尔·克拉索：《全球城市竞争力报告（2011~2012）》，社会科学文献出版社，2012。

保障先进生产力充分发挥集聚与辐射作用的关键。反映时代需求的文化裂变是中心城市竞争力持续提高的基石，也是其未来永续发展的主题。

中心城市既是特定区域现代化水平的标杆，又是现代社会各种新情况新问题相互交织的场所。中心城市能成为特定区域现代化水平的标杆，就意味着其发展理念的领先性、超前性；而现代社会各种问题的解决，又需要许多新的探索和实践，从而衍生了许多新的理念。因此，时代要求中心城市应该在教育与文化创意资源的集聚上居领先地位，成为区域高水平教育中心和高端人才吸引和培育中心；通过以知识引领区域发展，成为发展新理念的孕育和推广基地。例如在当今社会，绿色低碳成为时代发展主题的背景下，中心城市需要率先建立循环经济体系，推行低碳发展和绿色发展理念，驱动产业转型升级，倡导文明、节约、绿色、低碳的城市生活方式，形成生态良性循环，社会、经济、自然协调发展，物质、能量、信息高效利用，人文与自然环境融为一体、互惠共生的可持续发展城市。

四 中心城市的主要类型

（一）按照行政范围划分

除世界城市或国际中心城市不能简单按行政范围划分以外，在一个行使主权或治权的国家或地区内，中心城市可以按照该国（地区）的行政范围，从国家至州（省）再至市、县，分为不同层级。参照国际经验，结合我国城市划分实践，我们将中心城市划分为国家层面的国家中心城市、（跨）省市区域层面的区域性中心城市以及更小范围的其他中心城市三大类别。

1. 国家中心城市

国家中心城市指的是国家城镇体系顶端的城市，具有引领国家发展、代表国家参与国际竞争的重要功能。这些城市在综合经济力、科技创新力、高端要素集聚力、国际竞争力、辐射带动力、交通通达力、信息交流力、城市管治力、文化软实力、可持续发展力等方面具有领先优势。国际中心城市往往也是所在国的国家中心城市，而有条件的国家中心城市也可以发展为国际中心城市或世界城市。德国的柏林、法兰克福，法国的巴黎、里昂，美国的纽约、芝加哥、洛杉矶，俄罗斯的莫斯科、彼得堡，意大利的罗马、米兰等，属于其所在国的"国家中心城市"。我国目前将北京、天津、上海、广州、重庆归为国家中心城市。

2. 跨区域性中心城市

中心城市作为某一区域的中心，是一定地域内的经济聚集体。城市和区域相互依存，彼此推动。在一定的区域内发挥经济、金融、信息、贸易、科教和文化中心的作用，在区域和省域经济社会发展中起着服务、辐射和带动作用。例如我国的杭州、沈阳、武汉、成都、西安等省会城市和深圳、厦门、青岛、大连、宁波、苏州等计划单列的副省级市都在省域及周边范围内发挥着重要作用。

3. 区域内其他中心城市

从行政区划角度看，其他中心城市主要是指除国家中心城市和较大区域的中心城市以外的，在一定区域内经济发展较好，拥有一定的辐射能力，对周边城乡具有一定影响的中心城市。我国部分经济实力中等或偏弱的省区的省会城市和一批有较大影响的地级市可归入此列，如合肥、南昌、南宁、银川、太原、贵阳、温州、湛江、烟台、芜湖等。

(二) 按照城市功能划分

城市功能是城市存在的本质特征之一，是城市这一复杂系统对外部环境的作用和影响的具体体现。按照城市功能，我们可以将中心城市划分为综合型中心城市、复合型中心城市和单一型中心城市。当然，这种分法并非绝对，而只是相对于城市本身的其他功能和其他城市的同等功能而言，该城市在某些功能类型更加突出，更加具有代表性。

1. 综合型中心城市

综合型中心城市就是指集政治、经济、文化、科技、信息等多种功能于一体的高等级城市。这类城市聚集了全国乃至全球的众多高端资源要素，是全国乃至全球的决策和控制中心。例如，对应于 GaWC 排列出的 Alpha 级别的城市，纽约、伦敦、东京、巴黎等都属于综合型中心城市。

2. 复合型中心城市

复合型中心城市就是指具备城市大部分功能类型，但其控制力和影响力相对弱于综合型中心城市的城市类型，其承担着政治、经济、文化、科技、信息等多种功能中的两种以上的复合功能。如洛杉矶是美国电影等文化娱乐产业中心和亚太区航空中心，孟买是印度的经济中心、文化中心、金融中心，法兰克福是欧洲的金融中心和交通枢纽，等等。

3. 单一型中心城市

单一型中心城市主要是指其城市的代表性功能往往只是经济、政治、科技、文化等功能中的某一类或某些细分的功能，这并非指该类型城市仅仅具有这一类功能，而不具备甚至丧失了其他功能，而是指该类型城市在某一方面的功能相对于其他城市或其他功能更加突出，如金融中心城市、会展中心城市、创新型城市等。在实践中，这类城市并不少见，如华盛顿是美国的政治中心，鹿特丹是荷兰和欧洲的港口与物流中心，日内瓦是重要的国际政治舞台等。

第三节　中心城市的综合指标体系设计

当前，有关中心城市的指标研究，在方法及价值取向上尚未统一，而且在研究目的上也各异。我们认为，中心城市发展指标体系的设计，既要与国际上有关城市评价的通行标准和发展趋势接轨，又要与某个区域范围内的中心城市功能定位、战略发展目标、发展理念、发展趋势相承接。也就是说，要在遵循国际范围内中心城市发展规律的基础上突出个性和特色化的发展道路。这一点在欠发达国家的中心城市正在崛起的背景下，更需着重考虑，以区别于传统的以西方发达国家为主的"一边倒"的局面，探索出符合各个区域范围内中心城市发展的新模式。

一　指标设计总体思路

（一）指标设计应与中心城市发展的标志性特质相统一

指标体系设计的一个重要作用是发展导向，因此指标体系设计要与中心城市发展的标志性特质相统一，以便在中心城市建设中起到科学的指引作用。科学的中心城市指标体系，应该既能反映中心城市的核心特征和判定标准，又能作为指导发展方向的标杆。中心城市发展指标体系中，总体实力、网络地位、支撑条件既是反映中心城市在国际国内的地位的决定性因素，也是中心城市发展水平的标志性特质。这些特质应在中心城市指标体系中得到充分体现。因为提升总体实力是建设中心城市的基础工作，提高中心城市在城市网络体系中的地位是建设中心城市的着力点，完善支撑条件则是建设中心城市的重要保障。

（二）指标设计应与城市管理者主动干预发展战略相统一

指标体系构建要实现中心城市与城市管理者提出的城市发展战略相统一。广州市是我国国家中心城市之一，并在积极推进新型城市化发展，其指标体系的构建就必须与新型城市化的要求相衔接。全面建设国家中心城市是新型城市化的重要目标，而新型城市化是建设国家中心城市的重要路径，两者存在逻辑上的衔接和承继关系。在指标体系构建中，要将新型城市化发展的战略导向贯彻到广州国家中心城市指标体系的设计中，体现低碳、智慧、幸福的城市发展新理念，体现强化人才、知识、创新等方面发展动力的导向，体现战略性发展平台、战略性基础设施、战略性主导产业的重要进展，体现优化发展"一个都会区"、创新发展"两个新城区"、扩容提质"三个副中心"的城市功能布局调整的最新成果和战略导向。

（三）指标设计要体现城市动态发展

城市的发展是一个长期动态的过程，指标体系的设计应符合这一发展趋势，包括城市功能演变、发展理念的变化、城市公民诉求的改变等。也就是说，既要反映当前城市发展的现状，也要预示城市发展的未来方向与着力点。比如，从区域性中心城市到国家中心城市再到世界城市的过程，反映了某个中心城市的目标路线图。那么，可以预见，中心城市国际化将不再满足于被动地接受国际化浪潮的影响，而是开始考虑在区域一体化及全球一体化过程中如何扩大城市的影响力和控制力，由被动国际化向主动国际化转变。相应地，指标体系的设计就需要从单纯关心外向性（国际成分的增加），转变为更加关注集中性（国际性活动集中程度）和关联性。同时，指标体系不仅要重视内部经济与战略因素、禀赋比较优势等，更要重视中心城市成功发展中的外部因素，特别是与外部的"流"的连通性。这说明指标体系设计的动态性要求就显得很有必要，以体现指标体系在城市建设不同阶段的衔接性。

（四）指标设计要体现中心城市辐射带动作用

中心城市的基本职能是对外服务。因此，在中心城市指标体系中，要设计能够反映中心城市对外辐射带动作用的指标，充分反映中心城市对其腹地的产业人才培养、高端要素集聚与扩散、资金融通支持、物流人流集散、产业发展服务、社会风尚影响以及文化政治影响等辐射带动和影响功能。另外，指标体系构建还要充分体现中心城市的经济、社会、文化、政治等功能的综合集成效应，这是中心城市区别于一般城市的重要特征。

二 指标选取原则

中心城市发展的目标是多元的，既有经济、社会、人口、资源、环境目标，又有增长、结构优化目标，还有公平、效率目标。因此指标应该依据不同的目标而定，同时还要坚持以下基本原则。

（一）科学性原则

指标体系的建立要以科学理论和技术基础为支撑。指标的指向意义必须明确具体，测定方法标准，统计方法规范，具体指标能够反映中心城市的含义和目标及目标的实现程度，尽量全面、完善，这样才能保证评价结果的真实性和客观性。

（二）可比性原则

指标体系的设计要求各项指标尽可能采用国际上通用的名称、概念和计算方法，使之具备可比性；所建立的指标体系要能用于不同城市之间的横向比较和同一城市不同时段的纵向比较，以便找出不同城市之间的差距和同一城市各方面长期发展的情况。

（三）可操作性原则

指标选择要考虑数据取得的难易程度、可靠性和成本，还要保证可以量化计算，保证指标体系具有可操作性和简单实用。若指标体系不具有可行性，则设计就偏离了原有的主旨。

（四）层次性原则

城市发展指标体系应至少分为目标层、准则层、指标层等，各个子系统之间既相互联系又相互独立，指标群逐级分解，形成多级的有机组合。

（五）协调性原则

在突出创新的同时，也要适当考虑指标的一般性，同时，描述各个子系统的指标应相互适应、相互协调，指标选取应重点突出、比例适当。

三　指标体系构成

参照国际国内有关城市评价指标体系以及中心城市特征和指标设计原则，立足于中心城市发展集中体现的城市、产业、社会管理、环境等全方位的功能与地位，我们构建了中心城市发展的综合指标体系（见表2－3）。指标体系的一级指标，反映了中心城市五个方面的标志性特质。

表2－3　中心城市发展评价指标体系

一级指标	二级指标	三级指标	单位	指标说明
经济中心	经济总量与人均水平	1. 地区生产总值	亿元	反映城市经济实力
		2. 地区生产总值占全国GDP比重	%	
		3. 人均GDP	万元	
	经济结构	4. 第三产业增加值占GDP比重	%	反映城市经济结构的优化水平
		5. 金融业增加值占GDP增加值比重	%	
		6. 先进制造业增加值占规模以上工业增加值比重	%	
		7. 社会消费品零售总额占GDP比重,其中:电子商务销售额占比	%	
交通与信息枢纽	交通枢纽	8. 航空货物运输量占全国比重	%	反映城市基础设施水平及城市辐射功能
		9. 机场旅客吞吐量占全国比重	%	
		10. 港口集装箱吞吐量占全国比重	%	
		11. 港口货物吞吐量占全国比重	%	
	信息枢纽	12. 信息化发展指数	%	反映信息公开度、及时度及获取的便捷度
		13. 企业综合电子商务普及率	%	反映企业经营对信息化手段的运用
对外交往中心		14. 跨国公司总部(含区域总部)数,其中:世界500强企业总部数	个	

续表

一级指标	二级指标	三级指标	单位	指标说明
对外交往中心	要素集聚	15. 实际利用外资存量	亿美元	反映城市吸纳国际经济核心要素的情况
		16. 国际组织数	个	
		17. 外籍人口占常住人口比重	%	
	要素流动、国际商贸和文化交流	18. 商品进出口总额占全国比重	%	反映城市中国际经济文化的交流程度
		19. 服务贸易额	亿美元	
		20. 企业对外直接投资额	亿美元	
		21. 国际航线	条	
		22. 举办国际会议数量	次/年	
		23. 举办国际展览场次	次/年	
		24. 外国人入境旅游人数	万人次	
		25. 国际旅游外汇收入	亿元	
		26. 全球化指数		
科技文化中心	文化教育	27. 城市居民平均受教育年限	年	反映城市文化教育水平和居民的文化素质
		28. 每万人口中大学以上学历占比	%	
		29. 文化产业增加值占 GDP 比重	%	
	创新驱动	30. 科技进步贡献率	%	反映城市创新驱动发展的情况
		31. 每万名劳动力从事研发人员数	人/万人	
		32. 研发经费投入占 GDP 比重	%	
		33. 发明专利授权数	件	
		34. 技术合同成交额	亿元	
		35. 国家创新平台(国家级工程中心、国家实验室的数量等)	个	
低碳宜居城市	低碳发展	36. 人均(公园)绿地面积	平方米	反映城市低碳经济发展水平
		37. 环境质量指数	%	
		38. 单位 GDP 能耗	吨标准煤/万元	
	宜居和谐	39. 居民人均住房面积	平方米	反映城市发展的宜居性
		40. 地区发展差异指数		
		41. 居民平均预期寿命	岁	
		42. 城乡居民收入差距指数	以农村为1	

注：1. 信息化发展指数（Informatization Development Index，IDI）主要从"基础设施、产业技术、应用消费、知识支撑、发展效果"五个方面测量城市信息化的总体水平。2. 全球化指数由多家机构编制，其中《外交政策》和著名国际咨询公司 A. T. Kearney 的评价指标体系比较流行。另外，安永国际会计师事务所也推出了从贸易的开放程度、资本流动、科技和意念交流、劳动力流动和文化整合性等五个方面衡量全球化程度的指数。

（一）经济枢纽

经济总量规模及结构化优势是中心城市形成控制力和影响力的基础。经济枢纽作用的指标包括地区生产总值、地区生产总值占全国 GDP 比重、人均 GDP、第三产业增加值占 GDP 比重、金融业增加值占 GDP 增加值比重、先进制造业增加值占规模以上工业增加值比重、社会消费品零售总额占 GDP 比重等，这些指标从总量、均值、结构等方面分别反映了城市辐射力和影响力的内在基础。

（二）交通信息枢纽

无论是在经典的中心地理论和非均衡增长理论中，还是在中心—外围理论以及当前的各种关于城市发展的理论中，交通信息枢纽构筑了中心城市连接外围地区、交换流的基本通道。系统完善的枢纽型基础设施，连接区内区外、国际国内市场，使城市成为生产要素集聚与扩散之中心地。为反映中心城市交通基础设施发展所带动的城市辐射功能的提升，我们选取了航空货物运输量占全国比重、机场旅客吞吐量占全国比重、港口集装箱吞吐量占全国比重、港口货物吞吐量占全国比重四项指标，综合体现了中心城市的交通枢纽地位。另外，信息化发展指数（Informatization Development Index, IDI）是国家主要从"基础设施、产业技术、应用消费、知识支撑、发展效果"五个方面测量城市信息化总体水平的综合指标，可以较好地反映城市信息公开度、及时度及信息获取的便捷度等综合的信息化状况。泰勒（Peter J. Taylor）提出以网络联系度衡量城市的中心地位，其方式是以该城市所有公司网络特别是生产性服务业公司网络与其他城市网络的联系来测定该城市融入世界城市网络的一体化程度，我们认为这个指标是考量网络时代城市的中心地位和国际化水平的重要参考依据，但本书暂以企业综合电子商务普及率的指标来反映该城市企业对网络与信息技术在经营领域运用的水平。

（三）对外交往中心

根据卡斯特尔斯等人的相关理论，在全球城市的网络中，世界城市的各种"流"的载体，不仅是全球经济发展载体，也是一个国家参与全球竞争的主体。中心城市是世界城市的一般表现形式，在某个区域范围内，中心城市同样是"流"的重要载体，这一载体功能的发挥直接表现为通过城市网络通道，发挥对外交流交往的作用。中心城市就是代表某个广泛区域参与竞争的核心载体，要体现整个区域对外交往的集聚特性。为反映城市对外交往中心的职能，本研究选取跨国公司总部（含世界500强企业总部）数、实际利用外资存量、国际组织数、外籍人口占常住人口比重、国际货物贸易额、服务贸易额、对外投资额、开辟国际航线数量、举办国际会议数量、举办国际展览场次、外国人入境旅游人数、国际旅游外汇收入、全球化指数等指标，综合反映中心城市经济全球化程度及跨国经营的能力和开放性、多元化氛围。

（四）科技文化中心

根据非均衡增长理论和现代世界城市理论，中心城市的最大优势就在于其创新能力，通过创新优势，中心城市集聚了大量人才、科研机构，发挥科技引领、文化辐射的功能，带动资本、组织、人力、信息等其他要素的集聚，因而评价指标体系要体现城市创新驱动发展的核心思想。我们选取了居民平均受教育程度、每万人口中大学以上文化程度人口比重、文化产业增加值占 GDP 比重、科技进步贡献率、每万名劳动力从事研发人员数、研发经费投入占 GDP 比重、发明专利授权数、技术合同成交额、国家创新平台数量（国家级工程中心、国家实验室的数量等）等指标，具体反映中心城市在科教文化引领和创新驱动方面的发展情况。

（五）低碳宜居和社会和谐的人类追求

城市是人类文明的产物，又是文明发展的主体。中心城市作为城市体系的高端形态，代表了城市文明的发展趋势和人类的诉求。因而，中心城市要在可持续发展方面树立典范，在城市公平、区域经济协调、能源低耗、生态环境保护等方面取得显著成效。因此，我们选取了人均（公园）绿地面积、环境质量指数、单位 GDP 能耗、居民人均住房面积、地区发展差异指数、居民平均预期寿命、城乡居民收入差距指数，其中环境质量指数（Environmental Quality Index，EQI）根据国家环境保护部发布的

《环境空气质量指数（AQI）技术规定（HJ 633 – 2012）（试行）》编制，是环境质量参数和环境质量标准的复合值，比较广泛地应用于污染物排放评价、污染源控制或治理效果评价、环境污染程度评价以及某些环境影响评价。上述指标，较好地反映了城市低碳宜居和社会和谐的状况，代表了中心城市在生态环保和社会建设上的时代要求。

第三章　论国际经验

本章选取纽约、伦敦、巴黎、东京、新加坡等国际中心城市为样本，分析其在建设和发展过程中的经验和启示。主要包括：城市规划的科学性和前瞻性；产业政策对产业结构优化升级的引导；打造城市核心优势与特色；注重城市新旧城区、中心与外围的均衡协调，实现城市群的和谐共生、协同发展；锻造良好的营商环境；追求文化的多元包容，形成独特的城市文化内涵；等等。

第一节　纽约发展的经验与启示

纽约于1624年建城，是美国的金融经济中心、最大港口和经济总量最大与人口最多的城市。一个多世纪以来，纽约在商业和金融方面发挥了极为重要的全球性影响，对全球的媒体、政治、教育、娱乐与时尚界的影响也举足轻重。曼哈顿是世界上最大的CBD。2011～2012年纽约的GDP居世界城市第三。

纽约主要经过了四个发展阶段：1870年以前，是一个制造业发达的城市；1870～1920年，城市规模急剧扩大，纽约作为世界贸易和金融中心基本成型；1920～1950年，美国社会经济发展进入工业化后期，纽约成为世界贸易、金融中心；1950年以后，特别是20世纪80年代以后，伴随着第三次科技革命的发展，纽约强化了其世界贸易、金融和传媒文化产业中心的地位并深刻影响着世界市场。

一　打造全球金融中心

二战之后，纽约华尔街成为国际金融交易中心，它的国际影响力迅速扩大。这里形成的资本市场价格及价格指数对世界金融市场的影响首屈一指。

20世纪70年代之后，世界进入浮动汇率时期，国际金融市场动荡，金融风险徒增。华尔街发展了复杂的金融技术，有效配置和降低风险掀起了一股金融创新的浪潮。于是，纽约不但成了国际金融交易中心，而且成了国际金融创新中心。目前纽约在世界银行业务中所占比重为8%。从银行业来看，除了美国和其他主要国家的380家左右的银行外，美国十大银行中的4家总部位于纽约，世界最大的100家银行有90%以上在纽约设有分支机构，世界上最大的10家安全公司中的9家设在纽约、美国最大的10家生命保险公司中的4家公司的总部在纽约，美国十大金融服务公司中的3家设于纽约。

2007年开始的美国次贷危机和2008年爆发的金融危机对纽约冲击强烈，但截至2008年底，纽约证券交易所仍拥有全球最大的上市公司总市值，达15万亿美元，有超过2800家公司在此上市；纳斯达克市场的市值则是全球第三。

二　总部经济带动产业结构升级

纽约不仅云集了全球众多的金融机构，特别是银行及从事金融交易的公司，而且也是世界上跨国公司总部最为集中之地。在纽约市的中心区——长仅1.54公里的曼哈顿老城，面积不足1平方公里的华尔街，就集中了几十家大银行、保险公司、证券交易所以及上百家大公司总部和几十万就业人口。在《财富》世界500强中就有46家公司总部设在纽约，这是美国其他任何大城市都不能与其相比的，如芝加哥和休斯顿分别只有15家，只及纽约的1/3。

纽约有制造业公司1.2万家，制造企业总部云集。与其发展相适应，形成了配套的新型服务业。在纽约，有法律服务机构5346个，管理和公关机构4297个，计算机数据加工机构3120个，财会机构1874个，广告服务机构1351个，研究机构757个。美国最大的6家会计公司中的4家、

最大的 10 家咨询公司中的 6 家在纽约，十大公共关系公司中的 8 家位于
纽约（见表 3 - 1）。

表 3 - 1　纽约主导产业就业占比的变动

单位：%

	1880 年	1909 年	1950 年	1996 年
制造业主导产业	服装(22.5) 烟草(6.2) 冶金机械(5.0) 印刷出版(3.9)	服装(28.6) 印刷出版(11.3) 冶金机械(4.4) 烟草(4.1)	服装(7.4) 印刷(2.8) 食品(2.3) 化学(2.0)	服装、出版印刷、其他小型产品制造
服务业主导产业	贸易与运输(30) 金融	贸易 运输 金融	批发零售(14.7) 金融(7.1) 运输(6.2) 商务服务(4.5)	批发零售(29) 金融房地产(17.0) 保健服务(13.9) 商务服务(10.6)

资料来源：周振华：《城市转型与服务经济发展》，格致出版社，2009。

纽约曾是一个老工业中心，在 21 世纪初的就业人口中，制造业占
35%。二战以后，纽约制造业比重不断下降。20 世纪 60、70、80 年
代，纽约制造业就业人数分别减少了 9 万、18 万和 26 万，下降率分别
为 9%、19% 和 35%。到 1980 年，制造业就业人口仅占 17.4%。随着
纽约传统制造业的外迁，大公司的总部纷至沓来，加强了纽约的第三产
业功能；而周围地区的经济则从原来的以城郊农业为主发展为以制造业
和商业服务业为主。1969~2000 年，生产性服务业就业人数从 95 万增
至 203 万，占就业人口比重从 25% 升至 62%；1994~1999 年，纽约商
务服务业增加了 11.9 万个工作岗位，增长率达到 24.8%，其中专业服
务业贡献达到 44%，这与其产业高度化、精细化发展的趋势是一致
的。[1]

三　与周边城市协同发展

纽约都市圈包括波士顿、纽约、费城和华盛顿四大城市群，是世界五
大都市圈（纽约都市圈、北美五大湖都市圈、伦敦都市圈、巴黎都市圈、

---

[1]　王秉鹏：《纽约市生产服务业的发展与其全球城市地位》，硕士学位论文，东北师范大学，2010。

东京都市圈）之一。纽约都市圈的制造业产值占全美的 30% 以上。

纽约都市圈的层级结构似一座金字塔：塔尖是纽约，第二层是波士顿、费城、巴尔的摩、华盛顿四大城市，再下面则是围绕在 5 个核心城市周围的 40 多个中小城市。五大核心城市各具特色，错位发展，相互补充。纽约与周围城市合理的地域分工格局和产业链的形成，成为这一都市圈发展壮大的基础和保障。纽约周边城市群内的每一座城市都形成了各自的产业亮点，如费城的医药业、重工业，波士顿的高科技产业，巴尔的摩的冶炼工业。以港口而言，纽约附近地区港口之间存在合理的分工：纽约港是美国东部最大的商港，重点发展集装箱运输；费城港主要从事近海货运；巴尔的摩港作为矿石、煤和谷物的转运港；波士顿港则是以转运地方产品为主的商港，同时兼有渔港的性质。

四　政府的科学引导与支持

纽约市政府大力扶持高新技术产业的发展。对高新技术企业，实行房地产税减征 5 年计划（前 3 年减 50%，第 4 年减 33.3%，第 5 年减 16.7%）、免除商业房租税计划（前 3 年租税全免，第 4 年免 66.7%，第 5 年免 33.3%）、曼哈顿优惠能源计划（期限 12 年，前 8 年电费减少 30%，以后每年减 20%）。通过实施"数字化的纽约，线路通向全世界"的产业发展战略，推动非营利组织（教育机构、各产业协会等）、房产主、技术服务商三方的互利合作，共同建设高新技术区域，进而实现产业能级提升。而对于资本密集型产业和传统技术型产业，则通过对外投资兼并收购海外企业等方式，将这些边际产业向外转移，以实现产业结构的调整。[①] 同时，纽约还实行了城市工业园区战略，主要表现在"袖珍工业园区"（依托该市基础设施完备但被废弃的小区，利用联邦资金建设商业大楼，租给小型制造企业，巩固纽约经济结构多样性的传统优势）和"高科技产业研究园区"（利用纽约市众多的大学、研究机构和企业的综合优势，研究开发高科技产品，以适应后工业化城市经济结构变化的新趋势）建设方面。

---

① 周振华：《伦敦、纽约、东京经济转型的经验及其借鉴》，《科学发展》2011 年第 10 期。

第二节　巴黎发展的经验与启示

巴黎是法国的经济和金融中心，在经济、科技、时尚、艺术、文化等领域对世界都有重要影响，与纽约、伦敦和东京一起被公认为世界四大都市。2008年，巴黎及其周边地区的GDP为8134亿美元，占法国GDP的四分之一强。巴黎设有许多世界性的大银行、大公司、大交易所，它们以巴黎为基地，积极开展国际性业务，构成了一个国际性商业网。[①] 巴黎的发展为我们提供了如下经验。

一　塑造鲜明的城市个性：时尚创意之都

巴黎是世界时尚的风向标。这里是世界时装业的"首都"，拥有包括皮尔·卡丹在内的23家高级时装公司、2280家服装店，每年设计生产3500多种新式服装，大部分销售到国外。巴黎还是世界化妆品生产中心，也是世界奢侈品定价中心。巴黎的建设规划设计机构每年承揽世界各地数以万计的开发和建设项目。巴黎每年仅大型的博览会、画展、音乐节等文化活动就有几百场之多。巴黎为扶植创意产业发展，在加强场馆、基础设施及配套服务建设的同时，致力于改善环境、繁荣文化、发掘创造力，使创意产业发展不乏"创意"这一源头活水，也不乏追捧创意产品的市场和受众，把政策扶持做成了实实在在的产业链支持，奠定了创意城市的雄厚产业基础。[②]

二　注重城市建设的战略视野和中心—外围的均衡协调发展

巴黎的城市建设，极具战略视野。早在1853年，巴黎地区行政长官奥斯曼就开始了史无前例的城市改造。他像切蛋糕一样在市中心辟出一条条林荫大道，把原来散乱的道路贯穿起来，织成了一张连通东西南北的道路网。而在网格里，则布满了新建的公园和绿化带。为了保持城市外观的

---

① 百度百科，http://baike.baidu.com/view/11269.htm。
② 王艳、王克婴：《创意城市建设以及对我们的启示——以巴黎为例》，《边疆经济与文化》2012年第8期。

统一协调，奥斯曼还严格限定了建筑的高度、样式，甚至屋顶和外墙的颜色。此后，巴黎的城市规划一直保留了奥斯曼定下的基本格局，至今没有大规模的拆迁和重建。160 年后的今天，巴黎依然在享受着这次城市改造的成果。

依据《历史建筑法》《马尔罗法》等十六项有关城市发展和保护的法律，巴黎对老城区进行了严格缜密的保护和全面动态的开发，从单纯的文物建筑局部保护上升到整体老城区的保护，从强调物质形态到在经济、社会、环境、生态等诸多领域的完善与协调中强调传统空间形式和历史氛围，从单纯的"不变"要求到保护、改造、利用并举的辩证处理，老城区随着城市建设节奏获得了新生，巴黎的历史文化根脉紧跟时代获得了科学的梳理与整合。其新城区建设延续老城区的文化氛围和文化风格，形成了相互协调又相对独立的特点，使巴黎嬗变的节奏没有偏离人文主义追求的主基调。

巴黎的卫星城市建设开始于 20 世纪 60 年代。当时巴黎大区规划提出，在原巴黎市的外围建设城市"副中心"，实现在原有基础上的多极发展，从而转移原来过分集聚的商业和工业，平衡人口布局。在此基础上，巴黎在国际上首次提出建立卫星城市的理念，即进一步将"副中心"的概念拓展到近郊和其他乡村地区，拓展城市的交通设施和产业。经过近 50 年的城市建设，巴黎大区的内部联系已经十分紧密，巴黎大区出现了多个商业集聚的副中心城市。

三　追求艺术与商业的有机结合

巴黎是一座世界历史名城，艺术色彩厚重，名胜古迹比比皆是：埃菲尔铁塔、凯旋门、爱丽舍宫、凡尔赛宫、卢浮宫、协和广场、巴黎圣母院、乔治·蓬皮杜全国文化艺术中心等。巴黎拥有 50 个剧场、200 个电影院、15 个音乐厅。巴黎歌剧院位于市中心的奥斯曼大街，占地 11 万平方米，整个建筑兼有哥特式和罗马式的风格。早在 1469 年，巴黎即出现了印刷业，至今巴黎的新闻出版业仍雄踞欧洲首位。世界最大的通讯社之一法新社（Agence France-Presse）总部设在交易所广场。巴黎拉丁区是法国高等教育的摇篮，古老的巴黎大学现已分为 13 所独立的大学，共有 30

多万学生，其中 5 所分布在郊区。①

商业化的艺术和创意是以非商业化的艺术和创意为基础的，没有后者就没有前者，巴黎在城市发展中很好地解决了两者之间的矛盾，实现了艺术与商业创意的较好结合，形成了世界著名的时尚品牌和消费文化。巴黎城市建设注重融汇多元文化背景的设计建造理念，既强调大手笔纳入世界级大师的优秀作品，又通过《百分之一条款》这样的法令从细节上关注公共建筑工程的艺术化处理和文化元素渗透，让建筑作品各具风采，又与原有的环境和历史氛围相融。

第三节　伦敦发展的经验与启示

伦敦是英国的首都、欧洲第一大城市以及第一大港，也是四大世界级城市之一。从 1801 年到 20 世纪初，作为世界性帝国——大英帝国的首都，伦敦因其在政治、经济、人文、科技等领域的卓越成就，而成为全世界最大的都市。当前，伦敦仍是世界上最重要的经济中心之一。2011 ~ 2012 年，伦敦的 GDP 总量居全球第四，约占英国国内生产总值的 20%。伦敦的发展为我们提供了如下经验。

一　打造国际金融中心

伦敦是比纽约历史更久远的国际金融中心。伦敦共有 500 多家银行，大约 480 多家外国银行在这里开业经营，英国中央银行——英格兰银行以及 13 家清算银行和 60 多家商业银行也均设在这里，全球大约 31% 的货币业务在伦敦交易；伦敦有世界上最大的外汇市场，欧元债券交易量约占全球的 70%；伦敦有世界上最大的欧洲美元市场，石油输出国的石油收入成交额有时一天可达 500 多亿美元，占全世界欧洲美元成交额的 1/3 以上；伦敦还是世界上最大的国际保险中心，共有保险公司 800 多家，其中 170 多家是外国保险公司的分支机构；伦敦证券交易所拥有全球最多的外国上市公司，2008 年底有 681 家，占全球交易所上市的外国公司总量的

---

① 中国战略网，http://world.chinaiiss.com/html/20113/23/w192.html。

22.36%。① 此外，伦敦城还有众多的商品交易所，从事黄金、白银、有色金属、羊毛等贵重或大宗商品的买卖。

伦敦国际金融中心的优势主要包括三个方面。一是金融监管制度，英国政府建立了严密而灵活的金融监管制度，将国际银行也纳入其中。二是金融基础设施，政府建设了完善的金融基础设施，为支付和结算系统的高效运行提供质量保证。三是语言、法律和文化，英语是国际上的通行语言，法律方面的仲裁比较严谨，各国企业的商业合同纠纷愿意在英国法庭或通过伦敦的仲裁机构解决。②

二　追求文化的多元包容

伦敦是一个多元化的大都市，其居民来自世界各地，具有多元的种族、宗教和文化。目前伦敦城内至少有 50 多个少数族裔聚居区，有大约 300 种语言同时使用。当前，约有近三分之一的伦敦居民出生在英国以外的国家或地区。每一次新的移民潮都推动了伦敦的国际化进程，接纳移民则为城市发展提供了充足的人才，并且促进了不同思想、文化的相互碰撞。英国向新加入欧盟的东欧国家开放边境后，每年有数万名东欧人涌入伦敦。此外，还有许多伦敦居民是外国移民的第二代甚至第三代。③

三　形成发达的传媒与文化产业④

伦敦是全球重要的传媒中心，英国广播公司（BBC）、路透社等重要的传媒机构的总部设在伦敦，《泰晤士报》《金融时报》均聚集于此。

伦敦是世界文化名城。全市有 1700 多个免费开放的博物馆、美术馆和画廊。大英博物馆建于 18 世纪，是世界上最大的博物馆，集中了英国和世界上其他国家各国的文物。伦敦有许多画廊，如国家美术馆、国家肖像馆、泰特艺术馆和多维茨画廊等。伦敦的艺术、娱乐形式极为丰富，歌剧、音乐剧、古典音乐、摇滚乐等应有尽有。伦敦至少有 1000 多个剧场，

---

①　杨金梅：《对于我国引入外国公司上市的思考》，《金融理论与实践》2010 年第 2 期。

②　许学强、林先扬、周春山：《国外大都市区研究历程回顾及其启示》，《城市规划学刊》2007 年第 2 期。

③　杜静：《伦敦：现代大都市楷模》，《中国经贸导刊》2005 年第 11 期。

④　百度百科，http：//baike.baidu.com/view/27242.htm。

最为著名的有国家剧院和皇家莎士比亚剧院；伦敦有名的音乐厅有伊丽莎白女王音乐厅、艾伯特音乐厅、皇家音乐学院等；伦敦著名的乐团有伦敦交响乐团、伦敦爱乐管弦乐团、皇家爱乐管弦乐团、爱乐管弦乐团以及BBC 交响乐团。

四　推进产业结构的高级化发展

伦敦有 2000 多年的建城史，在当代众多的国际经济中心城市中，只有伦敦经历了工业革命以来世界经济发展的四次长波，历经了工业化进程的各个阶段，且重化工业阶段相对较长。自 20 世纪 60 年代开始，伦敦开始了从重化工业阶段向后工业化阶段的经济转型，经历了 20 多年的时间。[①] 在经济转型的初期（20 世纪 60 年代后期），伦敦原本强大的制造业呈现明显的衰退趋势，许多工厂关闭，部分企业向其他地区转移。从 1984 年起，基于金融和生产者服务的经济进入一个新的快速发展阶段，一些产业部门的就业比重发生了显著的变化，从以制造业为主转移到以服务业为主。

20 世纪 90 年代后期，英国把推进创意产业发展作为国家产业政策和战略。1998 年，英国创意产业特别工作组首次对创意产业进行了定义："创意产业，是指源自个人创意、技巧及才华，通过知识产权的开发和运用，具有创造财富和就业潜力的行业"。根据这个定义，英国将广告、建筑设计、艺术品、工艺品、时装设计、电影、休闲软件、音乐、表演艺术、出版、电视广播等行业确认为创意产业。[②] 而伦敦也成为全世界最早发展创意产业的都市，伦敦这个老工业城市也因此找到了实现高端转型升级的新的定位，并影响和带动了世界创意产业的发展。

第四节　东京发展的经验与启示

东京是日本的首都，全国政治、经济、文化与交流等领域的中心。东京位于日本本州岛关东平原南部，距本土的南北两端各约 1000 千米，东

---

① 李清娟：《伦敦国际金融中心形成的漫漫长路及未来发展趋势研究》，《科学发展》2012 年第 12 期。

② 中国人民大学文化创意产业研究所网站，http://www.ruccci.com/jyp/xshlw/144.html。

南临东京湾。神奈川、埼玉、千叶三县呈扇形环绕东京。东京是日本国内乃至国际经济活动最为活跃的城市，经济总量目前在全球居首位。2009年，东京的GDP达到85.2万亿日元，占全国的17.6%。东京的发展为我们提供了如下经验与启示。

一　形成强大的具有综合功能的经济中心

东京的综合功能非常强大，核心是五大功能。[①]

一是全国的金融、管理中心。日本30%以上的银行总部、50%的销售额超过100亿日元的大公司总部设在东京。东京的存贷款量占全国的40%；东京的证券交易所是世界三大证券交易所之一。外国在日本投资的企业有3/4在东京设有办事处，2011年办事处总数达2300多家。

二是全国最大的商业中心。东京有16.8万多家批发与零售事业所，商品零售额占全国的1/8，批发销售额占全国的四成，均居全国首位。

三是重要的设计与生产性服务中心。东京的制造业规模在1960年占全国的15.8%，但2009年已经降为3%。目前东京制造业最主要的特点是规模小、门类多、技术先进，是非常典型的城市型工业，其中尤以印刷与电子电气产品最为突出，印刷出版业销售额占全国的20%以上。同时，从制造业服务化过程中分解出来的生产性服务业迅速扩大，"城市型知识服务产业"是所有产业中集中程度最高的产业。以信息通信产业为例，东京全产业从业人员占全国的比率为15.5%，而信息通信产业的这一比率高达49.4%。

四是全国最大的政治文化中心。东京是日本内外政策的决策中心。东京的文化教育在全国处于核心地位，东京共有各类学校近千所，并拥有占全国1/3的国家级文化机构；日本广播电台和三大报纸的总部均设在东京。

五是全国最大的交通中心。东京湾港口群是日本最大的港口群；以东京和成田两大国际机场为核心，组成了联系国内外的航空基地，城市内外陆路交通发达。

[①]　张强：《全球五大都市圈的特点、做法及经验》，《城市观察》2009年第1期。

二 产业结构不断升级

东京的工业进程经历了初级工业化、重化工业化、高加工化和知识技术高度密集化阶段。从明治政府到二战前，东京产业结构以劳动密集型的轻工业为主，尤其是食品工业和纺织工业得到很大发展。20 世纪 50 年代，东京产业结构开始发生变化，出现了大规模制造业的空间集聚。这一时期，东京的经济发展开始偏向资本密集型制造业。60 年代初期，其城市人口超过 1000 万，重工业、化工产业占据整个制造业的半壁江山。此时的东京已转变为以资本技术密集型制造业为核心的产业结构。

70 年代初期后，受 1973 年的石油危机影响，在重化工业污染问题日益严重的背景下，一些知识密集型产业在东京出现，产业结构逐渐从资本密集型转变成知识密集型。随着越来越多的跨国金融机构总部在东京设立，东京的金融服务业迅速发展，基本完成了由制造业中心向经济中心的过渡，成为全国的生产要素配置中心和经营决策中心。

20 世纪 80 年代后期，伴随着高新技术的出现，东京信息工业迅速发展。1986 年，日本建立了东京离岸金融市场，推动了东京国际金融中心的形成。此时，第三产业成为城市经济的核心产业。到了 80 年代末期，东京已成为一个规模庞大、功能齐全的国际金融中心。2009 年，第三产业占东京 GDP 的比率高达 87.0%，比 2000 年提高了 3 个百分点。和全国的产业结构比较，东京向第三产业专业化的特征非常显著。在第三产业内部，占比较大的依次有服务业、批发零售业、金融保险业、房地产业和运输通信业。①

三 科学规划实现大都市圈的协调

20 世纪 50 年代，日本城市规划学会、首都圈建设委员会分别于 1954 年及 1958 年对东京及周边城市形态与规模进行了研究，提出了多种发展模式的比较方案，并参照 1944 年的大伦敦规划，于 1958 年编制了第一次首都圈建设规划，于 1968 年、1976 年、1986 年发布了第二、第三、第四次首都圈建设规划。

① 郑京淑、郑伊静：《东京一极集中及其城市辐射研究》，《城市观察》2013 年第 5 期。

　　1998 年，日本政府对东京都市圈进行了第五次综合开发的规划。规划设想将东京城市中心及周围区域的次中心城市的部分功能分布到都市圈内千叶、埼玉、神奈川等县，以多核多中心的空间格局来实现中心城市功能的有序疏散，从而达到大都市圈均衡有序发展的目标。在东京都市圈的产业分工体系中，东京、大阪、京都分工不同，各有特色，但又互相联动，形成了巨大的协同优势。目前东京都市圈内的产业分布如表 3-2 所示。

表 3-2　东京都市圈内产业布局

地区	区内中心城市	职能
东京	东京	国家政治、金融、信息、经济、文化中心
多摩地区	八王子市、立川市	高科技产业、研究开发机构、大学的聚集地
神奈川地区	横滨市、川崎市	工业聚集地；承担着国港湾的职能，其中横滨市拥有国内最重要的对外贸易港——滨港；也是部分企业总部、国家行政机关的聚集地
埼玉地区	大宫市、浦和市	接纳了东京部分政府职能的转移，在一定意义上成了日本的副都
千叶地区	千叶市	拥有东京成田国际机场；国际交流和商品展示中心；国际空港、海港、物流、临空产业中心
茨城南部地区	土浦市、筑波地区	大学和研究机构聚集地；筑波科学城是世界三大信息产业重镇之一

　　资料来源：中国人民银行上海总部国际部课题组：《东京城市经济圈发展经验及对长三角区域经济一体化的借鉴》，《上海金融》2008 年第 4 期。

四　发展独具特色的城市型工业

　　东京的制造业在经济高速增长时期，曾经是主导产业，其规模 1960 年占全国的 15.8%。后来，先是因为日本国土政策和产业政策严格限制了大都市的工业发展，后是因为日本产业结构转型和东京向世界城市发展，产业结构全面转向第三产业，制造业在东京的地位不断下降。近年来，随着日本制造业的全球转移、新兴市场的兴起，日本国内市场萎缩，资源价格持续上升，日元升值，制造业面临的处境越来越严峻。但值得注意的是，即使东京的制造业总体规模在缩小，但东京仍然是日本重要的制造业中心。在日本 47 个都道府县中，东京事业所数量居全国第二位，从业者规模居全国第六位，产值居全国第十位。目前，东京共有 4 万多家工厂，占全国的 9.1%，制造业产值占全国的 3.0%。产值比率远低于工厂数，反映了东京集中的是小规模制造业，从业人数不到 10 人的微型事业所占 81.4%，如果加上 30 人以下的就占了 95.8%。[1]

第五节　新加坡发展的经验与启示

新加坡位于马来半岛南端、马六甲海峡南口，南面隔新加坡海峡与印度尼西亚相望，北面有柔佛海峡与马来西亚相隔，并以长堤连接新马两岸。新加坡是亚洲最重要的金融、服务和航运中心之一，也素有"花园城市"之美称。在瑞士洛桑国际管理学院（IMD）发布的世界竞争力报告中，新加坡 2010 年竞争力居世界第一位（2012 年为第四位、2013 年为第五位）。新加坡发展的经验主要包括以下几点。

一　及时优化产业选择

新加坡是一个资源匮乏、面积只有 700 平方公里、人口 500 多万的小国。从 1965 年独立至 2012 年，新加坡人均 GDP 增长了 80 倍，实现五次经济转型——从 20 世纪 60 年代的劳动密集型产业，转型至 80 年代的资本密集型产业、90 年代的科技密集型产业，又转型至 21 世纪的知识密集型产业。

新加坡对于新兴产业的选择，主要基于对未来发展趋势的判断。首先，鉴于人口老龄化问题越来越突出，新加坡大力发展医疗服务业与生物科技，现在生物制药业人均年产值远高于其他制造业的平均水平，成为仅次于电子、化工产业的第三大加工业；其次，考虑到人们收入提高后将加大时尚消费的比例，新加坡大力发展数码媒体等新兴产业；再次，随着城市化程度越来越高，交通、水电、环境保护等问题将需要更好的解决方案，因此新加坡也将环境科技、洁净能源等列为重点产业。

金融业是新加坡重点发展的现代服务业。以提供高标准的、安全的财富管理为最大特色，新加坡成为亚太区跨国公司区域财务管理中心、全球第四大外汇交易中心。截至 2012 年，新加坡已有逾 700 家财富管理公司，

---

① 郑京淑：《日本的空间政策对广东"双转移"战略的借鉴》，《国际经贸探索》2010 年第 1 期。

并有大批法律、会计、软件开发和管理咨询等服务业产业集群。普华永道认为，预计到 2020 年，新加坡有望取代瑞士成为全球最大的离岸财富管理中心。

二　实行实质性的税收优惠政策

新加坡是全世界公司税税率最低的国家之一，企业所得税缴纳比例为 17%，几乎为亚洲最低。就个人所得税而言，新加坡实行阶梯式计算法，最高边际税率上限为 20%。若年薪 100000 美元，并有两名家属，则只需承担 9% 的实际税率。目前，全球超过 90% 的货物可以自由进出新加坡而不需要缴纳关税，应税货物只有酒类、烟草、石油以及车辆等四大类商品；应税货物和非应税货物进口到新加坡都征收 7% 的消费税。[①] 此外，拥有政府授予的"区域总部"头衔的企业，还将享有 15% 的税收优惠；新加坡与其他国家或地区签署了 50 个避免双重课税的协定和 30 项投资保证协议，使选择在新加坡进行跨国业务的跨国公司总部享有更大优势。

2001 年 6 月，新加坡推出全球贸易商计划（Global Trader Programme），对政府批准的"国际贸易商"给予 5～10 年的企业所得税优惠，税率为 5% 或 10%。这个税收奖励计划的目的是吸引大型国际贸易公司前来设立区域营运中心，将新加坡作为其环球业务交易基地。

根据世界银行、国际金融企业、普华永道发表的环球税务系统调查报告，新加坡在全球 178 个国家中交税简易度排名第二，仅次于马尔代夫。在新加坡，公司每年平均仅需花 49 个小时处理税务工作，公司只需办理 5 项税务，在最少税务国家排名榜上列在前 10 名。[②]

三　正面应对，有效化解转型阵痛

从新加坡经济发展的历程看，其经济转型的成功之处，在于政府能够适时提出新的经济发展战略。而每一次成功的经济转型，都使新加坡经济跨上一个新的台阶，形成一次新的飞跃，从而使新加坡经济形成一种可持续发展的良性模式。

---

① 邵菲：《新加坡自由港竞争之道》，《第一财经日报》2013 年 8 月 5 日。
② 陶杰：《新加坡：税务制度全球排名居前》，《经济日报》2012 年 11 月 29 日。

对于转型升级中的阵痛，新加坡一方面坚定推行转型战略，另一方面也采取有效措施化解转型矛盾。

1979 年，新加坡宣布实行"第二次工业革命"，其目标在于使其产业结构从传统的劳动密集型产业转变为电子、化学、机械以及运输设备制造等资本、技术密集型产业。政府开始推行"三年高工资政策"。政府带头给雇员加薪，在国家工资理事会的协调下，资方、劳方、政府三方商定每年工资增长计划并严格执行。无利可图的工厂搬到马来西亚或印度尼西亚等国家，实在落后的就淘汰。也有一部分工厂将高附加值部分的生产环节留在新加坡，或者转向产业链中利润率较高的环节。

高工资政策不仅逼迫企业转型升级，而且促进了产业和谐，避免了剧烈的劳资冲突。然而，转型之路注定是一个艰难的历程，在取得明显成效之前，由于世界经济发展停滞，再加上工资提高过快，企业一时难以适应，纷纷迁走。1985 年新加坡遭遇历史上第一次经济衰退，当年 GDP 为负增长。但新加坡坚持转型的道路不变，并且正面应对转型带来的挑战，不仅减少个人所得税、降低各种公共费用和金融成本，还出台促进高级技术投资的综合政策，大力引进和培育高附加值的制造业，逐渐实现了产业更替。到 20 世纪 90 年代，电子电器、化工、船舶已成为新加坡制造业的三大支柱。留在新加坡的制造业，基本属于高附加值的先进科技产业，它们生产的是具有强劲国际竞争力的尖端科技产品。[①]

四 为企业提供多维度的便利

在经济发展和经济转型的过程中，新加坡政府注重从企业的角度考虑问题和解决问题。例如，在新加坡经济起步初期，企业需要快速建设厂房，需要税率优惠，等等，政府就会在这些方面及时给予帮助；企业在迅速发展后需要高素质人才，政府就及时推出各种教育培育计划并积极为高端人才和相关企业牵线搭桥。在生物医药行业，政府引进了欧美的高端专家，以带队研发；在清洁能源领域，政府也引进了德国的高端专家，以帮助企业进行研发和创新。按照新加坡劳动力发展局与新加坡中小型企业协

---

① 万卫东：《新加坡经济结构转型的特点及对中国的启示》，《中农业大学学报》（社会科学版）2010 年第 5 期。

会 2012 年 5 月联合推出的"扩展人才计划"，凡是加入中小企业不足三个月的专业人士、经理和执行人员，都可参加为期三天的培训课程，培训费用的 90% 由劳动力发展局提供。据了解，该计划实施一年来，为 400多家中小企业提供了帮助，接受培训的员工留职率达 90%。[①]

新加坡注重以宜居的环境、良好的科研配套设施以及高薪等综合优势来吸引和留住人才。例如，新加坡有电子、生物医药、石化等国际领先的产业群，许多行业都有自己完整的产业系统，这给高端科研人才提供了很好的研发环境。在住房配套方面，每个已婚新加坡公民（或 35 岁以上的未婚公民）都能向政府建屋发展局申请一套房子，房子价格只有市场价格的一半。至 2010 年已有 91% 的新加坡人居住在政府提供的组屋里。这个居者有其屋计划能有效留住人才。

新加坡 1989 年推出的贸易网 TradeNet，是世界上第一个用于贸易文件综合处理的全国性 EDI 网络。TradeNet 连接了新加坡海关、税务等 35个政府部门，形成面向企业服务的单一窗口。与进口、出口（包括转口）贸易有关的申请、申报、审核、许可、管制等全部手续均通过贸易网进行。使用该系统，企业和贸易商只需要递交一份完整的电子文件，就可以完成通关的所有程序。由此，在通关处理时间上，由之前的 2~7 天缩短到了不足 10 秒钟；费用由 6~12 美元降低为 2 美元；需要递交的文件数量由 3~35 件减至 1 件；参与通关处理的人员由 134 人减少为 1 人。码头作业系统则实现全程自动化无纸作业，集装箱通过港区大门通道只需 25秒。[②]

---

① 陶杰：《新加坡实施"扩展人才计划"》，《经济日报》2013 年 5 月 24 日。
② 邵菲：《新加坡自由港竞争之道》，《第一财经日报》2013 年 8 月 5 日。

第四章 论历史演进

广州是一个具有悠久历史的文化名城，是华南地区的政治、经济和文化中心。2008 年由国务院批准实施的《珠江三角洲地区改革发展规划纲要（2008～2020 年）》，更明确将广州定位为"国家中心城市"。一直以来，广州在中国经济社会发展中扮演着重要角色；改革开放后，广州担负着为国家多做贡献和在改革开放中先行一步的重任。广州经济总量从 20 世纪 90 年代起就一直在国内城市中居第三位。

第一节 华南经济中心的历史地位

在区域经济中，经济中心是相对于经济腹地而言的，它既是特定范围经济区域内的经济运行枢纽，通过自身的聚集和辐射功能为广大经济腹地服务，同时又依靠这个腹地经济的滋养而产生、发展和壮大。广州地处珠江三角洲的北缘，其作为华南经济中心的初始形成，正是在珠三角这片土地上，在与腹地经济相互促进、长期发展的历史进程中完成的。

一 珠江三角洲的开发与广州历史地位的形成

广州所在的珠江三角洲开发较早，如果从围田古平原的开发算起，距今已有 5000 多年的历史。新中国成立以来，在围田平原的多处地区曾相继发现大量新石器中、晚期的文化遗迹，而从广州、佛山以及香港等地出土的先秦时期的铜器则说明，在秦统一岭南之前，珠三角地区已进入青铜文化时期①。

秦统一中原后，为开发南越，开凿兴安运河（即今广西灵渠），连接长江水系与珠江水系，沟通了岭南地区与中原的水路交通。公元前214年设置南海郡（包括今广东大部分地区和广西一部分地区）②，郡治设于番禺即今天的广州市。秦之后，南海尉赵佗自立为南越王，"汉与南粤通关市"。据《史记·货殖列传》记载，到公元前111年汉武帝出兵平定南越时，番禺已是"南越一都会，珠玑、犀、玳瑁、果、布之凑"。东汉末年，广州附近已多种桑蚕③，开始出现印染、丝织等手工业。而广州汉墓出土的船模则证明当时该地区造船业与船运交通发达、商业和对外贸易繁荣④。及至汉后三国吴黄武五年（226年），划交州东部为广州，番禺为广州治所，"广州"一名由此开始⑤，其作为经济中心也具雏形。

唐开元四年（716年）由张九龄主持重修了大庾岭陆道，从而使北江航道成为岭南地区与我国内地联系的主要交通干线，汉人南迁更多。据考证，隋代广东有人口13万户，占全国总户数的1.5%，以每户4.5人估算，约有人口近60万；到唐天宝年间（742~756年）发展为近22万户，占全国总户数的2.2%，人口估计已达100多万⑥。唐代除重开汉时的西域陆道之外，又加强了南海的海上交通，与西亚、东非以及东南亚一带的许多国家建立了政治、经济和文化联系，并于唐开元二年（714年）在广州设立市舶使，这是我国封建社会首次设官员专门管理海外贸易⑦。广州成为当时最大的通商港口和全国的对外贸易中心。

宋代我国社会的政治经济重心逐步南移，同时由于北方战乱的影响，中原汉民大量南迁，珠三角地区人口迅速增加。至元二十七年（1290年），珠三角已成为广东人口分布最稠密的地区，珠江三角洲由此进入大规模开发时期。宋朝实行鼓励围垦的政策，珠三角耕地面积不断扩大，粮

---

① 参见王光振等《珠江三角洲经济社会文化发展研究》，上海人民出版社，1993，第2~3页。

② 司马迁：《史记·秦始皇本纪》，中华书局，1959。

③ 参见吴郁文主编《广东省经济地理》，新华出版社，1986，第53页。

④ 中国社会科学院考古研究所等：《广州汉墓》，文物出版社，1981，第475页。

⑤ 见《广州百科全书》，"广州设置"条目，中国大百科全书出版社，1994，第297页。

⑥ 参见赵文林、谢淑君《中国人口史》，人民出版社，1988。

⑦ 陈苍松：《市舶管理在海外贸易中的作用和影响》，转引自陈柏坚主编《广州外贸两千年》，广州文化出版社，1989，第73页。

食产量大幅提高，经济作物和手工业也比唐代有所发展，尤其是新兴的制糖和棉纺织手工业日显突出。农业和手工业的发展使出口物资日渐丰富。971 年北宋在广州首设市舶司，比唐时又进了一步①，促使广州"对外贸易额几占全国的90%以上"②。

明、清时期珠江三角洲经济有了长足发展，特别是明初基塘生产方式的出现，使其成为国内重要的养蚕区和蔗糖产地，以及花果、塘鱼、蒲葵、种香等经济作物的集中产区，促进了广州的手工业、商业和对外贸易规模进一步扩展。清代康熙二十四年（1685 年）清政府正式解除海禁后，在广州设立了中国第一个海关——粤海关，取代唐代以来的市舶司，负责税收和发展对外贸易。正是在珠三角经济开发的长期历史过程中，广州作为华南经济中心的地位逐渐形成。

二 广州的地缘经济优势

一个城市是否能够成为经济中心，除取决于所在区域经济的发展外，还与该城市拥有的自然条件有很大关系。广州的地缘经济条件有独特优势。

（一）历久不淤、连通河海的港口

广州地处珠江三角洲北缘，远古时期本是珠江入海口，海船由狮子洋顺潮使用风帆能直接驶入广州。1976 年在今广州市区中山四路发现一处规模较大的秦汉造船工厂遗址，表明船台所在地原是一处浅海滩③。唐宋诗文中大量关于海舶的记述，表明广州曾是海港。由于西、北江及其岔流挟带泥沙不断流入，大量泥沙淤积，使出海口南移至黄埔以东，海港也就渐渐转为河港，开始产生"外港"问题。广州城自唐代以来，除兰湖、东澳、西澳、玉带壕等内港的建设外，外港扶胥港亦已兴起（见图 4 - 1）。外港扶胥在明代以后，海岸日浅，渐为琶洲新港代替。鸦片

---

① 参见陈苍松《市舶管理在海外贸易中的作用和影响》，转引自陈柏坚主编《广州外贸两千年》，广州文化山版社，1989，第 141 页。
② 顾朝林：《中国城镇体系》，商务印书馆，1992，第 4 页。
③ 麦英豪：《汉代番禺的水上交通与考古发现》，载陈柏坚主编《广州外贸两千年》，广州文化出版社，1989，第 43~55 页。

战争后，广州的外港从琶洲港区逐渐向东移，海舶集中到今天黄埔港一带。这一方面是由于来广州的外国商船越来越多、越来越大，港阔水深的黄埔比航道淤积、沙洲范围不断扩大的琶洲好；另一方面是由于清政府不准外国商船沿江下舶，而指定其舶于黄埔，故琶洲不能再成泊位。按武堉干《中国国际贸易史》统计，嘉庆二十二年（1817 年），黄埔进口值达 1971 多万银圆，占广东进口值 2348 万银圆的 83.9%，可知这时黄埔已是广州的首要外港。

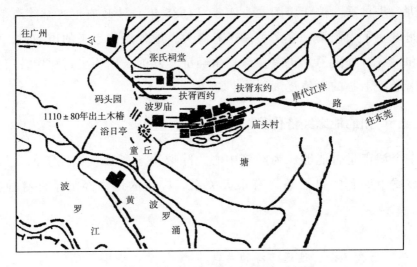

图 4 - 1　古代广州外港——扶胥港的位置

资料来源：转引自曾昭璇《广州历史地理》，广东人民出版社，1991，第 246 页；原图标为"南海神庙附近简图"。

可见，广州由海港变为河港经历了平稳的渐变过程，始终保持着河海连通的特点，使内河和海外交通长期不中断，使之不仅成为岭南最大的商品集散流通中心和我国古代海上丝绸之路的发源地，而且发展成为华南地区最大的中心城市。

（二）"三江总汇"的经济腹地

广州素有"三江总汇"之称。北江原为西江的一大支流，西江称为牂柯江，可直达广州，而东江由新塘汇入狮子洋后，也可顺潮入广州。三江总汇的特点使广州与三江流域广大城乡相连，拥有辽阔的经济腹地。西江全长 1992 公里，流域面积约 25 万平方公里。从梧州到三水，丰水期可通行 1000 吨的船只。从广东溯西江而上，可经柳江、郁江、桂江等支流直达柳州、桂林、南宁等地，还可通过红水河上溯至南盘江，进入云南、贵州。北江全长 582 公里，流域面积约 4.65 万平方公里，广州的经济腹地可以通过北江延伸到内陆（见图 4-2）。东江干流全长 530 公里，连同支流和三角洲上的水道，全部通航里程为 1963 公里，流域面积约 2.8 万平方公里，是广州与粤东城乡联系的主要通道。

图 4-2 古代西江、北江汇入广州地点

资料来源：转引自曾昭璇《广州历史地理》，广东人民出版社，1991，第 431 页。

三 广州对外贸易的地位和作用

（一）海上丝绸之路的始发地与枢纽港

在公元前 4 世纪中国的丝绸便已传入印度和地中海沿岸，出现在古希腊城邦，这些丝织品除由西北陆路输出外，经由番禺（广州）等越地输出者不在少数。有研究引述菲律宾学者的考证，"约在周秦时代，菲律宾的统治者履朝中土，而中国商人亦常运绸、米于菲岛贸易，经三月而返"，认为广州当时已通过海路与南洋诸国进行贸易①。有专家指出："珠江口以西一段航线是通往中南半岛和南洋群岛各地最古远的航线。……实际的存在比文字正式记载要早，从各方面推算，早在先秦时期已经开通了。"②《淮南子·人间训》曾指出秦始皇用兵岭南的经济诱因是"秦又利越之犀角、象齿、翡翠、珠玑"，因为这时的番禺等岭南各地，已经成为海内外珍品的集散地。

秦统一岭南之后，据文献记载及广州南越王墓出土文物中丝绸套色印模的发现等，可见当时已出现了纺织作坊，丝织业已相当发达；而多处秦汉时代造船遗址和西汉墓葬中出土的木船、陶船模型等，表明造船业及航海业已有相当的发展，广州已逐渐成为中国当时重要的外贸港口城市。商船从番禺（广州）起航，出珠江口，向西沿南海北岸西行，过麻六甲（马六甲）海峡，进印度洋、印度半岛南部海域，到达已不程国（今斯里兰卡），这一航线是中国已知最古老的海上丝绸之路航线。秦汉以后，交、广两州分治和设置广州，客观上加强了广州在华南地区的政治、经济地位。这期间，由于造船业的发展及航海技术的提高，一条由广州经今海南岛东北角七洲洋进入南沙群岛海面再到达东南亚的新航线得以开辟，缩短了广州到东南亚诸国的航程，使其作为外贸港口城市的优势得到进一步发挥。

隋唐两代实行允许各国商贾往来的开放政策。一是开辟了被称为"广州通海夷道"的航线，由广州经南海、印度洋沿岸到达波斯湾各国，这是当时世界上最长的远洋航线，也是自秦汉时代开辟的南海海上丝绸之路的延伸和完善（见图4-3）。二是唐朝政府为鼓励各国商人来中国进行贸易，于唐开元二年（714年）专门在广州设置了市舶使管理对外贸易，同时为了加强对外国商人的管理，在广州城西南濠东岸藩船（外国商船）码头区设立供外国商人集中居住的"藩坊"。据当时文献记载，每日到广州的外舶约11艘，全年到港舶数达4000余艘；由于侨居的各国商人很多，语言、风俗各异，广州也成为对外文化交流的中心，尤其是东西方宗

---

① 转引自陈代光《广州城市发展史》，暨南大学出版社，1996，第232~234页。
② 参见叶显恩《广东航运史》，人民交通出版社，1989。

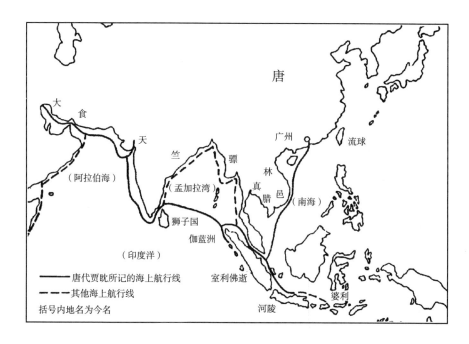

图 4 - 3　唐代海上丝绸之路航线

资料来源：《广州百科全书》，中国大百科全书出版社，1994，第 333 页。

教汇聚的中心。许多外国商人不仅来广州进行贸易，而且往往把广州作为进入中国内地开展贸易活动的基地。唐代修治的大庾岭道，也为内地通过广州进行对外交往提供了便利。在种种因素的共同作用下，广州作为全国对外贸易中心的地位得以确立。

（二）全国第一外贸大港

在鸦片战争前的 2000 多年中，广州基本居于全国第一外贸大港的地位，其间只有南宋到元约百年间被福建泉州取代。

宋元时代，中国社会经历了唐后五代十国的分裂割据后重新实现了统一，中国的对外贸易也进入空前的繁荣时期，971 年北宋首次在广州设立了市舶司，有了正式管理对外贸易的官方机构。随着全国对外贸易的繁荣，北宋先后在五个港口城市设立市舶司，南宋又增加了四个（见表 4 - 1）。但直到宋末，广州港的对外贸易额仍占全国的90% 以上。

表 4 – 1　宋代设市舶司的海港城市

设市舶司港口	设置时间	特　点
广州	971 年	汉唐以来南方主要海港,侨居的外国人多
杭州	989 年	南宋首都,盛极一时
明州(今浙江宁波)	999 年	南达闽广,东通日本,北至朝鲜半岛,有商旅往来
泉州	1087 年	通南洋门户,外商聚居之众仅次于广州,宋末元初曾一夜凌驾广州之上
密州板桥镇(山东胶州)	1088 年	宋时北方重要港口
嘉兴华亭县(今上海松江)	1113 年	长江流域对外贸易出口
温州	1132 年	
江阴军(今江苏江阴)	1146 年	长江流域对外贸易出口
秀洲海盐县澉浦	1246 年	长江流域对外贸易出口

资料来源:顾朝林:《中国城镇体系》,商务印书馆,1992,第85页。

　　南宋迁都至杭州（古称临安）后，给靠近杭州的泉州带来了繁荣的机会。由于泉州地处南海和东海两条航线的交叉点上，所在的晋江流域又是丝、茶、瓷器的主要产区之一，在宋朝政府加大对泉州外贸业扶持政策的支持下，宋末泉州港逐步呈超越广州港之势。元初，由于广州仍为南宋军民抗元的最后据点，至元十五年（1278年），元军才攻占了广州，故元朝政府也对泉州市舶给予特殊扶持，在泉州最早恢复设立市舶司，并规定全国各地港市的税收均以泉州为例，全国性的军事行动和使节出航都从泉州起碇等。泉州一度取代广州成为全国第一外贸大港。广州港此时虽屈居第二位，但仍然是我国对外贸易的主要港口。据《岛夷志略》所记，1286年广州恢复设立市舶司后，丝绸出口所到国家和地区达50多个，其中由广州直接出口的就有16个，占比超过32%[①]，其出口范围广阔，包括东南亚各国、印度和非洲的多个国家和地区。据13世纪初摩洛哥旅行家伊本·白泰图的游记所载，"广州是世界大城市之一，市场优美，为世界各大城市所不能及，其间最大的莫过于瓷器市场"[②]。

① 杞晨:《元明时期广州的海外贸易》,《广州外贸两千年》,广州文化出版社,1989,第175页。
② 转引自顾朝林《中国城镇体系》,商务印书馆,1992,第86页。

元末以后由于种种原因，特别是由于晋江的淤浅，泉州港逐渐衰落。明洪武三年（1370 年）在广州、泉州、宁波（古称庆元）各设市舶司时，泉州已从国际外贸大港降为只接纳琉球贡使的小港口，而广州港仍"通占城、暹罗及西洋"。明中期以后（1474 年）泉州市舶司迁到福州。嘉靖元年（1522 年），明政府撤销福州、宁波两市舶司，只保留广州市舶司，此后实行长达 43 年的海禁。广州虽然受到海禁的种种限制，但毕竟保留了对外贸易（官方贸易，即史称的"朝贡贸易"）的权力，成为全国唯一的对外通商口岸，恢复了全国第一外贸大港的地位。

清代康熙、乾隆年间实行一口通商 85 年，粤海关为唯一的对外通商口岸，由此迄鸦片战争，广州一直是中国和亚洲最大的国际贸易港口。"中华帝国与西方列国的全部贸易都聚会于广州，中国各地物产都运来此地，各省的商贾货栈在此经营着很赚钱的买卖。东京、交趾支那、柬埔寨、缅甸、麻六甲或马来半岛、东印度群岛、印度各口岸、欧洲各国、南北美各国和太平洋诸岛的商货，也都荟集到此城。"[①] 以广州为起点和目的港的海上丝绸之路进一步延伸，覆盖了大半个地球。

（三）鸦片战争以后的变化

1840 年爆发的鸦片战争是中国沦为半封建半殖民地社会的转折点，也是广州在外贸地位上逐渐弱化的转折点。第一次鸦片战争失败后，清政府被迫开放广州、厦门、上海、宁波和福州五处通商口岸，并割让香港给英国，广州外贸地位发生了重大变化。从 1853 年起，广州作为全国第一外贸大港的地位为上海所取代，对外贸易的中心从此转移到上海。以中国当时最大两宗出口商品生丝和茶叶为例，1844 年以前中国生丝全部经广州港出口，但从 1845 年开始部分生丝转由上海港出口，一年后上海港生丝出口占中国全部出口量的 81%，至 1854 年以后中国生丝全部改由上海港出口。同样，1843 年前中国茶叶完全经由广州港出口，而从 1844 年起，开始有少量经由上海港出口（仅占当年出口量的 1.6%），到 1852 年经由上海港出口的茶叶已占全国总出口量的 61.8%，而到 19 世纪 60 年代初福州的茶叶出口也占 33%，广州已无

---

① 转引自姚贤镐编《中国近代对外贸易史资料》第 1 册，中华书局，1962，第 305 页。

足轻重。从进口情况看，以当时我国自西方主要贸易对象英国进口的商品为例，在19世纪40年代我国进口的6种主要英国商品中，广州港都超过了上海港；而从1852年起，在我国进口的8种主要英国商品中，广州港只有两种超过上海港。图4-4说明了这一时期英国经广州和上海进出口商品总值的变化，显示了广州对外贸易中心的地位逐渐被上海取代的过程。

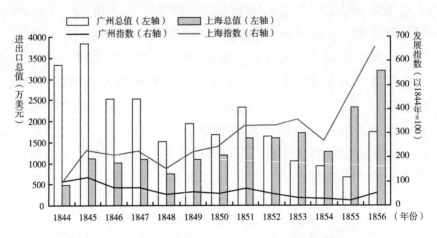

图4-4　1844～1856年广州、上海与英国贸易情况对比

资料来源：根据《马克思恩格斯全集》第12卷（人民出版社，1962）第625页表格中的数据整理计算和绘图。

　　鸦片战争后，广州对外贸易中心的地位发生了变化，其主要原因一是西方资本主义国家扩大了对中国的经济侵略，并将这一侵略的重心由广州向中国东部和中部推移，特别是向上海推移；二是英国占领香港后直接损害了广州港的对外贸易的结果。但是，上海港之所以能够崛起，与其经济发达程度、资源条件、有广阔的腹地，以及地处全国海岸线的中心且扼长江入海口等优势是分不开的。尤其是1857年西方国家取得了长江航运权后，上海取代广州成为中国第一贸易大港就更属必然。此外，1850年太平天国运动也在很大程度上阻断了内地通往广州的商路，使内地输往广州港出口的外贸商品锐减。

　　即使如此，由于广州当时已是世界上最大的城市之一，商业基础牢固，外贸历史悠久，在华南地区仍然居于中心地位。在1856年第二次鸦片战争后，虽然广州对外贸易在全国的比重逐步下降，但广州港的进出口货值，除 1878 年略有下降外，则一直在上升，1868～1898 年经广州关的进口货值由 1833.65 万海关两上升至 3257.88 万海关两，到 1928 年达到 11342.2 万海关两。换言之，60 年间广州的对外贸易增长 5 倍多，即每年平均递增 3.1% 左右，这在当时也应算不低的增长速度了，由此可见广州对外贸易的重要程度。

第二节　从计划经济到改革开放

1949～1978 年近 30 年间，广州 GDP 年均增长 9.3%，全市国民经济总体规模扩充近 14 倍[①]。然而，由于实行高度集中的计划经济体制，忽视中心城市的发展，广州作为华南经济中心的地位和作用也受到一定的影响。改革开放以来，广州运用中央赋予广东"先行一步"的特殊政策和灵活措施，以及"沿海开放城市"的有利条件，以"敞开城门，搞活流通"为突破口，力图摆脱传统计划经济发展模式的束缚，大力发展市场经济，调整优化产业结构，经济运行机制发生了显著的变化，广州中心城市的地位和功能得以逐渐复归和振兴。

一　计划经济时期的广州经济

（一）向工业生产城市的转变

新中国成立前广州主要是商业城市，工农业生产所占比重不大，1949 年全市工农业总产值只有 4.14 亿元（当年价，下同），其中工业总产值 2.97 亿元，以当年年末全市 247.5 万总人口计，人均工业产值不到 120 元，工业行业的全员劳动生产率也只有 2637 元。全市能生产的产品只有 13 种，全部工业固定资产原值只有 8163 万元，百人以下的小厂占 90% 以上，大多属于加工修理和消费资料生产性质，平均每个工厂只有动力设备 2.63 千瓦。

在进入第一个五年计划时，经济建设的一个指导思想就是要把广州"由消费城市基本改变为社会主义的生产城市"。所谓"生产城市"，就是

---

① 根据广州市统计局编《广州四十年》和《广州经济年鉴》（1983）中有关数据计算，本节以下使用的数据除特别注明外，均来源于此。

随后更明确提出的"社会主义工业生产城市"①。这一指导思想贯穿于自"一五"时期至改革开放前广州近30年的经济发展过程。为了实现这一目标，广州采取了大办工业的一系列措施。1953～1978年，全市工业建设投资合计达29.67亿元以上，占全市同期投资总额的44.02%，新建工业企业1000多家，改建、扩建了一大批原有工业项目，新增工业固定资产23.59亿元，使全市工业生产能力扩充了18.5倍。大量劳动力进入工业部门，1952年工业部门就业人数只占全市城镇在业人数的29.7%，到1978年已占全市城镇在业人数的45.4%。1978年，在全市国内生产总值的构成中，工业增加值比重为56.52%，广州工业总产值占全省工业总产值的36.5%，工业已经成为广州经济生活的重要支柱。在工业产业结构方面，调整了轻重工业的比例，并形成相对完整的工业行业结构。1949～1978年轻工业以年均11.3%以上的速度增长，1978年轻工业总产值已达47.68亿元，占全市工业总产值的63.24%，约占全省轻工业产值的42%，在全国十大城市中排第四位。广州部分轻工业产品在当时的国内具有一定的地位，如手电筒占全国产量的60%，雨伞出口量占全国的50%，干电池、缝纫机、蓄电池产量在全国居第二位。一些新兴工业如塑料、自行车、钟表、保温瓶、罐头、化纤等也得到迅速发展。重工业从底子较薄的状态中发展起来，在全市工业中的比重从1949年的10.2%上升到1978年的36.76%，增长达120余倍，其中冶金、化工和机械工业比重上升较快。

(二) 城市工商业所有制结构的变化

三大改造完成以后，工业所有制结构发生了根本变化。私营工业和个体手工业在市区工业总产值中所占比重，分别从1950年的75.6%和9.96%降为1956年的0.17%和4.63%，而全民所有制工业和集体所有制工业所占比重，则从1950年的13.59%和0.85%增加到1956年的82.56%和12.64%。1958年以后，私营工业已经消失，个体手工业也只剩下微不足道的极少比例。

---

① "生产城市"提法最早见于1954年广州市市长何伟在市第四次党代会上的报告；1955年市委书记王德在市第五次党代会报告中提出"工业生产城市"。参见广州市社科所编《广州经济中心文集》（中），第319～321页。

1956年广州商业、外贸实行了全行业公私合营，其中商业行业实行公私合营的商店6824户，实行合作化的小商贩36120户，合计占商业总户数的97.3%。在全市商业批发额中，国营商业所占比重从1952年的37.5%上升为90.5%，供销合作社商业由2.2%上升为9.5%。绝对的公有制和计划经济体制严重妨碍了生产力的发展，1959~1961年三年间，广州猪肉零售量下降86%，家禽下降50%，鲜蛋下降93%，水产品下降18%，市场供应遭遇很大困难，政府不得不对主要副食品采取凭证供应的措施。全市社会商品零售总额连年下降，这种低迷状况除了个别年份外，一直持续至改革开放才有所改观。外贸行业从1953年起已开始采取逐步减少私营进出口商经营活动的措施，到1956年对私营企业全部实行了公私合营，共有2031户私营进出口商并入公私合营外贸单位；随后又实行了国营与公私合营外贸单位合署办公，基本完成了进出口企业由私有制转变为公有制的改造，由此广州的对外贸易完全转为国营。

（三）"文革"对商业、外贸的破坏

20世纪60年代中期开始的10年"文革"，使广州商业和外贸遭到严重挫折，多种经济成分变成绝对的独家经营，多种购销形式变成完全的统购包销，同时大撤大并商业网点。到1975年，市内商业网点只剩下3269个，比1955年锐减了95.7%，出现了"吃饭难、做衣难、理发难、住店难"的状况。当时市场一片凋零，特别是副食品供应陷入十分困难的境地。如1965年省外每年调入生猪尚有47万担，到1975年竟下降到不足3000担，牛羊肉零售量下降73%，家禽下降63%，鲜蛋下降72%。"文革"头五年全市社会商品零售总额平均年增长率只有2.55%，后五年虽有所好转，但平均增长率也只有7.13%。

外贸行业更是遭到严重的破坏。虽然"广交会"在受到干扰和破坏的情况下从未中断，但成立于1959年的广州市外贸局及其下属的进出口公司，在1970年被撤销，所有业务并入省公司经营，导致当年广州外贸出口收购负增长4.23%，其后第二年负增长1.57%。直到1972年重新恢复设立市外贸局后，广州外贸出口收购才开始出现回升，但一直停留在较低的增长区间（见图4-5）。

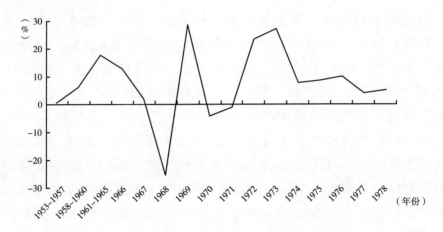

图 4 – 5　1953 ~ 1978 年外贸出口收购增长波动情况

注：因为受资料所限，图中 1953 ~ 1957 年为出口额年均增长数据，1958 ~ 1960 年、1961 ~ 1965 年为出口收购额年均增长数据。

资料来源：根据《广州经济年鉴》（1983）、《广州四十年》等相关数据整理。

二　对计划经济时期广州经济中心内涵与功能演变的反思

（一）新中国成立初期广州中心城市内涵演变的背景

新中国成立初期，把广州由商业城市转变为工业生产城市的指导思想和做法，与新中国成立后我国实行的经济体制和政策紧密联系，具有一定的客观必然性。首先，新中国成立初期，我国还是一个十分贫穷落后的国家。1949 年全国人均国民收入仅 66 元人民币，当时作为大城市的广州人均国民收入也不过 108 元[①]，民众生活温饱尚成问题。因此党和国家强调"以农业为基础、以工业为主导"的发展总方针，城市经济发展的主体必然转向工业生产。

其次，当时广州是广东和华南地区工业尤其是轻纺工业生产能力最强、技术水平最高和产业工人最为集中的城市。1952 年广州生产的棉布占全省的 56%、机制纸占 87%、肥皂占 90%、干电池占 98%、胶鞋占 82%、卷烟占 93%，这些产品当时在全国也占有一定的比例。此外，

---

①　全国人均数据根据马洪主编的《现代中国经济事典》，中国社科出版社，1982；广州人均数据根据《广州经济年鉴》（1983），香港《经济导报》社 1984 年印刷出版。

有些工业产品如钢材、化工原料、水泥、机床、缝纫机等，华南地区也只有广州能够生产，其中像缝纫机、水泥等还分别占当年全国产量的90%和60%以上。加快发展广州工业无疑是广东和华南地区发展工业投入最少、见效最快的选择，故广州自然成为广东和华南地区建设工业基地的首选。

再次，从"一五"时期起，我国实行了高度集中的计划经济体制，使大量本应由市场和第三产业承担的经济功能，均被行政手段所取代，再加上国家对商业批发、对外贸易等重要行业的高度垄断，广州的第三产业必然趋于萎缩。即使从1957年起国家在广州举办一年两次的出口商品交易会（广交会），使广州成为当时唯一对外经济交往的"窗口"，但由于当时的国际政治经济环境，我国对外经济交往并不能广泛展开，商贸产业失去了大力发展的空间。

因此，通过分析广州转变为工业生产城市的历史因素，我们发现，无论是新中国成立初期打破西方经济封锁、解决国内就业和促进社会繁荣，还是建立完整的工业体系来发展广州经济，广州工业都功不可没。问题是只把物质部门（如工业、农业等）视为生产部门，重生产而轻流通和消费，忽视社会再生产各环节的内在联系，势必造成经济发展的失衡和城市功能的衰退。

（二）改革开放前广州中心城市功能受损的表现

1. 不重视第三产业发展，影响经济中心的辐射力

1953～1978年的26年间，广州投入工业部门的建设资金占44.01%，且尚未计算工业生产中需要占用的流动资金；第三产业各部门的投资比重合计不到41%，其中商业、流通、贸易部门（包括邮电和通信）合计只占32.6%左右。基于1978年全市独立核算工业企业占有的定额流动资金年平均余额（20.63亿元），以及当时的企业资金周转速度，可以估算出实际投入工业生产中使用的资金，占同期全市能够投入使用资金的60%～70%，而投入商业流通、贸易等部门的资金实际只有15%～20%。

1978年以前我国的投资体制中，建设资金基本上是预算内的财政拨款，不存在银行贷款（企业经核定的部分流动资金才由银行贷款提供）和利用外资，只有很少量的自筹投资。因此，广州的商贸流通业在只有很

少投入的情况下，自然得不到应有的发展。经济中心首先是流通和交换中心，流通渠道遭受不应有的阻塞，中心城市就只能变成一座封闭的"城"而没有"市"。

2. 不重视城市基础设施和人居环境建设，影响中心城市的综合功能

片面强调城市的生产功能，忽视城市的基础设施建设。1952～1978 年全市投入城市建设的资金累计仅 4.33 亿元，只占同期全市固定资产投资总额的 6.42%，平均每年仅递增 7.96%，明显低于同期全市投资总额年均增长 11.62% 的水平。以当时老城区 54.4 平方公里面积计算，每平方公里城区仅投入 795 万元，即每平方米城区历年总投入仅 7.95 元，平均每年不足 0.31 元。城市建设资金长期投入不足，使广州这座有 2200 多年历史的古城基础设施长期处于严重短缺和陈旧失修的状态。

1978 年广州经济总量比 1953 年增加了 10 多倍；城市人口增长 58.64%，但全市实有住宅面积仅 788.42 万平方米，虽比 1953 年增加了 64.24%，但人均居住面积仍只有 3.82 平方米，仅增加 0.28 平方米；城市道路长度 390 公里，只增加 65.3%，平均每年增加 2% 左右；道路面积仅 342 万平方米，只增加 81.9%，平均每年增加 2.4%。全市无污水处理厂，只靠企业自设的处理设备，结果每年约 5 亿吨的工业、生活污水排放量中，符合排放标准的只达 26.7%。严重滞后的城市基础设施，不仅难以为城市自身及所在区域的发展提供服务，甚至会导致城市瘫痪，影响广州作为中心城市应具备的综合功能的发挥。

3. 过于强调工业基地建设，影响对区域经济的辐射带动

把广州由商业城市变为工业生产城市，是为了把广州建成华南地区的工业基地，希望以此带动区域的发展，但结果却适得其反。因为在计划经济体制下建设工业基地，为了最大限度地动员和集中资源，就要采用排斥市场和价值规律的高度集中统一的计划管理模式，以便能够通过计划价格，无偿调用农业积累为工业发展提供资金。这种模式强调经济发展从上而下的纵向管理，以行政手段和指令性计划为主，这会人为地割断经济发展的合理联系，造成条块和城乡分割，导致城乡二元经济结构，中心城市对区域的辐射带动作用就会受到极大的限制。

当年的珠三角处于城乡经济分隔、孤立发展的状况下。虽然工业比重

已达76.8%，但大部分工业集中在城市，尤其是集中在广州这个工业生产城市里，使农村人口占总人口的比重仍高达71.2%，大量人口滞留在农村从事传统的农业生产（见表4-2）。在这种二元经济结构模式下，城市承担发展现代经济的任务，而农村则负责提供粮食、副食品及劳动力等，大量农业积累通过这种格局流入工业部门，而城乡间人口流动却受到严格限制。由于上述发展格局的制约，广州与所在区域处于一种城乡分割与封闭内向的强制平衡机制之中，工业化进程在广州城市内部孤立地自我循环，难以辐射带动所在区域经济结构的变革，广州自身发展也深受制约。

表4-2 1978年广州与珠三角区域经济份额比重对比

单位：%

项 目	区域	城市	其中:广州	农村	平均每个县
土地面积	100	6.5	5.7	93.5	4.7
人口	100	28.8	24.9	71.2	3.6
工农业总产值	100	59.5	50.9	40.6	2
其中:工业	76.8	56.8	48.7	20.1	1
农业	23.2	2.7	2.2	20.5	1

注：1. 表中"城市"指当年建制城市广州、佛山、江门三市原市区的范围，不包括其各自辖县，"农村"包括珠三角20个县。2. 城市人口比重中包括这些城市的少量农业人口，农村人口中包括部分城镇的非农业人口，若以当时整个区域测算，非农业人口比重为26%左右。

资料来源：根据《广东统计年鉴1984》和《广州统计年鉴1983》等整理计算。

三 改革开放与中心城市功能的复归

（一）从流通领域突破，促进第三产业发展

恢复和强化广州作为商品流通中心的辐射功能，这是广州的历史重任。广州把搞活流通作为经济体制改革的突破口，采取了"敞开城门，疏通渠道，改革购销体制，放活价格，货畅其流"等措施。1978年建立了全国第一个打破政府指令性定价僵局的自由定价交易市场——广州河鲜货栈，引入市场竞争机制。市场的繁荣兴旺促进了广州各类要素市场和多种交易形式及交易规则的发展，如全国首家开架自选销售的超级市场、仓储式商场，首批五星级酒店，首个消费信用卡，首部地方性的消费者权益保护条例等，都产生于广州。20 世纪 90 年代末，全市恢复和发展各类市场 3200 余个；商业网点从 1978 年的 6164 个增加到 1999 年的 19.52 万个，平均每万人口拥有商业网点从 1978 年的 15 个增加到 1999 年的 285 个，使广州的商贸中心城市功能开始复归。1999 年，广州社会消费品零售总额突破 1000 亿元，是 1978 年的 56.8 倍，平均每年增长 21.2% 以上。在商贸流通业的带动下，三产比重长期徘徊在 28% 以下的状态结束，1979 年三产比重回升至 34.1%，从 1984 年起以平均每年近 2.5 个百分点的速度提升，至 1989 年达到 46.5% 的水平，广州三产比重在持续下降 30 多年后，终于重新超越二产比重 1.5 个百分点；二产比重从长期占 60% 以上大幅回落至 45% 的水平，昭示广州产业结构开始出现转折性的变化（见图 4 - 6）。

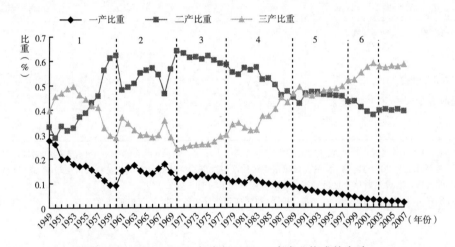

图 4 - 6　1949 ~ 2007 年广州 GDP 三次产业构成的变动

资料来源：根据广州市统计局编《广州五十年》（中国统计出版社 1999 年版）和相关年份《广州统计年鉴》中的数据计算绘制。

1998 年末，广州调整城市定位目标，提出建设"一个基地、八个中心"的"现代化中心城市"[①]，大力加强城市基础设施建设。在其后数年（1999 ~ 2003 年）累计全社会 5700 多亿元固定资产投资中，投向三产部

---

① 参见《增创广州发展新优势，建设现代化中心城市》，载《广州日报》1998 年 10 月 31 日。

门的占了 82.4%，是同期第二产业的 4.78 倍，促进三产年均增长达到 17.1%，比工业同期年均增长高 3.9 个百分点，从而推动三产比重在进入 21 世纪的第二年即上升至 58.97% 的历史高点。

（二）重整工业系统，优化工业结构

改革开放以来，广州先后采取发挥轻纺工业优势与加大装备制造业等重工业发展的举措。20 世纪 80 年代，广州集中资源发展具有传统产业优势或因开放具有外源优势且当时国内市场紧缺的 16 种轻纺工业，不仅在当年的"广货北伐"中抢占了先机，积累了发展资金，而且通过原材料采购、发外加工或技术转移等多种形式，与珠三角的传统中小企业和新兴的乡镇企业等重新建立了联系，开始发挥中心城市对周边区域地方工业发展的辐射带动作用。90 年代以来，以先进制造业为代表的资本技术密集型重工业比例开始上升，因此，虽然第二产业比重自 1999 年后不断下降，三年间从 43.3% 下降到 2002 年的 37.8%，但重工业比重却与之相反，在工业内部的比重从 37.7% 上升到 2002 年的 47.6%，为 21 世纪推动广州制造业转型升级准备了条件，也间接地为广州中心城市发展服务经济腾出了空间（见图 4-7）。

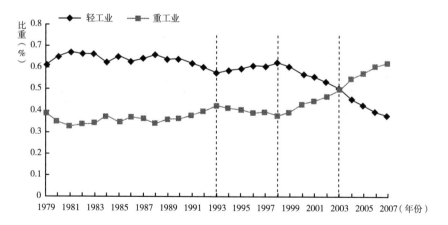

图 4-7　1979~2007 年广州工业总产值中轻重工业构成的变化

资料来源：根据《广州统计年鉴 2008》中的相关数据整理计算绘制。

（三）突出发展外向型经济，扩大对外贸易中心城市的功能

与国内贸易的发展相呼应，广州充分利用对外开放的先行优势，重振外贸重要口岸的优势。广州的国际会展场所建设居国内城市前列，在广州常住的外籍经商人士数目不断增长。除广交会外，广州还开创了"留交会"和广州国际城市创新奖等国际化项目，并成为中国国际中小企业博览会的举办城市。2012 年广州市实现进出口总额 1171.3 亿美元；服务贸易进出口额超过 400 亿美元，增幅超 60%，占全国的比重从 2011 年的 1/17 提高到约 1/12；对外投资总额达 7.1 亿美元。投资落户广州的外商投资企业达 1 万多家，吸纳就业人员达 135 万人；在穗世界 500 强企业达到 232 家，投资项目 626 个。在全国首创网上审批外商投资系统，首次推行无纸化联合年审工作，提高了外商设立企业审批效率。这些都进一步强化了广州作为国际商贸中心城市的作用。

第三节　21 世纪的国家中心城市

迈入 21 世纪后，广州面临的国内外环境发生了巨大变化。2008 年颁布的《珠江三角洲地区改革发展规划纲要（2008～2020 年）》明确把广州定位为国家中心城市，广州自身的转型升级任务更加紧迫。

一　城市空间的重构

进入 21 世纪后的广州面临着许多挑战。广州虽早已成为国内经济总量第三大城市，但与排名随后的城市的差距呈现缩小趋势。与此同时，城市人口规模急剧膨胀，城市空间与环境容量备受压力。因此，广州在 21 世纪之初提出了"南拓、北优、东进、西联、中调"的空间发展策略，希望在一个较大的城市空间尺度上，展开新的城市和产业布局，以进一步提升广州中心城市的能级。

（一）广州城市空间拓展思路的变化

20 世纪 90 年代，广州在城市空间日益逼仄的情况下，提出向东南部拓展的规划思路。1993 年由当时的市计委编制了《东南部开发总体规划

纲要》，及至 1997 年由广州市政府正式公布的规划文件里，该地区的范围在行政区域上向东主要跨天河区、黄埔区和增城市，向南跨海珠区和番禺市，涉及广州当年三个市辖区和两个县级市的全部或部分土地面积共约1780 余平方公里，其中包含 4 个国家级开发区，10 余个省市级开发区、工业区和示范点，包括当时已在建的珠江新城，列入重点计划开发区域的面积逾 246 平方公里①。东南部开发是广州试图拓展城区空间、提升中心城市功能与作用的最初尝试，但由于当时观念认识的局限和发展条件的制约，该计划重点还是加快土地（主要是工业用地）开发利用和对东南部产业（主要是工业尤其是重化工业）的重组（见表 4 - 3）。

表 4 - 3　东南部各类土地开发计划（1996 ~ 2000 年）

单位：平方公里

区　域	规划面积	可开发	已开发	计划开发
4 个国家级开发区	147.8(59.9%)	85.2 (52.9%)	20.1 (57.9%)	25.8 (51.7%)
8 个其他开发区和工业区	73.4 (29.8%)	62.9 (39.1%)	10.7 (33.7%)	18.7 (37.5%)
示范点中的城区（旅游区）	25.5 (10.3%)	12.9 (8%)	2.9 (8.4%)	4.4 (8.8%)
合计	246.7(100%)	161 (100%)	33.7 (100%)	48.9 (100%)

注：1. 国家级开发区包括广州开发区、广州高新区（包括科学城）、南沙开发区、广州保税区。2. 其他开发区和工业区中包括"华侨工业城"。3. 计划共有 6 个示范点，其中 2 个是工业区；其余 4 个包括在建的"珠江新城"（计划建成广州的 CBD），及长洲岛文化旅游区、龙洞旅游度假区和南岗丹水坑综合旅游区。

资料来源：根据原市计委《广州东南部"九五"开发计划》整理计算，各栏括号内为该列合计数的百分比，由于舍入关系或某些数据不准确，相加不完全等于 100。

广州受地理以及行政区划等"门槛"的约束。广州北面的从化是城市主要水源涵养地，西面紧挨佛山南海地域，所以一般而言，广州城区只能向东南方向延伸发展，但东南方向的增城、番禺又一直属于县或县级市的区划。理论上，广州与这些区域的行政关系只能"代（省）管"，很难真正把其纳入城区的发展规划。故自新中国成立至 20 世纪末，广州虽已

① 广州市人民政府发，穗府〔1997〕10 号文《广州东南部"九五"开发计划》。

编制 15 个城市总体规划①，但始终未能解决这些问题。其中被认为"较全面、系统和完善"、并于 1984 年首次获国务院批准实施的方案，提出了广州采用带状组团式的城市发展布局，但规划的"三大组团"也只局限于广州原来的老城区及天河、黄埔两个城区，对花都的新华镇和番禺的市桥镇也只作为"广州市外围"的卫星城镇进行规划。在这样的行政区划格局下，当年东南部的开发实际上受着种种制约。

2000 年 6 月，国务院批准番禺、花都两个县级市"撤市设区"，成为广州的市辖区，标志着广州城市空间格局的重大改变。不仅市辖区从 8 个增加至 10 个，更重要的是市区土地面积从 1443.6 平方公里扩大至 3718.5 平方公里，增加近 1.6 倍，从而为广州提升中心城市地位与功能，获得了在更大空间尺度中平衡发展的历史机遇。为此，广州在国内大城市中率先开展了"城市总体发展战略概念规划"工作，编制了《广州城市建设总体战略概念规划纲要》，引导广州重构城市空间格局，提升广州中心城市地位和功能，以实现广州长远发展目标的城市空间发展新策略，即以"南拓、北优、东进、西联"八字方针，作为广州中心城市未来空间布局发展的基本取向。后来又根据学者建议，八字方针增加了"中调"。"北优"强调北部的环境与功能的提升；"西联"着重于广佛同城化；"中调"是改造优化老中心城区的经济结构与城市设施；而产业与新城区的建设还是以"东进、南拓"为主。

(二) 南拓：南沙开发

位于番禺南端的南沙地区，拥有优越的区位交通条件和丰富的土地、海岸线等资源，具有广阔的发展空间。其东部与东莞市隔江相望，西部与中山市仅有洪奇沥水道相隔，虎门大桥连通珠江口东西两岸，处于珠江三角洲的地理几何中心，方圆 100 公里的范围内几乎网罗了珠江三角洲地区经济最发达的城市群，在虎门出海口与港、澳两个特别行政区左右相邻，是连接珠江三角洲地区东西两岸陆路交通的主要通道，也是广州通向海洋的唯一要道，区位优势极为明显（见图 4 - 8）。

南沙的区位优势和开发前景，早在 20 世纪 80 年代就引起了各方面的

---

① 参见《广州城市规划发展回顾（1949～2005）》（上卷），广东科技出版社，2005。

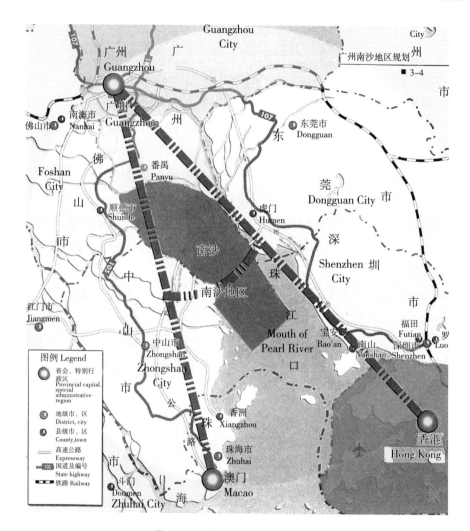

图 4 - 8 "大南沙"的区位优势

资料来源：广州市规划局《南沙地区发展规划》，2000。

关注。已故前全国政协副主席霍英东先生多次考察南沙地区后，提出建设虎门汽车渡轮码头、连通珠江河口两岸道路交通的设想，并经批准获南沙东部22平方公里土地的开发权，规划建设海滨新城。虎门渡轮码头工程于1989年8月8日动工，次年5月5日正式通航通车[①]。以后又陆续建成了虎门大桥、南沙客运港和货运码头、蒲州公园、高尔夫球场、天后宫等。

---

① 引自广州南沙经济区管委会办公室编《南沙开发简讯》（第三期），1991年5月26日，番府办准印证〔1991〕第34号。

1990 年 4 月广州市委、市政府成立了广州南沙经济区开发建设领导小组并设立南沙经济区管委会，将南沙开发作为调整全市经济布局和产业结构的内容，列入包括广州开发区、高新区等在内的新区建设工作。1992 年省委、省政府将南沙列为 20 世纪 90 年代广东扩大开放的三个重点区域之一。1993 年 5 月经国务院批准，国家级广州南沙经济技术开发区正式成立。

但南沙开发区在正式成立后不久，全国经济建设便进入"治理整顿"阶段，宏观经济环境相对偏紧，给需要筹集大量资金的南沙开发带来了一定困难。在紧接着的"九五"时期，我国经济进入了新一轮的调整阶段，广州经济发展也进入了平稳增长时期，南沙开发进展相对缓慢，2000 年 GDP 虽然比开发区正式成立前一年的 1992 年增长了 6.3 倍，但仅 15.2 亿元（当年价），只占全市 GDP 的 0.64%；整个"九五"期间实际利用外资 2.03 亿美元，平均每年仅约 4000 万美元，只占全市同期实际利用外资的 1.34% 左右[①]。

番禺撤市设区及广州确立城市空间"南拓"策略后，南沙开发区建设被纳入番禺南部地区的整体发展规划。按市政府要求编制的《南沙地区发展规划》包括番禺区沙湾水道以南所有地区（即现在的南沙新区），规划总面积约 797 平方公里。根据规划定位[②]，南沙地区将发展成为集物流产业、临港产业和高新技术产业为一体的现代化产业基地，连接珠江口两岸城市群的枢纽性节点和新的直接联系粤港的重要通道；成为产业布局合理、经济辐射能力强、基础设施配套完善、自然环境优美的生态型滨海新城区。在产业发展上，规划重点建设三大基地：一是利用南沙地区的深水岸线资源，建设深水港口及配套的服务设施，发展仓储、运输、保税加工业等，形成现代化的物流产业基地；二是作为广州老城区重化工业的转移基地，建设以石化、钢铁、造船等原材料工业和装备工业为主的临港工业基地；三是通过引进技术和自主研发，大力发展以资讯产业为重点的高科技工业，形成高新技术产业发展基地。在空间布局上，规划重点建设三大组团：一是南沙组团，以南沙资讯科技园为基础，建设"粤港南沙科技产业园"，形成珠三角高新技术和资讯产业研发中心及培训基地，并发

---

①　根据沈柏年主编《广州经济蓝皮书（2001）》第十一章和《广州统计年鉴（2001）》有关数据整理计算。

②　参见广州市规划局《南沙地区发展规划》，2002 年 4 月。

展与之相关的出口加工业，同时结合南沙滨海新城区建设生产和生活服务中心、文化活动中心；二是黄阁组团，以小虎岛石化码头和沙仔岛造船工业为基础，重点发展化工原料储运及少量的精细化工、造船、机电加工等基础性工业，形成黄阁科技工业园；三是鸡抱沙和龙穴岛组团，规划建设大港口，发展临港保税加工业、运输仓储业和现代物流业。

"大南沙"的宏伟规划得到了国务院和广东省委、省政府的高度重视和支持。2002 年 8 月 8 日，广州南沙开发区建设指挥部正式挂牌；2005年 4 月 28 日，国务院批复同意成立南沙区。

（三）东进：重组东部产业带

东部地区是广州传统城市发展方向，既是港口所在地，又有较多的土地资源，故在 20 世纪 50、60 年代就成为广州工业布局的主要区域之一，已形成员村、黄埔吉山、文冲等工业区；改革开放后又陆续设立广州开发区、高新区、保税区、出口加工区及小新塘工业区等。至 21 世纪初，东部仍有约 200 平方公里土地储备，颇具发展前景。

"东进"策略，主要是以珠江新城和天河商务区的建设拉动城市中心东移，重整产业组团，利用港口条件，在广州东部形成密集的产业发展带①。在城市向南拓展的同时，利用东部港口条件和产业基础形成另一条城市发展轴线，与"南拓轴"发展遥相呼应，实现"东南部为都会区发展主要方向"的目标。其中珠江新城和天河体育中心周边地区的建设目标是尽快形成广州 21 世纪的综合型中央商务区。与此同时，改进旧城区与东部的交通联系，形成东部地区系统的生产及生活服务体系，完善其作为城区中心的功能，形成吸引旧城区传统产业东迁的良好环境。除原有中山大道、黄埔大道和广园快速路外，修建由城市中心区途经黄埔大沙地、南岗直至新塘的轨道交通线，作为"东进"策略向东发展的支撑，释放东部城市发展空间，吸引旧城区人口东迁。

"东进"策略在实施中还必须对东部各经济功能区及外围的产业进行整合，创新更大的产业发展空间。例如，可以以广州开发区为龙头，整合东部的多个国家级经济功能区，即从 1984 年起相继设立的广州开发区、

---

① 参见《广州城市建设总体战略规划纲要》，《人居》2002 年第 2、3 期合刊，第 127～159 页。

广州高新区、广州保税区，及在开发区内设立的广州出口加工区，进而逐步将经济功能区的建设与所在行政区统一起来，或调整行政区划使之合二为一，开创国家级经济功能区与所在区域整合发展的新局面；将增城市新塘及永和两镇并入东部政策区域，在原有的小新塘工业加工区和新塘工业园的基础上，以新塘、永和、沙埔、宁西、仙村及其周边镇的部分地区，规划组成一个新工业园区，园区设立若干专业产业园，整合传统优势产业，发展成为国际制造业加工基地；利用广园快速路和荔新公路的建设，延伸"东进"轴线至荔城和东莞城区，整合沿线一带各镇村自办工业园，可形成一条新型产业发展带，并以 1333 公顷的荔城高新科技园为网络节点，把增城各镇规划的工业园区连接起来，使之成为实施"东进"策略的有机组成部分，更好地发挥广州中心城市辐射带动力。①

二　城市空间拓展与产业集聚的变化

（一）制造业集聚的"中心—外围"格局

广州工业的郊区化始于 20 世纪 80 年代末，90 年代中期首次"全国基本单位普查"时，郊县的工业企业数量比重已从 80 年代的 29.1% 增加至 1996 年的 41.5% 以上，至 90 年代末，郊县的工业企业数量比重已占全市的 60% 以上。

随着 21 世纪广州实施新的空间发展策略，广州工业进一步向郊县转移、集聚发展。2000 ~ 2009 年，虽然第二产业比重在全市 GDP 总量中持续下降，但工业企业仍然由 3.14 余万家增至 6.56 多万家，工业总产值由 3100 亿元增长到近 1.35 万亿元，就业人数从 170.53 万人增加到 257.57 万人②。工业就业人数主要集中在通信设备，计算机及其他电子设备制造业，交通运输设备制造业，皮革、羽毛（绒）及其制品业，纺织服装及鞋帽制造业等产业。我们利用 GIS，根据广州第二次全国经济普查数据③，绘制了 2008 年全市工业总产值和制造业企业法人单位从业人数的空间分布示意图（见图 4 - 9）。从图 4 - 9 可见，广州工业主要集中在东部黄埔、

---

①　参见左正《广州：发展中的华南经济中心》，广东人民出版社，2003，第 262 ~ 265 页。

②　根据《广州统计年鉴（2010）》（中国统计出版社 2011 年出版）中的相关数据整理计算。

③　参见《广州市第二次全国经济普查资料汇编》，中国统计出版社，2010。

萝岗，南部番禺、南沙，及西北部的花都区和远郊的增城，而中心城区只有少量工业，全市工业布局呈明显的"中心—外围"结构。

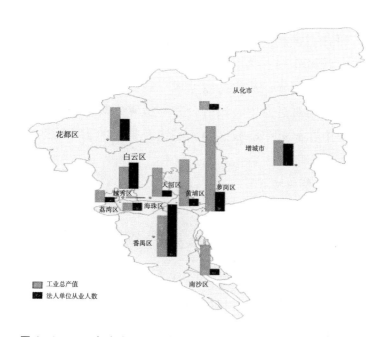

图 4 - 9　2008 年全市工业总产值和制造业法人单位从业人数空间分布

资料来源：根据《广州市第二次全国经济普查资料汇编》（中国统计出版社 2010 年版）中的相关数据计算及绘制。

其中，位于传统城市中心地段的老城区——越秀区，因为土地利用成本高昂，一般制造业难以生存和发展，故其工业几乎趋于零；荔湾、海珠两个老城区，土地资源相对稀缺，原有的工业企业特别是属于"重、大及污染型"的工业企业基本搬迁转移，仅留一些服装加工、印刷、电子、文化用品等中小企业。天河、白云两个"新城区"（相对于原来的老城区而言），特别是白云区，土地资源相对丰饶一些，既近市场又运输便利，尚保留一些传统工业，也新建了一些新型或高新技术制造业；天河区更是依托石牌、五山一带高校、科研院所，及广州高新区等有利条件，成为电子信息制造、生物工程等高新技术产业的主要集聚区之一。

"外围"的黄埔、萝岗、番禺及花都等近郊区，具有邻近港口或机场、土地相对丰饶等多种优势，既有原来的传统重化工业基础，又有改革开放后新设立的广州开发区、保税区等新型经济功能区，故其工业集聚发展迅速，已成为全市重要的出口加工制造、高新技术、设备制造及重化工等产业的主要基地。"外围"远郊的南沙、增城、从化等各有特点。南沙地理区位优越、港口及土地等资源丰饶，建有国家级南沙开发区，拥有政策资源最多，随着"南拓"战略推进，其在全市产业格局中的地位和作用会越来越大；增城作为"东进"策略的承接地，正在成为东部产业带集聚延伸的有机组成部分；从化虽然地域广阔，土地资源丰饶，但作为城市的水源涵养地和相对远离中心城区，并不适宜大规模发展工业，其有限的加工业主要集中在靠近中心城区的太平镇及街口的工业园区内。

（二）制造业集聚的特点

1. 各区（县级市）制造业的专业化程度。通常用区位商来衡量某一产业在特定区域的相对集中程度，计算公式：$LQ = \dfrac{L_{ij}/L_i}{N_i/N}$，$LQ$ 为区位商，L_{ij} 是 i 区 j 行业从业人数，L_i 是 i 区总从业人数，N_i 是广州 j 行业总从业人数，N 是广州工业总从业人数。LQ 值越大，则专门化率越高，表明该行业相对比较集中（见表 4 - 4）。从表中可看到广州制造业集聚的一些特点。

第一，中心区工业具有较高的专业化程度。但荔湾区专业化程度较高的行业是黑色金属冶炼和化学纤维制造等重化工业，与中心城区属性不匹配；其他三个中心城区专业化程度较高的分别是印刷和记录媒介复制业，仪器仪表及文化、办公机械制造业，医药制造业，造纸及纸制品业，纺织服装及鞋帽制造业，食品制造业等，部分行业属于"都市型工业"[①]。

第二，黄埔是传统重化工业基地，集聚了广石化、广汽等大型重化工企业，这些企业集中于石油加工、交通运输设备制造、化学原料及制品等行业；白云区专业化程度较高的主要是初级加工业，如家具制造业专业化率 2.15%，皮革及其制品业专业化率 1.96%，医药制造专业化率 1.78%。

---

① "都市型工业"是指以都市特有的信息流、物流、人才流、资金流和技术流等资源为依托，以设计研发、加工制造、营销管理和技术服务等为主体，以工业园区、商用楼宇等为活动载体，适宜在都市繁华地段及中心区域发展，属于增值快、就业广、适应性强，有税收、有环保、有形象的现代工业。见谢守红、胡汉辉、邢华《都市型工业的特点及其与城市工业布局的互动关系》，载《现代经济探讨》2007 年第 9 期。

表4-4 广州各区（县级市）制造业的两位数区位商及行业份额（2008年）

区（县级市）	前五位区位商的行业
荔湾区	烟草制品业(34.791,0.995)；黑色金属冶炼及压延加工业(13.663,0.391)；化学纤维制造业(5.445,0.156)；医药制造业(2.242,0.064)；交通运输设备制造业(1.953,0.056)
越秀区	印刷业和记录媒介复制业(16.226,0.053)；仪器仪表及文化、办公机械制造业(4.516,0.015)；家具制造业(2.747,0.009)；通用设备制造业(1.642,0.005)；电气机械及器材制造业(1.526,0.005)
海珠区	饮料制造业(6.976,0.310)；医药制造业(3.664,0.163)；造纸及纸制品业(2.304,0.102)；橡胶制品业(1.962,0,087)；纺织服装及鞋帽制造业(1.793,0.080)
天河区	印刷业和记录媒介复制业(3.317,0.113)；食品制造业(3.032,0.103)；仪器仪表及文化、办公机械制造业(2.920,0.099)；医药制造业(2.711,0.092)；农副食品加工业(2.548,0.087)
白云区	家具制造业(2.152,0.308)；皮革、毛皮、羽毛(绒)及其制品业(1.958,0.007)；医药制造业(1.781,0.111)；电气机械及器材制造业(1.489,0.213)；橡胶制品业(1.116,0.160)
黄埔区	石油加工、炼焦及核燃料加工业(20.041,0.801)；饮料制造业(3.972,0.159)；交通运输设备制造业(3.798,0.152)；化学原料及化学制品制造业(2.484,0.099)；废弃资源和废旧材料回收加工业(1.9256,0.077)
番禺区	工艺品及其他制造业(1.901,0.548)；木材加工及木、竹、藤、棕、草制品业(1.458,0.420)；文教体育用品制造业(1.370,0.394)；电气机械及器材制造业(1.365,0.393)；橡胶制品业(1.343,0.387)
花都区	化学纤维制造业(1.876,0.227)；皮革、毛皮、羽毛(绒)及其制品业(1.770,0.214)；仪器仪表及文化、办公机械制造业(1.492,0.180)；纺织服装及鞋帽制造业(1.487,0.113)；交通运输设备制造业(1.428,0.173)
南沙区	废弃资源和废旧材料回收加工业(3.246,0.109)；交通运输设备制造业(2.777,0.093)；造纸及纸制品业(2.378,0.080)；农副食品加工业(2.317,0.072)；纺织业(1.881,0.063)
萝岗区	食品制造业(3.427,0.375)；饮料制造业(3.370,0.368)；通信设备、计算机及其他电子设备制造业(2.956,0.323)；黑色金属冶炼及压延加工业(2.637,0.288)；化学纤维制造业(2.387,0.261)
增城市	纺织服装及鞋帽制造业(2.493,0.303)；纺织业(2.032,0.247)；有色金属冶炼及压延加工业(1.878,0.229)；废弃资源和废旧材料回收加工业(1.721,0.209)；家具制造业(1.536,0.187)
从化市	废弃资源和废旧材料回收加工业(6.646,0.212)；文教体育用品制造业(3.396,0.111)；工艺品及其他制造业(2.909,0.095)；有色金属冶炼及压延加工业(2.608,0.085)；化学原料及化学制品制造业(2.198,0.072)

注：括号内第一个数字为区位商，第二个数字是各区该行业从业人员占全市该行业从业人员的份额（%）。

数据来源：根据《广州市第二次全国经济普查资料汇编》（中国统计出版社2010年版）中的相关数据计算。

第三，离中心较远的外围区，专业化程度较高的是废弃资源和废旧材料回收加工，有色金属冶炼及压延加工，木材加工及木、竹等制品的初级加工业。此外，远郊区也有专业化程度较高的重化工业，如花都和南沙区因集聚了汽车及配套零部件产业，故交通运输设备制造业专业化程度都较高，区位商分别为 1.428 和 2.777。花都区利用其机场所在地的区位优势，重点发展珠宝、皮革及皮具产业，该产业区位商为 1.770，从业人员比重占 21.4%。

2. 制造业的行业集聚度。分析广州制造业的行业集聚程度及在何区（县市）分布，可根据空间基尼系数判断方法，以行业就业人数来衡量。行业基尼系数计算公式：$G = \sum_i (s_i - x_i)^2$，其中 s_i 为 i 区某行业就业人数占广州该行业就业比重，x_i 为 i 区全部工业就业人数占广州工业总就业比重，G 值在 0 和 1 之间变化，越接近 1，表明该行业集聚程度越高。

绝对集中度指数是指某行业规模处于前 n 位区的就业人数占全市该行业总就业人数的份额，计算公式为：$CR_n = \dfrac{\sum_{i=1}^{n} l_i}{L}$，其中 l_i 是 i 区某行业就业人数，L 是全市该行业就业人数，n 取 3。计算结果见表 4 – 5。分析结果表明：

第一，全市制造业的行业平均基尼系数为 0.1095，广州只有 5 个行业超过这一水平，依次为烟草制品、石油加工、饮料制造、黑色金属冶炼及压延加工及化学纤维制造业，其中烟草制品、石油加工业的基尼系数超过 0.5，属高集聚行业，且这些行业几乎都集聚在荔湾区；非金属矿物制品、塑料制品、通用设备制造等行业基尼系数均小于或等于 0.01，远低于行业平均基尼系数，属相对分散的行业。

第二，广州三大支柱工业中，石油加工业集中度最高，行业基尼系数为 0.701，黄埔、萝岗和增城三地该行业从业人数合计占全市的 92%；其次是交通运输设备制造业，行业基尼系数为 0.074，不过花都、萝岗和增城三地该行业从业人数合计占全市的不足 50%；通信设备、计算机及其他电子设备制造业的行业基尼系数为 0.059，这些行业主要分布在萝岗、番禺和花都区，三地该行业从业人数合计占全市的 71%。

第三，广州都市型工业的集中程度不高，"都市型工业"主要包括食品加工及制造、饮料、服装、印刷、医药及通用设备制造等行业，而广州这些行业的基尼系数都达不到 0.03，相对偏低。

第四，结合绝对集中度指数，可发现集聚程度较高的行业主要集中在黄埔、萝岗、白云、花都、增城等区。

表 4 – 5　广州制造业各行业及在区（县级市）的集聚程度（2008 年）

制造业行业名称	G	排名前三位地区	CR_1	CR_2	CR_3
农副食品加工业	0.015	番禺、花都、白云	0.19	0.34	0.47
食品制造业	0.107	萝岗、番禺、白云	0.37	0.53	0.66
饮料制造业	0.259	萝岗、海珠、黄埔	0.37	0.68	0.84
烟草制品业	0.999	荔湾、天河、-	0.99	1	1
纺织业	0.032	增城、番禺、花都	0.25	0.48	0.66
纺织服装及鞋帽制造业	0.046	增城、番禺、白云	0.3	0.61	0.73
皮革、毛皮、羽毛（绒）及其制品业	0.042	番禺、白云、花都	0.32	0.6	0.82
木材加工及木、竹、藤、棕、草制品业	0.027	番禺、增城、白云	0.42	0.58	0.7
家具制造业	0.043	白云、番禺、增城	0.31	0.54	0.73
造纸及纸制品业	0.014	番禺、白云、增城	0.35	0.46	0.57
印刷业和记录媒介复制业	0.026	番禺、天河、海珠	0.32	0.43	0.51
文教体育用品制造业	0.027	番禺、白云、从化	0.39	0.55	0.66
石油加工、炼焦及核燃料加工业	0.701	黄埔、增城、萝岗	0.8	0.87	0.92
化学原料及化学制品制造业	0.062	萝岗、白云、番禺	0.25	0.39	0.51
医药制造业	0.09	白云、萝岗、海珠	0.26	0.45	0.61
化学纤维制造业	0.118	萝岗、花都、增城	0.26	0.49	0.65
橡胶制品业	0.035	番禺、花都、白云	0.39	0.55	0.71
塑料制品业	0.002	番禺、花都、白云	0.28	0.42	0.55
非金属矿物制品业	0.01	番禺、白云、增城	0.26	0.44	0.6
黑色金属冶炼及压延加工业	0.222	荔湾、萝岗、番禺	0.39	0.68	0.82
有色金属冶炼及压延加工业	0.029	番禺、花都、增城	0.31	0.54	0.66
金属制品业	0.011	花都、白云、增城	0.14	0.29	0.39

续表

制造业行业名称	G	排名前三位地区	CR_1	CR_2	CR_3
通用设备制造业	0.008	番禺、白云、花都	0.34	0.48	0.61
专用设备制造业	0.013	番禺、白云、萝岗	0.35	0.48	0.62
交通运输设备制造业	0.074	花都、萝岗、增城	0.17	0.3	0.41
电气机械及器材制造业	0.025	番禺、白云、花都	0.39	0.61	0.7
通信设备、计算机及其他电子设备制造	0.059	萝岗、番禺、花都	0.32	0.64	0.71
仪器仪表及文化、办公机械制造业	0.021	番禺、花都、萝岗	0.3	0.48	0.58
工艺品及其他制造业	0.087	番禺、花都、从化	0.55	0.66	0.76
废弃资源和废旧材料回收加工业	0.083	番禺、从化、增城	0.21	0.43	0.63

资料来源：根据《广州市第二次全国经济普查资料汇编》（中国统计出版社，2010）中的相关数据计算。

（三）服务业集聚的态势与格局

从新中国成立到改革开放前，广州服务业主要集聚在老城区内发展。改革开放后，服务业开始随着城市发展逐渐向外扩散，2009 年广州三产比重已超过 60%，对经济增长的贡献率达 71.2%，迈入了"服务经济"时代。

广州服务业发展格局有以下新特征（见表 4-6）。

一是呈多元化集聚态势。从 20 世纪 80 年代仅有环市东路、流花路、沿江路等少数商贸集聚区发展到目前珠江新城、天河 IT 圈、北京路国际商贸旅游区、琶洲国际会展区等数十个服务业功能区；从单一的传统商贸型演变为包括商务、会展、创意、物流、文化、教育科研、生态旅游等现代商务类型的多元化集聚态势。

二是服务业圈层分布集聚明显。中央商务区（CBD）、会展会议区、商业中心区、文化艺术区、创意产业园、历史文化旅游区等主要分布于中心城区；大学城、科学城、体育城、高技术服务区等专业性服务区主要布局在城市中圈层；物流园区、汽车产业服务区、生态旅游度假区等则主要分布在城市外圈层。

表 4 – 6 广州总部经济空间布局的发展规划

区域	空间格局	总部集聚区	总部企业级别	主要行业
中心城（片区带动）	"珠江新城—员村—琶洲"片区	珠江新城 CBD（珠江新城金融商务区）	跨国公司总部或地区总部、国家级企业总部	金融
		员村总部集聚区	跨国公司分支机构省级以上企业总部或地区总部	商务服务、商贸
		琶洲总部集聚区	跨国公司分支机构省级以上企业总部或地区总部	会展、商贸、科技服务
	"天河北环市东—东风路"片区	天河北中央商务区	跨国公司地区总部、国内企业总部、营销中心等总部机构	金融、信息服务、商务服务
		环市东—东风路 CBD	跨国公司华南地区总部、国内企业总部	商贸、信息服务、商务服务、传媒
		流花总部集聚区	国内外企业总部或地区设计中心等总部机构	会展、商贸、设计
外围城（多级提升）	北部总部功能区	空港总部集聚区	跨国公司地区总部、国内企业总部或地区总部、研发中心等机构	航空公司、研发、设计、商务会展
		白云新城总部集聚区	国内企业总部	商务会展、商贸、金融资讯
	南部总部功能区	海港总部集聚区	跨国公司分支机构、国内企业总部	航运公司、现代物流、商务服务
		南沙资讯科技园总部	港澳、珠三角地区企业总部	研发、检测、设计
		番禺总部集聚区	跨国公司分支机构泛珠三角地区企业总部	研发、设计、商贸、信息及科技服务、现代物流
	东部总部功能区	广州科学城总部集聚区	跨国公司地区总部国家级企业总部	研发、设计、检测认证
		广州金融创新服务区	跨国公司分支机构国内企业总部或地区总部	金融服务
		天河软件园总部集聚区	跨国公司地区总部、国内企业总部、研发中心等总部机构	信息服务、网游动漫、软件外包
		广州（黄埔）临港总部集聚区	跨国公司分支机构国内企业地区总部	航运、现代物流、港口贸易、商务
	西部总部功能区	白鹅潭总部集聚区	国内企业华南地区总部或分支机构、泛珠三角地区企业总部	研发、设计、咨询、策划、商贸

资料来源：广州市发改委：《广州市总部经济发展规划》，2008。

三是总部经济效应日益凸显。越秀、天河和萝岗三区集中了全市近七成总部企业，如环市东—东风路地段的总部经济已成为推动越秀区增长的重要引擎，入驻世界及中国 500 强企业地区总部逾 150 多家；开发区、科学城等也引入世界 500 强 200 多家，成为总部企业发展最快的区域。四是服务贸易及外包业务稳步发展。广州现在已初步形成软件、动漫、创意设计、金融、物流等服务外包产业集群和特色服务外包示范园区，涌现一批技术基础雄厚、规模较大的以承接系统软件设计、数据处理、系统应用及基础技术服务、企业供应链管理等为主要业务的服务外包企业群体，成为我国南方重要的国际服务外包中心。

三　建设国家中心城市

（一）国家中心城市的确立

中国"国家中心城市"的概念，源自建设部在《全国城镇体系规划纲要（2005~2020 年）》中提出的城镇层级理念。该纲要认为，处于城镇体系最高位置的"全球职能城市"，是具有重要战略地位，在发展外向型经济及推动国际文化交流方面有重要作用，有可能发展为亚洲乃至世界的金融、贸易、文化、管理中心的城市；纲要提出我国的五个全球职能城市是环渤海地区的北京和天津、华东地区的上海和华南地区的广州及香港[①]，而"国家中心城市"，就是指"全球职能城市"中对内具备引领、辐射和集散功能的城市。随后，《珠江三角洲地区改革发展规划纲要（2008~2020 年）》明确了广州的国家中心城市定位。建设部在其后编制的《全国城镇体系规划（2010~2020 年）（草案）》中，将北京、天津、上海、广州确定为"国家中心城市"，并将重庆由区域中心城市提升至国家中心城市。由此，从国家层面上肯定了这五大城市在中国城镇体系中的最高层级地位[②]。

国家中心城市的功能应该具备这样的特点：第一，要有足够高的、能对全国产生影响的经济、文化、社会乃至政治的能量实力；第二，这种影

---

① 国家建设部：《全国城镇体系规划纲要（2005~2020 年）》，2005。
② 国家建设部：《全国城镇体系规划（2010~2020 年）（草案）》，2010；需要注意的是，"国家中心城市"在规划体系中并未完全取代"全球职能城市"的概念，两者均属中国城镇体系规划中的最高层次，只是对内对外影响的重点不同而已。

响可达广阔的范围，城市的能量实力要有足够的发展空间。与国内北京、上海等实力雄厚并拥有环渤海湾或长江流域广阔腹地的其他国家中心城市相比，广州面临的压力是严峻的。比较《全国城镇体系规划纲要（2005~2020年）》颁布时五大国家中心城市的发展状况（见表4-7），一方面，广州与北京、上海两市的距离尚远，目前甚至未来一段不短的时期内追上的可能性尚不具备；另一方面，紧随广州后面的天津"追赶"态势咄咄逼人，挟着被确立为"国家综合配套改革试验区"和国家级"滨海新区"的政策及体制优势，以较高的增长幅度，不断缩小与广州的差距。

表4-7 2008年五大国家中心城市的主要经济指标状况

指标（单位）	广州	北京	天津	上海	重庆
人口规模（万人）	1018.2	1695.0	1176.0	1888.5	2839.0
土地面积（平方公里）	7434.4	16411.0	11760.0	6340.5	26041.0
GDP（亿元） （同比增长%） （占全国%）	8215.82 （12.3） （2.63）	10488.03 （9.0） （3.49）	6354.38 （16.5） （2.39）	13698.15 （9.7） （4.56）	5096.66 （14.3） （1.70）
第三产业增加值 （结构比重%）	4849.1 （59.0）	7682.1 （73.2）	2410.7 （37.9）	7350.4 （53.7）	2088.0 （41.0）
人均GDP（元）	81233	63029	55473	73124	18025
制造业能力（占全国%）	2.48	1.70	2.74	4.48	1.58
对外贸易（亿美元） （占全国%）	819.52 （3.03）	2718.49 （10.55）	805.39 （2.99）	3221.38 （11.30）	95.21 （1.38）
固定资产投资（亿元） （占全国%）	2105.67 （1.22）	3848.55 （2.23）	3404.11 （1.97）	4829.55 （3.26）	4045.25 （2.34）
地方预算财政收入（亿元） （占全国%）	621.84 （1.02）	1837.32 （3.00）	675.62 （1.10）	2358.75 （3.85）	577.57 （0.94）
社会消费品零售总额（亿元） （占全国%）	3140.13 （2.89）	4588.99 （4.23）	1603.74 （1.48）	4537.14 （4.18）	2064.09 （1.90）
居民储蓄余额（亿元） （占全国%）	7111.27 （3.26）	11869.91 （5.45）	4061.73 （1.86）	12083.66 （5.55）	3988.96 （1.83）

注：1. 表中人口规模均为"年末常住人口"数；2. 重庆的土地面积为市区面积，其全市面积约82800平方公里。

资料来源：根据《中国统计年鉴（2009）》（中国统计出版社，2009）中的相关数据整理计算，广州的部分数据来源于《广州统计年鉴（2009）》（中国统计出版社，2009）。

（二）广州建设国家中心城市面临的问题

广州提升中心城市功能面临以下三大"软肋"。

1. 高能量集聚与辐射力不足。广州的经济总量规模虽然已居国内大城市第三位，但与北京、上海在总量上有较大差距，而且自身的高能量集聚与辐射力不足。这是因为广州产业结构虽历经调整，但低端产业仍占相当比例，产业和空间发展高端化的难题未能很好地解决，而且广州创新能力不足。广州拥有省内最多的高校、研究机构，其中不乏国宝级的专家和机构，各大中型企业还有500多个科研机构和10多万研发人员，全市科技力量不可谓不强，然而，广州的创新能力相对不足。2013年全市获受理的专利申请中，广州的发明专利只占30.6%，与北京的54.8%、上海的45.3%相比，差距很大；而且在副省级城市中，青岛、大连、沈阳、济南和西安获受理的发明专利申请在其全部专利中所占比重也在50%以上。2013年广州获得授权的发明专利为4057件，只相当于北京20695件的1/5和上海10644件的2/5。①另外，由于缺失全国性的金融市场交易平台，广州金融配置资源的能力一直与其地位严重不相适应，金融业占GDP的比重不及7%，金融业发展的广度和深度都不够，严重制约着中心城市的功能。

2. 腹地战略欠缺。一个城市的腹地就是一个城市的生命力，从一定意义上说，城市的地位也是由腹地的范围决定的。历史上广州依托珠江三角洲作为直接腹地，并通过与三江流域的城乡相连而获得广阔的间接腹地的支撑，但改革开放前计划体制造成城乡分离，也割裂了广州与腹地的联系。改革开放后，广州中心城市功能复归，与腹地的经济联系也在恢复中，但市场化取向的分权改革虽然激励了地方政府发展经济的积极性，却导致了"诸侯经济"现象的出现，广州与广大间接腹地正在恢复的经济联系也被众多的行政壁垒和地方保护所割裂。

3. 文化"输出"功能缺失。城市综合竞争力不仅体现在经济实力方面，而更多体现在文化软实力上。如果只重文化实体建设而轻"软件"投入、重数量而轻质量、重模仿而轻创新等，就会导致文化"输出"功

① 参见《国家知识产权局专利业务工作及综合管理统计月报》，http://www.sipo.gov.cn/ghfzs/zltj/tjyb/2013/201401/P020140109313263793097.pdf。

能的缺失。若不能输出自己独特的文化产品和影响，中心城市就难以真正发挥功能和作用。

表4-8的数据揭示了两个问题。首先，若以新千年为界分为前后两个时期，不难看出前一时期的发展带有恢复性质。改革开放前的基数本来就不高，因此大多数指标增长很快，至21世纪初已上了一个台阶，尤其在流行文化、广播、电视及新闻出版等方面。2000年后，几乎所有指标的年均增长率都大大低于前10年，广州文化发展似乎进入了一个"休整"期。其次，尽管在珠江新城等地建了新的歌剧院、图书馆等，但在文化软件方面的指标都不太如意，个别指标还出现负增长，如图书、杂志等的出版减幅近四分之一；与京、沪等市相比，在带有文化"输出"性质的领域（如电影、电视剧制作等）差距就更大。尽管广州在动漫、网游等新兴文化产业上有所建树，但整体上文化"输出"功能的不足是确实存在的。

表4-8 1978~2010年广州文化发展主要状况（增长率为年平均数）

单位：%

指标＼年份	1978年	2000年	2010年	1978~2000年变化		2000~2010年变化	
				对比	增长率	对比	增长率
影院、剧院（间）	35	53	58	+18	1.90	+5	0.82
座位数（万个）	4.34	4.77	6.94	+0.43	0.43	+2.17	3.82
专业艺术表演团体（个）	19	19	17	—	—	-2	-1.11
广播电台/节目（座/套）	2/3	8/14	2/16	+6/+11	7.25	-6/+2	1.34
平均日播音（小时）	60	303	336	+243	7.64	+33	1.04
电视台/节目（座/套）	1/1	11/24	3/33	+10/+23	15.54	-8/+9	2.94
平均周播放（小时）	90	2181	3147	+2091	15.59	+966	3.73
公共图书馆（间）	4	15	15	+11	6.19	—	—
图书总藏量（万册件）	232	845	1795	+613	6.05	+950	7.83
图书流通量（万册次）	48	376	592	+328	9.81	+216	4.64
群艺馆、文化馆（间）	6	14	14	+8	3.93	—	—
博物、纪念馆等（个）	8	27	31	+19	5.68	+4	1.26
报纸出版（万份）	31927	233782	343144	+201855	9.47	+109362	3.91
图书出版（万册）	17244	26426	23790	+9182	1.60	-2636	-1.05
杂志出版（万册）	2124	22505	17839	+20381	11.33	-4666	-2.30

注：1. 影院、剧院包括各种艺术表演场馆，但不包括开放礼堂、俱乐部等。2. 2000年及以前的广播电台、电视台包括无线和有线两大类别的数据，而2010年只有无线广播电台和有线电视台数据；表中广播、电视类指标的年均增长率只计算节目套数和播音、播放时间。3. 图书流通量是指书刊外借册次，表中1978年栏的该项数据为1980年的统计数。

资料来源：主要根据相关年份《广州统计年鉴》《广州年鉴》《广州五十年》等的统计数据整理计算。

（三）新型城市化与建设国家中心城市

造成广州发展"软肋"的关键在于发展模式未能实现根本转变。广州长期以来实际上主要依靠投资和出口拉动经济增长。改革开放初期，投资和出口对经济增长的贡献经常达到70%～80%甚至更高，如1991年高达90.04%，其中投资贡献占41.4%。整个"八五"时期广州投资总额占GDP比重高达46.56%[1]。从"九五"至"十一五"，广州投资占GDP比重逐渐从46.56%下调为28.0%，但投资结构和效益仍未真正改善。以2011年为例，广州投资占GDP比重27.5%，当年的资本形成总额占GDP（以支出法核算）的33.17%，但对GDP增长的贡献率只有17.5%，拉动GDP增长仅2个百分点[2]。在出口方面，在全市十大主要出口商品金额中，纺织、服装及鞋等传统行业产品出口金额占了44.5%以上，而数据设备、显示器等技术性产品只占30%左右，全市进出口贸易额中加工贸易仍占一半以上[3]。由于对传统城市化发展的路径依赖，广州迟迟未能摆脱"拼土地、拼资源"低成本快速扩张的城市化发展模式，在促进人口和经济向中心城市集聚的同时，需要调整与周边地区的关系才能发挥中心城市的功能与作用也往往被忽视。

广州要全面提升中心城市功能，增强自身的综合竞争实力，就必须超越传统发展模式，实施与广州现阶段转型服务经济和城市化进程相适应的新发展模式。在广州市第十次党代会上，市委提出"走具有广州特色的新型城市化发展道路"的战略和"12338"的决策部署[4]。走"新型城市化"道路，就是要"促进城市发展从'重物轻人'向以人为本、把人民的幸福作为最高追求转变，从拼土地、拼汗水、拼资源向拼人才、拼知识、拼创新转变，从城乡二元分割向城乡一体化转变，从城市'摊大饼'

---

① 根据广州市统计局编《广州五十年》（中国统计出版社，1999）的相关数据整理计算。
② 根据《广州统计年鉴2012》（中国统计出版社，2013）相关数据计算。
③ 见《2011年广州市国民经济和社会发展统计公报》，广州市统计局、国家统计局广州调查队2011年3月13日。
④ "12338"决策部署包括：一个"走新型城市化道路"的战略；建设国际商贸中心和培育世界文化名城两个战略重点；低碳、智慧、幸福三位一体城市发展理念；推进战略性基础设施、战略性主导产业和战略性发展平台建设的三个重大突破；推进八大工程，即"产业提升工程、科技创新工程、城乡一体化工程、人才集聚工程、党建创新工程、低碳发展建设生态城市、培育世界文化名城、民生幸福工程"。

式的外延扩张向多中心、组团式、网络型的集约高效城市发展格局转变，从'千城一面'向更加注重传承岭南优势文化、凸显城市特色转变，从全能型政府向建立政府引导、市场主体、社会参与的善治模式转变，努力闯出一条具有时代特征、广州特色的科学发展新路，全面提升城市发展质量"。①

近年来，按照"走新型城市化道路"的战略部署，广州围绕建设国际商贸中心和培育世界文化名城两个战略重点，以推进战略性基础设施建设、战略性主导产业发展和战略性发展平台建设的"三个重大突破"为抓手，在实践中深化探索新型城市化的实施路径，在三个方面取得了较明显的进展。

一是形成了广州新型城市化发展的政策体系。为贯彻落实市第十次党代会精神，2012年初市委决定在全市开展为期半年的新型城市化发展学习考察调研活动。在学习考察和调研活动不断深化的基础上，市领导牵头组织相关部门历经半年多的集体创作，制定了推进广州新型城市化发展的"1＋15"系列政策文件，即作为广州新型城市化发展总纲的《中共广州市委、广州市人民政府关于全面推进新型城市化发展的决定》，及15个配套文件，形成了相对完整的政策体系。这组文件既总体阐述了广州新型城市化发展的重大意义、基本原则及目标定位，又分别从建设国际商贸中心、培育世界文化名城、建设低碳生态城市、建设智慧广州和推进科技创新、推进民生幸福工程、促进产业提升、推进人才集聚和资源节约、推进城乡一体化发展、创新社会管理和社会建设模式、加强民主法治和建设廉洁广州、提高党的建设科学化水平等方面，勾画了广州新型城市化发展的基本政策和制度框架，成为广州走新型城市化道路的行动纲领和工作指引，在实践中发挥了重要的作用。

二是实施"三大突破"取得重要进展。作为推进新型城市化发展的重要抓手，2011年初，广州在"十二五"规划的基础上，全面谋划并制定了关于战略性基础设施、战略性主导产业和战略性发展平台建设实现重大突破的三个工作方案。

首先是战略性基础设施建设实现重大突破。以强化国家中心城市和综

① 引自《中共广州市委广州市人民政府关于全面推进新型城市化发展的决定》2012年9月19日。

合性门户城市功能为目标，提出了"国际航空枢纽港、沿海主枢纽港、铁路主枢纽、城际轨道交通、城市轨道交通、高快速路网、能源保障及新能源、环保基础设施、信息基础设施和文化基础设施"等十大工程建设，其中由市主导的重大项目70余个，其中在建项目48个，策划项目23个，"十二五"期间计划投资约5000亿元①。至2013年底，在建项目中已建成投产或验收18个，占全部在建项目近四成，主要包括广州港出海航道三期、南沙港区粮食及通用码头、广深港客运专线、地铁六号线、广河高速广州段、增从高速、南沙分布式能源站、广州"绿道"、市废弃物安全处置中心等项目。其余项目也大多完成了阶段性任务目标，如地铁等重大交通基础设施项目的征地拆迁基本完成；海珠环岛新型有轨电车试验段开工建设；白云机场扩建全面实施；南沙港三期等港口工程加快推进；10条高速公路动工建设以及中心城区交通改善项目稳步推进等。

其次是战略性主导产业建设实现重大突破，有利于加快提升中心城市产业核心竞争力。市政府制定了"9＋6"方案，即推进"商贸会展、金融保险、现代物流、文化旅游、商务与科技服务、汽车制造、石油化工、电子产品、重大装备"等9个有规模、发挥重要支撑作用的优势产业，以及"新一代信息技术、生物与健康产业、新材料、时尚创意、新能源与节能环保、新能源汽车"等6个有潜力、引领未来发展的新兴产业。每年市财政整合现有和增加安排各种专项资金共40亿元，集中建设一批骨干项目、培育壮大一批骨干企业、集中资源突破一批关键技术和集中力量引进一批产业领军人才，推动战略性主导产业发展实现重大突破，从而极大地推动了广州产业结构的调整优化。2013年服务业对经济增长的贡献率超过70%，现代服务业占服务业比重达62.5%；高新技术产品产值同比增长14.6%，占规模以上工业总产值的43%。

再次是战略性发展平台建设实现重大突破，成为推动广州转型升级的重要载体和主引擎。原工作方案提出"3699"共27个战略性发展平台，2012年经提炼调整为"2＋3＋9"共14个重大战略性发展平台，其中"2"就是南沙新区和东部山水新城两个新城区；"3"是指花都、从化、增城三个副中心；"9"则是位于都会区的9个战略性发展平台，包括广

----

① 详见广州市发改委《广州市加快战略性基础设施实现重大突破工作方案》，2011。

州国际金融城、天河智慧城、广州国际创新城、海珠生态城、花地生态城、广州国际健康产业城、广州（黄埔）临港商务区、空港经济区和广州南站商务区。

三是多中心、组团式城市格局基本形成，从"摊大饼"式的外延扩张向多中心、组团式、网络型的集约高效城市发展格局转变，重组城市发展的空间格局。广州 1959 年编制的城市总体规划第 10 方案最早提出"组团式"发展。其后修订编制的第 11 方案，进一步确定了城市规划结构为"三组团"：旧城区、石牌－员村地区、黄埔地区①。改革开放后编制的第 14 方案，基本延续以上方案的空间布局模式，确定"以旧城区为依托，自西向东呈带状组团式扩展城市建设用地"②。20 世纪 90 年代后编制的第 15 方案，将三组团调整规划为包括原旧城区和天河地区的中心区大组团，包括黄埔地区和白云区一部分的东翼大组团，包括白云区大部分的北翼大组团。③ 21 世纪编制的第 16 方案④，提出"多中心组团式网络型城市结构"，全市域划分为都会区及南沙、花都、从化、增城四个片区，但管理上仍按行政区划将市区分为三组团：中心组团，包括原八区，主要是都会区北部；番禺组团为原番禺区行政管辖范围，包括都会区南部和南沙片区；花都组团为花都区行政管辖范围。市第十次党代会后，提出了"123"城市功能布局规划。

所谓"123"功能布局，就是把全市域划分为"优化提升一个都会区，创新发展两个新城区，扩容提质三个副中心"的城市功能空间发展战略（见图 4－10）。即广州的高端服务业在中心城区，金融城、文化产业、行政管理等功能保留在中心城区；创新性的研发、高端制造业等向两个新城区扩散，创新落实在两大新区——南沙、萝岗（科学城、知识城）；花都、从化、增城三个副中心主要承接中心城区人口与功能疏散，并重点解决城乡协调和一体化发展。重组广州城乡发展的空间格局，有利于提高广州中心城市发展的空间绩效。

---

① 广州城市规划发展回顾编纂委员会编《广州城市规划发展回顾（1949～2005）》（上卷），2005。
② 该方案于 1984 年 9 月 18 日经国务院以国函字〔1984〕139 号文正式批准实施。这是广州第一次有了经国务院正式批准的城市总体规划，在广州城市发展和建设史上具有重要的意义。
③ 广州市规划局：《广州市城市总体规划（1991～2010）》，1994 年 7 月。
④ 广州市人民政府：《广州市城市总体规划（2001～2010）》（送审稿文本），2003 年 12 月。

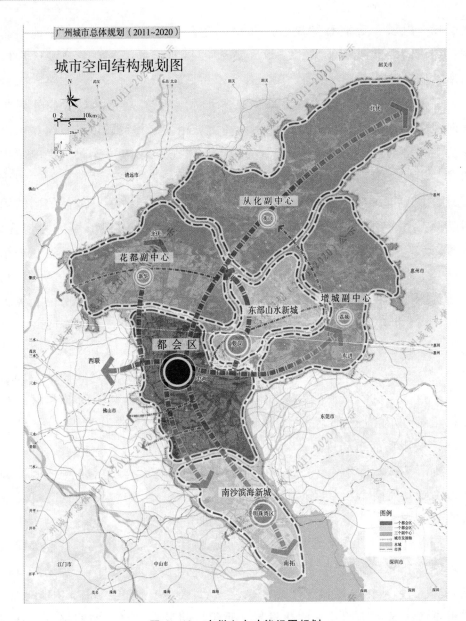

图 4 – 10　广州六大功能组团规划

资料来源：广州市规划局：《广州市城市总体规划（2011～2020）》，2012。

　　各功能组团的发展功能定位、目标和实施策略是：都会区作为广州市
国家中心城市核心功能的重要承载地，承担区域及城市高端要素集聚、科
技创新、文化引领和综合服务功能，成为政治、经济、文化和管理中心。

南沙滨海新城依托珠三角、连接港澳、服务内地、面向世界，以生产性服务业为主导，建设现代产业新高地、具有世界先进水平的综合服务枢纽、社会管理服务创新试验区，打造粤港澳全面合作示范区和建设自由贸易区。东部山水新城要建设成为国家级创新中心、健康与休闲疗养胜地和广州东部新城区。中新知识城要重点发展以研发、生产、创意、影视、运动、旅游、娱乐、商务和教育为主的九大核心功能，成为都会区功能和人口疏解的主要承载区、广州辐射带动珠三角东岸乃至粤东地区的重要一极。花都副中心建设成为国际空港门户、高端产业基地和幸福宜居新城。重点建设国际门户枢纽及面向国际的高端服务功能发展区、先进制造业和高新技术产业基地，建设现代宜居生活的生态城乡。从化副中心作为广州城市水源主要涵养地，要以构建宜居宜业宜游的国际生态健康城为目标，建设世界级温泉名城，打造高端生态旅游区、绿色低碳示范区和美丽城乡融合区。增城副中心建设珠三角地区先进制造业基地、服务粤东地区的地区性次中心和珠三角东岸地区交通枢纽，重点发展装备制造业、高新技术产业和广州东部交通枢纽及依托高铁站点的中小企业总部基地。

第五章　论总体战略

广州自古以来就是我国的门户城市，对外开放历史悠久。改革开放以来，广州经济增长较快，经济实力居全国大中城市前列，产业结构不断优化。随着开放合作日益深化，对外交流全面展开，广州城市国际化水平不断提升，城市的国际影响力、辐射力、控制力得到增强，为广州从国家中心城市走向国际中心城市创造了条件。广州要建设国际中心城市，要以世界重要的国际中心城市为标杆，适应城市国际化发展趋势，全面增强综合实力，努力把广州建设成为国际商贸中心、世界文化名城，使广州成为全球人流、物流、资本流、信息流的交汇中心之一，最终把广州建设成为全球重要的国际中心城市。

第一节　广州走向国际中心城市的基础条件

一　国际商都历史悠久，门户城市地位显要

《珠江三角洲地区改革发展规划纲要（2008~2020年）》把广州定位为"国家综合性门户城市"，与广州悠久的对外贸易历史和繁荣的商贸活动密不可分。根据广州城市发展历史，秦汉时期广州就是重要的商港，汉代开辟的海上丝绸之路以广州为起点，经中国南海，过马六甲海峡，进入印度洋，到达波斯湾、阿拉伯半岛及非洲东海岸，并延伸至世界五大洲。① 随着

---

① 徐德志等编《广东对外经济贸易史》，广东人民出版社，1994。

造船技术的改进和海上运输通道的开辟，到宋元时期，世界上同广州有贸易往来的国家和地区达到 140 多个，海外经济贸易非常发达。明代，广州首创"出口商品交易会"，客商云集，成为中国第一大港口城市。清代一度关闭沿海各个海关，划定广州十三行为全国唯一对外贸易口岸，史称"一口通商"。新中国成立后，1957 年中国政府决定在广州创办一年两届的中国出口商品交易会，简称"广交会"。经过 50 多年的发展，"广交会"已发展成为中国目前知名度最高、历史最长、规模最大、层次最高、商品种类最全、到会客商最多、成交效果最好的综合性国际贸易盛会。1978 年以来，广州凭借地处沿海、毗邻港澳的区位优势，在改革开放中被赋予"特殊政策、灵活措施"，作为中国当代改革开放前沿地，率先探索经济体制改革和发展对外贸易，再次成为市场经济活动最繁荣和外向型经济最发达的城市之一。

纵观广州对外贸易史，广州始终承担着中国对外贸易的桥头堡作用，门户地位凸显。随着中国对外开放进一步扩大和对外合作进一步加强，自 2007 年 4 月第 101 届起，中国出口商品交易会更名为中国进出口商品交易会，由单一出口平台变为进出口双向交易平台，进一步体现了广州在中国对外经济贸易和交流合作中的地位和作用，同时也对推动广州城市国际化发展和走向国际中心城市发挥了重要作用。

二　经济持续较快增长，产业结构不断优化

强大的经济实力是广州建设国际中心城市的基础条件，也是在国际经济竞争中取得优势的关键因素。改革开放以来，广州经济始终保持较快的发展势头，GDP 年均增速超过 10%，高于全国平均水平。在经济总量上，2010 年广州 GDP 突破万亿元大关，达到 10748 亿元，成为我国内地继上海、北京之后经济总量过亿元的第三大城市。2013 年广州经济持续增长，GDP 达到 15420.14 亿元，经济实力在全国主要大城市中位列第三。2013 年，广州市 GDP 增速（11.6%）在全国 20 个重点城市中仅低于天津（12.5%）和重庆（12.3%），高于上海（7.7%）、北京（7.7%）、深圳（10.5%）等其余城市，同时，与香港、新加坡等国际城市的经济总量差距正逐步缩小。

2012 年，广州第一、二、三产业增加值占 GDP 的比重之比由 2011 年

的 1.6:36.9:61.5 升级为 1.5:33.9:64.6。三次产业对经济增长的贡献率分别为 0.4%、29.0% 和 70.6%,产业结构趋向高端化协调发展,在全国范围内乃至与五大国家中心城市相比,服务型经济发展优势依然明显,金融保险、商贸会展、现代物流、文化旅游等现代服务业蓬勃发展。近年来,首届广州牵头的国际城市创新奖成功举办,首届中国(广州)国际金融交易博览会成功举办,广州民间金融街首期、广州股权交易中心、广州碳排放交易所等开业运营,营商环境更加开放自由,2010 年、2011 年和 2013 年被评为福布斯中国大陆最佳商业城市。

三　对外贸易发展迅速,国际影响力持续提升

(一) 对外贸易不断扩大,与世界市场联系度较强

广州作为开放的前沿地带,充分利用邻近港澳的区位优势和政策"红利",对外开放走在全国前列。特别是 2001 年中国加入"WTO"以来,广州对外贸易规模不断扩大,总体呈稳定上升趋势。2001 年,广州对外贸易总额为 230.37 亿美元,2013 年达到 1188.88 亿美元,12 年间增加 4 倍多。尽管国际金融危机令广州对外贸易在 2009 年有所下滑,但在此之后,2010 年广州对外贸易额就强势反弹,并突破千亿美元大关,保持稳定增长态势。在进出口的构成方面,2001 年,广州出口和进口的贸易额分别为 116.24 亿美元、114.13 亿美元,到 2013 年分别达到 628.06 亿美元、560.82 亿美元,分别增加 4.4 倍、3.9 倍(见表 5 - 1)。

表 5 - 1　2001 ~ 2013 年广州对外贸易状况

单位:亿美元

年份＼项目	外贸总额	出口总额	进口总额
2001	230.37	116.24	114.13
2002	279.27	137.79	141.48
2003	349.41	168.89	180.52
2004	447.89	214.74	233.15
2005	534.75	266.67	268.08
2006	637.62	323.77	313.85
2007	734.94	379.02	355.92
2008	819.52	429.64	389.88

续表

年 份 \ 项 目	外贸总额	出口总额	进口总额
2009	767.37	374.05	393.32
2010	1037.76	483.80	553.96
2011	1161.72	564.73	596.99
2012	1171.31	589.12	582.19
2013	1188.88	628.06	560.82

资料来源：2001～2011 年数据来源于相应年份《广州统计年鉴》，2012、2013 年数据来自于当年广州统计公报。

（二）外贸市场日趋多元化，经济国际影响力不断增强

随着对外开放的扩大和国际市场的拓展，广州对外贸易市场日趋多元化，开展对外贸易的国家和地区达到 200 多个。表 5-2 和表 5-3 显示，广州对外贸易市场呈现以下特点。一是与传统外贸市场的合作不断加强。欧盟、美国、中国香港、日本是广州最重要的贸易伙伴，也是广州对外贸易的传统市场，自 2007 年以来，广州与这四个国家和地区的贸易关系虽有波动，与其贸易额在广州对外贸易额中所占比重有所下降，但贸易总额总体上还是有所上升的，贸易关系不断加强。二是与新兴市场的经贸合作不断拓展。在新兴市场中，东盟一直是广州对外贸易的对象，目前已成为广州稳定的第五大贸易伙伴；韩国、南美洲、中东、非洲与广州的经贸关系发展较快，增长势头较强，在传统外贸市场的出口市场份额呈下降的同时，东盟、南盟、南美、中东、东欧、非洲等新兴市场已成为广州对外贸易的热点地区。

表 5-2 2007～2012 年广州主要进出口市场贸易额

单位：亿美元

市 场 \ 年 份	2007	2008	2009	2010	2011	2012
中国香港	112.3	121.1	100.7	133.9	143.5	137.8
日 本	91.2	105.1	101.9	139.5	144.8	134.4
韩 国	23.5	37.6	34.2	72.4	85.1	90.8
南 盟	17.1	14.9	13.7	19.3	23.2	25.8
东 盟	62.1	75.0	81.9	120.1	128.5	132.1
中 东	25.1	30.2	28.0	34.4	48.2	48.3

年份 市场	2007	2008	2009	2010	2011	2012
欧　　盟	127.2	147.4	130.1	163.7	171.2	167.4
东　　欧	12.4	13.7	28.4	17.3	22.8	20.3
俄 罗 斯	9.3	8.2	8.5	10.1	14.5	11.4
美　　国	108.6	106.8	110.1	135.4	146.0	162.3
非　　洲	23.5	30.3	26.0	34.3	46.6	48.6
南 美 洲	31.8	37.6	32.7	51.9	61.3	68.8
大 洋 洲	15.8	17.1	22.5	27.5	31.3	29.1

注：1. 由于表中所列市场数据不全，故从2007年开始分析。2. 南盟国家主要包括：印度、巴基斯坦、孟加拉国、斯里兰卡、尼泊尔、马尔代夫、不丹、阿富汗。

数据来源：广州海关统计数据。

表5-3　2007~2012年广州主要出口市场份额

单位：%

年份 市场	2007	2008	2009	2010	2011	2012
中国香港	26.6	25.6	24.8	25.9	23.8	22.1
日　　本	5.6	5.8	5.8	5.8	5.2	5.1
韩　　国	1.9	2.6	1.4	1.7	2.0	2.2
南　　盟	1.6	1.6	2.0	2.1	2.3	2.2
东　　盟	6.9	7.3	8.3	8.3	8.5	8.9
中　　东	4.6	5.0	5.5	4.6	5.4	5.3
欧　　盟	17.7	17.9	16.9	16.3	15.6	17.1
东　　欧	2.3	2.4	2.2	2.4	2.5	2.8
俄 罗 斯	1.6	1.3	0.8	1.0	1.2	1.4
美　　国	19.5	17.6	19.7	19.0	17.7	19.0
非　　洲	4.1	4.6	4.5	4.2	4.6	4.6
南 美 洲	4.0	4.7	4.7	5.8	6.7	7.6
大 洋 洲	2.0	1.8	2.0	1.7	1.8	1.9

数据来源：同上。

（三）外贸结构优化，产品国际竞争力增强

近年来，广州外贸结构持续优化，产品国际竞争力不断增强。主要表现为以下两点。

一是服务贸易发展迅速。自2006年建立服务贸易国际收支统计以来，广州服务贸易国际收支总额从68.9亿美元增长到2011年的239.6亿美元，年均增长28.3%。2012年广州服务贸易总额超过400亿美元，同比增幅超过 60%。服务外包发展迅速,自国家 2007 年开始实施服务外包统计报表制度以来,广州服务外包登记合同额从 8182.9 万美元增长到 2011 年的 34.6 亿美元,年均增长 155%;至 2011 年底,商务部确认登记广州服务外包企业 625 家,从业人员 22 万人,从业人数占广东省的 1/2;在 2012 年商务部全国软件出口(创新)基地城市能力评估中广州跃居第二名;2012 年全市新增外包服务企业 105 家,合计 730 家,实现外包合同额、离岸合同额、离岸执行额同比分别增长 43.2%、52.1%、41.1%,服务外包占全省的 51%。这些成绩充分体现了广州作为国家服务外包示范城市的作用。

二是机电产品和高新技术产品出口额稳定增长,反映了广州机电产品和高新技术产品具有较强的国际竞争力。近年来,广州在稳定一般商品贸易出口的同时,加大了机电产品和高新技术产品的出口,促进出口质量不断提升。机电产品 2004 年出口额为 104.66 亿美元,占全市出口总额的比重为 48.74%;2013 年出口额为 311.48 亿美元,占 49.59%,出口额增加近 2 倍,所占比重在 10 年间维持在 50% 上下,基本保持稳定。高新技术产品 2004 年出口额为 43.07 亿美元,占全市出口总额的比重为 20.06%,2013 年出口额为 107.21 亿美元,占 17.07%,虽然比重有所下滑,但出口规模近三年均保持在百亿美元以上。

表 5 - 4　2004～2013 年广州机电产品和高新技术产品出口情况

项　目 年份	机电产品		高新技术产品	
	出口额 (亿美元)	占全市出口 总额比重(%)	出口额 (亿美元)	占全市出口 总额比重(%)
2004	104.66	48.74	43.07	20.06
2005	134.07	50.27	55.87	20.95
2006	162.80	50.28	61.39	18.96
2007	192.13	50.69	66.48	17.54
2008	225.25	52.43	74.76	17.40
2009	200.10	53.50	76.02	20.32
2010	263.91	54.55	99.03	20.47
2011	295.66	52.35	105.80	18.73
2012	309.42	52.52	112.73	19.14
2013	311.48	49.59	107.21	17.07

数据来源:2004～2011 年数据来源于相应年份统计年鉴,2012 年数据为当年统计公报。

四　国际资本聚集能力增强，国际经济控制力提升

广州作为国家中心城市，经济发展势头强劲，商机较多，市场潜力巨大。随着营商环境持续改善，广州吸引和聚集国际资本的能力增强，对国际经济的控制力有所提升。

一是外资聚集能力持续增强。改革开放后，广州一直是外商投资的热土，外资利用规模不断扩大，保持持续增长态势（见表5-5）。

表5-5　2006~2013年广州实际利用外资总额及增幅

年份	2006	2007	2008	2009	2010	2011	2012	2013
实际利用外资额（亿美元）	30.55	34.11	37.74	38.75	40.81	43.76	45.75	48.04
增幅（%）	7.5	11.7	10.6	2.7	5.3	7.2	7.1	5.0

数据来源：2006~2012年广州市国民经济和社会发展统计公报。

二是总部经济效应开始显现。根据新标准认定，广州拥有外资总部企业56家（其中《财富》世界500强企业18家），管理着全国各地近1000家下属企业。15家企业获评省跨国公司地区总部企业，认定数量占全省的九成。截至2012年底，广州共吸收232家《财富》世界500强投资设立项目626个，投资总额累计412.6亿美元。外资企业总部的设立及境外大型企业的进入，使广州对国际经济的控制力将得到增强。

三是投资领域高端化。先进制造业利用外资呈现较快增长态势，专用设备制造业，通信设备、计算机及其他电子设备制造业和医药制造业等先进制造业合同外资分别增长3.6倍、2.0倍和1.7倍。随着对外开放领域逐步放宽，服务业已成为外资投入的重点行业，广州利用外资结构也逐步由制造业为主转为制造业和服务业并重。2011年，广州服务业合同利用外资47.7亿美元，占当年全市合同额的61.8%，比2001年提高了22.9个百分点；实际利用外资24.0亿美元，占全市实际利用外资的56.2%，比2001年提高了16个百分点。2012年服务业新设外商直接投资项目数、实际外资金额数分别占全市的87.9%和54.8%。由此可见，服务业利用外资已超过广州利用外资的一半，逐渐成为广州利用外资的主体。

五 对外合作进一步加强，"走出去"战略成效显著

实施"走出去"战略是深化对外合作的重要举措。近年来，广州采取扶持、奖励、搭建境外投资平台等相关措施，鼓励企业"走出去"，到境外投资办企业，大力开展对外承包工程与劳务合作，拓展境外市场，成效显著。表 5 - 6 显示，2002 年广州对外投资新增项目数为 7 个，新增中方投资额为 722 万美元，到 2013 年分别达到 116 个、181843 万美元，平均每个项目投资额从 103 万美元跃升到 1567.6 万美元，投资实力显著增强，投资总量与单个项目投资规模均大幅提升；2002 年对外承包工程与劳务合作营业额仅为 0.91 亿美元，2013 年达到 3.67 亿美元，增加 2 倍多。由此可见，广州对外投资、参与国际劳务合作取得显著成效。

表 5 - 6 2002 ~ 2013 年广州对外投资、对外承包工程与劳务合作情况

年份＼项目	对外投资新增企业数(个)	新增投资额(万美元)	对外承包工程与劳务合作营业额(亿美元)
2002	7	722	0.91
2003	10	362	1.09
2004	22	3736	1.32
2005	17	5090	1.62
2006	20	8150	1.81
2007	22	767	2.14
2008	28	10724	3.20
2009	74	41774	3.88
2010	87	46667	4.72
2011	88	33277	2.48
2012	119	68531	2.89
2013	116	181843	3.67

数据来源：相应年份《广州统计年鉴》和广州市外经贸局网站。

六 对外交流频繁多元，国际中心城市形象日渐确立

目前，广州正迅速成为国家级和国际级会议、展览、论坛、赛事、大型文化活动等对外交流活动的主办地或承办地。近年来，广州多次成功举办大型国际活动，促进了城市品牌形象、国际知名度和影响力的进一步提

升，逐渐确立了国际中心城市形象。

一是举办大型国际活动，拓展广州城市外交的广度和深度。广州一直是代表国家举办大型国际活动的重点城市之一，2010 年广州亚运会是广州首次承办的大型综合性国际体育盛会，在亚运会的申办、筹办、举办期间，广州成为亚洲乃至世界聚焦的热点，广州也充分利用举办亚运会的机遇，向世界各国宣传、推介广州，向世界各国展示广州经济发展、城市建设的成就，加强了与世界各国体育、文化、经济等多领域的交流，助推了广州城市外交，促进了广州城市的国际化发展。2012 年广州发起举办了首届广州国际城市创新奖及广州国际城市创新大会暨世界大都市协会董事年会（简称"一奖两会"），掀起了城市外交新高潮。这次盛会规模大、规格高，共迎来 62 个国家和地区 149 个城市的管理者、专家学者和企业家等 600 多名国内外贵宾；收到全球 56 个国家和地区 153 个城市共 255个创新项目的参评申请，其中包括奥地利维也纳、韩国首尔等 29 个首都和德国法兰克福、英国伯明翰等多个国际知名城市；引起了海内外媒体的高度关注，全球 300 多家海外媒体对"广州奖"进行了广泛报道。通过持续举办"一奖两会"，提升城市软实力，广州在彰显岭南特色文化魅力、提升广州知名度和国际影响力的同时，搭建了一个交流友谊、共享智慧、深化合作的开放的全球城市交流高端平台，在国际社会中发出了广州的声音，这对提升广州的国际影响力起到了积极作用。

二是城市外交平台及网络日趋完善。作为一个开放型的城市，广州与国际城市间高层互访频繁，国际友城交往格局进一步优化。充分利用"新广州新商机"，各类国际展销会、博览会等机遇，积极"走出去"，加强国际友城合作交往，搭建广州城市外交平台，形成宜友宜商局面。重视城市经贸、文化交流、民间互访等多个领域合作，不断推动友城交往纵深发展。城市外交网络初步形成。截至 2012 年底，已有 44 个国家在穗设立总领事馆；广州与全球 220 多个国家和地区保持双边贸易往来，一万多家外资企业在广州投资兴业，其中世界 500 强企业有 232 家直接投资于广州，各国驻穗商贸代表处达 4600 多户。有来自日本、新加坡、美国、英国、波兰、芬兰、中国香港等地的 11 家知名国际媒体常驻广州。在对外交往中，广州与全球 36 个国家的 47 个城市建立了友好城市关系或交流合作城市关系。

七 基础设施建设日臻完善，对外交流能力进一步增强

国际中心城市必然是国际重要的交通中心，人流、物流集散地和信息中心。近年来，广州基础设施日臻完善，空港、海港不断完善，智慧城市逐渐形成，对外交流能力进一步增强，为广州建设国际中心城市奠定了基础。

一是国际航空运输能力增强。广州白云国际机场是中国大陆三大国际航空枢纽机场之一，是国内规模最大、功能最先进、现代化程度最高的国家级枢纽机场。机场与近50家航空公司建立了业务往来。2012年，广州白云国际机场新增10条国际航线，国际航线总数达到113条，国际航线网络辐射能力进一步提高。广州白云国际机场旅客吞吐量年年刷新纪录。2013年广州白云机场旅客吞吐量达到5245万人次，仅次于北京首都国际机场居全国第二位，居全球机场客运量排名前二十强；货邮吞吐量130.9万吨，居国内第三位；客流与货流增幅在全国三大机场中均居于首位（见表5-7）。[①] 按照规划，二期工程建成后，广州白云国际机场每年能够处理7500万人次客流及超过200万吨货物，将极大地提高广州对外交流的能力。

表5-7 2013年全国三大机场旅客和货邮吞吐量

机场	旅客吞吐量（万人次）	同比增幅（%）	货邮吞吐量（万吨）	同比增幅（%）
北京首都机场	8371.24	2.2	184.37	2.4
广州白云机场	5245.03	8.6	130.97	4.9
上海浦东机场	4718.98	5.1	292.85	-0.3

数据来源：中国民用航空局网站。

二是港口运输优势明显。广州港地处珠江入海口，毗邻港澳，拥有"江海直达，连通港澳"的得天独厚的航运条件。港口运输一直在广州对外交流运输史上承担重要角色。改革开放以来，广州港发展成为国家综合运输体系的重要枢纽和华南地区最大的综合性枢纽港，具有一流的港口设

[①] 上海虹桥机场的客运量居全国第四位，2013年为3559.96万人次；货运量居全国第六位，2013年为43.51万吨。从一个国家中心城市或国际中心城市看，上海的航空客运总量远超过广州，货运量也稳居全国首位。从广州的航空运输需求的潜力看，广州需要考虑建设第二机场。

施和完善的运输体系。截至 2012 年 9 月，广州港拥有生产性码头泊位 145 个，其中万吨级泊位 55 个。南沙港区至珠江口水域的航道通航水深为负 17 米，10 万吨级船舶可全天候通航。2011 年，广珠铁路辅线接入南沙港口，广州港出海航道三期工程竣工。广州港无论是在地理区位还在在航运条件上优势明显。目前，广州港已通达世界 80 多个国家和地区的 350 多个港口，国际集装箱班轮航线覆盖全球主要航区，是我国与东南亚、中印半岛、中东、非洲、澳洲和欧洲各地运距最近的大型贸易口岸。2013 年，广州港货物吞吐量 4.55 亿吨，居全国第四位、全球第五位；集装箱吞吐量 1531 万标准箱，居全国第五位、全球第八位，两项主要指标都达到全球十大港口标准。广州港生产规模的不断提升，进一步巩固和提升了广州港在中国和世界港口中的领先地位，对增强广州的对外货运能力起到重要作用。

三是智慧城市建设成效明显，智慧广州基础设施建设加快推进。"智慧广州战略与实践"获巴塞罗那世界智慧城市大会奖，中新广州知识城成功获批第一批国家智慧城市创建试点。具有国际水平的信息化基础设施支撑能力不断增强，城市光纤网络到楼超 95% 以上，光纤到户突破 50 万，3G 网络覆盖全市 95% 的区域，无线城市 WLAN 接入点超过 17 万个。物联网应用规模持续扩大，全市机器对机器终端数量达 50 万多个，集聚物联网芯片设计、设备制造、移动通信、软件开发、系统集成和运营服务企业超过 700 家，视频监控、RFID、新型传感器等物联网先进技术已经在治安监管、环保监测、特种设备监控、交通调度、食品药品安全监管、物流运输、工业制造等领域形成规模应用项目。"智慧广州"工程提升了广州的对外信息交换能力，有助于广州成为国际信息中心和信息集散地。

八　城市国际化认知度提高，在国际城市网络中初具地位

广州作为我国的国家中心城市和综合性门户城市，城市国际化发展水平快速提升，在以经济规模为代表的"发展实力"、以人口规模和跨国公司所在地为代表的"集聚能力"以及以国际交通信息枢纽等为代表的"交往能力"三大核心价值领域方面均表现良好。美国"全球城市指数"2012 年发布的全球国际城市 65 强中，广州名列第 60 位；英国"全球化与世界城市研究小组与网络"（GaWC）连续两次将广州与西雅图、奥克兰、曼彻斯特等城市并列为 Beta 级别国际城市，2012 年又将广州上升为

Beta + 级别城市。综合在其他城市综合实力评价体系中的表现来看，广州的城市国际化发展水平已初步获得国际社会认可，广州在全球国际城市网络中已占据一定的地位（见表 5-8）。

从城市国际化各评价指标排名来看，广州当前处于世界城市等级体系中的第三层级，即"区域性国际城市"，与卢森堡、布达佩斯等属于国家首都性质的城市和曼彻斯特、西雅图、奥克兰、福冈等发达国家重要城市位置相当。广州的城市国际化水平在我国的五个国家中心城市中仅次于北京、上海两市，领先于天津、重庆。

随着综合实力的持续增强，广州整合经济、社会、环境和文化资源，参与区域资源分配竞争和国际资源配置的能力不断增强，城市国际地位提升，全球竞争力凸显。中国社会科学院发布的《全球城市竞争力报告（2011~2012）》显示广州位列第 109，在国内城市中名列第 4；英国《经济学人》智库编制发布的"2012 年全球城市竞争力指数排名"中，广州在世界 120 个入选城市中位列第 64[1]，表明广州作为区域性国际大都市，对全球政治经济文化的控制力与影响力逐年增强，在全球城市网络中的节点价值越来越高。

表 5-8 城市国际化评价指标体系主要城市排名

世界城市等级体系划分	国际城市	英国"世界城市排名"[1]（2012 年）	美国"全球城市指数"[2]（65 个）（2012 年）	日本"全球城市实力指数"[3]（25 个）（2011 年）	英国"世界城市调查"[4]（20 个）（2011 年）
第一层级：全球城市	纽约	Alpha + +	1	1	1
	伦敦	Alpha + +	2	2	2
第二层级：洲际性国际城市	东京	Alpha +	4	4	4
	香港	Alpha + +	5	8	17
	新加坡	Alpha + +	11	5	7
	首尔	Alpha	8	7	13
	北京	Alpha +	14	18	8
	洛杉矶	Alpha	19	13	6
	上海	Alpha +	21	23	18

[1] 数据来源：www. malaysiaeconomy. net/world_ economy/world_ populations/cities_ population/2012 - 08 - 22/21058. html。

续表

世界城市等级 体系划分	国际城市	英国"世界 城市排名"① （2012 年）	美国"全球 城市指数"② （65 个） （2012 年）	日本"全球 城市实力指数"③ （25 个） （2011 年）	英国"世界城市 调查"④（20 个） （2011 年）
第三层级： 区域性国际城市	莫斯科	Alpha	19	—	
	马德里	Alpha –	24	20	
	休斯顿	Beta +	38		
	大阪	Beta –	47	15	
	台北	Alpha –	40	29	24
	曼谷	Alpha –	43		20
	开罗	Beta +	50		
	雅加达	Alpha –	54		
	里约	Beta –	53		
	广州	Beta +	60		
	深圳	Beta	65		
	重庆	—	66		

①世界城市排名，由"全球化与世界城市研究小组与网络"（GaWC）发布，从会计、广告、金融、法律等四个生产性服务业方面对国际城市进行分类排行。

②全球城市指数（Global Cities Index），由美国《外交政策》杂志、全球管理咨询公司科尔尼公司和芝加哥全球事务委员会联合推出，2008 年起每两年发布一次，从工商业活动、人文因素、信息流通、文化氛围和对全球政治的影响等五个方面衡量全球 65 个城市的国际化发展水平。

③全球城市实力指数（Global Power City Index），由日本森纪念财团发布，从经济、研究与开发、文化交流、宜居性、环境和交通通达性等六个领域的指标衡量全球 35 个主要城市的全球影响力。

④世界城市调查，由伦敦地产公司 Knight Frank LLP 从 2010 年起在其"财富报告"中发布，从经济活动、政治权利、知识及其影响、生活质量四个方面对全球 40 个最具影响力的国际城市进行排名。

第二节　广州走向国际中心城市的现存差距

一　经济实力与高能级国际城市的差距较大

国际中心城市的发展经验表明，高能级国际城市通常都具有巨大的经济体量。广州要建设国际中心城市必须拥有强大的经济实力。虽然广州经济持续快速增长，地区生产总值在全国城市中名列前茅，但经济总量与高能级国际中心城市相比，差距依然较大。根据美国布鲁金斯学会 2012 年发布的"全球城市 GDP 排名（2011）"来看，广州 GDP 总量仅相当于纽约的

25%、东京的 21%；在倪鹏飞与彼得·克拉索主编的《全球城市竞争力报告（2011～2012）》中，广州的 GDP 实力位居世界第 148。由此可见，广州与居世界城市前列的国际中心城市差距较大；在区域性国际中心城市中，广州与周边的香港、上海、新加坡、台北等城市相比也存在相当大的差距。[①]

二 总部经济发展不足，国际经济控制力偏弱

总部经济是城市的高端功能，是资源配置的中枢，也是考察城市国际经济控制力的重要指标之一。2012 年《财富》世界 500 强企业中仅有 1 家总部位于广州，上海有 6 家，香港有 4 家，北京则达到 44 家。国家商务部门认可的跨国公司地区总部广州 2012 年增加到 56 家，上海则已达 403 家。在财富中文网发布的"2013 年中国企业 500 强排行榜"中，只有 9 家公司的总部位于广州，因此广州在发展总部经济方面远远落后。从动态的角度看，根据中国总部经济研究中心每年发布的评价结果，2006～2012 年广州总部经济发展指数与京、沪的差距进一步拉大，且在全国的排名也从第 3 位下降到第 4 位，被深圳所超越。总部经济企业营业额 2012 年仅为 605 亿美元，与北京（29232 亿美元）、上海（2308 亿美元）差距较大。总部经济企业偏少、发展不足，在一定程度上制约了广州参与国际分工、在国际范围内配置资源的能力。

表 5-9 京、沪、穗城市《财富》世界 500 强总部经济发展实力比较（2012 年）

指标 \ 城市	广州	北京	上海
总部经济发展能力指数	74.27(4)	88.66(1)	86.35(2)
拥有《财富》世界 500 强企业（家）	1	44	6
引进跨国公司地区总部（个）	56	112	403
《财富》世界 500 强营业收入（亿美元）	605	29232	2308

注：总部经济发展能力指数来源于中国总部经济研究中心发布的"2012 年全国 35 个主要城市总部经济发展能力排行榜"，括号内为城市排名。

------

① 面对纽约、东京等世界第一层级的全球城市，广州暂没有直接比较的意义；但与区域性国际城市是可以和应该比较的。在倪鹏飞与彼得·克拉索主编的《全球城市竞争力报告（2011～2012）》（社会科学文献出版社，2012）中，按 GDP 实力排序，与广州在地理区位上相邻的区域性国际城市中，香港居第 7 位，上海居第 8 位，新加坡居第 13 位，台北第 35 位，均大幅领先于广州的第 148 位。

三　金融业发展水平不高，制约国际经济辐射力

金融是现代经济的核心和资源配置的枢纽，金融功能是一个城市的核心功能。金融业发展水平和国际化程度是衡量一个城市或地区所具有的国际经济辐射力和影响力的重要因素。根据国内外经验，一个城市如果是区域金融中心，那么这个城市的金融增加值至少应占到该市 GDP 的 10% 以上，同时，各项贷款余额占 GDP 的比值至少要达 2 以上①。按此标准，北京、上海的指标达到要求，而广州这两项指标分别只有 6% 和 1.5，差距仍较大。根据深圳综合开发研究院发布的 "中国金融中心指数（2012）"，广州位居北京、上海、深圳三大金融中心之后，远未进入国际甚至亚洲金融中心的行列，特别是等分与排名第三的城市相差 50% 以上，显示了广州在金融国际化方面还有很大的发展空间。金融机构总部数一般可反映金融能级的高低，贷款余额与 GDP 之比则反映金融辐射力的强弱。表 5 - 10 显示，无论是在金融业发展水平，还是在金融机构数，特别是外资机构数等方面，广州与北京、上海差距明显，在一定程度上制约了广州对国际经济的辐射力。

表 5 - 10　京、沪、穗金融实力比较（2012 年）

指　　　标　　　城　　　市	广州	北京	上海
金融业增加值（亿元）	850.0	2592.5	2450.4
金融业增加值占 GDP 比重（%）	6.3	14.6	12.2
金融机构总部（家）	22	141	132
外资金融机构（家）	62	290	173
贷款余额/GDP	1.52	2.62	2.01
中国金融中心指数	42.41	104.95	119.20

注："中国金融中心指数"为深圳综合开发研究院发布的 "中国金融中心指数（2012）"。

四　外资利用水平不高，资本聚集能力有待加强

"入世"以来，广州实际利用外资虽保持增长势头，但总量与先进城市相比仍有差距。例如，2011 年，广州实际利用外资 42.7 亿美元，位列天津（130.6 亿美元）、上海（126.0 亿美元）、大连（110.1 亿美元）、

---

① 黄奇帆：《重庆着力构建区域金融中心》，《中华工商时报》2010 年 9 月 28 日。

重庆（105.3 亿美元）、苏州（90.2 亿美元）、北京（70.5 亿美元）、成都（65.5 亿美元）、沈阳（55.0 亿美元）、杭州（47.2 亿美元）、深圳（46.0 亿美元）之后，排第 11 位。2012 年，广州实际利用外资在全国的地位并未改观，与其他四个国家中心城市实际利用外资水平相差较大；在副省级城市中，落后于大连、成都、沈阳、深圳、杭州、青岛。可见，与国内其他大中城市相比，广州对外资的吸引力与国家中心城市地位不相称，资本聚集能力有待提高。

广州在招商引资的过程中，"引智"不够，外资利用质量不高，与建设国家创新城市的目标中加快聚集各种创新资源的要求还有较大差距。以高新技术产业为例，近年来外商在广州高新技术产业领域投资的力度不断加大，2011 年外商投资与港澳台商投资的规模以上工业高科技产值占广州的比重达到 76.9%。但广州缺乏高新技术产业发展的高端环节的投资，没有形成完整的高新技术产业链条，虽然这些产业生产的产品属于高新技术产品，但生产环节大多是劳动密集型的。改革开放以来，广州共批准设立外商投资企业 1 万余个，但累计引进或外资企业在穗设立的研发机构只有 100 多家。

五　科技创新能力不足，制约城市国际竞争力

科技进步和自主创新是推动生产力发展的关键因素，是全球城市竞争的焦点。实践证明，城市之间的竞争实际上就是科技创新及其应用的竞争，谁掌握了高新技术，谁就在城市发展中发挥主导作用，取得竞争优势。城市发展史表明，国际中心城市基本是区域甚至全球技术创新中心。中国社会科学院发布的《全球城市竞争力报告（2011~2012）》显示，全球城市体系中科技中心城市表现日益突出，产业结构指数排名前 100 的城市基本是金融中心城市和科技中心城市。表 5 – 11 显示，在科技创新投入方面，2012 年广州的研发投入强度为 1.80%，远远低于北京（5.83%）和上海（3.11%）；广州科技创新的支撑要素，如：国家重点实验室、两院院士数量、科技活动人员数等全面落后于北京和上海，专利授权量、发明专利授权量、经认定的高新技术企业数不到北京和上海的一半。根据《福布斯》公布的"中国城市创新指数（2012）"，广州的创新指数为0.867，也比北京（0.974）、上海（0.990）低，反映了广州科技创新能力不足，制约了城市国际竞争力的提升。

表 5－11　京、沪、穗城市创新实力比较（2012 年）

指标＼城市	广州	北京	上海
《福布斯》中国城市创新指数	0.867	0.974	0.990
国家重点实验室（个）	7	45	16
两院院士（名）	35	911	196
科技活动人员（万人）	23.8	60.598	37.53
研发投入占 GDP 比重（％）	1.80	5.83	3.11
专利授权量（件）	18339	40888	47959
发明专利授权量（件）	3146	15880	9160
经认定高新技术企业（家）	1250	3523	2265
高新技术产品占出口额比重（％）	19.14	31.74	43.84

数据来源：各城市 2012 年国民经济和社会发展统计公报数据及科技信息网。

六　对外交流平台数量不足，制约城市对外交流

国际中心城市的重要特征之一就是国际交流活动频繁，国际交往人口规模庞大。近年来，广州国际交往平台和沟通渠道不断完善，在广州居住的外籍人口（以南亚、西亚和非洲为主）数量也较大。但在建设国际交流平台尤其是高端平台方面，广州与北京、上海仍有明显差距（见表 5－12）。例如，广州至今没有国际组织进驻，而北京有 3 家，上海也有 1 家；在缔结友好城市方面，广州有 31 个，落后于北京（47 家）、上海（71 家）；常驻境外媒体数量与北京、上海等城市具有较大差距。这些都表明广州对外交往途径相对狭窄的问题依然存在，与国际社会的交往程度和与国际社会的信息交流程度相对较低的状态未得到明显改善。广州组织的国际活动，无论规模还是影响力都与北京奥运会、上海世博会等存在差距，说明广州对外交流的平台和渠道尚未充分适应建设国际中心城市目标的需要。

表 5－12　京、沪、穗国际交流平台和沟通渠道比较（2012 年）

指标＼城市	广州	北京	上海
外国使领馆（个）	44	160	46
国际组织（个）	0	3	1
国际友好城市（个）	31	47	71
常驻境外媒体（家）	9	235	73

续表

指标 ＼ 城市	广州	北京	上海
常住外籍人口（万人）	2.5	10.7	20.8
年外国游客（万人）	276.27	447.41	554.99
外国留学生（名）	18000	39141	18531
国际学术会议（次）	24	224	109

第三节　广州走向国际中心城市的战略部署

广州要建设国际中心城市，一定要把握世界经济重心向亚太转移、世界城市体系格局调整及中国国际地位快速上升的战略机遇，立足自身在世界城市坐标体系的现实位置，借鉴世界先进城市发展经验，以海港、空港、信息港、陆路枢纽等战略性基础设施为支点，以联系紧密的大珠三角经济区核心腹地为支撑，打造国际商贸中心、世界文化名城、区域金融中心、亚洲现代物流中心、国际性会展中心和国际化信息港，以世界先进城市为标杆，进一步提升经济、社会、文化、生态和城市发展质量，全面增强作为高能级国际城市的各项功能，提升广州对世界经济和国际事务的影响力与控制力，获取在世界城市坐标体系中的领先地位。

一　广州走向国际中心城市的战略目标

力争到 2050 年，建成在全球范围内具有重大国际影响力的国际中心城市，进入世界城市体系中第二层级的前列。为实现这一战略愿景，广州要实施分三步走战略，向世界城市迈进。

（一）近期目标（至 2020 年）：亚太地区重要的区域性国际中心城市

以巴塞罗那、鹿特丹、汉堡等城市为标杆，到 2020 年，建成"服务全国、辐射亚太、走向世界"的国际大都市，国际影响力进一步增强，成为亚太地区重要的区域性国际中心城市。现代大都市产业体系基本建立，第三产业比重达到 70% 左右；建成 21 世纪海上丝绸之路上最具有全球辐射力的国际商贸中心之一，成为亚洲物流中心、国际商务会展中心和国际电子商务中心；建成国际化程度较高的世界文化名城，城市文化开放度、集聚度、知名度显著提升，文化软实力、创造力、传播力显著增强，对外文化交流合作日益活跃，成为影响亚洲文化潮流的区域国际中心城市；入驻广州的以世界 500 强为代表的跨国公司和总部企业数量持续增加；在穗领事馆，国际组织总部、区域总部或分支机构数量明显增加；成为国际会议、展览、论坛、体育赛事和大型文化活动等国际活动的主要主办地或承办地；经济聚集、科技创新、文化传播、区域带动、国际交往等城市功能显著增强，在世界城市体系中的重要性日益增加，成为人才、技术、资金聚集的主要目的地；经济实力增长显著，人民生活水平大幅度提高，人均 GDP 达到 3 万美元左右，进一步增强区域性国际城市的实力。

（二）中期目标（至 2030 年）：世界较重要的国际中心城市

以迈阿密、悉尼、法兰克福等城市为标杆，到 2030 年，把广州建设成为世界重要的国际中心城市。届时，广州的交通、信息等基础设施世界领先，是全球人流、物流、资本流、信息流的交汇中心之一，成为世界 500 强为代表的跨国公司总部的主要聚集地之一，本土知名跨国企业数量进一步增多；现代大都市产业体系比较完善和发达，在国际产业分工中占据优势地位，第三产业比重达 75% 左右，人均 GDP 达到约 6 万美元；成为亚洲重要的金融、物流、信息和会展中心，全球重要的金融、物流、信息和会展平台；居民享有的公共服务基本达到发达国家水平，环境质量接近或达到世界先进水平。核心产业及其技术创新能力具有国际领先地位，综合国际竞争力、影响力和控制力迈上新台阶，跻身世界城市体系中的第二层级城市。

（三）远期目标（至 2050 年）：具有全球性重要影响的国际中心城市

以芝加哥、洛杉矶、旧金山等较接近第一层次的世界城市为目标，至 2050 年，把广州建成具有全球重大影响力的国际商贸中心和世界文化名城，城市综合实力和国际竞争力、要素资源配置能力、城市功能国际辐射力、科技文化创新能力和生态多元的可持续发展能力位居世界前列。"低碳城市、智慧城市、幸福城市"的各项指标居世界领先水平。人均 GDP 达到 10 万美元左右，第三产业增加值占 GDP 比重超过 80%。大幅度缩小与世界城市体系第一层级的差距，成为位居世界城市第二层级前列的具有全球性重要影响的国际中心城市。

二 广州走向国际中心城市的战略任务

针对广州与国际先进城市的差距，广州实施走向国际中心城市战略的主要任务是：

（一）深化区域合作，突出广州中心城市辐射力

发挥广州核心城市的国际商务、金融服务、技术创新和制度整合等功能，引领珠三角城市群在全球城市体系中不断提升功能和影响力，最终形成亚太地区最具活力和竞争力的世界级城市群，以城市群的整体发展加速广州走向国际中心城市。

（二）加快发展总部经济，提升广州全球经济控制力

以全球化视野发展广州总部经济，进一步加强与港澳、深圳的协作，全面推进穗港总部经济的合理分工、错位发展，共同打造具有世界影响力的"穗港深"国际总部经济带。以建设华南地区的区域性企业总部聚集中心为目标，大力引进大型跨国公司总部或地区总部，积极吸引国内优秀企业总部设立或改迁广州，大力培育本土跨国企业，促使广州成为亚太地区最具活力的总部经济之都，提升广州全球经济控制力。

（三）加快建设创新型城市，增强广州国际竞争力

深入推进国家创新型城市建设，加快建设技术研发和创新平台，形成自主创新优势；加强与企业、科研和中介机构的紧密合作，官、产、学、研等融为一体，形成科技创新合力；积极引进跨国公司研发中心，重视民营科技创新能力，构建开放的科技创新格局；以市场为导向，加快新兴产业培植和高新技术产业发展；增强自主创新和科技综合实力，打造世界级的高新技术产业中心、科技创新中心，提升广州的科技辐射力和带动力，提升广州的国际竞争力。

（四）优化创业和人居环境，凸显广州城市国际吸引力

进一步提升广州市政设施水平，完善城市道路和水电气基础设施，强化垃圾和污水处理能力，提高信息通信水平，加强市政应急设施建设，提

高城市现代化建设水平，为广州建设国际中心城市创造良好的硬件设施基础。推进可持续发展的生态环境建设，保障经济高速增长的同时保持并不断改善广州的城市生态环境质量，使广州的生态环境水平与国际城市高度发达的经济和社会状况相适应。持续优化投资和营商环境，加快商事规则与国际接轨，促进广州对外开放度的提升。

（五）建设国际化人才港湾，强化广州智力资本聚集力

加大人力资本投入，完善培养和培训体系，培育高素质、复合型人才，满足广州城市国际化建设的人才需求；创造宽松的人才准入和发展环境，延揽国际型高端人才，打造广州国际化人才港湾；加快人才服务业发展，促进人才资源开发；扩展人才对城市的引导和示范效应，将广州建成学习型城市，适应国际中心城市的建设需要。

（六）提高广州城市文化软实力，提升广州文化国际影响力

进一步完善城市公共文化基础建设，建设具有国际水准的现代文化设施，为活跃文化市场、促进文化交流创造良好的硬件条件。加强对外文化交流与推广，广泛开展国际文化交流；积极发展国际文化产业，主动参与国际文化竞争，提升广州国际大都市的文化软实力。

（七）完善基础设施建设，强化广州国际门户聚散力

以打造国际门户和对外交往中心为目标，建设区域性国际航海运输中心、亚太地区航空枢纽；打造国家电信、互联网交换中心，实现从"信息城市"到"智慧广州"的跃升，建设枢纽型国际信息港，强化广州作为国际城市的聚集、辐射和综合服务能力。

（八）深化城市对外交往，提升广州国际影响力

完善对外交往格局，活跃交流合作，拓展深化友城交往、国际组织多边交流、民间外交、公共外交等交往渠道，构建"政府—民间"多层次的对外交往体系，带动经贸、文化、艺术、体育、科技、社会等全方位互动，扩大国际影响，提升广州国际地位。

三　广州走向国际中心城市的战略措施

（一）加快制定建设国际中心城市的发展规划和行动计划，引领广州走向国际中心城市

1. 加强广州走向国际中心城市相关问题研究

建设国际中心城市涉及的因素多，不仅受世界政治、经济、文化等外部环境的影响，同时受城市内部因素，如发展基础、发展水平、发展需求等影响；建设国际中心城市也是系统工程，是一项长期战略。要推动广州走向国际中心城市，必须加强对相关问题进行系统、深入的研究，充分了解建设国际中心城市的内外部条件，分析广州走向国际中心城市的优势和劣势，科学评估城市发展水平现状，正确判断国际城市发展趋势，破解城市国际化发展的难题，从而有效推动广州走向国际中心城市。

2. 加快制定走向国际中心城市行动计划，明确广州建设国际中心城市的目标与实施方案

政府部门要把建设国际中心城市提升到战略高度，根据城市发展趋势，以世界重要的国际中心为标杆，结合广州发展实际，制定广州建设国际中心城市的规划，明确广州走向国际中心城市的目标以及实施步骤，做好走向国际中心城市进程中的重点任务，以规划引领建设国际中心城市的各项工作。同时，结合建设国际中心城市的目标任务，制定广州走向国际中心城市的行动计划，明确政府各部门和社会各界的责任，在城市建设、对外宣传、外事工作、外经外贸等方面细化方案，有序推进广州走向国际中心城市的各项工作。

（二）引进国际性组织机构，积极承办国际性活动，增强国际传播能力

1. 吸引国际性组织或机构，完善对外交流平台，拓展国际传播渠道

一个城市拥有的国际性组织或国际机构的规模与数量，是国际中心城市的显性要素。国际经验表明，一个城市拥有的国际性组织或机构越多，往往代表着城市参与国际性事务的能量越大，机会越多，有利于拓展城市的国际化网络。广州要提高国际化水平和国际影响力，建设国际中心城市，重要举措之一是要积极争取中央政策支持，吸引联合国及其专门机构

在穗设立办事处，有针对性地吸引国际经济、金融组织等经济类国际组织入驻广州，鼓励科技、文化、体育等专业类国际组织在穗设立分支机构，使广州成为国际组织在华的重要聚集地。加快城市新中轴线南段和赤岗领事馆区建设，改善领事馆区周边环境，争取更多国家在穗设立领事馆。主动与国际组织机构联系，争取举办 APEC 领导人非正式会议、世贸组织部长级会议、世界 500 强企业高端峰会等国际顶级会议，争取创办具有国际影响力的年度论坛，充分利用各类国际资源服务城市发展，不断完善对外交流平台，拓展国际传播渠道。

2. 组织策划重大国际活动，打造城市国际化发展平台，扩大国际影响力

国内国外经验表明，举办重大国际活动或重要国际会议可以推动城市国际化发展，提升城市国际影响力和国际知名度，助推国际城市建设。2010 年广州亚运会的成功举办，提高了广州国际化水平和国际影响力。广州要以此为契机，不断总结经验，适时组织策划重大国际活动，拓展对外交流平台和传播渠道。为此，要积极申办联合国及附属机构、专门机构和其他重要国际组织的年度大会，争取重大国际会议在穗举办。积极筹办有国际影响力的经济、科技、文化等高端论坛。支持国际机构及组织在穗举办知名度高、品牌影响力大的国际体育赛事和大型文化活动，为广州走向国际中心城市创造条件。加强与国际展览局、国际展览业联盟的协作，大力吸引国内外会议展览组织落户广州，建设国际会展中心。精心打造广州（琶洲）国际会展核心区、流花会展区和白云国际会议中心区，规划建设具有国际水准的大型综合会展设施，加强会展区配套设施的完善。充分发挥广交会、中博会、广博会等大型展会的品牌效应，推动广州国际展览业发展，使之成为广州走向国际中心城市的重要平台。

（三）大力发展外向型经济，提升城市经济国际竞争力

1. 加快完善产业园区功能，提高国际高端要素的聚集能力

实践经验表明，产业园区是承接国际产业转移的平台，是聚集国际高端要素的重要载体。广州要提升国际高端要素的聚集能力，一定要着力推进南沙新区、中新广州知识城、国际金融城、天河智慧城、国际健康产业城等产业园区和产业发展平台建设，坚持高标准规划、高水平建设，有序推进，加快完善产业园区的总体规划和专项规划，积极培育高效能产业功

能区，推进功能区域化、区域特色化，不断提升产业园区承接国际高端要素的承载力。要根据各个园区的资源优势和功能定位，争取国家支持，创新政策，以政策集成引导产业布局优化和聚集发展。在实际工作中，特别是要利用中新广州知识城的资源优势，加强与新加坡在经贸、技术、园区管理、人才交流等方面的合作，将知识城建成吸引高端人才、汇聚高端产业、提供高端服务的典范和中国—东盟区域性创新中心。充分利用南沙新区的功能优势，加快实施《广州南沙新区发展规划》，将南沙新区作为推进与港澳合作的"主战场""大平台"，深入推进与港澳在以现代服务业为重点的经济合作和以社会服务管理、教育培训、营商环境、营商规划等为重点的软环境的对接，努力把南沙打造成为服务内地、连接港澳的商业服务中心、科技创新中心和教育培训基地，建设临港产业配套服务合作区。

2. 加大招商引资力度，吸引国际高端要素聚集

认真研究分析世界产业发展形势和产业转移趋势，结合广州产业转型升级的需求，围绕广州的支柱产业和战略性新兴产业，制定相应的重点招商国家或地区、重点招商企业名录，形成个性化招商方案。加强全市招商工作统筹，实行统一招商、专业招商，并在境外的重点地区设立招商分支机构，或者委托招商，形成全球招商网络。利用"新广州·新商机"宣传平台，在城市基础设施、公共服务设施以及先进制造业、高端服务业、战略新兴产业、支柱产业等项目领域加大招商力度，争取大项目、优质项目进入，带动国际高端要素在广州聚集发展。重点吸引跨国公司、世界500强企业继续进驻广州，鼓励外资企业在广州设立部门、地区部门，成立跨国运营中心、采购中心、研发中心，增强广州产业的国际影响力，打造世界市场的"广州话语权"，使广州成为世界经济活动某些领域的引领者，为广州走向国际中心城市奠定基础。

3. 实施"走出去"战略，鼓励本土企业积极参与国际分工与国际竞争

鼓励本土企业"走出去"，积极参与国际分工，提升经济国际影响力和控制力，是推动广州走向国际中心城市的重要战略举措。一是积极拓展境外投资市场。充分利用国家对外开放和外经贸政策支持，依托国家、省在境外的合作区、工业园等，在巩固广州已有的境外经济合作区的同时，利用广州对外经济合作关系和国际资源，积极拓展境外投资市场，重点瞄准东盟、中东、非洲、南美等新兴市场国家或地区，为广州本土企业

"走出去"开拓空间。二是培育壮大一批具有国际竞争力的本土跨国企业。在有跨国经营需求并具备一定规模实力的本土企业中，选择一批品牌影响力较大、核心技术竞争力和研发能力较强、生产服务能力较强的企业作为重点培育对象，在资金、技术、品牌、产权、人才等方面给予重点扶持，引导企业制定并实施品牌、资本、市场、人才、技术国际化战略和跨国经营发展计划，使之成为有能力参与国际竞争的企业。三是鼓励本土企业多形式开展境外投资合作。为企业境外投资、合作提供形势分析、政策咨询、风险评估、融资等全方位服务，鼓励广州本土企业通过设立分支机构、并购、重组、战略合作等多种形式，获取境外知名品牌、先进技术、高端人才、服务等资源，建立境外生产加工基地、营销网络、境外研发中心和境外能源资源供给体系等，推动本土企业国际化发展。

（四）加大城市国际营销力度，提高城市国际知名度，推动广州走向世界

开展城市国际营销是提升城市国际知名度的重要途径和手段。广州要提高城市国际知名度，必须加大城市国际营销活动。一是要根据城市特点优化城市营销方式。欧洲城市联盟 2005 年的一项调查显示，城市营销经常运用的主要有七种模式，按使用频率排序最高的是贸易展会，后面依次是商务论坛、媒体宣传、文化和体育活动、网络宣传、定向直接推广、国际会议，广州应尽量运用多元化的营销模式，并据城市特点和优势选择最适于自身的营销方式组合。二是要拓展营销宣传主题。充分利用南越古国、粤剧、美食、花城、岭南文化等独特的历史文化，强化广州人文历史国际宣传营销。三是要借助驻穗领馆、国际组织、跨国企业、大型国际商贸活动、体育文体活动等，加强对广州的宣传。开发具有国际影响力的国内外电视、广播、报刊、互联网等传媒资源，从不同角度对广州进行多方位立体化宣传营销，推动广州走向世界。

（五）打造国际人才宜居环境，构建国际化人才队伍

1. 为外籍人士提供便利服务，打造国际人才宜居环境

针对来广州工作、经商、居住的外籍人士越来越多的现状，在城市建设过程中要加强软环境建设，增强城市包容性，尊重国际人士的风俗习惯

和宗教信仰，为广大国际人士提供便利舒适的工作和生活环境。加强与各国驻穗领事馆沟通，合作共建在穗外籍人员管理服务综合信息平台，设立外国人信息服务中心，为外籍人员在穗工作生活提供一站式服务。实施城市外语环境提升工程，增开外语广播和电视频道，设立多语种电话志愿者服务热线，规范城市交通道路、旅游景区的多语种标识。积极发展国际教育和国际医疗，使公共服务向外籍人士延伸，创造国际化的生活条件。在外籍人士工作、居住比较集中的地区设立外籍人士服务中心，为外籍人士提供高效优质服务。探索推行在穗外籍人士居住证制，开展适于外籍人士参加的种类联谊活动，增强其归属感。加大行政管理制度改革力度，创新政策并加快与国际接轨，使在穗外籍人士尽快适应广州的工作环境。

2. 加强引进和培训力度，建设国际化高端人才队伍

充分发挥国际人才在推进广州走向国际中心城市的资源性作用，加强国际化人才的引进和培训力度，构建国际化高端人才队伍。一是大力实施"万名海外人才集聚工程"，以企业为主体，以"留交会"等为平台，以优惠的政策和良好的工作生活环境吸引国际人才，重点引进专业技术人才、管理人才、经营性人才。二是政产学研合作培养国际化人才，鼓励广州地区的高校、科研机构、企业开展境内外合作交流，联合培养培训国际化人才；政府部门和企业要选派学历高、年轻的干部到境外培训，拓展管理队伍的国际视野。根据国际化人才的特点和培养目标，采取学校培养、国外深造、外资企业挂职等方式，提高培训的针对性和有效性。三是实行国内外创新人才的重点引进，为引进与留住国内外高端人才提供优良的工作平台，并对科研创新带头人引领的团队的整体引进提供特殊政策和优惠措施，以利于广州创新型城市的建设和发展。

第六章　论体制机制[*]

科学的体制机制是广州走向国际中心城市的重要推手。对照国际中心城市，广州无疑需要在经济、行政、社会、文化等多方面的体制改革上统筹推进，通过"417"（4个大类，17个小类）式的体制机制创新，形成国际中心城市建设的强大合力。

第一节　国际中心城市要建立健全科学的体制机制

一　厘清市场、政府与社会边界的体制机制

从现有国际城市的发展历程和经验来看，城市在走向国际化的过程中都遇到传统体制下政府角色不适应市场和社会发展需要的情况。像东京、纽约等中心城市都非常注重城市发展过程中的制度建设，不断建立和完善市场、政府与社会三方面的体制机制。东京国际化过程是由国家政策引导来支撑的，国家通过产业政策、货币政策规划和引导企业发展，战后建立的党、政、大财团形成的一体化稳固的资产阶级政治体制保证了稳定的社会环境。可以说，国际中心城市在市场、政府与社会三个方面的边界是十分清晰的，市场的归市场、政府的归政府、社会的归社会，这种机制不仅充分地发挥了市场的自由创造性，也提供了高效廉洁的政府服务环境，整

＊　本章主要参考了中共广州市委党校课题组关于广州推进新型城市化的体制机制研究和中共广东省委党校课题组关于广州推进新型城市化的体制机制研究成果。

个社会在一定程度上和谐有序，真正彰显了公民社会的内在基因。

面对日益庞杂的公共服务和公共管理需求，现阶段的我国内地缺乏适宜的市场主体承接从政府转移出来的公共服务，政府直接投资兴建和运营公共服务提供机构，不但成为公共服务的管理者，同时也成为公共服务的提供者。由此导致了两个方面的突出问题：一是政府在公共服务领域既当裁判员又当运动员，在经费支持、规划制定和日常管理中，对公办单位和民营单位很难做到一视同仁，民营单位和社会组织发展缓慢，公共服务市场难以形成有效竞争，公共服务的种类和质量也难以保证；二是政府直接管理教育、医疗卫生、金融、石油、市政公用事业等领域，政府职能难以转变，导致政府机构调整也很难取得实质性进展，许多职能不是交给市场和社会，而是在政府机构内部纵向或横向转移。与此同时，由于缺乏多元化的竞争主体和统一透明的标准体系，公共服务领域财政资金使用效率难以提高。政府在大力建设国际中心城市硬件的同时，也要高度重视体制机制的转变，以适应国际中心城市的管理和发展。国际中心城市的建设需要一套厘清市场、政府与社会的界限的体制机制。

二 创新城市发展内在动力的体制机制

国际中心城市无不经历了发展动力的不断升级。正是各种发展动力的推动，才成就了现在闻名全世界的超级大城市。为了创造城市发展动力，各城市想尽办法，尝试了各种可行的举措，最后都能结合自身的实际情况和发展定位形成一套系统的不断创造发展动力和锐气的制度体系。这种动力系统和推动自我不断发展的体制对打造国际中心城市是极为重要的。

改革开放后，我国的城市化是粗放型的，是传统的城市化。传统的城市化发展模式带有外生型和增量性发展的特点，能够发挥"短平快"的效应，但缺乏持续性和规范性，发展主要体现在数量上和规模上，而没有体现在质量和结构上。在传统城市化模式下，国内绝大多数城市正面临资源特别是能源短缺、生态环境恶化、经济与社会发展不协调等突出矛盾。要突破初级城市化模式的固有弊病，实现城市的持续性发展，必须依靠新的制度保障，建立一套新的动力机制。要通过深化改革建立和完善相应的体制机制，如金融体制、自主创新机制、资源节约和环境保护机制、国企改革等强化发展的内生性动力机制和体制。只有进一步深化改革，建立统筹城乡发展、统筹经济社会发展、统筹人与自然和谐发展、统筹国内和对外开放的有效机制，使发展主要体现在质量和效益上，使发展更具有持续性和规范性，才能形成有利于经济结构优化、行政效率提高、社会良性发展的体制机制，实现城市经济社会又好又快地发展。

三　提高城市要素配置能力和辐射力的体制机制

当前，经济全球化深入发展，国内外经济联系更加紧密，国际经济环境对国内经济的影响越来越明显。在经济全球化深入发展的背景下，参与国际竞争并确保经济社会安全发展，必须加快改革，加快建立与国际通行规则惯例接轨、符合世界经济社会发展趋势的体制机制，加快建立统筹国内发展和对外开放的体制机制，充分利用国际国内两种资源、两个市场，在内外部经济互补平衡中实现科学持续健康发展。

城市特别是大城市是优质要素的聚集地，全球化背景下的高端要素都具有较强的流动性，国内外大城市都利用各种条件吸引这些高端的生产要素——国际化人才、金融资本、高新技术等。综观各个国际中心城市，无一不是资源要素集散地，无一不是对周边地区具有强大的辐射功能的城市。因此，建设国际中心城市，不是仅仅将城市规模和经济总量继续做大，而是要不断提升中心城市功能，使之与国际中心城市的地位真正相匹配，并形成较强的区域辐射力，成为世界级经济圈的核心城市。目前我国城市与国际中心城市的最大差距，主要表现在资源配置功能、经济辐射功能、文化辐射功能、金融辐射功能等方面。国际城市竞争中最重要的指标是城市的资源配置能力，这需要城市拥有庞大而丰富的产权交易市场，农村土地产权制度改革、城市综合性产权交易市场和国有资产证券化都是产权交易市场改革和创新的重要突破口。我国城市要走向国际中心城市，就要提高城市科学发展实力，提升城市自己的资源配置力和辐射能力，为实现经济社会全面协调可持续发展奠定基础、提供保障。

第二节　广州建设国际中心城市存在的体制机制问题

虽然广州被定为国家中心城市，但是广州改革开放的先发优势已经不复存在，天津、重庆、苏州等国内城市后发优势明显，是强有力的追兵，北京、上海、香港、新加坡、东京等大城市继续巩固其世界级的经济、政治、金融中心地位,是领先特征明显的标兵。在当前全球化下的城市竞争中,广州前有标兵,后有追兵。在这种情况下,广州要走向国际中心城市,必须在体制机制上保持较强的竞争力,否则,不进则退,就可能在新一轮的城市竞争中落伍。从与国际中心城市相适应的体制机制来看,广州城市发展中遇到的问题还有不少。

一 经济体制上的不健全、不到位、不完善,增加了交易成本,降低了市场对各类资源的配置效率

与我国绝大多数城市一样,广州的经济体制目前存在的突出问题是政府直接干预经济活动的现象依然大量存在,市场配置资源的基础性作用还没有得到应有的和充分的发挥,在一些领域与环节,市场建设严重滞后,不少资源还存在扭曲配置的现象。仅与深圳相比,广州经济的自由度和开放度、经济体制的完善度都还有一些差距。具体来讲,这些差距表现在三个方面。一是市场体系建设落后于经济发展需要。广州市场体系建设的基本框架已经确立,商品市场体系基本完备,但金融、土地、技术、人才等生产要素市场的建设相对滞后。在金融市场方面,多层次资本市场建设迟缓,直接融资比重过低,金融产品和服务的创新难以满足市场的需求。劳动力市场受城乡二元体制的制约,城乡劳动者仍处于不平等的就业地位。土地市场方面,集体建设用地的流转缓慢,由于征地制度不健全,被征地农民的经济利益和权益难以得到有效的保障。二是市场主体建设滞后于多元化经济的发展。在观念上、体制上、政策上对不同所有制经济区别对待,尤其是对民营经济的歧视依然存在,民营企业发展空间有待进一步拓展,进入垄断行业的"玻璃门"问题突出,市场准入和退出机制不健全,民营企业融资依然困难,改善非公经济发展的体制和政策环境任务繁重。企业自主创新能力不足,国有企业比重大,没有形成促进技术创新的激励与约束机制,而中小民营企业,出于规避风险和追求当期回报,又缺乏能力在创新方面加大投入。三是市场机制离国际中心城市标准还比较远。在市场秩序方面,妨碍公平竞争的行政壁垒和政策依然存在。政府在市场准入管理方面透明度偏低,产品质量监管体制不健全,制假售假、商业欺诈等违法行为时有发生。独立公正、规范运作的专业化市场中介服务机构是

市场经济的重要组成部分，但是广州专业化市场中介机构还不能满足市场需求，尤其是服务为数众多的中小企业和广大居民的民间团体和组织较为缺乏。总体来看，目前专业化市场中介服务机构数量少，作用远未充分发挥，这与中心城市的地位不相符。

二　行政体制上的错位、越位、缺位，滋养了权力寻租市场，阻碍了现代服务型"小政府、强政府"的建设

由于体制惯性、思想惰性与利益刚性，以及改革的渐进性和过渡性，政府"错位""越位""缺位"现象比较严重，政府及其部门仍然管了不少不该管也管不好的事，行政审批事项虽已经过四轮精简，但依然有很多不合理的审批事项。市、区、街道各级政府和不同政府部门的事权、职权范围界定不够清晰，容易导致相互推诿扯皮的现象，影响行政效率。政府自身由于这些问题而滋生了巨大的权力寻租空间，近年来广州各级领导干部纷纷落马就是行政体制上还存在相当大漏洞的反映。当前越来越多的行政管理体制深层次改革有待突破，在全省乃至全国已经进入改革发展"深水区"的新阶段，广州市改革发展的步伐已经失去20世纪八九十年代的凌厉势头，广州市难以保持改革发展先行者的优势，不利于引领新一轮改革发展。近年来，广东行政体制改革的发源地不在广州，广州行政效率还有待提高，政府服务能力有待加强，与此相对应的是以人为本的现代高效政府正在成为广大市民的强烈诉求。解决这一矛盾，需要进一步强化行政体制改革力度，勇于创新，敢于突破现有行政利益集团的压力，打造高效、为民、清廉的政务环境和公平、公正、法治的营商环境，提供强有力的软环境，提升自己的软实力。

三　社会管理体制上的不力、不足、不够，激化了社会矛盾，增加了当前社会服务和社会自治的难度

当前基层社会自我管理的作用没有得到充分发挥，具体表现为社团组织不发达，社会自治能力较弱，公共服务滞后，组织社会和服务居民明显不力。这就必然使许多小社会矛盾不断升级为影响社会稳定的大矛盾，所以化解社会矛盾、维护社会稳定成为市区镇各级政府乃至街道办事处的主要工作，社会管理成为各级行政力量的着力点。但是，广州的社会管理体

制离国际中心城市的要求甚远。一是广州的城市规模和流动人口急剧扩张。2011 年流动人口超过 700 万，公共服务明显不足，社会管理的任务和难度不断加大。二是管理主体多元化不足。党委领导、政府负责居多，社会协同及公众参与不足，没有充分发挥社会组织、中介机构、城乡社区等基层组织在社会管理中的作用。三是服务对象普适化不够。社会建设要把全体社会成员纳入公共服务范围，而当前的社会管理对农村、基层、欠发达地区缺乏考虑，惠及全民的社会服务和管理体系没有形成。四是参与方式多样化不足。当前政府和社会组织参与社会建设的方式较为单一，服务功能不足。

四　文化体制上辐射力、影响力、向心力不够，缺乏精品、精髓、经典，难以缔造文化高地和发散中心

近年来，广州文化体制改革取得了一些成绩，两次获得全国文化体制改革大奖。但在促进转企改制单位建立健全现代企业制度、推进新闻媒体宣传与经营两分开、深化区和县级市文化体制改革工作、建设文化产业重点园区和推动文化产业与科技、金融、旅游融合等方面存在一些问题。目前广州又正在建设世界文化名城，由于以上问题的存在，广州文化的辐射力、影响力和向心力远远不及纽约、伦敦、巴黎等国际中心城市。就文化辐射力来讲，广州还没有在文化的某一个领域超越地域，辐射全球。就文化的影响力来看，广州还没有像洛杉矶电影之都、巴黎米兰时尚之都那样体现城市影响力的品牌称谓。强大的文化辐射力和影响力才能使城市具有强大的文化向心力。广州至今还未出现全世界的文化人才趋之若鹜，纷纷来学习、创业的现状；广州吸引全世界游客来感受文化氛围的力度也不够。目前广州的外国人绝大多数是前来经商的，来参观、学习、交流文化的不多。广州要实现其文化在某一个或多个领域具有世界性的引领地位，还有相当长的路要走。

五　体制机制改革上单兵突进，缺乏整体性和配套性，制约了城市的进一步提升和发展

经济、行政、社会管理、文化体制的改革是一项系统工程，需要联动进行、协调推进，方可达到较好的效果，但广州当前的体制改革普遍存在"单兵突进"、缺乏整体性和配套性的问题。如行政管理体制改革总是在

机构设置、人员编制、行政审批、行政区划等领域单项进行，搞"应景式"或"应付式"改革。由于没有现行的经验借鉴，行政体制和经济体制改革仍在摸索中，改革方案总是"头痛医头、脚痛医脚"，很多改革成效不大，机构撤了又设，人员精简了又增加，行政体制改革陷入"精简—膨胀—再精简—再膨胀"的怪圈。

当前，广州到了发展的关键时期和改革的攻坚阶段。行政体制改革既涉及政治体制改革，又涉及经济社会体制改革；因为行政体制改革必须处理好政企、政社、政事的关系，这与市场发育程度、公民社会成熟程度密切相关，后两者依赖于经济体制和社会体制的改革进程。如果行政管理体制改革仅限于政府自身，而没有市场经济体制的完善、公民社会的成长等配套因素，政府职能便无法转变，因为转出去的职能没有承接的主体，最后又流回到政府手中。从这个意义上说，就某一具体方面谈改革，搞单兵突击，缺乏其他配套跟进，是无法成功的。如何适时适度地推进行政管理体制改革，结合经济体制改革的突破，辅以社会管理体制的完善，从而促进全面改革的整体推进，不仅意义重大，而且难度也很大，但却是广州走向国际中心城市发展的必经之路。

第三节　广州建设国际中心城市的体制机制创新

一　创新城市经济发展动力和活力

广州城市经济特色主要表现在商贸经济非常发达，这与广州一直以来对外开放形成的优势有关。但是，国际中心城市都有以金融中心形象来彰显的一面，并且都有科学合理的产业结构，能够在一个方面或者几个方面引领世界经济的发展方向。所以，以推进金融改革先行先试和完善自主创新体制机制作为推动经济结构调整与发展方式转变的动力支撑点，把创新资源节约和环境保护机制、深化国有企业改革和发展民营经济作为推进经济可持续发展的增长点，协同推进，互为支撑，需要不断创新体制机制，激发城市经济发展的动力和活力。

1. 建立推进金融改革和创新金融服务的体制机制

按照科学前瞻、谨慎理性和风险可控的原则，以增强区域金融产业聚集和提升金融企业综合服务功能为重点，积极推进金融改革创新综合试验，加快金融机构改革和重组，创新金融产品、金融服务和经营模式，深化区域金融合作，优化金融生态，建设与广州市作为面向世界、服务全国的国家中心城市与国际化大都市和区域金融中心相适应的现代金融服务体系。一是构建和完善多层次的金融市场体系。以金融市场基础制度和基本设施建设为重点，加快构建和完善多层次金融市场体系，逐步形成货币市场、资本市场、保险市场和外汇市场全面发展，交易所市场和场外市场相互联通的新格局。利用国家改革机遇期，着力建设新型金融市场交易平台，如将珠江新城、广州国际金融城打造成闻名国内外的金融聚集中心，将国家级南沙新区打造成综合金融贸易航运中心。二是创新和完善多元化的金融组织体系。深化广州银行、广州农商行等地方法人金融机构改革，支持广发银行、广发证券等在穗法人金融机构深化改革和完善经营机制，开展金融创新。整合现有各类地方金融企业的股权，发展地方金融控股公司，将广州国际控股集团公司建成真正意义上的金融控股集团。三是构建和完善多样化的金融综合服务体系。建设广州金融创新服务区，支持银行和非银行金融机构在符合有关法律法规及行业监管要求的基础上开展业务创新，创新金融服务品种和经营模式。在股权投资引导基金、产业投资基金、风险投资、创业投资、并购贷款、商业物业信托投资基金等领域进行改革试验，推动企业拓宽直接融资渠道。支持企业开展集合资金信托发行试点。四是努力优化金融生态环境。适应金融改革发展需要，制定广州金融产业整体发展规划，统筹建设跨区域金融基础设施体系。推进广州区域金融中心建设，把广州国际金融城规划建设成金融改革创新综合试验区，强化华南金融中心、区域监管中心、金融总部聚集区、金融市场服务平台聚集区、新兴市场交易中心、广州国际财富中心、后金融时代的专业型金融中心等多种核心职能，将广州国际金融城打造成为具有岭南特色的国际性区域金融中心的核心引擎。

2. 建立和完善以技术为核心的自主创新综合服务体制机制

创新是企业发展的灵魂，是经济发展活力的根本所在。创新不仅指科技创新，还包括观念更新、管理创新、服务创新、商业模式创新等丰富内涵。但在现阶段，政府支持的创新更多的是科技创新。坚持自主创新的核心战略地位，充分发挥自主创新在经济社会发展模式转变进程中的核心支撑作用，完善自主创新体制机制，从宏观层面上看，要在科技管理体制、决策体制、评价体系等方面有步骤地推进改革，尽快建立与社会主义市场经济体制相匹配、符合科技发展规律的现代科技管理体制，充分发挥市场配置科技资源的基础作用，优化科技资源配置、提高科技资源利用效率，最大限度调动和激发广大科技工作者和全社会的创新活力，形成科学合理的科技创新体制。一是完善开放型城市创新体系。推进广州国际创新城、广州国际科技合作交流中心、广州国际科技孵化基地建设，加快建成国家创新型城市。加强创新载体和平台建设，围绕广州自主创新重点领域和高新技术产业链，规划和建设一批共性和关键技术创新平台，争取承接国家科技基础条件平台建设规划的地方布点。加快建设公共服务平台和创新载体，重点建设技术交易、信息咨询、公共技术等服务平台，使创新主体能够充分利用政府的公共资源，实现低成本高效率发展。加快培育科技中介机构，提高科技中介机构的服务能力。支持技术转移中心、科技孵化器、风险投资机构、创新基金等的发展，完善知识产权质押贷款、融资租赁、创业风险投资等金融服务，增强创业服务功能。二是健全自主创新服务体制。完善企业自主创新激励机制，全面落实高新技术企业按减15%的税率征收企业所得税和企业开发新技术、新产品、新工艺发生的研究开发费用税前加计扣除等优惠政策。加强科技创新与人才培养和人才引进相结合，建立一套行之有效的创新人才培养与引进机制。要深入贯彻落实市委、市政府关于实施人才战略的"1＋10"配套文件精神，统筹规划、总体设计广州户籍制度改革的阶段性目标，分级设置准入条件和准入标准。要完善各类优秀人才转户进城的制度通道，使广州人口整体受教育程度与建设参与国际化竞争的国家中心城市所需的人口素质相匹配。放宽企业创新人才入户申请标准，只要是社会保险纳入广州市行政区域内劳动保障部门管理、依法登记的企业，均可直接向有关部门申请本单位需要的符合广州市人口准入条件的人员就业入户。放宽设立集体户口的条件。凡拥有产权属本单位所有的办公场所，职工人数超过20人并能为员工提供合法集体住所的单位，均可向公安部门申请设立可办理市内户口迁移的集体户口。可考虑设立市级层面的高层次高技能人才培养联动机制，负责搭建广州地区校企合作平台，定期收集整理并向广州地区高职院、技校发布企业人才需求信息，为校企人才合作培养、订单培养牵线搭桥，为各职业技术院校改进课程设计、提高人才培养标准提供服务。三是探索创新投融资模式。强化公共财政对科技创新的支持和引导，建立和完善以政府投入为引导、以企业为主体、以社会投入为支撑的多元化、多渠道的科技投入体系，建立财政科技投入增长机制，加强财政科技投入对自主创新的引导和支持，集中规划、评审、投放，重点突破关键技术或集中投资建设重大科技创新项目。强化各级政府对科技创新的投入责任，调整财政科技投入结构，创新政府科技经费投入方式，设立科技型中小企业创新基金、贷款担保资金和创业投资引导专项资金，建立并完善提高创新资金集成度的机制。建立适应自主创新要求的科技经费监督管理和绩效评估体系。四是创新知识产权管理体制。创建国家知识产权示范城市，建立健全知识产权激励机制和知识产权交易制度。加大对国内发明专利、国（境）外专利申请的资助力度。鼓励企事业单位通过知识产权入股、员工持股和股权、期权等多种分配、奖励形式，逐步形成激励发明创造的新型分配制度。要通过培育重点骨干创新企业、促进创新成果转化、构建产学研联盟、建立风险投资体系等方式，使企业真正成为科技创新的主体。

3. 建立和完善资源节约、环境保护机制与绿色发展体制

广州市要建设成为广东宜居城乡的"首善之区"，必须以发展低碳经济为导向，创新绿色发展体制，加快"两型社会"建设。争创国家循环经济试点城市，建设低碳城市，建设国家节约集约用地试点示范城市，加强国家环境保护模范城市建设，构建绿色生态城市。一是推进资源环保管理体制改革。建立城乡统一的能源、水、矿产、森林等重要资源规划管理体制；探索建立环境保护和资源利用的统筹协调机制，将环境保护贯穿于生产、流通、分配和消费各个环节，实现环境保护从末端防治到源头控制和全过程管理的转变。进一步完善资源有偿使用制度，探索建立统一、开放、有序的资源初始产权有偿取得机制，探索建立环境容量有偿使用制度。二是创新资源节约环境保护机制。深化水、电、气等资源性产品价格改革，形成反映市场供求状况、资源稀缺程度和环境损害成本的价格形成机制。推进分质供水和阶梯式水价制度，深化污水处理收费制度改革。完善差别电价制度和车用液化石油气"气气联动"定价机制。建立新建项目能评制度和落后产能退出机制。健全节能减排指标体系、监测体系和考核体系，完善节能减排监督管理机制。三是完善激励节约资源、保护环境

的经济政策。努力构建以低能耗、低污染、低排放为基础的生态经济模式，完善节地、节水、节电、节煤、节油、节气、节材的激励机制。探索建立健全发展低碳经济政策体系，着力培育以低碳为特征的新经济增长点，建设以低碳排放为特征的工业、建筑和交通体系，大力发展现代服务业，推动经济社会发展向高能效、低能耗、低排放模式转型。探索完善环境经济政策体系，开展环境税费改革、环境污染责任保险、中小企业上市绿色融资试点。

4. 建立和完善推动国有企业改革、提高国有经济竞争力的体制机制

一是进一步完善国有资产管理体系。制定和完善国有资产管理法规。按照"大国资"理念，由市政府统一授权国资委对市属经营性国有资产履行监管职责，建议将原由市财政局等部门代管的广州地铁、城投、水投等国有企业全部移交市国资委，金融类企业在条件成熟的情况下也可考虑逐步移交市国资委，从而构建广州统一的国有资产监管体系。二是推进国有资产战略性重组。按照"有进有退、有所为有所不为"的原则，加快国有经济布局和结构的战略性调整。经营性国有资产主要集中在基础设施、公用事业、政府专营和金融等领域，在一般竞争性行业适度收缩战线，通过股份减持等多种方式逐步退出。三是深化国有企业改革。建立国有资本经营预算制度，合理确定国企上缴资本红利的范围和比重，建立健全划拨国有资产收益补充社会保障资金制度。完善公司法人治理结构。探索完善国有企业经营者激励约束机制，深化国有企业领导人员管理体制改革，研究向社会公开招聘和通过内部竞聘方式招聘企业高级管理人员的有效途径。

5. 建立和完善鼓励和促进民营经济发展、提升、繁荣的体制机制

民营经济是整个经济的活力源泉。民营经济越发达，经济就越繁荣。要强化政府相关职能部门的管理、协调、监督功能，统筹规划民营经济发展，健全在服务中小企业的融资、培训、咨询指导、政府工程投资项目比例安排等方面的网格化设置，全方位为中小企业发展服务，并对现有政策进行总结和改进。探索实施财政补贴和落实税收优惠政策，对于初创企业和创新型企业在财税制度上加以引导，减轻企业负担，增强企业活力。在政府项目、政府采购中适当向本土品牌和民营中小企业倾斜，为民营企业发展创造空间。加快推进市政公用事业市场化改革，扩大特许经营范围，

支持民营企业进入供水、供气、污水和垃圾处理等领域。对教育、医疗卫生、文化、广播电视、社会保障、体育等领域能够实行市场化经营的服务项目，结合管办分开改革进一步放宽市场准入，增加社会力量供给。切实实施《广州市扶持中小企业信用担保体系建设专项资金管理办法》，并提高小额贷款公司的放贷力度，逐步提高资金额度，以分散贷款公司的经营风险。尽快建立民营企业信用评价体系和公示制度，建立有效的信用征集、评价、发布系统和严格的背信惩罚制度，强化信贷的信用基础。通过多措并举支持民营企业以股权融资、项目融资、股份制改造上市融资等方式筹集资金，鼓励和引导商业银行加大对民营企业的信贷扶持力度。

二　创新城市要素配置和聚集效率

按照建设现代市场体系的总体要求，以深化农村产权制度改革、发展综合性产权交易市场为重点，推进政府投融资平台创新，探索城市基础设施资产证券化，进一步提升城市的市场平台功能，扩张市场网络，在更大范围、更宽领域、更高层次聚集、整合和配置要素资源，提高资源配置能力和效率。

1. 以深化农村土地产权制度改革来创新城乡一体化发展

一是深化农村土地产权制度改革。扩大农村土地确权、登记和颁证范围，进一步完善农村土地产权权能，引导发展转包、转让、出租、入股等流转方式，推动土地承包经营权流转。推动广州市农村产权交易所业务创新，增加"地票"交易。推动农村集体建设用地上市交易，探索建立城乡统一的建设用地市场。二是建立农村资源自由流动与资本化的支持体系。大力发展农村资金互助社、小额贷款公司、村镇银行等普惠型金融机构，探索建立金融机构特别是农村金融机构信贷支农机制。创新与完善担保机制，探索建立农村集体土地流转担保机制，鼓励各类信用担保机构到农村开展担保业务。三是创新农村经营制度与经营机制。加大农村企业的改组联合和机制转换力度，引导企业按照专业化分工协作的要求，以优势企业为龙头，以资产、品牌、技术和产业链等为纽带，进行联合重组，积极发展有限责任公司或股份公司，引入现代企业管理机制，提高市场竞争力。加快培育发展农村各类合作经济组织，重点扶持发展与地方农业特色产业相配套的农业专业合作社以及农民专业合作、供销合作、信用合作

"三位一体"的农村新型合作组织，鼓励农业龙头企业以"公司＋基地＋农户"的模式，加强产业合作，建立利益共享机制，提高农业组织化程度，加快农业产业化步伐。四是完善城乡一体化建设体制。推进城乡规划一体化管理，建立空间规划协调机制，加强国民经济和社会发展规划、城乡规划和土地利用规划之间的衔接。城区重点提升产业聚集容量，促进产业集约化，乡村重点整合工业布局，促进工业园区化，逐步实现城乡空间融合，形成分工明确、结构有序、功能互补、梯度有序、开放互通的城乡空间结构体系，实现规划布局一体化。

2. 以发展综合性产权交易市场来完善多层次资本市场体系

一是发展综合性产权交易市场。按照政府引导、管办分开、政市分开的原则，依托广州产权交易所的市场平台优势和影响力，开发交易品种，拓展业务领域，创新商业模式，加快建设国家级区域性产权交易市场。积极拓展交易品种，推动和规范各类国有产权、司法机关处置的诉讼资产及社会公共资源进入产权交易市场流转交易。二是探索设立区域性场外交易市场（OTC）。利用我国场外市场尚不成熟的时机，努力在场外交易市场的发展和布局上有所作为，积极争取有关部门支持，探索设立区域性场外交易市场，推进银行债权及衍生品和企业债转让市场建设，逐步建成非上市公众公司股份和信托产品、股权投资基金、产业投资基金等报价转让市场。三是探索设立广州期货交易所。依托大宗商品现货市场体系和"广州价格"定价机制优势，加快期货交割库建设，逐步丰富交易品种，积极申请恢复设立广州期货交易所，提升珠三角地区大宗商品交易的国际市场定价能力和定价水平。四是探索建立碳交易市场平台。依托广州环境资源交易所，争取设立碳排放权交易试点，探索设立碳排放基金，引导商业银行充当碳交易做市商，积极与相关专业机构（如国内外的期货交易所、金融期货交易所、投资银行等）合作，建立 CDM 一级、二级交易平台，共享交易信息，探索交易规划，推进交易品种标准化，完善交易所功能，促进碳交易市场规范发展。

3. 以推进城市建设投融资体制创新来探索基础设施资产证券化

一是深化城市建设投融资体制改革。经营性基础设施，适于按市场经济法则进行投资和经营；准经营性基础设施，应推行特许经营制度，通过财政补贴建立合理的投资回报机制和公平的市场运行环境；非经营性城市基础设施建设支出应纳入财政预算管理，建立以政府为主体的投资体制。适应新型城市化发展需要，可探索由政府出资授权的城市建设投融资平台公司投资、建设和管理，通过政府购买的形式来提供，推进非经营性城市基础设施的政府提供与其投资、建设和管理相分离。二是创新城市建设投融资平台。完善城市建设投融资平台，明确其城市建设投融资主渠道地位。按照政企分开的原则，将政府部门的投资、融资、建设、运营统一划归投融资平台，将原来分散在各部门的城建资产和其他政府性资产及权益统一由投融资平台运营管理。推进现有的交通投资集团、水务投资集团、地铁集团、发展集团、城建集团、广日集团、亚运城开发公司等政府投融资平台公司的战略重组、业务整合。组建住房保障投资集团，负责广州市保障性住房的投资、融资、建设和运营。加快城市建设投融资平台制度创新，完善投融资平台的国有资产管理体制和公司法人治理结构。三是拓宽城市建设融资渠道。扩大直接融资比例，促进城市建设融资从间接融资为主向直接融资为主转变。在继续稳定发展银行信贷等间接融资手段的同时，积极发展债券融资、票据融资、股权融资、项目融资、信托计划和基础设施产业基金融资等直接融资手段，多渠道提高直接融资比重。鼓励城市建设投融资平台公司通过收购、兼并和其他方式，实现项目公司或集团整体上市。四是探索基础设施资产证券化。在稳步扩大城市建设现有融资的同时，抓住多层次资本市场建设机遇，加快以市场化机制盘活存量城市资源步伐，积极探索基础设施资产证券化。经营性基础设施项目的资产权益相对独立，同类资产的历史统计资料完备，经济效益比较好，现金收入具有规律性，可以较为准确地预测，是优良的证券化资产，可通过发行资产支持债券来融资。非经营性城市基础设施，由于不具备收费机制，没有形成稳定的现金流，就需要建立一整套针对非经营性城市基础设施的政府采购融资模式及相关配套制度，使非经营性城市基础设施的资金供给具有规模性和稳定性。

三 创新城市社会管理与公共服务水平

广州改革开放的实践证明，只有创新社会治理模式，解决社会领域的矛盾和问题，才能促进经济社会协调发展。创新社会治理模式，就是要在党委的领导下，改变计划经济条件下政府包揽社会治理的传统模式，创造各种有效方式，由人民群众依法进行自我管理，逐步形成"小政府、大社会"的治理模式。

具体来讲，要以转变政府职能为核心，以深化行政管理体制改革、推进事业单位改革和发展社会组织为重点，推进行政审批制度改革先行先试、健全城市管理体制和创新公共服务体制，强化社会管理和公共服务职能，把完善流动人口管理服务作为一项打基础利长远的工作抓紧抓实抓好，弱化对经济社会微观活动的直接管理和干预，转化可由企业和非营利组织承担的职能，理顺职责关系，完善运行机制，提高行政效能和公共服务水平。

1. 以深入推进政府机构改革来构建高效的政府管理体制机制

一是进一步完善大部门体制。推进政府机构和职能整合，调整和解决部门间存在的职责交叉和关系不顺问题，理顺部门行政管理与综合执法的事权关系，合理配置市、区、街道事权，进一步完善适合广州实际的大部门体制，形成决策权、执行权、监督权相互制约、相互协调的行政运作架构。二是理顺市、区（县级市）两级政府管理体制。加快推进从化、增城撤市建区进程，拓展广州国家中心城市建设的空间，确保广州经济社会发展的后劲，实现城乡一体化发展。合理划分事权，理顺市、区（县级市）两级政府关系。要理顺市、区（县级市）事权，构建专业管理相对集中、综合管理重心下移的城市管理体制。按照责权利相统一的原则，进一步创新完善"两级政府、三级管理、四级网络"的城市管理体制。三是改革"中心镇"管理体制。落实《广州市简政强镇事权改革实施意见》的要求，依法赋予中心镇县级经济社会管理权限，不仅要舍得放权，而且要舍得放管用的权。在综合性办事机构设置上先行先试，大胆探索，整合资源，综合设置党委、人大和政府机构，同时将上级部门在中心镇的派出机构改为中心镇的职能局。优化中心镇组织体系和运行机制，中心镇非但不能"简政"，而且要根据人口规模、经济总量适当增加编制。赋予中心镇更大的财权自由，包括明确市（区、县级市）、镇两级在公共服务中的分担机制，并使之制度化、规范化。四是进一步完善决策、考核和问责机制。完善公众参与、专家论证和行政机关决定相结合的行政决策机制，建立行政决策反馈纠偏机制。推进政府绩效考核制度、干部选拔任用政绩评价制度和公务员聘任制改革，在科学分类的基础上，构建不同类别公务员各自独立的职业发展通道和薪酬体系,建立和完善相关配套管理制度。完善政府责任体系和问责机制,实现由权力政府向责任政府转变。五是进一步推进政务公开。推进政务信息资源共享以及行政决策、执行过程和有关政府资讯公开,实现由神秘政府向阳光政府转变。探索领导干部任前和任期个人财产公开试点。完善各级政府新闻发布制度,增加政务信息透明度,尤其是事关群众的政务信息要及时向群众公开。

2. 以深化行政制度改革来健全城市服务管理体制

贯彻落实国务院行政审批制度改革部署,以行政审批制度改革为突破口,加快转变政府职能,为再造城市服务管理体制竞争力再建新功。一是继续取消、调整行政审批事项。不符合行政许可法设立的行政审批事项,原则上取消;没有明确证照先后关系的,原则上改为后置审批;虽规定先证后照但通过后续管理能够有效监管的,可改为后置审批,重点在市场准入、建设项目、投资项目、行政事业收费等领域进行改革试点。二是加强行政审批绩效管理。进一步创新行政审批方式,优化流程,简化环节,提高效率,推进行政审批与技术审评相分离、行政审批与政府服务"零收费"、告知承诺、并联审批等制度创新,不断提高行政审批服务水平。完善政务网站和电子监察系统建设,建立体制外投诉、体制内监察、自上而下的问责和自下而上的社会化评估等制度。三是推进城市管理体制改革。按照属地管理、责权对应的原则,下放审批权和执法权,上收监督权,扩大区、县级政府经济社会管理权限,推动城市管理重心下沉,加强街道综合执法,打造"权责一致""分工合理""执行顺畅"的城市管理模式。在不断完善"两级政府、三级管理、四级网络"城市管理体制的基础上,积极探索精简行政层级改革,在有条件的地区推进"一级政府三级管理"(市—功能区—社区服务机构)改革试点。充分利用智慧广州建设成果,推动城市管理网格化、信息化,实现"一口受理、一网协同"的精细化城市管理。

3. 以事业单位改革来创新公共服务体制

按照国家省市改革要求,分三个类别对事业单位进行分类改革,促进公益服务事业发展,满足人民群众公益服务需求。适应新形势下群众公共需求的新变化,不是从"政府想干什么"而是从"群众需要什么"出发,重新界定事业单位的功能和基本活动,更新活动方式,扩大服务领域。细化明确事业单位改革的"时间表"和"路线图"。一是建立完善基本公共服务均等化保障机制。明确各级政府对基本公共服务的投入、保障和监管责任，根据经济社会发展水平和城乡区域差别等因素，确定全市范围内城乡统一的基本公共服务范围、最低标准和监测体系。逐步完善基本公共服务支出水平随经济总量增加以及财政能力提高的自然增长机制，市政府制定公共服务规划目标、任务、保障方式和考核办法，由市辖基层政府和派出机构按权责范围组织实施。二是推进公共服务领域管办分开。扭转"公益事业必须政府办"的观念，在明确各级政府投入责任的前提下，逐步取消面向社会提供公益服务的事业单位与主管部门之间的行政隶属关系，实现管办分开。分行业探索管办分开的实现方式，逐步形成监管部门、出资人代表、事业单位法人三者相互制衡、相互配合的新型公共服务供给格局，切实保障公立事业单位与民办事业单位的平等权益。三是深化事业单位改革。按照政事分开和事企分开的原则，稳步推进事业单位分类改革。将主要承担行政决策、行政监督、行政执行等行政职能的事业单位，逐步转为法定行政机构或将行政职能划归行政机构，按照分类指导、分业推进、分级组织、分步实施的原则，先试点，后推广，条件成熟的可率先改革，暂不具备条件的允许过渡，不搞"一刀切"。四是创新社会公共服务供给机制。创新社会公共服务主体，促进社会公共服务供给主体多元化、社会化。创新社会公共服务投融资模式，按照政府保障基本需求、市场提供多样化选择的原则，通过规划引导和政策激励，引入多元投资主体，实现社会公共服务投融资方式的多样化。五是建立社会公共服务监管评价机制。建立公共服务机构的准入制度和定期资质检查制度，社会公共服务决策的专家咨询制度和听证制度，社会公共服务绩效考核制度和第三方评价制度。健全社会公共服务监管体系，既要加强政府对社会公共服务的监管，也要发挥社会机构、公众和媒体的监督作用。完善社会公共服务绩效评估，建立对社会公共服务绩效考核制度，完善对政府购买社会公共服务的效率和政府购买社会公共服务的效果的评估。

4. 以培育发展社会组织来促进完善社会治理机制

一是大力培育和发展社会组织。根据建设服务型政府的要求，政府要把不该由政府负责的事项都转移出去，真正转到社会、转到市场上去，将行业管理与协调性职责、社会事务管理与服务性职责、技术服务性职责等，依法交由社会组织承担。深化行业协会（商会）等社会组织管理体制改革，推进政府与社会组织分开，鼓励社会组织承接政府转移职能。从广州客观需要出发，大力发展有利于改善民生、提高社会公共服务水平和有助于缓解社会矛盾、促进社会和谐的社会组织，特别是积极促进以志愿服务、慈善公益、老龄工作等为主要内容的联合性、专业性社团组织发展；积极发展符合广州产业发展方向、适应市场化进程的行业性社会组织；鼓励发展教育、科技、文化、卫生、体育、社会福利等公益性社会组织；培育发展社区民间组织和农村专业性经济组织。建立健全"法律规范、政府监管、行业自律"的管理体系，优化发展环境，引导并促进市场中介组织诚信执业、规范运行、严格自律、健康发展，并充分发挥行业组织在促进本领域市场中介组织规范与发展方面的积极作用。在依法监管的基础上，建立社会组织考核评价体系，制定考核评价标准和办法，充分发挥评价的导向、激励和约束作用，加强社会组织管理的规范化、制度化、法治化建设。政府通过制定优惠政策、扩大服务外包和购买服务范围等方式，鼓励社会力量举办或参与举办各类从事公益服务的民办事业单位。逐步将一些社会组织通过自律能够解决的事项通过财政扶持、购买服务、实施特许经营、建立社会组织培育孵化中心等各种形式逐步转移给社会组织。二是创新社会治理模式。借鉴香港社会管理先进经验，支持和鼓励社会组织参与社会管理和公共服务，探索政府与社会合作共治的现代社会管理模式，形成政府有效监管、社会有序参与、政社互动合作的社会管理新格局。强化社区在社会管理中的基础地位，加大对社区服务设施的投入力度，改善城乡社区的服务条件，探索建立新型社区治理与服务体制，逐步构建"议事（社区协商议事委员会）—决策（社区居民大会或居民代表大会）—执行（社区居委会、村委会）—协助（社区生活自治）—监督（社区监督委员会）"的社区自治体系。创新外来人口管理机制，构建基本公共服务共享机制。建立和完善市、区（县级市）、镇（街）、村（居）四级流动人口服务网络，侧重推进村（居）流动人口和出租屋管理服务站建设，将管理服务延伸到基层。在外来人口和出租屋管理中推行网格化管理，导入 GIS 地理信息系统，实现外来人口管理可视化、信息化、实时化、精细化。建立外来人口信息采集机制，并在推进和完善"居住证"制度的基础上,建立全市"一盘棋"的外来人口管理信息平台解决外来人口游离于管理之外的问题,将外来人口按居住地纳入所在村(居)进行管理,实现外来人口基本公共服务共享。三是建立健全社会救助与防灾应急体系。大力推进以最低生活保障制度为基础的社会救助体系建设,将符合条件的城乡贫困人口全部纳入最低生活保障,完善应保尽保、应补尽补、应退尽退机制。健全低保标准动态调整机制和价格补贴机制,不断提高保障水平。加强对流浪乞讨人员的救助管理和残疾人生活保障,深入开展医疗、教育、住房、就业、司法等专项救助工作。

四 创新城市影响与辐射力

升级广州的门户枢纽功能,强化国家中心城市地位。创新外贸、外资管理体制,加快建设与国际通行做法相衔接的政策体系。提升区域合作水平,围绕建设辐射珠三角、全面连接港澳台和东盟经济圈的国际物流运营中心和推动大珠三角地区一体化发展,率先形成全方位、多层次、宽领域、高水平的开放型经济新格局。大力挖掘创作发扬广州自身文化,积极走出去,向世界推介广州文化,打造文化高地,提升城市的影响力和辐射力。

1. 完善广州作为中心城市门户枢纽的体制机制

一是建立高效的战略性基础设施建设机制。大力完善城市基础设施体系,集中力量推进空港、海港、信息港、铁路主枢纽、陆路交通、能源保障、环境保护等战略性基础设施建设,完善城市组团之间内外衔接、线网合理的高速铁路、轨道交通、高快速路网,建设南部、东部和北部交通枢纽,加快推进水、电、气等公用设施建设,提升国家中心城市综合承载力。二是形成战略性主导产业加快发展的机制。通过规划引领、区域布局加快建设现代产业体系,尽快建立和完善现代服务业发展体制和规划,建立先进制造业发展宏观引导机制,分类制定商贸会展、金融保险、现代物流等九类优势主导产业和新一代信息技术、新能源汽车等六类战略性新兴产业规划和引导计划,做大海洋新兴产业,推进产业高端化、集群化、融合化发展。三是细化重大战略性发展平台建设机制。结合城市空间发展战略和功能定位,科学谋划、统筹建设一批布局合理、功能互补、发展协调、带动力强的重大战略性发展平台,优化产业空间布局。重点推进三大国家级开发区、六大现代服务业功能区、九大创新型产业发展区和九大功能性发展平台建设，形成经济发展转型升级的新引擎。加快建设中部中央商务及文化产业区、东部高新技术产业带、西部现代商贸和文化产业区、南部高端装备制造业基地和国际化临港经济区、北部临空产业集聚区和生态产业区，提升产业集聚化、集群化、集约化水平。

2. 以创新区域合作机制来提升区域合作水平

一是提升区域合作平台。加强与周边区域战略合作，以广佛同城化、广佛肇经济圈建设为依托，推动建立政府之间在规划协调、基础设施衔接、产业协作、公共事务合作和环境同治等领域的合作协调机制，全面推动广佛同城化，加速推进广佛肇经济圈建设，推进广佛肇与深莞惠、珠中江城市圈融合发展，带动珠三角一体化发展，促进泛珠三角区域协调联动发展，使广州成为珠三角世界级城市群核心城市。二是深化穗港澳合作。建设穗港澳"一小时经济圈"，推进穗港澳三地金融基础设施开放与合作，构建大珠三角地区金融发展创新区，健全金融发展规划引导和协调推进机制，加强金融机构与金融业务合作，对接政策体系和结算体系，促进金融要素和金融资源更为便捷地流动和融合。三是提升与东盟的合作水平。以中新合作建设"知识城"为依托，建立健全与东盟的交流与合作机制。加快推进与新加坡、越南、马来西亚、印度尼西亚经贸对口协调机制的建立，落实对口协调机制规定的经贸交流事项。四是深化与世界发达经济体的合作。发挥广州市作为世界城市和地方政府联合组织联合主席城市的地位，全面加强与世界先进城市的交流与合作，发起并办好"广州国际城市创新奖"，提升广州国际知名度和影响力。五是发挥好南沙国家级新区的区域辐射效应。南沙新区已经正式跻身国家级新区行列。南沙新区的发展，已上升为国家战略，与国家发展大局紧密相连。坚持"科学开发，从容建设"理念，将南沙新区建设成为粤港澳优质生活圈、新型城市化典范，立足广州，依托珠三角，连接港澳，服务内地，面向世界。

3. 以创新外贸外资管理体制来完善国际经贸合作机制

一是创新外贸外资管理体制。探索口岸管理模式改革，优化通关流程，提高查验效率，推动地方电子口岸建设和跨区域口岸合作，建设具有通关、物流、商务等功能的大通关信息平台。创新与内地查验单位合作方式，推动港口功能、保税功能以及电子口岸功能向内陆延伸，形成内陆"无水港"一次报关、一次放行的运作模式，实现腹地口岸直通。二是创新促进加工贸易转型升级的政策体系。推进经常项目外汇管理改革，简化服务贸易外汇收支办理手续，完善进出口核销制度。发挥国家服务外包示范城市的政策优势，建设具有国际水平的服务外包示范区。转变对外招商方式，根据产业发展规划，建立重点招商项目库，将全面招商模式转变为以产业链招商为主的重点招商模式。三是完善国际经贸合作机制。创新对外投资与合作方式，完善财税、金融、外汇、保险、中介等境内支撑体系，加快实施"走出去"战略。建立海外风险投资预警及突发事件快速反应机制，完善境外服务体系。实施"跨国公司培育工程"，发展本土跨国公司。

4. 以全新的文化体制和机制来提升文化软实力

深入贯彻市委、市政府推动文化大发展大繁荣的战略部署，围绕"高品位、新创意"提升广州文化软实力，加大经营性文化事业单位改革力度，努力打造文化龙头企业，提升文化企业的产业集聚效应，切实加强文化人才队伍建设，培养引进一批大师级的文化人才，从体制机制上为文化人才在广州发展提供服务和保障，不断增强广州文化发展动力和竞争力，稳步培育世界文化名城。一是全面深化文化体制改革。推进政企、政资、政事分开，实现从办文化向管文化转变，从管微观向管宏观转变，从主要面向直属单位管理向面向社会管理转变，强化政策调节、市场监管、社会管理和公共服务的职能，实行依法管理，不断提高"以法治文"和政务分开的综合水平。坚持以政府为主导，以公共财政为支撑，以公益性文化单位为骨干，以基层和农村为重点，以保障人民群众看电影、看电视、听广播、读书看报、鉴赏公共文化、参与公共文化活动等基本文化权益为主要内容，完善覆盖城乡、结构合理、功能健全、实用高效的基本公共文化服务体系。推进公益性文化事业单位的内部改革和机制创新，建立公共文化服务指标评估体系，改变政府对公益性文化事业的投入方式，提高投资效益，对公益性文化事业的投入要由过去生产前的不可控投入变为生产前的可控投入，由养人、养单位变为养成果、养事业。要改进人才使用培养观念，由政府致力创造适宜文化专才创业的环境，在文化创作基地以及民间文艺团体的演出税收、演出场地、演出拨款等方面给予支持，以"不求所有但求所用"为原则，让有为的文化专才主动到广州来施展才干，形成聚集文化专才的盆地。二是完善城市文化形象打造机制。要按照面向世界、面向未来的要求，延续城市历史文脉，擦亮广州历史文化名城品牌。正确处理城市高速发展与历史文化名城保护的关系，切实保护历史文化资源。积极推进历史建筑的活化，在保护建筑原貌、结构的基础上，采取连片开发历史文化街区或推出单个历史建筑物的办法，允许非政府机构介入，注入商业管理元素，再度产生社会和经济效益。精心培育城市文化知名品牌，不断增强城市文化魅力。积极引进举办国际性、全国性的著名文化艺术赛事、会展、演出等活动。举办好重大文化体育节会活动，争取举办各种国际性高层次的艺术活动和重大国际体育比赛项目，培育和打造具有重大国际影响的文化体育节庆或会展品牌。要大力整合对外宣传资源，加强对广州形象的策划、包装，加大对外宣传推介广州的力度。要充分发挥标志性文化设施和亚运会主要场馆的作用，举办各种高水平的文化演出、书展、科技展、体育比赛等活动以及组织旅游观光活动，将这些设施打造成为城市新的文化地标。三是着力形成创意文化产业发展机制。确立文化创意产业的产业形态和战略性支柱产业地位，建立全市统筹领导与管理机制，组建或归口文化创意产业行业主管部门和成立广州市文化产业行业协会，制定文化创意产业发展的总体规划，开展常规性文化创意产业统计，主导广州文化创意产业。充分利用广州文化底蕴深厚、信息化水平相对较高以及广交会等优势，突出优势产业，联动相关产业，重点扶持动漫制作和网络游戏、设计产业、会展业、书报刊出版业等若干优势行业，精心打造上下游文化产品相互带动、共同发展的文化创意产业链，形成创新型产业结构；整合产业资源，科学合理布局全市文化创意产业园区，引导市、区（县级市）优势互补、分工协作，形成全市分工明确、优势互补的文化创意产业发展格局。积极建设文化创意人才供需交流配置平台，充分发挥政府所属人才市场网站在品牌、经验和数据库资源等方面的优势，促进文化产业人才资源的市场化配置。充分利用广州的科技和教育优势，在有条件的高校设置各类创意文化产业专业，并加强与海外一些相关的高校和研究机构的交流与合作，培养既立足本土同时又有国际视野的文化创意产业各类人才。

第四节　加快推进体制机制创新的基本策略

体制机制的改革创新涉及方方面面，牵一发而动全身，对其成本、收益、各种不确定性、风险都应当进行深入系统的评估，以便进行方案比较，统筹把握，保证坚决推进改革、降低成本、避免风险和实现收益最大化。推进体制机制创新不仅需要胆识和智慧，更需要方法和技巧。要自觉服从中国特色社会主义的改革开放和发展稳定大局，以探索广州科学发展新路为出发点和落脚点，以践行以人为本、执政为民理念为根本路线，以建设幸福广州、世界城市为目标，有重点、分层次地改革完善与国际化中心城市相适应的体制机制。

一　要坚持采用学习借鉴与改革创新的方法

体制机制创新不可能完全另起炉灶，要坚持学习借鉴、改革创新的有机结合，即坚持"学改创"。坚持"学改创"，就是要学习借鉴国内外先进城市创新体制机制的先进经验，立足于广州已有的有益探索对体制机制进行充实完善，在学习中完善，在改革中创新，在创新中提升，结合新的实践对具体的体制机制进行新的制度设计。一要学习借鉴国内外先进城市推动体制机制创新的成功经验。国内的北京、上海、天津等城市都高举建设世界中心城市的旗帜，而且在制度体系建设方面都有一套好的做法，积累了宝贵的经验。比如北京的自主创新体制、上海的金融贸易体制创新等都值得广州在走向国际中心城市的道路上学习。国外纽约、伦敦、巴黎等世界顶级城市更是有一套完善的制度，在城市建设、管理、经济发展、社会发展、政治建设上都有一套较为成熟和完善的体制机制值得广州借鉴。二要对广州近年来探索城市发展和城市治理的丰富实践进行总结提升，形成相互联系的体制机制。要总结和评估城市管理、政府信息公开、政务服务、社会管理、基层民主评议、城市投融资、干部人事管理等多方面的体制机制，对这些体制机制进行完善，形成相互联系、科学有效的科学运行机制。三要紧紧抓住国务院批准广东率先进行行政审批制度改革的难得机遇，以规范审批制度为突破口抓紧制定审批目录，规范政府决策、执行、监督，形成既相互联系又相互监督的政府管理体制。强力贯彻落实省第十一次党代会精神，着力探索社会治理模式的改革创新，推出一套分层次、分对象、分区域的符合广州实际的社会管理和服务制度体系。

二　要切实形成上级支持、下级理解与基层配合、劲往一处使的向心力

走向国际中心城市的体制机制创新是一项系统性很强、涉及面很广的庞大工程。要梳理体制机制创新所涉及问题的难易程度，着力解决推进国际中心城市建设的过程中所面临的政策障碍和瓶颈问题，最大限度地减少体制机制障碍，最大限度地调动各个方面的积极因素，最大限度地贯通上中下各个关键环节，形成劲往一处使的强大向心力。一要争取中央和广东省的支持。对于增城、从化撤市改区等行政区划调整，中央、省、市税收分成，中新知识城、南沙区的功能定位等需要由中央和省解决的重大体制问题，要积极与国家有关部委和省委、省政府沟通协调，既要及时向省和国家有关部委汇报广州推进国际中心城市发展战略的情况和取得的效果，又要重点反映推进过程中遇到的本市无法解决的难题，争取省有关部门和国家部委"开口子、给政策"。二要整合全市管理资源，加强全市一盘棋的体制机制建设。特别是要理顺市、区（县级市）两级政府管理体制，推行统筹城乡、覆盖全市的大国土规划、大城建、大交通、大市场监管，着力优化政府内部职能分工，挖掘政府内部运行管理体制机制方面的潜力。有必要健全跨区（县级市）、跨单位、跨部门的组织协调机制，将各区（县级市）、各单位、各部门的思想和行动统一到市委关于推进建设国际中心城市战略的决策部署上来。三要激活基层的积极性和创造性。按照权责利一致、人财物协同的原则，着力推进工作重心下移，鼓励基层首创精神，坚持问政于民、问需于民、问计于民，拜人民为师、向群众学习，从根本上解决"上面热、下面冷"的问题。要健全工作机制，通过网络问政的方式，广纳民智，群策群力，把群众的意见和建议真正吸纳运用到国际中心城市建设上来。

三　要切实形成敢于狠抓落实、碰硬较真和多谋善断的执行力

建设国际中心城市的各项战略部署能否落实处、见实效，关键取决于各级党员干部能否善于抓落实、敢于抓落实。敢于"抓落实"，既是各级党员干部的基本职责和基本能力，又是体制机制创新的主要内容和主要目

标。要把"抓落实"作为改革完善体制机制的重要工作来考虑，通过健全"抓落实"机制为新的体制机制充分发挥作用提供保障。只有把推进新型城市化建设作为培养干部的"孵化室"、锻炼干部的"主战场"、考验干部的"试金石"，在抓落实中培养干部，在抓落实中锻炼干部，在抓落实中考验干部，才能形成抓落实的鲜明导向和强劲态势。一是要真抓实干、敢于担当。建设国际中心城市是一项关乎广州未来发展的重大决策，是一项事关经济社会文化生态发展方方面面的系统工程，任何一个子系统都十分重要，任何一个小问题都不容忽视，任何一个小环节都责任重大。这就要求各级党员干部既要充分调动积极性、主动性和创造性，又要见微知著、未雨绸缪，共同致力于推进国际中心城市建设大局。二是要直面困难、较真碰硬。国际中心城市建设是一项崭新的探索，是消除广州"成长中的烦恼"的新路。这条新路不可能一帆风顺，肯定会遇到这样或那样的问题，许多问题还可能是长期无法解决的"硬骨头"。开弓没有回头箭，破釜沉舟始向前。只有敢于直面困难，敢于较真碰硬，越是困难越向前，越是挑战越坚持，才能真正解决国际中心城市建设中面临的种种难题。三是要有胆有识、多谋善断。建设国际中心城市为全市上下提供了展演才华、同台竞技的契机。但国际中心城市建设没有既定的实施模板，也没有一成不变的操作方案。各级党员干部在市委、市政府的领导下，千军用命、万马奔腾，从不同的方面狠抓落实，助推国际中心城市建设，考验的是胆识，依靠的是智慧。谁的思路新，谁的办法多，谁的功夫深，谁的本领强，在国际中心城市建设过程中即可比上下、见分晓。有胆有识、多谋善断的党员干部往往能将国际中心城市建设的各项部署落到实处、快见实效，往往能在推动国际中心城市建设的工作中脱颖而出、树标立杆。

第七章　论主导产业

产业是城市发展的基础，产业的兴衰决定了城市的兴衰。[①] 广州在建设国际中心城市的过程中，离不开主导产业特别是战略性主导产业的支撑。近年来，广州产业结构正在发生着深刻变化，先进制造业、战略性新兴产业和现代服务业等战略性主导产业的发展已获肯定，当前和今后需要进一步采取有效措施提升其国际竞争力。

第一节　广州产业结构的历史演进

主导产业（又称领衔产业或带头产业）是指一个国家或地区在一定时期内经济发展所依托的重点产业或龙头产业，是优化区域产业结构，建立各产业相互协调的区域经济系统的核心内容之一。在主导产业范畴下，战略性主导产业可以理解为那些具有明确的可持续增长潜力和广泛的产业关联、在区域产业结构体系中处于中心地位、决定产业体系发展方向和发展模式，通过政策的倾斜性扶持可以迅速积累和强化比较优势、增强地区经济国际竞争力，并对地区经济社会发展具有全局性和长远性影响的产业或产业群。

产业结构是一个动态演变的系统，对区域主导产业的选择有着直接影响。在对广州三次产业发展态势和产业结构的特点进行总结与分析的基础

[①] 如美国底特律的破产，最根本的原因在于产业的衰落。

上，考察广州产业结构的演变过程，对理解广州主导产业的选择具有重要意义。

一　广州三次产业发展的基本态势

2013 年广州市实现地区生产总值（GDP）15420.14 亿元，按可比价格计算，比 2012 年（下同）增长 11.6%。其中，第一产业增加值 228.87 亿元，增长 2.7%；第二产业增加值 5227.38 亿元，增长 9.2%；第三产业增加值 9963.89 亿元，增长 13.3%，第一、二、三产业增加值的比例为 1.48∶33.90∶64.62。全年完成固定资产投资 4454.55 亿元，比 2012 年增长 18.5%。其中，第一产业完成投资 10.84 亿元，同比增长 50.8%；第二产业完成投资 716.80 亿元，同比增长 19.5%；第三产业完成投资 3726.91 亿元，同比增长 18.3%。[①]

结合《2013 年广州市经济运行情况综述》[②]、《广州市经济贸易委员会 2013 年工作总结以及 2014 年工作计划》[③] 和《2013 广州市政府工作报告》[④]，我们可以归纳出 2013 年广州三次产业发展的基本态势。

第一，第一产业继续体现其都市型农业的特色。2013 年，全市实现农林牧渔业总产值 390.51 亿元，同比增长 2.7%，其中花卉产值增长 3.8%，蔬菜产量增长 3.1%；禽蛋、牛奶、海水产品、淡水产品产量分别增长 14.6%、7.0%、5.1% 和 4.2%，服务于大都市的特色农业的增长幅度高于第一产业的整体增幅。

第二，第二产业支撑结构持续优化，支柱产业作用明显。2013 年，工业增加值为 4754.85 亿元，比 2012 年增长 9.9%。工业经济的结构与质量进一步提升。一是支柱产业带动有力。2013 年规模以上汽车制造业、电子产品制造业和石油化工制造业三大支柱产业完成工业总产值 8089.49 亿元，增长 16.3%，占全市规模以上工业总产值的比重为 46.73%。其中，汽车制造业完成工业总产值 3346.84 亿元，增长 24.0%，广汽集团

---

① 参见《2013 年广州市国民经济和社会发展统计公报》，广州政府网站，http：//www.gz.gov.cn。
② 参见广州统计信息网，http：//www.gzstats.gov.cn/tjfx/gztjfs/201402/t20140217_35605.htm。
③ 参见广州经贸信息网，http：//www.gzii.gov.cn/cms/docInfo！view.action？id＝14021915 1232055&channelId＝721。
④ 参见大洋网，http：//news.dayoo.com/guangzhou/201402/25/73437_35201276.htm。

入选"世界 500 强";电子产品制造业和石油化工制造业分别完成工业总产值 2201. 02 亿元和 2541. 63 亿元,分别增长 16. 6% 和 7. 3% 。二是民营工业贡献率保持较高水平。2013 年民营企业完成工业总产值 2916. 19 亿元,增长 17. 8% ,对全市规模以上工业增长的贡献率为 19. 4% 。三是高新技术产品产值较快增长,完成工业总产值 7443. 40 亿元,占工业总产值的 43% ,增长 14. 6% ;高技术制造业(包括医药制造业、航空航天器制造业、电子及通信设备制造业、电子计算机及办公设备制造业和医疗设备及仪器仪表制造业等)增加值为 498. 37 亿元,约占工业增加值的 10. 48% ,增长 10. 4% ,均高于平均增速。四是战略性新兴产业蓬勃发展,新认定 11 个战略性新兴产业基地。

第三,第三产业保持较快增长,多点支撑格局显现。2013 年,广州第三产业增加值增速比 GDP 高 1. 7 个百分点,第三产业对经济增长的贡献率为 70. 6% ,其中金融、物流、旅游、会展等现代服务业保持较快增长。金融业增加值突破 1100 亿元,民间金融街进驻机构 102 家,国际金融城启动建设,广州股权交易中心挂牌企业达 558 家;2013 年末,全市金融机构本外币存款余额同比增长 12. 1% ,贷款余额增长 10. 4% 。物流业保持较快发展,货运量和货物周转量增速分别为 19. 6% 和 41. 2% ,港口货物吞吐量和机场货邮吞吐量分别增长 4. 8% 和 5. 7% ;A 级和 5A 级物流企业总数分别达 80 家和 7 家,位居全国城市前列。在旅游业方面,白云国际机场旅客吞吐量达 5246. 42 万人次,首次跻身全球"五千万级"机场行列;全年旅游总收入达 2202. 39 亿元,增长 15. 2% 。会展业展览面积超过 800 万平方米,展览规模居亚洲或世界第一的展会有 5 个,展览规模超 10 万平方米的展会达 16 个。新兴服务业业态亮点纷呈,电商企业交易额超万亿元,聚集 52 家产值超亿元的移动互联网企业,成功创建国家电子商务示范城市;国家级电子商务示范企业 5 家、省级示范企业 32 家,分别占全省的 45% 、44% 。

随着广州产业结构不断优化,服务业增加值和从业人员数量及其占比不断增加,服务经济特征日趋明显。2012 年,广州第三产业增加值为 8617 亿元,是第二产业增加值的 1. 83 倍,占比为 63. 58% (见图 7 - 1);第三产业从业人数为 405 万人,是第二产业从业人数的 1. 44 倍,占全社会从业人数的 53. 88% (见图 7 - 2)。

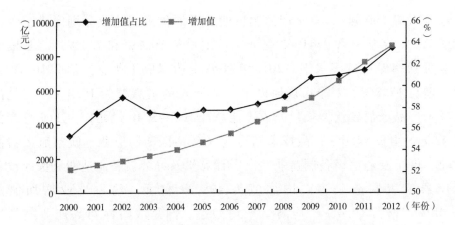

图 7-1　2000 年以来广州第三产业增加值及其占比的变化趋势

资料来源：《2013 广州统计年鉴》，中国统计出版社，2014。

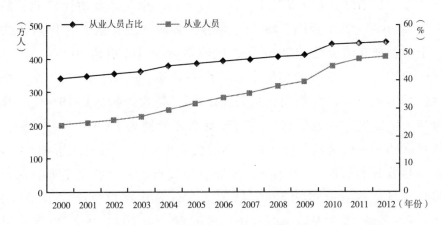

图 7-2　2000 年以来广州第三产业从业人员及其占比的变化趋势

资料来源：《2013 广州统计年鉴》，中国统计出版社，2014。

在服务业各部门中，批发/零售业的增加值较大，从业人员最多（见图 7-3 和图 7-4），显示了广州作为商贸之都的影响力；但与其他产业的劳动力与增加值的比较可以看出，广州批发零售产业的劳动密集度较高。

二　基于与国内主要城市对比的广州产业结构特征

广州 GDP 规模长期以来居全国第三位。为了准确把握广州产业结构的主要特点，我们选取了上海、北京、天津和重庆四个国家中心城市以及深圳作为参照系，对广州产业结构进行全面考察，发现广州产业结构具有

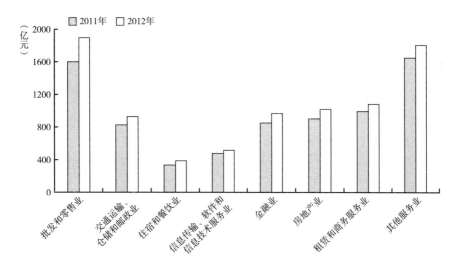

图 7-3 2011 年和 2012 年广州服务业各部门增加值

资料来源:《2013 广州统计年鉴》,中国统计出版社,2014。

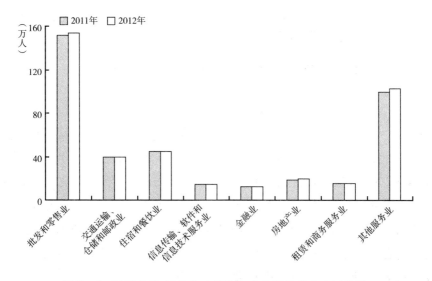

图 7-4 2011 年和 2012 年广州服务业各部门从业人员数量

资料来源:《2013 广州统计年鉴》,中国统计出版社,2014。

如下主要特征。

第一,广州第三产业规模位居全国第三,赶超先进的压力与保持地位的压力同样存在。在六个城市中,上海和重庆的 GDP 分别居首尾位置,

2013 年 GDP 规模分别为 21602 亿元和 12657 亿元。从第三产业增加值上看，六个城市可分成三个层次：北京和上海为第一梯队，第三产业增加值分别为 14987 亿元和 13445 亿元；广州和深圳为第二梯队，第三产业增加值分别为 9964 亿元和 8198 亿元；天津和重庆为第三梯队，第三产业增加值分别为 6905 亿元和 5256 亿元（见图 7 – 5）。可见，广州要比肩北京和上海，难度较大，但与深圳仅有不足 2000 亿元的差距。

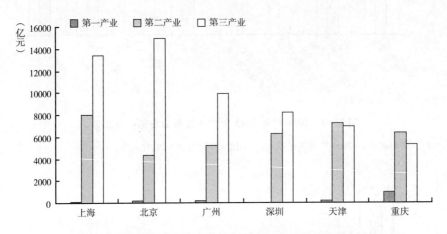

图 7 – 5　2013 年广州与国内主要城市三次产业增加值对比

资料来源：各市 2013 年国民经济和社会发展统计公报。

第二，广州第三产业占比位居全国第二，已具备服务经济的特征。2013 年，北京第三产业占比为 76.90%，位居全国第一；广州第三产业占比为 64.62%，仅次于北京，位居第二；上海第三产业占比为 62.24%，与广州相差不大，位居第三。深圳、天津和重庆第二产业规模均大于广州，第三产业占比均小于广州，特别是天津和重庆第二产业比重超过第三产业，制造业居主导地位。广州较为发达的现代服务业，奠定了引领产业转型升级的基础，是广州经济重要的比较优势。

第三，广州第三产业增速位居全国第一，发展势头良好（见图 7 – 6）。2013 年，广州第三产业增速为 13.30%，位居全国第一，说明广州近年来致力于产业转型升级和经济发展方式的转变正在取得实质性的进展。天津、重庆和深圳第三产业增速紧随其后，分别为 12.50%、12.00% 和 11.70%；上海和北京第三产业增速则与前四个城市有较大差距，分别为 8.80% 和 7.60%。

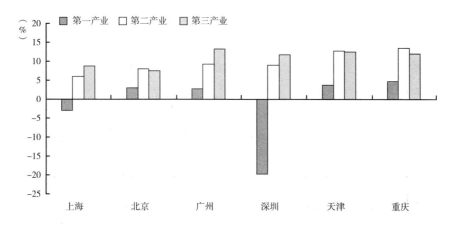

图 7 - 6　2013 年广州与国内主要城市三次产业增速对比

资料来源：各市 2013 年国民经济和社会发展统计公报。

第四，广州第三产业对 GDP 增长的贡献率和拉动①分居第四和第二，对经济的整体带动效应较强。2013 年，广州第三产业对 GDP 增长的贡献率为 72.05%，位居第四；前三位分别是上海、北京和重庆，第三产业对 GDP 增长的贡献率分别为 92.24%、82.03% 和 75.93%；深圳和天津名列后两位，第三产业对 GDP 增长的贡献率分别为 63.95% 和 57.58%（见图7 - 7）。从广州第三产业对 GDP 增长的拉动看，广州第三产业对 GDP 增长的拉动为 8.36 个百分点，仅次于重庆的 9.34 个百分点，位居第二；而天津、上海、深圳和北京第三产业对 GDP 增长的拉动分别为 7.20 个百分点、7.10 个百分点、6.71 个百分点和 6.32 个百分点（见图 7 - 8）。

三　广州产业结构的演变

为了全面把握广州产业结构的历史进程，将对 1990 年以来广州三次产业的变动、"六五"以来广州主导产业变化与产业结构变动的关系以及 1990 年以来广州三次产业对 GDP 增长贡献率和拉动效应的变动等情况进行考察。

（一）1990 年以来广州三次产业的变动

1990 年，广州 GDP 为 320 亿元，其中第一产业、第二产业和第三产

---

①　三次产业对 GDP 增长的贡献率指各产业增加值增量与 GDP 增量之比，三次产业对 GDP 增长的拉动指 GDP 增长速度与各产业贡献率之乘积。

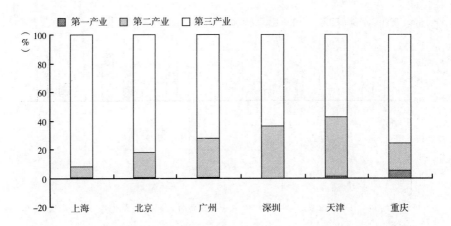

图 7 - 7　2013 年广州与国内主要城市三次产业对 GDP 增长的贡献率对比

资料来源：根据各市 2012 年和 2013 年国民经济和社会发展统计公报数据计算得到。

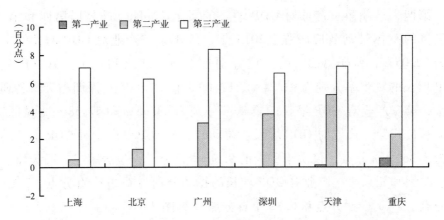

图 7 - 8　2013 年广州与国内主要城市三次产业对 GDP 增长的拉动对比

资料来源：根据各市 2012 年和 2013 年国民经济和社会发展统计公报数据计算得到。

业分别为 26 亿元、136 亿元和 158 亿元，人均 GDP 为 5418 元；到 2012 年，广州 GDP 为 13551 亿元，其中第一产业、第二产业和第三产业分别为 214 亿元、4721 亿元和 8617 亿元，人均 GDP 为 105909 元（见图 7 - 9），平均增长 41 倍、7 倍、34 倍、54 倍和 19 倍，年均增长率分别为 14.7%、5.2%、15.9%、14.2% 和 14.47%。可见，广州第三产业的增长最快，超过 GDP 和人均 GDP 的增长速度。

经过改革开放 30 多年的发展，广州产业结构不断优化，一、二、三次产业比例已经从 1978 年的 11.7∶58.6∶29.7 调整为 2012 年的 1.58∶

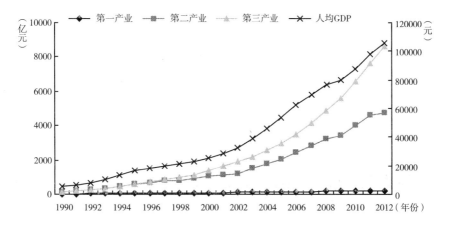

图 7-9 1990 年以来广州三次产业及人均 GDP 绝对值的变化

资料来源:《2013 广州统计年鉴》,中国统计出版社,2014。

34.84:63.58,经济结构实现了由轻纺工业主导到重化工业主导,再到服务业主导的历史性跃迁。从 1998 年开始,第三产业占比超过 50%。自 2009 年以来,第三产业占比超过 60%,并保持稳定发展的态势,服务经济的特点已初步显现。

从广州三次产业对 GDP 增长的贡献率和拉动,同样可以看到广州服务经济正在发挥主导作用。1990 年以来,广州第一产业、第二产业和第三产业对 GDP 增长的贡献率平均值分别为 1.60%、47.35% 和 51.15%(见图 7-10),平均增长速度分别为 -0.62%、-0.93% 和 0.57%,第三产业对 GDP 增长的贡献率无论是绝对值还是增长速度都超过第一产业和第二产业。从广州三次产业对 GDP 增长的拉动上看,1990 年以来,广州第一产业、第二产业和第三产业对 GDP 增长的拉动平均值分别为 0.25 个百分点、7.17 个百分点和 7.20 个百分点(见图 7-11),平均增长速度分别为 0.00%、-1.23% 和 0.19%,可见,第三产业对 GDP 增长的拉动虽然与第二产业相当,但是却呈增长态势,而第二产业对 GDP 增长的拉动呈下降态势。

(二)广州支柱产业的变化与产业结构的演变

从"九五"时期开始,广州第二产业和第三产业同步进入快速发展阶段。由于第三产业基数超过第二产业,第三产业与第二产业规模的差距

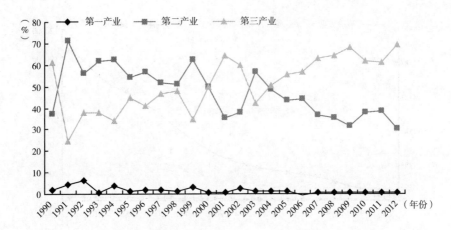

图 7 – 10　1990 年以来广州三次产业对 GDP 增长贡献率的变化

资料来源：《2013 广州统计年鉴》，中国统计出版社，2014。

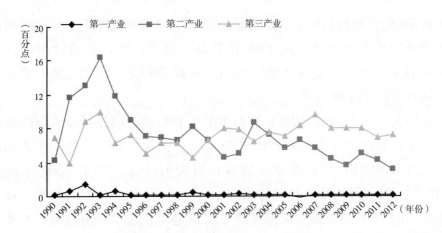

图 7 – 11　1990 年以来广州三次产业对 GDP 增长拉动的变化

资料来源：《2013 广州统计年鉴》，中国统计出版社，2014。

不断拉大（见图 7 – 12）。从各个五年规划期间的增速上看，"七五"期间，第三产业增速超过第一产业和第二产业；"八五"期间，第二产业增长最为迅速；"九五"时期以来，第二产业和第三产业增速较为接近，而第一产业增速呈下降趋势（见图 7 – 13）。

广州产业结构的演变，与支柱产业的变化有着密切关系[①]。20 世纪

---

① 广州支柱产业演进主要参考广州市发展和改革委员会《广州市战略性主导产业选择的研究报告》（2011）。

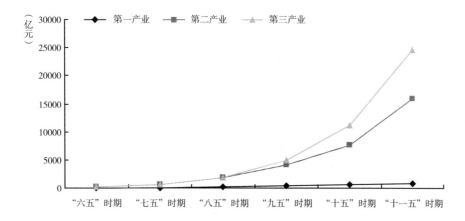

图 7 - 12　"六五"以来广州三次产业绝对值的变化

资料来源:《2013 广州统计年鉴》,中国统计出版社。

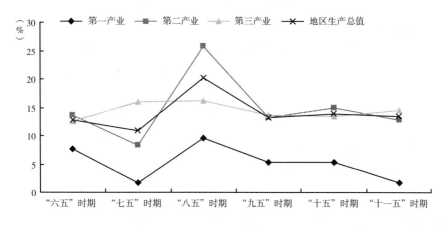

图 7 - 13　"六五"以来广州三次产业及 GDP 增速的变化

资料来源:《2013 广州统计年鉴》,中国统计出版社。

80 年代,广州适时抓住国际轻纺工业加速向发展中国家转移、国内轻工产品供不应求的机遇,大力引进和发展劳动密集型轻纺工业,轻工业总产值占工业总产值比重在 1988 年达到 66%,在全国十大城市中居第一位,电气机械、纺织服装、食品饮料和家用电器等产业成为广州工业的支柱产业。在此时期,服务业也获得持续快速发展,服务业占 GDP 比重在 1989 年首次超过第二产业,在全国十大城市中居第一位,以交通通信和商贸餐饮为代表的服务业成为服务业发展的主导产业。

20 世纪 90 年代后，广州凭借珠三角区域加工制造业的市场优势，率先推动工业结构向适度重型化和技术密集型升级，将电子、汽车、摩托车、日用电器、纺织、服装、食品饮料、医药、石油化工、钢铁等十大产业确定为支柱产业，同时开展了汽车、乙烯等重化工业支柱项目建设。到 1992 年，广州十大工业支柱产业产值占全市工业总产值比重达到 48%。受东南亚金融危机的冲击以及受长三角产业潜力迅速凸显的影响，广州工业的重型化经历了起伏。根据服务业迅速兴起的新趋势，广州在"九五"规划中又及时将电子信息、交通运输设备、石油化工、建筑与房地产、金融保险、商贸旅游等六大产业明确为广州的支柱产业。到 1998 年，六大支柱产业占 GDP 比重达到 57%，同年，服务业占 GDP 比重也首次超过 50%。

进入 21 世纪，广州国有企业战略性重组取得重大进展，招商引资和对外经贸合作取得历史性突破，工业系统重点推进的 45 项合资合作项目有 34 项是以美日欧等发达国家跨国公司为主，产业发展战略随之也出现了重大调整。在"十五"规划中，广州明确工业将重点发展交通运输设备、电子通信设备、石油化工等三大支柱产业，工业重型化成效显著。2004 年，广州重工业在工业总产值中的比重首次超过轻工业。2005 年，汽车、电子产品和石油化工等三大支柱产业产值占广州工业总产值的 43%，以软件、生物、新材料等为代表的高新技术产业也进入年均增长近 30% 的黄金发展期。在此期间，服务业占 GDP 比重大致稳定在 57% 左右，但迅速崛起的先进制造业和持续不断的消费升级推动服务业加快向高端化转型，金融保险、商务会展、现代物流、信息服务等现代服务业取得长足发展，成为广州经济发展和产业升级的新引擎。

"十一五"期间，广州提出继续重点发展工业三大支柱产业，同时将生物产业培育成新兴支柱产业。在此期间，广州的支柱产业继续发挥强有力的作用，2009 年三大支柱产业总产值突破 5000 亿元，其中轿车产量跃居全国第一，高新技术产品产值占工业总产值的比重较 2001 年翻了近一番。服务业特别是现代服务业发展迅猛，服务业占 GDP 比重持续上升，在 2009 年首次超过 60%，金融保险、信息服务、商贸会展、现代物流、文化创意、科技服务、服务外包等现代服务业年均增速接近或超过 20%，以服务经济为主体，现代服务业为先导，现代服务业、战略性新兴产业和先进制造业有机融合、互动发展的现代产业体系初步形成。

进入"十二五"以来，广州着力构建现代产业体系，经济转型升级速度不断加快，在三大支柱产业继续发挥应有影响力的同时，先进制造业、战略性新兴产业和现代服务业同步发展，产业结构不断优化。到2013 年，广州拥有汽车、石油化工、电子产品、重大装备、生物与健康、新材料与高端制造等 6 个产值超千亿元的产业集群，以及商贸会展、商务与科技服务、金融保险等 3 个增加值超千亿元的服务产业集群，培育了 3 个主营收入千亿级企业和 80 多家百亿级企业①。

第二节　广州主导产业的选择

在区域产业结构优化过程中，主导产业的确立具有重要意义。在区域发展的一定时期，主导产业应占有较大比重，并通过对其他产业产生较强的前向拉动效应和后向推动效应带动整体经济的发展。安虎森等（2004）认为主导产业具有一些显著特征。第一，多层次性。优化产业结构不仅要解决产业结构的合理化问题，而且要解决产业结构的高度化问题。第二，综合性。各产业部门在为发展目标服务时，其作用是各有侧重而又互为补充的，各产业部门作用的重点取决于产业部门的特性，如增长特性、关联特性、需求特性和资源特性等。第三，时序更替性。区域经济发展的阶段性也决定了主导产业群的序列更替性。本研究确定广州主导产业的思路是：首先基于产业规模和产业关联度确定广州优势产业，然后将二者进行对比，将同时具有规模优势和产业关联度优势的产业部门确立为广州现阶段的主导产业。通过分析可以发现，尽管近年来广州战略性主导产业的选择发生了一些变化，但是都与本研究所确定的主导产业之间有着较大的关联性。

一　区域主导产业选择的基准与方法

主导产业的选择就是政府根据产业结构的总体规划，确定一定经济时

---

① 耿旭静：《新一轮产业革命大潮来临　广州通过转型升级抢占经济制高点》，《广州日报》2014 年5 月 7 日。

空下的主导产业及产业发展序列，从而实现产业结构的合理化和高级化过程，其实质是一种倾斜式的产业发展战略的体现，即根据区域经济发展的具体情况，对不同角度、不同层次经济问题的解决步骤进行取舍的决策过程。区域主导产业选择的基准，就是区域产业结构成长合理化的标准，国际上一般有依赖后向联系水平确定主导产业的赫希曼基准、依据产业部门间供给和需求联系程度确定主导产业的罗斯托基准以及依据收入弹性和生产率上升确定主导产业的筱原基准等。

（一）区域主导产业选择的基准

1. 赫希曼基准。美国发展经济学家赫希曼依据投入产出基本原理，对产业间关联度与工业化的关系做了深入研究，认为对资本相对不足和本地市场相对狭小的发展中国家或地区，应当优先发展后向关联度较高的最终产品。

2. 罗斯托基准。罗斯托认为，主导产业的建立要有足够的资本积累和投资，净投资率（投资在国民生产净值中的比例）要到10%，因此必须鼓励和增加储蓄，减少消费，必要时引进外资，要有充足的市场需求来吸收主导部门的产出；要有技术创新和制度创新，拥有大批具有创新意识的企业家，为主导部门的发展提供组织、管理和人力资源等条件。

3. 筱原基准。筱原基准包括收入弹性基准和生产率上升基准。产品的收入弹性是指在价格不变的前提下，产业的产品（某一商品）需求增加率和人均国民收入增加率的比值。生产高收入弹性产品的产业在产业结构中将占有更大的市场份额。生产率上升基准是指生产率上升较快的产业可能在相对国民收入上占有越来越大的优势，资源会向这一产业移动，导致具有较高生产率上升率的部门在产业结构中占有更大的比重。

（二）区域主导产业选择的方法

安虎森等（2004）将主导产业选择的主要方法和步骤归纳如下。

第一，对一定时期内的区际、区内产业进行比较，选择那些产业潜力大、产业比较优势度高、产业规模适度和产业关联度强的高增长产业。

1. 具有较高增长率的产业部门应是符合筱原基准的部门，即符合高收入弹性基准和生产率上升基准的部门。收入弹性和生产率上升率均可通过投入产出技术进行计算。

根据投入产出原理推导出的收入弹性公式[①]表明，某一产业的需求收入弹性与其他产业对其中间产品的完全消耗系数成正比，需求收入弹性的大小既依赖于收入水平提高后对最终产品需求的增加，也依赖于产业中间产品的大小。也就是说，某一产业的需求收入弹性明显地依赖于其在一定时期的产业联系水平。一般情况下，高需求收入弹性产业在一定时期内具有较高的影响力系数和感应度系数，且增加率也较高。

利用投入产出表，也可测算一定时期某产业的生产率上升率。如根据不同时期的部门平均工资水平，确定各部门的实际职工人数；通过计算各部门的人均净产值和人均总产值，得出各部门的劳动生产率；通过不同时期劳动生产率的比较，得出生产率的变化率。

2. 产业市场潜力。作为主导产业的产品应占有较大的市场份额，且应具有较大的市场潜力。市场潜力可通过市场占有率进行衡量，公式如下：

$$\rho = (Q_1/Q_2) \times (AQ_1/AQ_2) \tag{7-1}$$

其中，ρ 是某产业的市场占有率，Q_1 和 Q_2 分别代表所研究区域及其高层次区域某产业的年销售额，AQ_1 和 AQ_2 分别代表所研究区域及其高层次区域同产业的人均销售额。ρ 越大，说明区域该产品的市场容量越大，产业市场潜力越大。

3. 产业比较优势度。主导产业除具有较大的市场潜力外，还必须能够大量生产以满足市场购买需求，还应该具有使生产要素不断流向本产业，在产业结构中的比重越来越大，并且能够取得较好结构效益的能力，这些都构成了产业的比较优势。产业比较优势度的大小可用比较劳动生产率来衡量，公式如下：

$$\eta = (Y_1/Y_2) \div (L_1/L_2) \tag{7-2}$$

其中，η 是比较劳动生产率，Y_1 和 Y_2 分别是某产业的国民收入和区域国民收入总额，L_1 和 L_2 分别是某产业的劳动力总数和区域劳动力总数。$\eta > 1$，表明该产业的劳动生产率高于全部产业劳动生产率的平均值，该产业是具

---

① 推导过程略，可参见相关文献。

有比较优势的产业，η 越大，其比较优势越大。

4. 产业规模。具有较大规模的产业，才能承担高层次地域分工的责任，成为区域经济系统中的主导产业。产业规模具有四层含义：一是产业的绝对规模；二是产业的相对规模，即某产业占区域全部产业的比重；三是在较高层次区域中相同产业的相对规模，即某产业占较高层次区域中相同产业的比重；四是产业的产品输出规模。只有在这四个层次上都具备较大规模，才能成为区域主导产业。

产业规模可用区位商（或称产业专门化率）来衡量，公式如下：

$$Z = (d_i / \sum_{i=1}^{n} d_i) \div (D_i / \sum_{i=1}^{n} D_i) \qquad (7-3)$$

其中，Z 为某区域 i 部门相对于高层次区域的区位商，d_i 为某区域 i 部门的相关指标（通常可用产值、产量、生产能力、就业人数等指标），D_i 为高层次区域 i 部门的相关指标，n 为部门数量。$Z > 1$，表明该产业是研究区域的专门化部门，该产业是具有比较优势的产业，Z 越大，专门化程度越高，集中度越高，产品输出规模越大。

5. 产业关联度。主导产业一方面对其他产业产生影响，另一方面也受其他产业的影响，这一相互影响的关系可通过区域投入产出模型，以影响力系数和感应度系数两个指标进行表达，公式如下：

$$Y = h_1 / h_2 \qquad (7-4)$$

$$G = z_1 / z_2 \qquad (7-5)$$

其中，Y 和 G 分别为影响力系数和感应度系数，h_1 和 z_1 分别为某产业纵列和横行逆矩阵系数的平均值，h_2 和 z_2 分别为全部产业纵列逆矩阵系数和横行逆矩阵系数平均值的平均。$Y > 1$，表明该产业的影响力大于全部产业的平均水平，Y 越大，该产业的影响力越大。$G > 1$，表明该产业的感应度大于全部产业的平均水平，G 越大，该产业的感应度越大。

第二，依据产业性质及在解决区域经济发展问题中的作用，确定主导产业。

按照上述基准筛选后，可得出主导产业的备选部门。最终能否成为主导产业，还需要依据产业性质及在解决区域经济发展问题中的作用来判定。在选择主导产业过程中，可依据投入产出关系，即中间需求率和中间投入率的组合关系，进行产业性质的划分。中间需求率是产业中间需求与总需求之比，反映了产出中间产品提供给其他产业的多少。中间需求率越高，该产业越具有基础产业性质。中间投入率是产业中间投入与总投入之比，反映了为生产单位产值而需要从其他产业购进的中间产品所占的比重。中间投入率越高，该产业增加值率越低。

第三，对可能限制产业发展的相关因素进行评估后，最终确定主导产业。

已经初步确定的主导产业能否最终被确立，还取决于相关条件和因素是否对其发展构成限制。这些可能的限制因素包括就业水平及就业结构、资金需求量、输入产品需求量及其结构、资源需求量及污染允许量等。

二　广州主导产业的确定

通过对产业进行区际和区内比较，筛选市场潜力大、比较优势度高、产业规模较大和关联度强的高增长产业，是确定区域主导产业的关键环节和核心过程。广州主导产业的确定主要基于产业规模和产业关联度两个视角，以二者的交集作为主导产业确定的依据。

（一）基于产业规模的广州优势产业分析

以广州某一制造业和服务业部门相对于全国层次的区位商和所占广东省制造业和服务业份额为基本指标[①]，筛选出基于规模优势的广州优势产业部门，具体筛选基准是：区位商大于1，在广东省所占份额制造业大于0.4%，服务业大于2%。基于这些指标，在2011年广州39个制造业部门和14个服务业部门中，共选出14个优势制造业部门和11个优势服务业部门（见表7-1）。按区位商大小，14个优势制造业部门分别是交通运输设备制造业、纺织服装及鞋帽制造业、文教体育用品制造业、通信设备/计算机及其他电子设备制造业、化学原料及化学制品制造业、食品制造业、烟草制品业、皮革/毛皮/羽毛（绒）及其制品业、饮料制造业、家具制造业、橡胶和塑料制品业、仪器仪表及文化/办公用机械制造业、石油加工及炼焦业和印刷业/记录媒介的复制业；11个优势服务业部门分别是租赁和商务服

---

① 在计算区位商和所占份额时，制造业取工业总产值，服务业取增加值。

务业、文化/体育和娱乐业、信息传输/计算机服务和软件业、住宿和餐饮业、卫生/社会保障和社会福利业、交通运输/仓储和邮政业、批发和零售业、金融业、科学研究/技术服务和地质勘查业、房地产业、教育部门。

表7－1　基于区位商和所占份额的广州优势产业（2011年）

序号	产业部门		区位商	在广东省所占份额（%）
1		食品制造业	1.56	2.60
2		饮料制造业	1.12	1.57
3		烟草制品业	1.36	1.10
4		纺织服装及鞋帽制造业	1.93	3.10
5		皮革、毛皮、羽毛（绒）及其制品业	1.32	1.40
6		家具制造业	1.10	0.66
7		印刷业、记录媒介的复制业	1.02	0.47
8	第二产业	文教体育用品制造业	1.78	0.68
9		石油加工及炼焦业	1.05	4.58
10		化学原料及化学制品制造业	1.58	11.38
11		橡胶和塑料制品业	1.09	2.58
12		交通运输设备制造业	3.12	23.37
13		通信设备、计算机及其他电子设备制造业	1.62	12.25
14		仪器仪表及文化、办公用机械制造业	1.08	0.97
1		交通运输、仓储和邮政业	1.40	10.82
2		信息传输、计算机服务和软件业	1.88	6.31
3		批发和零售业	1.40	20.87
4		住宿和餐饮业	1.42	4.47
5		金融业	1.30	11.20
6	第三产业	房地产业	1.27	11.74
7		租赁和商务服务业	4.00	12.95
8		科学研究、技术服务和地质勘查业	1.29	3.09
9		教育	1.03	5.13
10		卫生、社会保障和社会福利业	1.42	3.65
11		文化、体育和娱乐业	2.72	2.81

资料来源：2012年《广州统计年鉴》、《广东统计年鉴》和《中国统计年鉴》。

需要说明的是，虽然燃气生产和供应业以及水的生产和供应业区位商大于1，但是由于其基础产业的性质，不宜作为主导产业来看待，所以未入选广州主导产业的备选池。

（二）基于产业关联度的广州优势产业分析

产业关联分析是确定主导产业的基本方法之一，其主要分析工具是投入产出模型（IO），特别是区域间投入产出模型（IRIO）更为有效。IRIO模型是利用商品和劳务流动，将各区域投入产出模型连接而成的跨区域投入产出连接模型，最早由Isard于1951年提出。IRIO模型不仅可以反映区域内部各产业之间的经济关联，还可以系统全面地反映不同区域、不同产业之间的经济联系，比较不同区域之间产业结构和技术差异，分析区域间产业的相互关联与影响，资源在区域间的合理配置以及区域经济发展的带动作用和溢出、反馈效应等，因此，IRIO是进行区域产业关联分析的有效工具和主要手段。

虽然广州没有单独编制投入产出表，给广州产业关联分析造成了直接影响，但是可以运用广东省投入产出表进行分析，间接反映广州市产业关联水平。由于广州市产业关联水平只是用来确定广州主导产业的交叉分析方法之一，而不是唯一方法，因此，以广东省的产业关联水平近似代替广州市的产业关联水平并不足以对广州主导产业的选择产生重大影响，况且广东省许多部门的产业关联水平可以直接反映广州市的产业关联水平，因为在这些部门中，广州市占有较大比重。本研究运用2012年研制成功的中国省区间投入产出模型（China IRIO），以30个省区（不包括西藏）、55个产业部门2007年的数据为基础①，分析广东省（广州市）的产业关联水平。

1. 产业关联分析的主要指标

基于IRIO模型进行广州产业关联分析，主要运用区域产业影响力系数和区域产业感应度系数两个指标。区域产业影响力系数反映某一区域某一产业增加一个单位最终使用时，对国民经济各部门所产生的需求波及程

---

① 在投入产出分析中，2007年的数据是目前能得到的最新数据。在技术水平未有明显突破的情况下，投入产出系数是相对稳定的。

度，在数值上可表示为该产业所产生的生产波及影响水平相对于平均水平的程度，其计算公式为：

$$IC_j^S = \frac{\sum\limits_{R}\sum\limits_{i} b_{ij}^{RS}}{\frac{1}{m \times n}\sum\limits_{R}\sum\limits_{S}\sum\limits_{i}\sum\limits_{j} b_{ij}^{RS}} \qquad (7-6)$$

式中，IC_j^S 为 S 地区 j 产业的区域产业影响力系数，b_{ij}^{RS} 为 R 地区 i 部门对 S 地区 j 产业的列昂惕夫逆系数，m 为地区数，n 为每个地区的产业部门数量。其中 $m=30$，$n=55$。

IC_j^S 值越大，表明该产业对生产的拉动作用越大，其值大于1（小于1），表明该产业对其他部门、其他区域所产生的波及效应高于（低于）全社会平均水平。

在计算 b_{ij}^{RS} 时，要剔除进口的影响，因为进口不带动国内投入，其计算公式为：

$$b_{ij}^{RS} = [I - (I - \hat{M})A]^{-1} \qquad (7-7)$$

$$\hat{m}_i^R = \frac{m_i^R}{\left(\sum\limits_{S=1}^{30}\sum\limits_{j=1}^{55} x_{ij}^{RS} + \sum\limits_{S=1}^{30}\sum\limits_{k=1}^{4} f_{ik}^{RS}\right)} \qquad (7-8)$$

式中，$\hat{M}$ 为进口系数对角矩阵，A 为消耗系数矩阵，I 为单位矩阵，m 为进口量，f 为最终需求，k 为最终需求的类型，$k=4$。

区域产业感应度系数反映当国民经济各部门均增加一个单位最终使用时，对某一区域某一部门产生的全部需求影响，也就是需要该地区、该部门为所有部门的生产而提供的产出量，在数值上可表示为该地区、该部门列昂惕夫逆系数均值与平均水平的相对比值，系数越大，其他部门对该产业的需求依赖程度越大，其计算公式为：

$$RC_i^R = \frac{\sum\limits_{S}\sum\limits_{j} b_{ij}^{RS}}{\frac{1}{m \times n}\sum\limits_{R}\sum\limits_{S}\sum\limits_{i}\sum\limits_{j} b_{ij}^{RS}} \qquad (7-9)$$

式中，RC_i^R 为 R 地区 i 产业的区域产业感应度系数，其他各项与式7-6相同。

2. 基于产业关联度的广州优势产业分析

广东省（广州市）产业关联的特点是影响力水平较低，而感应度水平较高。2007 年，广东省（广州市）平均产业影响力系数为 0.7360，平均感应度系数为 1.6929，说明广东省（广州市）各产业在拉动产品中间投入能力上弱于全国平均水平，在为国内产业提供中间产品的能力上强于全国平均水平。基于影响力与感应度选择广州优势产业，遵循两个标准：一是感应度系数大于 1 且大于全国平均值；二是影响力系数和感应度系数的平均值大于全国平均值。由此，有 19 个产业部门入选广州优势产业，包括农业、12 个优势制造业部门和 6 个优势服务业部门（见表 7 - 2）。按影响力系数和感应度系数平均值的大小，12 个优势制造业部门分别是石油加工业、石油和天然气开采业、通信设备/电子计算机制造业、造纸/印刷及文化用品/玩具制造业、金属制品业、橡胶与塑料制品业、专用化学产品制造业、电机及家电制造业、食品加工业、汽车制造业、纺织业和废品废料业；6 个优势服务业部门分别为金融保险业、商业、交通运输及仓储业、住宿和餐饮业、邮政与信息服务业、房地产业等。

表 7 - 2 基于区域产业影响力与感应度的广州优势产业（2007 年）

序号	产业划分 *		China IRIO 产业部门		产业影响力和感应度系数平均值	
			编号	部门名称	广东省（广州市）	30 省区平均
1	第一产业	农林牧渔业	1	农业	1.3529	1.1410
2	第二产业	采掘业	6	石油和天然气开采业	3.1953	1.4480
3		食品加工业	9	食品加工业	1.3257	1.0938
4		低技术产业	11	纺织业	1.1209	0.9654
5			14	造纸、印刷及文化用品、玩具制造业	2.4618	1.2325
6		资源性产业	15	石油加工业	3.6634	1.7311
7			19	专用化学产品制造业	1.8803	1.3584
8		中技术产业	23	橡胶和塑料制品业	2.0572	1.1434
9			27	金属制品业	2.2557	1.1454
10			32	汽车制造业	1.1803	0.9947
11			35	电机及家电制造业	1.4308	1.0199
12		高技术产业	36	通信设备、电子计算机制造业	3.1347	0.9816
13			40	废品废料业	1.0134	0.7356

续表

序号	产业划分*		China IRIO 产业部门		产业影响力和感应度系数平均值	
		编号	部门名称	广东省(广州市)	30省区平均
14	第三产业	交通运输业及仓储业	45	交通运输及仓储业	3.2434	2.1444
15		邮政与信息服务业	46	邮政与信息服务业	1.4705	0.9694
16		金融保险房地产业	47	金融业保险业	5.0735	1.6200
17		批发和零售贸易业	48	房地产业	1.4539	0.8461
18		住宿业和餐饮业	49	商业	3.8021	2.2246
19			50	住宿和餐饮业	1.4897	1.1493
55 个产业平均值					1.2144	

*产业划分采用李善同等编《2002 年中国地区扩展投入产出表：编制与应用》（经济科学出版社，2010）中的分类方法。

（三）基于产业规模和产业关联的广州主导产业

经过交叉分析，共有 8 个制造业部门和 6 个服务业部门同时具备规模优势和产业关联优势（见表 7-3）。考虑到在投入产出表中没有将租赁和商务服务业单独列出，而会展业被归为租赁和商务服务业，会展业是广州有重要影响力的产业部门，所以将租赁和商务服务业视为具有高较产业关联度的产业部门是合理的。由此，最终将 8 个优势制造业部门和 7 个优势服务业部门确定为现阶段广州主导产业。广州8 个制造业主导产业部门分别是：食品制造业、纺织服装及鞋帽制造业、印刷业/记录媒介的复制业、石油加工及炼焦业、化学原料及化学制品制造业、橡胶和塑料制品业、交通运输设备制造业和通信设备/计算机及其他电子设备制造业；7 个服务业主导产业部门分别是：交通运输/仓储和邮政业、信息传输/计算机服务和软件业、批发和零售业、住宿和餐饮业、金融业、房地产业、租赁和商务服务业（见表7-4）。

表 7-3　基于产业规模和产业关联的广州优势产业交叉情况（2011 年）

序号	产业部门		区位商	在广东省所占份额	产业影响力和感应度系数平均值
1	第一产业	农业			√
1	第二产业	石油和天然气开采业			√
2		食品制造业	√	√	√
3		饮料制造业	√	√	
4		烟草制品业	√	√	
5		纺织服装及鞋帽制造业	√	√	√
6		皮革、毛皮、羽毛(绒)及其制品业	√	√	
7		家具制造业	√	√	
8		印刷业、记录媒介的复制业	√	√	√
9		文教体育用品制造业	√	√	
10		石油加工及炼焦业	√	√	√
11		化学原料及化学制品制造业	√	√	√
12		橡胶和塑料制品业	√	√	√
13		金属制品业			√
14		交通运输设备制造业	√	√	
15		电机及家电制造业			√
16		通信设备、计算机及其他电子设备制造业	√	√	√
17		仪器仪表及文化、办公机械制造业	√	√	
18		废品废料			√
1	第三产业	交通运输、仓储和邮政业	√	√	√
2		信息传输、计算机服务和软件业	√	√	√
3		批发和零售业	√	√	√
4		住宿和餐饮业	√	√	
5		金融业	√	√	√
6		房地产业	√	√	√
7		租赁和商务服务业	√	√	
8		科学研究、技术服务和地质勘查业	√	√	
9		教育	√	√	
10		卫生、社会保障和社会福利业	√	√	
11		文化、体育和娱乐业	√	√	

表 7 - 4　基于产业规模和产业关联的广州主导产业（2011 年）

序号	产业部门	区位商	在广东省所占份额	产业影响力和感应度系数平均值	
1	第二产业	食品制造业	√	√	√
2		纺织服装及鞋帽制造业	√	√	√
3		印刷业、记录媒介的复制业	√	√	√
4		石油加工及炼焦业	√	√	√
5		化学原料及化学制品制造业	√	√	√
6		橡胶和塑料制品业	√	√	√
7		交通运输设备制造业	√	√	√
8		通信设备、计算机及其他电子设备制造业	√	√	√
1	第三产业	交通运输、仓储和邮政业	√	√	√
2		信息传输、计算机服务和软件业	√	√	√
3		批发和零售业	√	√	√
4		住宿和餐饮业	√	√	√
5		金融业	√	√	√
6		房地产业	√	√	√
7		租赁和商务服务业	√	√	

代丹丹和周春山（2012）对广州工业主导产业和服务业主导产业的变化进行了研究，可以与本研究所确定的广州主导产业进行相互印证。其主要做法是选择地域分工、劳动力就业、经济规模、比较优势和经济效益五个因素，采用主成分分析法，将区位商、劳动就业率、产值规模、产业贡献率、固定资产产出率、资金利税率和销售利润率七个指标量化，得出因子权重，根据综合得分确定主导产业。2010 年，广州综合得分排名前五的工业行业分别为：交通运输设备制造业（3.26）、烟草制品业（1.2）、化学原料及化学制品制造业（1.12）、电子及通信设备制造业（0.69）和石油加工及炼焦业（0.62），综合得分排名前五的服务业行业分别为：批发和零售业（1.13）、交通运输/仓储和邮政业（1.07）、租赁和商务服务业（0.91）、房地产业（0.55）和水利/环境和公共设施管理业（0.23）。

三 广州主导产业与战略性主导产业的关联

近年来，在产业转型升级和新型城市化的背景下，广州提出了战略性主导产业的构想，并不断充实和调整。2010 年 9 月，在制定"十二五"规划时，广州提出了发展"汽车制造、石油化工、信息产业、重大装备、商贸会展、现代物流、金融保险、文化创意、生物医药和新材料"等十大核心产业的思想，代表着广州占据现代产业制高点的愿望。

此后，广州市发展和改革委员会在《广州市战略性主导产业选择的研究报告》（2011 年 5 月）中，提出将"高端装备、高端服务（包括特色金融、软件和信息服务、专业服务、现代物流和商贸会展）、文化创意、新一代信息技术、生物医药、新材料、海洋产业、健康产业、新能源汽车、新能源与节能环保"等十大产业作为广州市"十二五"期间重点发展的战略性主导产业的建议。该报告认为，从产业属性上看，十大产业既包括工业领域"十五"以来发展势头良好、集中度较高的中高级乘用车、先进工程机械、输变电设备、轨道交通、数控等高端装备制造业，也包括服务业领域具有较强竞争力的金融保险、软件和信息服务、现代物流、商贸会展等高端服务业，还包括海洋产业、健康产业等极具发展潜力的新兴产业形态；从发展属性上看，十大产业既包括现有发展实力较强、规模较大的高端装备、高端服务、文化创意等支柱产业，也包括有较好发展基础、较强品牌效应的新一代信息技术、生物医药、新材料、海洋产业等战略性产业，还包括市场前景良好、有可能形成竞争优势的健康产业、新能源汽车和新能源与节能环保产业；从区域属性上看，十大产业构想充分考虑了广州未来重点发展区域及新的增长极，如高端服务、文化创意、生物医药、健康产业等产业主要以中新广州知识城、广州国际健康城为载体，高端装备、海洋产业、新材料、新能源汽车、新能源与节能环保等产业主要以南沙新区为载体，新一代信息技术、高端服务等产业主要以天河智慧城、琶洲地区为载体，充分体现了产业布局的前瞻性和协调性；从功能属性上看，十大产业既包括高端装备等产业链条长、产业带动力强的产业，也包括有利于打造国际商贸中心、世界文化名城以及国际航运中心、区域金融中心的高端服务、文化创意、海洋产业等产业，以及有利于建设广州国家创新型城市的新一代信息技术、生物医药、新材料、健康产业、新能源汽车、新能源与节能环保等战略性新兴产业。

2011 年 12 月，中国共产党广州市第十次代表大会提出未来五年实现"战略性基础设施、战略性主导产业和战略性发展平台"建设的重大突破，为此必须突出发展重点、集中优势力量，大力发展 15 类（9＋6）重大战略性主导产业，整体提升产业核心竞争力，增强发展后劲。"9＋6"战略性主导产业包括"商贸会展、金融保险、现代物流、文化旅游、商务与科技服务、汽车制造、精细化工、电子产品、重大装备"等 9 类有规模、已发挥重要支撑作用的现有优势产业，以及"新一代信息技术、生物与健康产业、新材料与高端制造、时尚创意、新能源与节能环保、新能源汽车"等 6 类有潜力、引领未来发展的产业。与原十大核心产业相比，9 类优势产业将原来的产业顺序做了调整，把服务业放在制造业前面；6 类战略性新兴产业把原十大核心产业的两个增加为 6 个并单列出来，这预示广州将加大高新产业的发展分量，也体现了广州走经济低碳、城市智慧、社会文明、生态优美、城乡一体、生活幸福的新型城市化发展道路的要求。

"9＋6"战略性主导产业与本研究确定的广州主导产业有很大的关联性，一些战略性主导产业同时与多个主导产业部门相关，既可包括制造业部门，又可包括服务业部门，如商贸会展与租赁和商务服务业、批发和零售业、住宿和餐饮业等服务业主导产业部门相关；文化旅游与住宿和餐饮业、印刷业/记录媒介的复制业等主导产业部门相关；新一代信息技术与信息传输/计算机服务和软件业、通信设备/计算机及其他电子设备制造业等主导产业部门相关（见表 7－5），等等。

表 7－5　广州战略性主导产业与主导产业部门的大致对应关系

序号	广州战略性主导产业		对应的广州主导产业部门
1	现有优势产业	商贸会展	租赁和商务服务业、批发和零售业、住宿和餐饮业等
2		金融保险	金融业
3		现代物流	交通运输/仓储和邮政业
4		文化旅游	住宿和餐饮业、印刷业/记录媒介的复制业等
5		商务与科技服务	租赁和商务服务业
6		汽车制造	交通运输设备制造业
7		精细化工	石油加工及炼焦业、化学原料及化学制品制造业等
8		电子产品	通信设备/计算机及其他电子设备制造业
9		重大装备	

续表

序号	广州战略性主导产业		对应的广州主导产业部门
1	战略性 新兴产业	新一代信息技术	信息传输/计算机服务和软件业、通信设备/计算机及其他电子设备制造业等
2		生物与健康产业	食品制造业等
3		新材料	橡胶和塑料制品业、纺织服装及鞋帽制造业等
4		节能环保	
5		新能源汽车	交通运输设备制造业
6		新能源	

　　2013 年 11 月 25 日，广州市委常委会审议并通过了《广州市加快推进十大重点产业发展行动方案》（以下简称《行动方案》），围绕加快发展促转型的中心任务，将"汽车、精细化工、重大装备、新一代信息技术、生物与健康、新材料、新能源与节能环保、商贸会展、金融保险和现代物流等"十大重点产业，确定为广州未来一段时期的产业发展主攻方向，提出到 2016 年十大产业实现增加值超过 1 万亿元，打造一批千亿级产业集群、百亿级龙头领军企业和中小微优势企业的发展目标。十大重点产业包括三大先进制造业（汽车、精细化工、重大装备）、四大战略性新兴产业（新一代信息技术、生物与健康、新材料、新能源与节能环保）和三大现代服务业（商贸会展、金融保险、现代物流）。广州十大重点产业是按照"总量大、速度快、潜力大、质量优"的原则，通过横向比较产业集群优势、纵向比较产业链条延伸最终确定的。在十大重点产业中，三大先进制造业产业总量大、产业集聚度高，2012 年三者总产值占全市工业总产值的比重超 50%，产业规模近 1 万亿元；四大战略性新兴产业发展潜力大、市场前景广阔，2012 年四者产业增长 15.4%，高出全市 GDP 增速近 5 个百分点，引领示范效益十分明显；三大现代服务业增加值大、经济效益好，2012 年三者增加值占全市现代服务业增加值比重接近 80%，服务业高端化趋势明显①。

　　对照广州十大重点产业"343"布局和"9 + 6"战略性主导产业设想，可以将十大重点产业看作广州"9 + 6"战略性主导产业的"浓缩版"或"精华版"，十大重点产业同样与本研究所确定的广州主导产业部门有

---

① 见《南方日报》2013 年 11 月 26 日第 GC01 版《广州观察》。

很大的关联性（见表 7-6）。

《行动方案》明确，到 2016 年，总投资超 2100 亿元的 104 个重点建设项目基本实现投达产，57 个重点产业园区、总孵化面积超 400 万平方米的 60 个科技企业孵化器全面建成，表明广州加快产业转型升级有了新的具体路线图。《行动方案》还提出了"以点促线、以线带面"，形成以重点项目带动产业链发展、以完善产业链带动产业集聚区建设的产业发展格局，并从建立协调机制、组建招商团队、优化政策环境、优化政务服务环境、优化企业创新环境、优化投融资环境、加强高端人才引进和培养、实行用地专项保障、提高资金使用效率等 9 个方面入手，确保任务能如期完成。显然，广州将十大重点产业作为未来一个时期战略性主导产业的意图已经十分明确。

表 7-6　广州十大重点产业与主导产业部门的大致对应关系

序号	广州十大重点产业		对应的广州主导产业部门
1	先进制造业	汽车制造	交通运输设备制造业
2		精细化工	石油加工及炼焦业、化学原料及化学制品制造业等
3		重大装备	
1	战略性新兴产业	新一代信息技术	信息传输/计算机服务和软件业、通信设备/计算机及其他电子设备制造业等
2		生物与健康产业	食品制造业等
3		新材料	橡胶和塑料制品业、纺织服装及鞋帽制造业等
4		新能源与节能环保	
1	现代服务业	商贸会展	租赁和商务服务业、批发和零售业、住宿和餐饮业等
2		金融保险	金融业
3		现代物流	交通运输/仓储和邮政业

第三节　提高广州战略性主导产业国际竞争力的措施

提高战略性主导产业的国际竞争力，是推动广州加速产业转型升级的迫切要求。广州战略性主导产业的发展，应根据不同产业的特征和发展规律，实施不同的发展策略，通过产业集聚化、融合化、高端化发展，推动产业转型升级。

一　广州发展先进制造业战略性主导产业的对策建议

根据《印发广州市先进制造业第十二个五年规划的通知》（穗府办〔2012〕22号），到2015年，广州将初步形成以自主创新为核心动力，结构高端、布局合理、环境友好、国内领先和国际一流的国家级先进制造业基地。具体目标包括广州先进制造业增加值占规模以上工业增加值比重达65%以上，实现全市工业增加值约5500亿元，占全市GDP比重约为31%；培育2个千亿元级、约20个百亿元级先进制造业企业，发挥龙头企业中心带动作用，促进产业集聚化发展；引导产业项目向重点工业园区和重点功能发展区集中；推动制造业低端环节逐步向城市周边转移；形成"三翼、六集群、四层"的空间布局；全社会研发经费占全市GDP的3%左右；国家重点实验室、国家工程中心、国家工程实验室和国家级企业技术中心等国家级技术创新平台共约50家；规模以上工业增加值能耗比2010年下降20%等。为了确保规划目标的实现，广州提出了加强科学规划引导、建设技术创新体系、培育龙头企业、扶持民营和中小企业、推进低碳发展、推动开放合作、加快产业转移、优化产业发展环境和做好组织实施等方面的政策措施。

在《广州市先进制造业第十二个五年规划》的基础上，广州先进制造业战略性主导产业的发展，应突出自主品牌建设，不断培育新增长点，推动制造业高端化发展；通过工业化与信息化融合，进一步提高产业规模，提升产业创新能力；加强产业协同发展，以广州先进制造业的发展带动珠三角整体工业水平提升。

（一）汽车产业

汽车产业是目前广州工业第一大支柱产业，产业链条完整。2012年，广州整车产量150万辆，其中轿车产量121万辆，占全国轿车产量的11%，连续多年位居全国第二位；示范推广各类新能源汽车2771辆，示范规模居全国前列；龙头企业广汽集团主营收入1500亿元，居全国同行业第六位。预计2016年全市汽车整车产量将达300万辆，实现产值约5000亿元，其中自主品牌整车年产能超过50万辆，新能源汽车综合生产能力达到15万辆。作为战略性主导产业，广州汽车产业应从以下几方面入手提高国际竞争力：

1. 坚持集群发展的策略，继续加快建设东、南、北部三大汽车产业集群。

2. 继续实施品牌、产品多元化战略，重点提升传统汽车产业自主发展水平，加快推进自主品牌轿车的研发、生产和产品品牌建设，进一步促进整车产业扩展和产品结构的优化调整。

3. 进一步加快汽车整车、零部件研发、生产和出口基地建设，积极推进汽车产业链延伸和向高端化发展，促进高端汽车零部件产品研发，扶持二、三级零部件配套产品的本地化发展和本地化配套能力，提升整车成本竞争力。

4. 加大力度支持汽车企业实施区域性兼并重组，扶持重点企业整车、零部件配套产业基地建设。

5. 努力促进与汽车相关的金融、租赁、文化、体育等产业的发展，不断拓展和完善汽车后市场产业链。

6. 依托新一轮试点，加快纯电动汽车、油电混合动力汽车等新能源汽车发展，力促新能源汽车示范推广和产业化。

(二) 精细化工产业

化工产业是目前广州工业第二大支柱产业，2012 年实现总产值占全市规模以上工业总产值的 15.75%。预计到 2016 年，精细化工及前后端产业链可实现总产值 3500 亿元。作为战略性主导产业，广州精细化工产业应从以下几方面入手提高国际竞争力：

1. 持续推动产业布局优化和结构升级，重点推进东部石油化工、新材料和精细化工产业基地等集群建设。

2. 积极发展新材料、节能等高技术产品，强化石化产品深加工产业，延伸现代石油化工产业链，大力发展橡胶制品业、有机化工原料及化学制品业、新材料化工和日用化工产品等精细化工产业。

3. 进一步提高精细化工产业集聚化发展水平，促进石化央企与地方互利共赢发展。

4. 加快打造黄埔石油化工产业园和广州开发区日用化工基地的步伐，重点做精炼油产业，做强精细化工产业。

（三）重大装备产业

根据《行动方案》，广州在输变电设备、楼宇装备、包装装备等领域的研发和生产能力已进入全国前三位，数控系统占国产数控市场份额的50%以上，中船龙穴造船公司单船生产能力居全国首位。2016年，重大装备产业预计实现总产值超过5000亿元。作为战略性主导产业，广州重大装备产业应从以下几方面入手提高国际竞争力：

1. 进一步优化和壮大传统装备产业规模，做大做强中船龙穴船舶和海洋工程装备制造产业园、大岗重大装备产业园、番禺和花都轨道交通装备产业园、数控和工业机器人产业园以及广州飞机维修产业基地等传统装备产业。

2. 加速推动高端制造业快速发展，积极打造轨道交通、智能制造、通用航空等高端制造业，使之尽快发展成为新型支柱产业；重点发展大功率机车及配套产业和城市轨道车辆维修组装，推动相关车辆配套系统生产的本地化。

3. 大力推进油气勘探开发、海水综合利用、海洋生物资源利用、海洋能源利用以及海上石油钻井平台、海洋工程辅助船舶等海洋工程装备制造，强化基础配套能力。

4. 积极发展以数字化、柔性化及系统集成技术为核心的工业机器人和数字控制系统、军事通信、货币自助等智能装备，推动柔性化和敏捷化制造设备和光机电一体化设备的发展。

二　广州发展战略性新兴主导产业的对策建议

根据《印发广州市战略性新兴产业发展规划的通知》（穗府办〔2012〕43号），广州战略性新兴产业的发展目标包括以下几点。产业规模不断壮大。到2015年，战略性新兴产业规模约7500亿元，增加值约2000亿元。产业结构更加优化。到2020年，战略性新兴产业的增加值占地区生产总值的比重力争超过20%。创新能力显著增强。为了确保规划目标的实现，广州提出了加强组织保障力度、加大财税金融扶持、积极培育市场需求、组织实施重大专项、强化土地供给支撑、深化人力资源保障、完善知识产权保护和促进开放交流合作等方面的政策措施。

广州战略性新兴产业的发展，应以产业基地建设和新业态扶持为重点，组织实施战略性新兴产业基地建设专项，推动人才、技术、资金等要素向战略性新兴产业基地集中；加快实施推动新业态发展的政策措施和认定办法，促进电子商务、健康服务等新业态快速发展壮大。同时应着力培育一批技术领先、竞争力强的龙头企业，带动整个产业发展壮大。

（一）新一代信息技术产业

在《广州市战略性新兴产业发展规划》中，新一代信息技术是重点提升的千亿元级新兴产业群之一，根据《行动方案》，2016 年广州该产业可实现增加值 640 亿元。广州新一代信息技术产业应从以下方面入手提高国际竞争力：

1. 坚持以自主创新和产业升级催生新产品、新应用，推动新一代信息技术集成化、融合化发展的策略，以高性能计算、信息技术服务外包、高端软件、网络通信服务、移动互联网、电子商务、行业应用、数字内容等特色优势领域和云计算、物联网、地理信息服务等新兴业态为战略突破口，凝聚产业资源，强化自主创新，着力提升产业核心竞争力，推动软件和信息服务业朝服务化、特色化、集群化、高端化方向发展。

2. 大力发展物联网芯片、传感器设备、通信模块、中间件、系统集成与应用的研发及产业化，推进物联网技术在城市智能交通等领域的应用。

3. 统筹宽带接入、新一代通信、下一代互联网、数字电视网络建设，为"数字家庭"的打造奠定基础。

4. 发展大尺寸薄膜晶体管液晶显示（TFT – LCD）面板及关键配套产业，推进有机发光二极管（OLED）材料与器件的技术研发及产业化、三维（3D）显示和激光显示等新型显示技术研发及产业化。

5. 发展 LED 外延材料和芯片规模化生产、大规模 LED 封装、LED 背光及照明应用，以及外延封装、测试装备和关键配套材料制造等。

6. 加速形成以新型显示、卫星应用、关键元器件、数字视听等为新优势的新一代信息制造产业链。

7. 努力打造设计、制造、信息内容、服务一体化的"数字家庭"产业链，推动信息技术与制造业、服务业全面融合，形成特色鲜明、优势突出、竞争力强的信息产业集群。

8. 积极推进广州科学城、中新知识城、天河软件园、黄花岗信息园等核心园区建设，推动广州超级计算中心等信息基础设施建成使用。

(二) 生物与健康产业

在《广州市战略性新兴产业发展规划》中，生物与健康是重点提升发展的另一个千亿元级新兴产业群之一，广州要发展成为组织结构完善、空间布局合理、产业规模显著、创新能力较强的具有国际水平的创新型国家生物产业研发中心和产业化重要基地。根据《行动方案》，预计 2016 年生物医药增加值可达 640 亿元。广州生物与健康产业应从以下几方面入手提高国际竞争力：

1. 重点发展新型预防性疫苗、治疗性疫苗、新型诊断试剂、治疗性和诊断性抗体、新型基因工程药物、新型海洋药物与生化药物、化学合成新药、中间体与制剂、再生医学材料。研究开发微创外科和介入治疗装备等新型医疗器械、医疗急救及移动式医疗装备、康复工程技术装置、新型医疗器械和生物材料的关键技术与核心部件，重点支持干细胞与再生医学关键技术和临床转化，构建生物与医学技术服务外包关键技术平台。

2. 重点培育发酵与酶工程新技术与产品、功能食品关键技术和产品、添加剂的生物制造技术和产品，不断扩大产业规模。

3. 构建以高产、优质、高效、生态新品种选育及产业化为主体的现代农业产业链，不断提高现代农业效益水平。

4. 培育发展基于基因工程的健康产业，大力推广健康管理、中医药养生保健服务、远程医疗服务、生物信息服务以及个性化诊疗技术服务，推动康复和护理服务社会化、专业化，构建多样化、个性化的健康保健服务体系。

5. 加强平台建设，加快打造广州国际生物岛、广药白云生物医药健康城、中新知识城生物产业基地，以中山大学附属医院群为依托建设广州健康医疗中心产业基地，重点完善生物医药产业链条，推进生物和临床医学产业化，打造创新药物及医疗器械产业化高地。

（三）新材料产业

根据《广州市战略性新兴产业发展规划》，广州将通过形成一批具有国际竞争力的新材料产业集群，并通过支持集聚区公共平台的建设，打造技术水平高、创新能力强、产业优势显著的新材料技术中心与生产基地。根据《行动方案》，预计到 2016 年广州可实现增加值 300 亿元。广州新材料产业应从以下几方面入手提高国际竞争力：

1. 重点发挥龙头企业示范带动性，集聚一批产业链配套的中小微优势企业，做精做强新材料产业。如依托新材料国家高技术产业基地和国家火炬计划新材料特色产业基地，发展壮大改性高分子材料，建设全国最大的改性塑料生产基地和碳纤维生产应用基地；做大做强高端金属材料、精细化工材料、新型电子材料等优势产业；积极培育新型光电信息材料、生物医用材料、新能源材料、环保节能建材等新材料产业等。

2. 加快以高性能 PAN 碳纤维、年产 10 万吨全生物降解塑料、通信级塑料光纤等为代表的重点项目建设，加快新材料产业布局，推动产业规模快速壮大。如以广州科学城、从化明珠产业基地等为重点，形成国内技术水平最高、规模最大的先进改性塑料产业基地；以广州民营科技园、白云化工新材料基地等为重点，创建具有国际水平、规模最大的日用化学品、胶黏剂、涂料等精细化学品产业基地等。

（四）新能源与节能环保产业

在《广州市战略性新兴产业发展规划》中，新能源与节能环保是培育突破的百亿级新兴产业群之一。根据《行动方案》，广州的新能源与节能环保产业在核电、生物质能发电装备（包括垃圾焚烧发电）、变频装备等制造领域有比较优势；在工业废水处理技术研发、设备成套、废水处理的成套技术等方面技术水平与服务能力处于国内先进水平，如广州东方重机核发电设备产能居全国第一，智光电气高压变频器居国产高压变频器市场占有率前三名，广日集团各种系列规格垃圾焚烧炉填补了国内超大处理规模的垃圾焚烧发电设备的技术空白等。全市新能源与节能环保产业预计 2016 年可实现增加值 400 亿元。广州新能源与节能环保产业应从以下几方面入手提高国际竞争力：

1. 积极发展节能技术装备制造产业，促进产业规模化发展。以发展风电和核电装备制造、提升发电机组主设备制造和通用设备成套供货能力为重点，加速形成以电气装备为主的风电、核电站辅助设备产业群；大力推进天然气分布式能源项目建设，在优化能源结构、促进节能减排、提高电网运行可靠性的同时，带动核心装备的国产化发展，形成配套产业链；加快培育发展太阳能光伏发电装备、生物质能及装备、地热能及装备，大力促进新能源技术和产品的推广应用；以政策机制驱动、技术创新引领、重点工程带动、服务模式创新为着力点，加快增城太阳能光伏产业园和从化新能源产业基地建设；依托东方电气集团、中广核集团等产业龙头企业，打造南沙核电装备产业园。

2. 加快建设适应新能源产业发展的智能电网及其运行体系，努力扩大产业化规模。

3. 鼓励开发和全面推广应用高效节能绿色电器、照明器具等新产品，大力发展建筑节能产业。

4. 推动水污染防治、大气污染防治、噪声污染防治、重金属污染防治、垃圾和危险废物处理处置等先进环保技术的开发与产业化，推进垃圾分类和资源综合利用。

5. 着力发展节能环保服务，开展合同能源管理示范试点，积极扶持节能咨询、评估、认证、监测、总承包等节能环保企业发展。

三　广州发展现代服务业战略性主导产业的对策建议

广州现代服务业战略性主导产业的发展，应以推动服务业转型升级为核心，在加快传统市场改造的同时，大力发展高端服务业。当前，应抓住"三旧"改造契机，以专业批发市场升级改造为核心推动商贸业转型升级，通过试点推进、分类指导、政策扶持，采取原地转型、关闭搬迁、业态转营和规划调整等方式推动各类专业批发市场转型升级；落实全面建设区域金融中心的决定，加快国际金融城、民间金融街、股权交易中心等重大平台建设，完善以汽车金融、科技金融、航运金融、消费金融等为重点的产业金融服务体系；加快企业总部的认定，加大力度，重点扶持一批企业进入中国企业500强和中国服务业企业500强；落实《广州市人民政府办公厅印发关于促进广州市服务业新业态发展若干措施的通知》（穗府办

〔2014〕7号）精神，积极推动电子商务服务业、互联网金融服务业和现代物流服务业等新业态的发展。

（一）商贸会展产业

根据《行动方案》，预计 2016 年商贸会展可实现增加值约 4000 亿元。广州商贸会展产业的发展，应积极发挥国家电子商务示范城市作用，加快推进广交会四期、国际商品展贸城等重大项目建设，重点强化"会展之都"功能，建设"购物天堂"和"网络商都"，打造具有全球影响力的"广州价格"，建设国内外贸易重要交易地、国际品牌重要集聚地和跨国商贸公司总部汇集地。作为战略性主导产业，广州商贸会展产业应从以下几方面入手提高国际竞争力：

1. 以构建"国际采购中心"为目标，通过加快园区型国际采购中心、交易平台型国际采购中心、会展型国际采购中心、电子商务型国际采购平台和分销型国际采购中心建设等措施，改造和升级广州批发业。

2. 以构建"购物天堂"为目标，通过发展高端零售业、差异化发展特色商业、打造一批特色商旅文化体验区、培育具有国际影响力的消费节庆品牌等措施，加快十大商圈建设和现代化购物中心的发展，提升零售业的规模和档次。

3. 以构建"会展之都"为目标，通过完善会展集聚区的功能配套和会展产业服务体系、实施"专业化、市场化、国际化、集团化、品牌化和信息化"战略、加强穗港澳会展业的合作，打造穗港澳黄金会展带等措施，做大做强会展业。

4. 以构建"网络商都"为目标，通过完善电子商务基础支撑体系、推动现代展贸市场嵌入式发展网上交易和配送"一站式"电子商务、鼓励零售企业构建网络营销渠道、鼓励第三方电子商务平台发展等措施，壮大商贸电子商务业。

5. 保护并弘扬老字号餐饮品牌，完善美食街区设施建设，提升"食在广州"的影响力。

6. 通过加速发展现代新型商贸业态，推动国际商贸中心商业模式创新，提高国际商贸中心的国际化水平，重构广州商圈，提升广州商业的世界影响力等措施创新发展、不断提升广州国际商贸中心的国际化水平和世界影响力。

（二）金融保险产业

根据《行动方案》，广州金融保险业近年来发展迅速，资金实力和保费收入多年居全国第三位。拥有广州民间金融街、广州国际金融中心、广州股权交易中心、广州碳排放权交易所等重要载体，各类金融机构及代表处215家、各类金融机构网点近3000家，聚集了广发银行、广发证券等一批综合实力居全国同行业前列的金融机构，2012年，金融业增加值达971亿元，占GDP比重达7.17%，成为重要的支柱产业，预计2016年金融业增加值可达到1800亿元。广州金融保险业的发展，应重点加强产融互动，完善金融服务体系，加快推动企业上市，大力发展股权投资市场和债券市场，推动金融保险产品、互联网金融创新。作为战略性主导产业，广州金融保险产业应从以下几方面入手提高国际竞争力：

1. 以人民币国际化为契机，以完善金融市场体系为主攻方向，加快推进珠江新城—员村金融商务区和广州金融创新服务区建成金融总部基地和金融创新基地的步伐，不断提高金融创新和综合服务能力，加快建设区域金融中心。

2. 充分发挥跨境人民币结算试点城市的优势，积极开展相关金融业务创新，使广州成为推动人民币国际化的重要支点。

3. 大力拓展货币市场功能，构建银团贷款和票据业务中心，加快发展外汇交易市场，强化广州资金集散中心地位。

4. 充分利用多层次资本市场，积极发展投资银行业和融资租赁业，加速推动企业上市，壮大证券市场"广州板块"；大力发展产权交易市场、股权投资市场、柜台交易市场和期货交易市场。

5. 大力培育和发展财富管理机构，打造区域财富管理中心和股权投资中心。

6. 创新发展保险市场，拓展保险风险补偿、资金融通和社会管理功能。

7. 支持金融机构做大做强，开展综合性多元化经营。

8. 加强产融互动，重点发展物流航运金融、商务会展金融、科技金融和绿色金融等。

（三）现代物流产业

广州现代物流产业建设的总体目标是建成功能健全的物流信息平台和物流运输平台两大平台，南沙物流园区、黄埔物流园区、国际空港物流园区等三大国际性枢纽型物流园区，芳村（综合）物流园区、白云（综合）物流园区、增城（综合）物流园区、番禺（综合）物流园区和花都（综合）物流园区等五大区域性综合型物流园区，以及一批市域性专业型物流中心及配送中心。根据《行动方案》，2012年广州物流业增加值1020亿元，占GDP比重7.53%，预计2016年增加值可达到1500亿元。广州现代物流产业应重点加快发展口岸物流、产业物流和城市配送物流，提升物流业信息化水平，建设国际现代物流中心。作为战略性主导产业，广州现代物流产业应从以下几方面入手提高国际竞争力：

1. 围绕两大平台、三大国际性枢纽型物流园区、五大区域性综合型物流园区和一批市域性专业型物流配送中心建设目标，更加有效地配置与整合社会资源，加速打造流通领域现代物流业全国示范城市。

2. 充分发挥南沙保税港区、白云机场综合保税区功能，以空港、南沙、黄埔、广州保税区等国际物流园为重点建设区，加快构建口岸物流体系。

3. 以汽车、石化、电子、装备、钢铁、医药、粮食等产业物流园区为重点，构建以第三方物流为标志的产业物流体系，全力推进产业基地和物流基地协同发展。

4. 通过实施城市配送物流示范工程，加速建设绿色、高效、便捷的城市配送物流体系。

5. 依托重大交通枢纽，以大型物流基地和企业为龙头，通过构建口岸物流、产业物流、城市配送物流协调发展的现代物流体系，加快推动亚洲物流中心的建设步伐。

第八章 论金融中心

经济是金融的基础，金融是经济的重要组成部分，又是现代经济的核心。金融中心作为中心城市经济发展的必然结果，越来越成为衡量一个国家和地区对外开放程度和经济实力的重要标志。纵观国际诸中心城市金融中心的形成、发展和演变过程，尽管各不相同，但都有一个共同点，那就是全力扶持以金融为核心的现代服务业。广州要建设国际商贸中心乃至国际中心城市，不仅要以区域金融中心为依托，更要发挥区域金融中心的资金融通和集散枢纽的作用，通过"集聚效应"、"扩散效应"和"溢出效应"，在辐射区域内优化配置金融资源，以促进区域的金融创新发展，全面提升中心城市的核心竞争力。

第一节 国际及区域金融中心的主要理论

一 国内外有关金融中心研究的现状

关于金融中心形成与发展的动因的研究。金德尔伯格（Kindleberger，1974）[①]从比较经济史的角度提出，由于集聚效应导致金融机构在金融中心集聚，这种效应主要体现在跨地区支付效率的提高和金融资源跨地区配

---

① Kindleberger, Charles P., *The Formation of Financial Centers: A Study in Comparatives Economic History*, Princeton: Princeton University Press, 1974.

置效率的提高。帕克（Y. S. Park，1982）[1] 将区域经济学中的区位理论应用于对国际银行业的发展和国际金融中心的成因的分析，对区位理论在集聚经济效应方面进行了扩充性说明，强调在影响国际金融中心形成的诸多因素中区位优势所带来的集聚经济效应。以克鲁格曼（P. Krugman，2001）[2] 为代表的新经济地理学派认为金融中心像其他产业集群一样，是凝聚力和离心力相互作用的结果。

关于金融中心形成和发展的决定因素的研究。格尔德尔伯格等（Goldberg，Helsley，Levi，1988）[3] 指出经济发展水平、国际贸易水平金融活动的广度和金融制度的健全程度是影响金融中心形成的重要因素。韩国学者崔等（Choi, Tschoegl, Yu）[4] 在 1986 年、1996 年和 2002 年的三次研究中，通过对全世界 14 个金融中心的实证分析，发现城市吸引力主要有以下因素决定：城市地区经济规模与经济活动，已有的银行总数、股票市场规模大小和交易头寸、与其他国家的双边贸易关系、对外直接投资等。

当前国内外关于金融中心的资料和文献大多是关于国际金融中心的形成、发展和定位研究。对于区域性金融中心的研究尚处于初始阶段，尤其在我国相关的研究大部分集中在特定城市构建金融中心的可行性分析上，对区域性金融中心构建的理论研究缺乏系统性和完整性。

我国关于金融中心的研究起步相对较晚，大多是在借鉴国外关于金融中心研究理论的基础上，对我国区域性金融中心形成的条件、定位与划分、政策等问题进行研究。

黄运成、杨再斌（2003）[5] 归纳了国际金融中心存在与发展的基础条件：便利的交通与发达的基础设施、较高的经济发展水平、完善的金融市场结构、金融机构大量的集聚、宽松而严格的法律体系、稳定的政治形势。

---

[1] Park, Yoon Shik, "The Economics of Offshore Financial Center", *Columbia Journal of World Business*, 1982, Vol. 31.

[2] 保罗·克鲁格曼：《国际贸易新理论》，黄胜强译，中国社会出版社，2001，第 50~90 页。

[3] Goldberg, Michael A., Helsley, Robert W. and Levi, Maurice D., "On the Development of International Financial Centers", *Annals of Regional Science*, February, 1988, Vol. 22, 81-94.

[4] Choi, S. R., Park, D. and Tschoegl, A. E., "Banks and the World's Major Banking Centers", 2000, *Weltwirtschaftliches Archiv*, 2002, Vol. 132, 1-31.

[5] 黄运成、杨再斌：《关于上海建设国际金融中心的基本设想》，《管理世界》2003 年第 11 期。

冯德连、葛文静（2004）[①]在考察了全球国际金融中心的演变过程后，提出了国际金融中心成长机制的"轮式模型"。模型认为国际金融中心成长的动力主要有两种拉力：科学技术、经济发展；三种推力：供给因素、历史因素、城市因素；维护金融中心稳定发展的地方政府公共政策的作用力。

王力（2007）[②]讨论了发展区域性金融中心的必要性、区域性金融中心与区域经济发展的关系，分析了我国各区域性金融中心建立的客观基础，提出了评价金融中心的指标体系，并探讨了如何建立和发展我国的区域性金融中心。

二 金融资源的集聚和辐射理论

在众多对金融中心研究的理论中，基础和载体是金融资源。金融资源主要包括资本、金融机构、金融人力资源、金融信息、金融产品等构成金融业发展的各种要素。金融资源的配置成为经济资源动员、分配与使用的媒介与手段。物质资源和人力资源的支配是通过对货币与货币资本的分配实现的，各种资源的动员都必须靠货币或货币资本去推动。金融资源的具体形式多种多样，而且随着金融市场和金融创新的发展，金融资源的集聚也在不断推陈出新。

1. 金融资源的层次划分和特征

金融资源可以划分为三个紧密相关的层次：第一个层次是基础性核心金融资源，即广义的货币资金，包括不同广度定义的货币，如 M0、M1、M2 等，是最基本的层次；第二个层次是实体性中间金融资源，包括金融组织体系和金融工具体系两大类，以及与这两个体系有关的规则制度、金融意识和专门人才等，是实现金融各种功能的手段；第三个层次是整体功能型高层金融资源，是金融资源的最高层次，指货币资本的借贷、运动以及金融组织体系、金融工具体系与现存经济发展的各组成部分之间的相互作用和相互影响。三个层次的金融资源紧密联系，缺一不可，共同体现如下特性。

---

① 冯德连、葛文静：《国际金融中心成长机制新说：轮式模型》，《财贸研究》2004 年第 1 期。

② 王力：《中国区域性金融中心研究》，中国金融出版社，2007。

一是稀缺性。第一层次的金融资源是国民财富的货币化形式，是最基础型的金融资源，由这种有限的基础性金融资源衍生出来的金融工具和金融产品也是有限和稀缺的，这就决定了从事金融活动的金融机构和金融人才的有限性和稀缺性。

二是可扩张性。金融资源，特别是货币资金这一核心金融资源，表示的是一定时期的价值积累和凝结，是对其他各种资源，特别是自然资源的索取权、支配权和拥有权。这同其他资源，特别是自然资源有根本的不同，因此才有可能形成巨额的资本国际流动。

三是高流动性。与自然资源和其他资源相比，金融资源具有跨地区、跨国别的极高流动性，且越来越具有国际化的趋势和特点。需要强调的是，在高流动性的影响下，金融信号具有高速扩张性，同时易于带来金融风险渐进积累的隐蔽性和金融危机爆发的突然性，这不仅对金融的可持续发展，而且会对整个社会实体经济的发展造成极大的破坏。

四是脆弱性[①]。脆弱性是金融资源最根本的特性，也是金融资源不同于其他经济资源的一个显著特征。目前，较为普遍的理论观点认为，金融资源脆弱性的根源在于金融行业负债经营的特点，在追逐利润最大化的过程中，金融机构很可能冒险投机，形成过高资产负债率的局面；如果是普遍现象，就可能造成信用脆弱乃至崩溃的连锁反应，引发金融危机。

五是配置性。金融是一种特殊的资源，在经济资源系统中处于核心地位，金融资源的配置对其他资源的配置有支配作用。金融是现代经济的核心，这实质上就是对金融作用的高度概括和浓缩，表明了金融与经济相互渗透融合，二者密不可分。金融在经济发展的进程中逐步渗透于和辐射经济和社会的各个方面，具体表现为金融资产快于实物资产增长和经济关系日益金融关系化，这一切决定了金融资源在经济资源系统中的核心地位正在强化。

2. 金融集聚理论

金融集聚是指金融产品、工具、机构、制度、法规、政策文化在一定地域空间上的集中。金融集聚包括金融资源、金融系统在结构、功能、规模、等级上有序的时空演变进程，又涵盖了金融资源与地域地理环境、人

---

① 蔡才河、杨涤：《金融资源的特性研究》，《浙江金融》2003 年第 2 期。

文环境及其他产业相互融合、相互影响、相互促进的过程。金融集聚的原因包括：产业集聚为金融产业成长提供了承载空间；产业集聚需要金融产业集聚满足其资本需求；劳动力共享市场的形成、知识和技术外溢是金融集聚的重要原因；信息不对称与默示信息进一步促成了金融集聚的形成；大量同类金融企业的空间集中无疑又极大地刺激了金融企业的不断创新。

因此，金融产业集聚具有以下特征。一是空间集聚型。即金融企业在空间上高度集中，呈现彼此相邻的状态，这是金融产业集聚的基本特征。二是网络性。金融产业集聚的本质特征在于集聚区内金融企业间、金融企业与相关机构间通过交流与合作，建立了紧密的上下游及同业间的网络联系。三是根植性。又称为本地化，指金融机构扎根于本地的性质。它是金融产业竞争优势的源泉，也是金融业赖以生存和发展的基础，体现了金融产业集聚对特定区域环境的依赖关系。四是开放性。金融产业集聚并不是孤立的，它常常依赖于外部资源、市场、信息和技术。特别是区域内不能满足其业务要求时，金融机构会在区外寻求更多的合作伙伴，扩大外部的创新网络。

3. 金融辐射理论

金融辐射是指金融发展水平相对较高地区与金融发展较落后的地区之间进行资本、人才、技术、市场等要素的流动和转移，从而进一步提高金融资源配置的效率，促进落后地区经济金融发展。金融辐射的方式主要有点辐射、线辐射和面辐射[1]。

一是点辐射。点辐射一般以大中城市为中心向周边地区推广，逐步辐射到较远地区。从静态角度看，中心城市的经济和金融发展水平相对较高，资本、技术、人才相对充分，但客户和劳动力比较缺乏。而周边落后地区客户资源和劳动力相对充裕，但资本积累和技术进步的速度则比较缓慢。中心城市和周边地区如果实现优势互补，则可以加快以中心城市为核心的经济和金融的发展。

二是线辐射。线辐射一般以铁路干线、公路干线、河流和沿海城市带为辐射的带状源，向两翼地区或上下游地区推开，形成辐射干线。在辐射干线上，最大的特点是上下游之间交通方便，人员流动频繁，金融交易中

---

① 刘红：《金融集聚对区域经济的增长效应和辐射效应研究》，《上海金融》2008 年第 6 期。

的交易成本比较低，金融资源周转快，信息也相对更加畅通，因此辐射的效率更高。于是，辐射干线上金融发展水平较高的城市在向两翼辐射的同时必然会更加容易向上下游之间辐射。世界各国的经济金融发展进程表明，主干流域的下游经济金融发展水平通常比上游高。例如珠三角地区的经济金融发展水平就比上游的西南地区发展水平高。线辐射不同于点辐射的重要特点是，线辐射不仅包括辐射干线向两翼的辐射，而且还包括辐射干线上下游之间的辐射。这样，上下游的纵向线辐射和向两翼的垂直线辐射就同时向两个方向张开，因此形成了一个有效的线辐射体系，辐射的范围比点辐射宽广，辐射的程度比点辐射大，因此应该高度重视线辐射的作用。

三是面辐射。点辐射和线辐射大大加快了辐射区域金融的发展，其结果就会形成以中心城市为核心的金融发展水平较高的区域。例如，中国改革开放以来逐步形成珠江三角洲、长江三角洲、环渤海经济区等金融发展水平相对较高的地区。这些地区的中心城市和小城市连成一片，形成了具有较强辐射能力的辐射源，并进一步和周边落后地区进行相互辐射。例如，广东省与福建省、江西省、湖南省、海南省以及广西壮族自治区之间的辐射可以被看成面与面、面与点、面与线之间的辐射，这样的辐射就是面辐射。

三　金融发展与区域经济增长

金融业发展与经济增长存在因果关系。国外经济学家关于金融发展对经济增长的研究由来已久，理论派别众多，因篇幅所限，此节仅对最具影响力的美国经济学家罗纳德·麦金农（Ronald McKinnon）和爱德华·肖（Edward Shaw）的金融深化论做简要介绍。

1. 金融发展与区域经济增长的理论

麦金农和肖提出的金融深化论，是现代经济金融发展理论的开端，在西方货币经济理论界引起强烈反响。其模型的核心问题是利率压制问题，他们认为发展中国家正确的金融改革途径应该是放松对各类金融机构的管制，实行金融自由化，形成均衡的市场利率，从而提高储蓄率和投资率，进而促进经济发展。

麦金农和肖认为金融体制与经济是一种相互制约、相互发展的关系。

当政府过分干预金融，人为压低利率和汇率，造成金融与经济之间存在一种恶性循环状态时，就成为金融抑制。在政府放弃对金融的过分管制，允许市场机制特别是利率机制自由运行的前提下，完善的金融体系和活跃的金融市场能够充分有效地把社会闲置资金转化为生产性投资，并通过市场机制引导资金流向高收益部门和地区，从而促进经济发展，由此形成经济与金融相互促进的良性循环，这就成为金融深化。

2. 金融发展促进区域经济增长的路径

金融发展是通过作用于经济增长的决定因素而影响经济发展的。资本短缺曾被看作加速经济发展的最主要障碍。著名的"哈罗德-多马经济增长模型"、纳尔逊的"低水平均衡陷阱"理论等都是强调资本形成对经济增长的重要性，而金融发展对区域经济增长的路径主要表现为对资本形成的影响，主要体现在以下方面。

一是金融发展有助于改善资本的配置效率。金融系统能将资金配置到资本边际收益最高的项目上，从而提高资本的生产率，进而促进经济增长。

二是金融发展有助于提高储蓄向投资转化的效率。金融发展通过减少金融系统的交易费用和强化金融中介的专业化效应等提高储蓄向投资转化的效率，这反过来又促进了投资和经济增长。

三是金融发展有助于提高储蓄率。金融发展通过在以下四个方面产生影响来改变储蓄率：异质型风险、收益率风险、利率和流动性约束。保险和金融市场能减少诸如禀赋和流动性风险等异质型风险，从而可以减少家庭的谨慎储蓄动机，增加储蓄，促进经济增长。

第二节　金融中心的功能作用、形成模式和国际比较

一　金融中心的功能作用

较早系统研究金融中心的应当是美国麻省理工学院教授金德尔伯格（Kindleberger，1974），他从功能的角度定义了金融中心，认为金融中心是一个银行和高度专业的金融中介大量聚集的中心区。后来的国内外学者在此基础上进行了补充和发展，在综合现有金融中心的概念和界定，结合

本章以区域性金融中心为重点研究方向的基础上，我们认为金融中心是指金融业高度发达、金融机构集聚、金融服务功能齐全且对外辐射能力强的城市或地区。

金融中心的功能和作用就是金融本身的功能和作用在水平上的提升和影响区域上的扩散，主要可以归纳为以下几个方面。

一是基础功能是服务功能和中介功能①。服务功能主要指金融为整个经济运行所提供的便利，包括为实体经济活动提供统一的度量标准、交易便利、汇兑结算等服务，是金融最基础的功能。中介功能是指金融作为中介机构实现的简单的资金融通，即在资金赤字单位和盈余单位之间进行调节，从而提高资源配置效率。

二是核心功能是筹资和投资功能。金融通过筹资与投资完成社会资源的分配，同时也为中央银行等政府部门进行宏观经济调控提供了切入点。从更广泛的意义上说，宏观调控部门进行社会资金余缺的调控、利率高低的控制也是筹资与投资功能的体现。

三是衍生功能是信息揭示以及便利交换等功能。信息成本的存在是促使金融中介出现的一个重要原因，金融发展本质上是其金融体系整体效率不断提高的过程，金融体系效率的提高不断推动市场交易成本和信息成本的下降，持续性地提高专业化程度和交换的便利程度。

二　金融中心的形成条件及模式

金融中心的发展是诸多因素共同作用的结果，需一系列的政治、经济和社会条件的共同作用，并且要经过若干年的建设和各种因素的聚合，才可以形成。

1. 金融中心形成应具备的条件

明洪盛（2005）② 认为金融中心形成的条件主要包括以下几个方面。

一是大量集聚的金融机构。历史上，金融中心很多是以大的都会城市为依托的，而大的都市都是从港口演变而来。因为最初的金融中心主要功能是为贸易融资。早在1994年2月，伦敦就拥有520家外国银行和173家

---

① 白钦先、谭庆华：《论金融功能演进与金融发展》，《金融研究》2006年第7期。
② 明洪盛：《对建立金融中心基本条件的分析和探讨》，《湖北教育学院院报》2005年第6期。

外国金融机构，全球最大的200家银行就有190家在伦敦设有分支机构。中国香港在2003年4月拥有本地银行53家、外国银行126家、保险公司191家、证券机构639家。新加坡在2001年12月就拥有本国银行8家、外国银行125家、保险公司151家、证券机构81家。作为国内金融中心的上海，在2003年5月也拥有国内银行22家、外资银行54家、保险公司22家、证券机构19家。金融机构的集聚产生成本和信息共享等诸多优势。

二是发达的金融市场。从当今世界的主要国际金融中心看，除了记账式的国际金融中心外，其余国际金融中心都有发达的金融市场，体现在市场体系完善、交易品种繁多、金融创新层出不穷、交易量大、管理制度严格和政策环境宽松等方面。

三是强大的经济基础。金融中心的建设应以强大的经济基础作为支撑，只有经济发展了，才能从根本上推动金融中心的成长。经济的发展意味着贸易和投资的增长、生产规模的扩大，进而产生对资金的需求；同时，经济的增长会带来收入的增加和储蓄的增长，进而产生对资金的攻击，巨大的资金供给和需求以及便利的金融融通渠道促使金融中心的形成。伦敦、纽约、东京等金融中心的发展轨迹清晰地反映了经济基础对金融中心形成的决定性作用。

四是良好的政治和法制环境。稳定的政局影响着金融机构的区位选择，也影响着投资者的信心，是决定该地区能否成为金融中心的重要因素。瑞士的苏黎世能成为国际金融中心之一，其中重要的一个因素就是其政治长期稳定。瑞士凭其"永久中立国"的特殊地位，成为资金避风港。

五是充足的人力资本。金融行业是个智力密集型行业，因此人力资本是金融业的核心要素，人才的优势是金融机构最重要的竞争优势。以伦敦为例，伦敦金融城占地面积约1平方英里，常住居民5000多人，白天人口却有20万之众，其中一半以上从事金融业。

六是良好的基础设施。金融行业对电信设施的依赖程度很高，离开现代化的电信设施，金融行业将无法正常运作。另外金融中心除了有巨大的信息流、资金流以外，通常还有巨大的人流和物流。因此，还必须有便利的交通。

2. 金融中心的形成模式

美国经济学家帕特里克（Patrick）在20世纪70年代提出的需求反应

和供给引导理论，解释了金融发展与经济增长的关系。他认为，金融体系的产生有两种途径：一是需求反应，另一个是供给引导。需求反应指的是金融体系的产生和发展是对经济增长的自动反应。供给引导指的是金融体系的扩张能提高社会资金配置效率，增加储蓄，刺激投资，从而推动经济增长。相对应，金融中心的形成也有三种模式：自然形成模式、政府推进模式和混合模式。①

在自然形成模式下，金融中心的形成和发展取决于经济发展。经济增长产生了对金融业的需求，金融机构与金融市场为适应这种需求而相应产生和发展，并与经济发展相互促进。从历史角度看，自然形成的金融中心都具有很强的比较优势，一般来说具备几个特点：一是优越的地理位置，多处于大洋沿岸或河道密集区域，交通便利；二是经济实力雄厚，金融体系健全，金融市场发达；三是多奉行自由放任的经济政策，金融开放程度高，资金进出完全自由。自然形成模式下的金融中心代表是纽约和伦敦。

与需求反应相对应的另一条途径是供给引导，即金融体系并非经济发展到一定程度的产物，而是政府有意扶持的结果。因此这一国际金融中心的产生模式可被归纳为"政府推进模式"，典型的如东京和新加坡。

混合模式是在自然形成模式和政府推进模式基础上形成的。在混合模式下，经济和市场的自然发展是主导力量，政府推动是辅助力量，根据市场发展的程度和需要加以引导，而不是形成政策依赖。我国的上海是混合模式形成金融中心的典型。

3. 广州建设区域性金融中心的模式选择

从国际经验看，自然形成模式的金融中心是以强大的经济、贸易中心作为前提和基础，通过长期的发展过程自然形成的金融中心；政府推进模式的金融中心是在遵循市场规律的前提下，政府结合自身特点和优势，通过政策推动而形成的金融中心。20世纪70年代以来，区域性金融中心多数是政府推进模式下形成的。改革开放以来，我国经济改革和发展采取的是在市场经济条件下政府主导型管理模式，政府在经济发展中发挥着主导作用，尤其在目前改革开放进入关键阶段的背景下，更需要政府的宏观调

---

① 上海财经大学现代金融研究中心、上海财经大学金融学院：《2007 中国金融发展报告——建设上海国际金融中心专题研究》，上海财经大学出版社，2007。

控和政策推动来加快金融业的发展和金融中心城市的形成。基于此，我们认为广州区域性金融中心建设应该坚持政府推动为主的原则，同时积极发挥市场的推动作用，引导和科学规划金融中心的形成与发展。

三　国际主要金融中心的发展比较

二战以来，随着科技不断进步，全球经济稳步增长、金融创新蓬勃发展，世界经济日益呈现经济金融化、金融全球化、金融自由化的发展特征。世界各国和地区之间的金融活动日益密切和融合，全球金融活动规则逐步统一，资金在全球金融市场间流动日趋自由。在此背景下，国际金融中心作为一国经济金融发展的制高点和参与全球资源分配的控制中心，越来越成为国家和地区间金融经济竞争的焦点。

（一）伦敦和纽约国际金融中心地位变迁

伦敦和纽约是当今世界毫无争议的两大国际金融中心，对世界经济金融的发展有着巨大的影响力。

1. 伦敦国际金融中心

作为英国的首都和政治、经济、文化中心，伦敦是世界上历史最悠久的国际金融中心，其产生后，一直是世界上规模最大的国际金融中心之一。[1]

工业革命使英国的生产力发生了质的飞跃，也使伦敦成为一战前世界最大、最有影响力的国际经济、贸易、金融中心。然而两次世界大战极大削弱了英国的经济实力，英镑的绝对国际主导地位被美元取代，伦敦国际金融中心的地位和影响力逐渐被纽约赶超。[2]

20世纪50年代到60年代，美苏的"冷战"促进苏联和东欧国家将美元资金转移到欧洲，伦敦的银行吸收了大量的美元存款，开展离岸业务，诞生了世界上最早、最主要的境外美元市场——欧洲美元市场。伦敦借力欧洲美元市场的发展，很快摆脱困境，继续保持国际金融中心的地位。同一时期美国一系列的限制美元外流举措，使美国的许多金融机构为

---

① 范中稳：《世界金融中心漫谈》，《中学地理教学参考》2003年第1期。
② 李嘉晓：《我国区域金融中心发展研究》，博士学位论文，西北农林科技大学，2007。

了逃避管制，将相关业务运作机构迁移到伦敦，进一步促进了欧洲美元市场的繁荣和伦敦国际金融中心的发展。

时至今日，伦敦是与纽约齐名的顶级国际金融中心。目前，伦敦拥有最全球化的股票交易市场，拥有最多的国际基金以及世界领先的跨境贷款，集聚了世界上80%的大型国际金融机构、287家外国银行，拥有44%的全球资产。

2. 纽约国际金融中心

纽约国际金融中心形成于第一次世界大战后，战后美国恢复了金本位制，凭借当时占据世界总量1/3的黄金储备，美元与黄金保持稳定的汇兑关系，得到许多国家的青睐，开始作为国际货币被广泛接受。纽约担负向国际市场融通美元资金的任务，借此逐步发展成重要的国际金融中心。第二次世界大战后，美国经济金融实力进一步膨胀，并促成了对其有利的布雷顿森林体系，通过双挂钩制度把美元推上了中心地位，美元可以自由兑换成任何一国货币，由此建立了以美元为中心的国际货币体系，美元成为世界最主要的储备货币和国际清算货币。彼时的纽约成为国际贸易的美元结算中心和资本供应中心，因而取代伦敦成为世界上最大的国际金融中心。①

进入21世纪，随着2011年"9·11"事件和安然事件的发生，以及世界经济的多极化发展，纽约在世界金融市场上的地位受到挑战，国际金融中心排名的第一位又"交给"了伦敦。然而，纽约仍然是毫无争议的世界级金融中心之一，拥有世界上最大的证券市场。此外，保险业、期货业和黄金交易也在全球占有重要位置。

（二）亚洲金融中心的发展及变迁

在亚洲，东京、香港和新加坡是世界公认的三足鼎立的国际金融中心。

1. 东京国际金融中心

东京国际金融中心的形成是一个被动和不自觉的过程，除了由于日本在第二次世界大战后受美国支持经济金融强劲增长，主要还是受到日本政

---

① 谢太峰、栗国敏、王建梅等：《国际金融中心论》，经济科学出版社，2006。

府金融自由化、国际化政策的影响，是政府主导模式下发展本国金融产业的典范。

虽然日本是第二次世界大战的战败国，日本经济却在美国的扶持下经历了突飞猛进的发展。伴随而来的旨在实现自由化、国际化的金融体制改革成为东京金融市场崛起的必要条件。随着日本取代美国成为世界最大的债权国，到 1985 年底，东京被公认为与纽约、伦敦齐名的世界三大金融中心之一。①

然而，随着"广岛协议"的签署，以及多次金融危机的出现，日本金融业乃至整个日本经济陷入历史上最长的衰退期，国际资本纷纷撤离东京转向新加坡等新兴的金融中心，东京的国际金融中心地位随着日本泡沫经济的破灭而迅速"褪色"。目前东京在世界金融中心吸引力排名中仅名列第九，远不及纽约和伦敦，甚至排在香港和新加坡之后。

2. 香港国际金融中心

香港国际金融中心主要是依靠优越的地理位置、自由的经济政策、良好的银行业基础，在没有采取吸引外国银行和开展国际金融业务等特别措施的条件下形成的。这也与香港没有中央银行、香港政府不介入经济活动的传统密切相关。随着香港转口贸易规模的不断扩大，香港金融业不断发展，在 20 世纪 70 年代，国际金融中心的地位逐渐形成。②

从 20 世纪 70 年代起国际金融资本纷纷到亚太地区寻找新的投资渠道，香港政府也实施了一系列的开放措施，到 20 世纪 80 年代末，无论从规模、结构，还是从多元化、国际化的角度看，香港作为一个新兴的国际金融中心的地位已经确立。1997 年香港回归后，经济金融继续保持发展势头。目前，香港是世界第三大银行中心、第四大黄金交易中心、第五大外汇交易中心、第七大股票市场，还是亚太区最大的保险市场。

3. 新加坡国际金融中心

1965 年，新加坡独立时，国内经济低迷，金融发展水平落后，失业率高，转口贸易衰弱，依据需求反应理论，新加坡并不具备形成国际金融中心的基本条件。但新加坡政府利用有利的经济地理与时区优势，有意识

---

① 王新奎：《东京金融市场的崛起与西太平洋经济》，《国际商务研究》1990 年第 1 期。

② 徐志刚、钱钢：《香港金融制度与经济》，上海三联书店，2000。

地扶植国际金融业务的发展，尤其是 1968 年建立亚洲美元市场，迈出了走向国际金融中心的第一步。[1]

借助亚洲美元市场和国民经济的蓬勃发展，新加坡经济在短短 20 年间即达到了中等发达国家水平。先进的金融期货市场成为新加坡作为国际金融中心的特色，使新加坡能在与香港和东京的竞争中，拥有自己独特的竞争力。目前，在面积仅 690 多平方公里的新加坡，拥有各类金融机构近 500 家，新加坡已是名副其实的重要的国际金融中心。

第三节　广州走向国际性金融中心的战略研究

2008 年 12 月，国务院批复的《珠江三角洲地区改革发展规划纲要（2008～2020 年）》明确提出广州建设区域金融中心，从国家层面赋予了广州金融改革创新先行先试、引领区域金融发展、更广泛参与国际金融合作与竞争的重大历史使命，广州金融业迎来了前所未有的发展机遇。作为国家中心城市和综合性门户城市，广州近年来积极转变经济发展方式，调整优化产业结构，大力实施"金融强市"战略，已经发展成为中国南方重要的金融中心城市。站在新的起点上，以全球视野、战略眼光谋划区域金融中心建设与发展，是增强广州国家中心城市功能、加快实现珠三角地区发展方式转变和产业结构升级的内在要求，是建设金融强省、推进珠三角地区金融一体化的核心内容，同时也是巩固粤港澳区域合作、维护国家经济金融安全的需要。2013 年 12 月，广州发布了《关于全面建设广州区域金融中心的决定》，这是全国各大城市中首个以党委、政府"决定"形式出台的金融政策文件，在广州金融发展史上具有里程碑的意义。

一　广州走向国际性金融中心的基础和可行性

广州地处珠三角地区中心，具有连通港澳、辐射华南纵深腹地的独特区位优势，广州雄厚的经济实力为广州建设区域金融中心发展奠定了坚实的市场基础。依托强大的综合优势，广州加大力度，采取一系列有力措施促进金融业持续快速发展，形成了较为明显的比较优势，主要体现在以下

---

① 张亚欣：《新加坡政府推动型金融中心形成的关键因素及启示》，《经济纵横》2007 年第 1 期。

方面。①

1. 金融业发展规模名列前茅

2013 年，广州金融业实现增加值 1146 亿元，占 GDP 比重达 7.43%，占全省金融业增加值比重达 30%，各项金融业发展指标在全国大城市继续稳居前列。2013 年广州银行业金融机构本外币存款余额达 33838.2 亿元，贷款余额 22016.2 亿元，居全国大城市第四位；保费收入 474.89 亿元，居全国大城市第三位。截至 2013 年 11 月，广州地区证券交易额 35339.68 亿元，其中股票交易额 22762.12 亿元，期货交易额 31874.22 亿元，均居全国大城市前列。全市共有各类金融机构 225 家，其中银行类金融机构 82 家，证券期货基金类机构 61 家，保险类机构 82 家；内资金融机构 148 家，外资金融机构 77 家；法人金融机构 32 家，各类金融机构网点近 3000 家，居全国前列。2013 年前三季度全市金融业增加值达 831.71 亿元，同比增长 14.6%，占 GDP 比重达 7.47%，成为广州金融业发展新的里程碑。

2. 金融创新试点积极推进

近年来，广州积极推进金融业务、金融产品和金融机构创新。2009 年 7 月，广州成为全国首批跨境贸易人民币结算试点城市，截至 2012 年末，广州地区企业累计办理跨境人民币结算业务 38416 笔，金额达 2960.43 亿元，占全省的 14.62%，与 74 个国家和地区开展了试点业务，极大优化了广州的外商投资环境，有效支持了外贸实体经济平稳较快发展。2009 年 9 月，广州成为全国知识产权质押融资第二批试点城市，2012 年全市共有 11 家银行与 27 家企业签订 39 笔知识产权质押融资贷款协议，总额超过 5 亿元。广州个人本外币兑换特许业务试点获国务院批准，广州艾西益商务服务有限公司在白云机场开业，为广交会等大型活动提供高效、便利的外币兑换服务。广州市人民政府与广东保监局联合推进保险业综合改革试验工作，在发展科技保险、责任保险，引入商业保险机制完善社会保障体系等方面积极创新。

除此之外，广州多家中外资银行在穗设立私人银行部或投资理财部，大力发展面向珠三角地区企业和居民的资产管理、投资咨询业务。中外合

---

① 《广州区域金融中心建设规划（2011～2020 年）》穗府〔2011〕8 号。

资的广汽汇理汽车金融有限公司获准开业，广州汽车集团发起设立的众诚汽车保险公司获批筹建。广州产权交易市场加大创新力度，设立了全国首家私募股权交易所、华南地区首家环境资源交易所以及农村产权交易所、文化产权交易所等专业化交易平台，并组建了全国首家交易所集团，在产权交易市场化、专业化、集团化发展方面迈出重要步伐。

3. 金融基础设施全国领先

2013 年，广州银行电子结算中心各支付清算系统日均业务量达 135 万笔，日均总金额 8000 亿元，成为全国业务量最大的区域性资金清算枢纽。以现代化支付系统为主干、支票影像交换系统等各类电子支付和票据交换系统为依托的支付结算网络覆盖全省、辐射全国、连通港澳。广州是我国银行卡产业最发达的城市之一，截至 2010 年末，全市共有银行卡发卡机构 20 个，累计发行银行卡 7002 万张；加入银联网络的 ATM（自动取款机）机具 1.07 万台；累计发展 POS 机（销售点终端）特约商户 7.3 万家。2010 年，广州实现银行卡交易清算 35032 万笔，交易金额 3875 亿元。

4. 金融生态环境不断优化

近年来，广州市陆续制定出台并组织实施了《转发市发改委〈关于大力发展广州金融业意见〉的通知》（穗府办〔2005〕16 号）等一系列政策文件，引导金融机构聚集发展、创新发展。广州已形成以珠江新城金融商务区为核心的金融总部聚集区，以广州金融创新服务区为核心的新型金融机构及金融配套服务机构聚集区。截至 2011 年末，珠江新城进驻金融机构总部及地区总部 50 家，金融总部聚集效应进一步增强；广州金融创新服务区聚集了中国建设银行集约化中心、IBM、微软、广电运通等金融配套服务机构、金融电子设备制造企业以及一批股权投资机构，产业金融创新基地和金融后援服务基地初具规模。2010 年 5 月，新华社与广州市人民政府签署协议，在金融信息服务领域开展全面战略合作，新华社金融信息平台南方总部和中国国际金融信息大厦项目启动建设。

5. 金融开放与合作水平不断提高

广州是我国金融业对外开放时间最早、程度最高的城市之一。截至 2013 年 11 月，全市共有外资金融机构 77 家，居全国大城市前列。截至 2010 年末，广州外资银行资产总额 1176.09 亿元人民币，各项贷款余额

620.85 亿元人民币，存款余额 727.57 亿元人民币，业务规模不断扩大；广州外资保险公司 2009 年实现保费收入 69.44 亿元人民币，占广州保险市场份额的 16.52%。

穗港澳金融合作日益深化，三地跨境互设金融机构总数达到 19 家，其中 4 家内资金融企业在香港设立了分支机构或全资子公司，15 家港澳金融机构在广州设立了分支机构或代表处；19 家广州企业在香港交易所上市，累计融资 290 亿港元；越秀房地产投资信托基金在香港交易所上市，成为首只投资于中国内地物业的房地产信托基金。2014 年 2 月，越秀集团以 116.4 亿港元的总价收购香港创兴银行 75% 的股份，已经成功地以香港地区为桥梁实现了"走出去"。以广州区域人民币票据交换业务为依托、覆盖珠三角的支付结算系统运转顺利，实现了穗港港元、美元实时支付系统联网和穗港澳银行卡网络的连通。珠三角金融合作迈出新步伐，广州产权交易所牵头与省内外部分产权交易机构成功构建了广州产权交易共同市场，珠三角产权市场一体化迈出重要步伐。

二 广州走向国际性金融中心的战略定位和目标

1. 指导思想

深入贯彻落实科学发展观，解放思想，先行先试，坚定不移地实施"金融强市"战略，把金融产业作为广州国家中心城市建设的战略性、先导性产业和现代服务业的龙头产业加快发展，着力推进现代金融体系建设，构建多层次的金融市场体系、多元化的金融组织体系和多样化的金融综合服务体系；着力提升现代金融服务功能，为经济发展方式转变、经济结构调整、产业结构升级及和谐社会建设提供强有力的金融支持，着力增强金融聚集辐射能力，形成穗深港三地错位发展、合作共赢、优势互补，以香港为龙头、穗深为支点、珠三角其他城市为支撑的现代金融产业带，共同构建有全球影响力的国际性金融中心区域。

2. 战略定位

"珠江三角洲地区（珠三角）"的概念最早起源于 20 世纪 90 年代初。90 年代后期，在"（小）珠三角"的基础上出现了"大珠三角"的概念。在以广东省为主体的"（小）珠三角"基础上，"大珠三角"包括了港澳地区。2003 年 7 月，泛珠江三角洲地区概念（即知名的"9 + 2"经济地区概念）在国内正式提出。泛珠江三角洲地区包括广东、福建、江西、湖南、广西、海南、四川、贵州、云南等九省（区）和香港、澳门特别行政区。泛珠江三角洲地区将构成以香港为龙头的国际金融中心大区域。

泛珠三角金融核心区域应成为我国金融对内对外开放的新高地、内地与港澳合作的先导区、全国金融服务实体经济的示范区。它要立足于现大珠三角地区既有的世界制造业基地，以及国际贸易、航运、空港物流中心的产业发展基础，进一步发挥资源聚集和辐射功能，率先走出一条金融创新与实体经济良性互动、共生发展的新道路，为金融业服务实体经济发展积累经验。具体而言，就是要充分利用国家金融监管部门驻粤机构及金融机构总部和地区总部集中，银行业和保险业机构多、规模大，支付结算体系高度发达，以及金融教育资源、人力资源、信息资源汇聚的有利条件，加快建设成为包括区域金融管理营运中心、区域银行保险中心、区域金融教育资讯中心、区域支付结算中心、区域财富管理中心、区域股权投资中心、区域产权交易中心、区域商品期货交易中心等八大区域金融中心，提升与广州国家中心城市地位相适应的现有金融优势，将广州打造成为辐射华南、服务全国、连通港澳、与国际金融核心区域对接的金融战略高地。

3. 战略目标

首先是总体目标。我们根据《广州区域金融中心建设规划（2011～2020 年）》等政府指导文件，结合广州经济发展水平、经济运行周期和经济地位的提升来综合判断广州经济金融的未来发展。伴随 1998～2008 年我国经济的高速发展，广州 GDP 同期年复合增长率亦达到 16%。而2009～2013 年则回落至 13%，并预计在 2015～2020 年会进入更平稳的发展阶段。

在此假设前提下，目标到 2020 年，广州主要金融发展指标达到发达国家区域金融中心水平，基本建成与香港国际金融中心功能互补，在国内外具有重要影响力，与广州国际大都市地位相适应的国际化区域性金融中心。届时，广州将是泛珠三角地区的金融机构、金融资源的聚集地，金融信息和金融人才的汇集地以及金融创新发源地和金融人才的培训中心。

其次是具体行业目标，主要包括以下方面。

（1）银行业目标

到 2020 年，支持培育 5 家以上业务规模及综合实力居国内前列的银行业法人金融机构，银行业金融机构数量超过 150 家。银行业在国内大城市的领先地位进一步强化。资产规模、存贷款规模全国领先，法人治理机制和内控机制充分完善，资产质量和赢利能力显著提升，综合实力、辐射力和影响力明显增强。

（2）证券期货业目标

到 2020 年，培育发展 15 家以上市场规模与竞争力均居国内前列的证券期货业法人金融机构。上市公司总市值占地区生产总值比重达到 80%。多层次资本市场体系进一步健全，推动自主创新和产业整合能力进一步提升。培育聚集一批国内一流的证券期货类上市公司。上市公司数量和质量明显提高，证券市场"广州板块"影响力进一步增强，基本形成上市公司引领和支撑各支柱产业和重点行业企业创新发展的格局。将广州打造成为机构聚集、交易活跃、运作高效的期货交易业务中心。

（3）保险业目标

到 2020 年，保险业金融机构达到 100 家，保险业法人金融机构超过 8 家，保险中介机构达到 300 家，保险深度达到 5%，保险密度达到每人 8000 元。建成市场体系完善、服务领域广泛、经营诚信规范、偿付能力充足、满足经济社会发展多层次保险需求、具有较高的国际竞争力的现代化保险业。保险业承保金额在国民财富中的比重、保险赔付在全社会灾害事故损失中的比重显著提高，保险业服务经济社会发展水平显著提升，成为经济社会发展和金融体系的重要支柱之一。

（4）其他金融业目标

到 2020 年，小额贷款公司达到 50 家。风险投资、创业投资、私募股权投资等股权投资机构达到 150 家。各类金融机构齐备，金融组织体系进一步完善，在金融市场上发挥更大的作用，与银行、证券、期货、保险等金融业共同构成高度健全发达的金融组织体系和金融市场体系。

三　广州走向国际性金融中心的政策和措施

（一）建设金融功能区，进一步加强金融机构的聚集与辐射影响力

1. 全力建设以总部金融为主的广州国际金融城

落实产业发展规划，出台专项扶持政策，强化金融运营、管理、服

务等综合性功能，面向全球大力引进各类金融机构、金融交易平台、金融配套服务机构，积极引导国家金融监管部门驻粤机构、地方政府金融工作部门、各类金融行业协会、金融人才服务与培训咨询机构等进驻，将广州国际金融城建设成为立足华南、辐射亚太、面向世界的金融总部聚集区。

2. 大力建设以国际金融为主的南沙现代金融服务区

依托南沙新区区位、产业和政策优势，重点发展国际金融、航运金融、离岸金融等特色金融业，争取开展人民币资本项目可兑换、跨境人民币投融资等业务，构建人民币国际化试验区，建立相配套的人民币金融服务框架；大力引进及设立一批有利于增强市场功能的金融机构和新型金融组织，打造服务全省乃至泛珠三角地区产业发展，与港澳、东南亚有效对接的现代金融服务区。

3. 在大力引进各大知名金融机构的同时，打造一批具有全国影响力的本土法人金融机构

推动广州银行、广州农商银行通过增资扩股、引进战略投资者、公开发行上市等方式增强资本实力，打造知名品牌。推动广州证券、万联证券通过上市、增资、兼并重组等方式实现跨越发展。支持大业信托加快业务发展，推进广州国际信托投资公司尽快完成重组。培育发展一批在全国具有龙头带动效应的法人金融机构。引导运营决策总部在广州、注册地在外地的法人金融机构回迁广州。支持金融机构和大型企业集团依托主业，以资本为纽带进行兼并收购，逐步发展成为具有重要影响力的金融控股集团。鼓励民间资本投资入股金融机构和参与金融机构重组改造，支持由民间资本发起设立自担风险的民营银行、金融租赁公司和消费金融公司等金融机构，培育若干个全国领先的民营金融投资和服务集团。

4. 大力发展新型金融机构，积极建立小额信贷组织，满足多层次企业需求

引进和设立金融租赁公司、财务公司、消费金融公司、融资租赁公司、商业保理公司等机构。加快设立一批小额贷款公司，支持符合条件的小额贷款公司改制成为村镇银行，创新设立小额再贷款公司。规范发展融资性担保机构、证券投资咨询机构、保险公估机构、信用评估机构等金融

中介机构。

5. 积极发展互联网金融产业，设立或引进互联网金融企业

顺应搜索引擎、大数据、社交网络和云计算快速发展，互联网企业金融化和金融企业互联网化的趋势，研究出台支持互联网金融发展的政策措施，大力营造良好的互联网金融生态环境，规划建设互联网金融聚集区。设立或引进一批在线保险公司、互联网小额信贷公司、互联网融资担保公司、第三方支付机构等互联网金融企业。

（二）加快金融市场的创新与发展，改善金融生态环境，提升辐射带动力

1. 加快搭建区域性交易平台

（1）加快发展广州股权交易中心。完善交易规则和监管办法，在市场组织、产品设计、机制建设等方面进行制度和技术创新，大力发展股权交易、股权质押融资、知识产权交易、私募债等业务，加快市场推广，做大交易规模，做出特色，打造服务实体经济和中小微企业的综合性金融服务平台，成为国内一流的股权交易机构。

（2）加快建设广州碳排放权交易所。完善碳排放权交易业务规则、交易系统和交易标准，开展排放及排污、林业碳汇、海洋碳汇交易试点，尽快启动强制减排下的碳排放权交易，在国内率先形成较完善的碳金融服务体系，打造服务全省和全国的碳交易平台。

（3）继续争取设立广州期货交易所。充分依托广州及珠三角地区大宗商品现货市场发达的有利条件，以及辐射东南亚的区位优势，争取国家支持建设广州期货交易所。积极推进和国内期货交易所的合作，开展仓单串换业务，提供配套延伸服务，争取设立白糖、玉米、油脂油料等农产品期货交割库，建立期货现货对接服务平台。

（4）加快发展其他市场交易平台。支持在穗产权交易机构和大宗商品交易平台扩充交易品种，创新交易模式，提升服务功能，打造具有核心竞争力和重要影响力的市场交易平台。支持广州航运交易所加快发展，打造成为对接港澳、辐射东南亚的综合性航运与金融服务平台。支持广州金融资产交易中心做大做强，推动金融资产的高效流动和有效配置。支持加快发展黄金、白银等稀贵金属交易市场，打造连接粤港澳的跨境人民币贵金属现货电子交易市场。

2. 加快资本金融市场的创新和发展

（1）加快发展区域性多层次资本市场体系建设。一是大力发展创业和股权投资市场。加快培育交投活跃、流转流畅、服务高效的股权投资市场。建设一批股权投资基地，推动股权投资机构聚集发展。加大对股权投资机构的引导和扶持力度，支持广州产业投资基金管理有限公司做优做强，逐步扩大广州产业转型升级，打造完整的产业投融资链条。二是充分利用债券市场。鼓励金融机构在银行间市场发行次级债、混合资本债、金融债，推动符合要求的项目发行企业债券、短期融资券、中期票据，支持上市公司发行公司债，探索发行地方政府债券和市政债券。

（2）促进企业上市融资和再融资，进一步扩大直接融资规模。按照"培育一批、改制一批、申报一批、上市一批、做强一批"的思路，加强与境内外各大证券交易所的战略合作，推动更多企业上市。构建企业上市"绿色通道"，营造企业上市发展良好环境。充实拟上市企业资源库，着力培育一批龙头上市公司，力争每年有 10 家左右企业通过 IPO 或者通过发行企业债券、短期融资券、资产支持证券等方式实现直接融资。支持上市公司并购重组，引导优质资源、项目、产业向优势上市公司集中。支持广州企业进入全国中小企业股份转让系统挂牌。

（3）促进产业和金融的融合发展。研究制定促进科技金融、汽车金融、航运物流金融、商贸金融、文化金融等发展的专项支持政策，推动设立科技银行（支行）、航运保险公司、科技保险分（支）公司、消费金融公司、第三方支付公司、融资租赁公司等产业金融创新机构，推广供应链金融、商圈融资、知识产权质押融资、科技保险等金融产品与服务，将广州打造成为华南地区的产业金融中心。支持金融制造业作为广州先进制造业和优势产业加快发展，支持广电运通、御银科技等金融设备制造商做优做强。推进建设货币产业园，打造金融产品交易、博览、展示、销售的平台和金融文化旅游、教育基地。

3. 实施金融生态优化工程，夯实软硬件基础

（1）完善金融基础设施。推广现代化支付系统，建设具有国内领先水平的区域支付清算平台。支持国家金融监管部门和全国性金融机构在广州建设信息化平台、信息服务中心和数据备份中心。加快全市非银行信息统一征信平台建设，实现非银行信息和银行信息的对接共享。

（2）优化金融法治环境。加强社会信用体系建设，完善信用信息采集和披露制度，健全失信惩戒机制和守信受益机制，培育和发展种类齐全、功能互补的具有市场公信力的信用评估机构。支持广州金融仲裁院利用仲裁方式解决金融纠纷，支持各级人民法院设立金融审判庭和金融执行庭。加强对金融消费者和投资者合法权益的保护，严厉打击各类金融违法犯罪活动。积极探索金融地方立法工作。

（3）加强金融管理服务。建设贴近市场、支持创新、信息共享、风险可控的金融管理服务机制。完善地方政府对新型金融组织的监管模式，加强与国家金融监管部门驻粤机构的监管联动。大力发展各类专业行业协会，充分发挥广州金融业协会等行业自律组织的监督和协调作用。强化金融突发事件应对演习及培训，加强金融风险预警，切实做好对金融系统性风险的监测、分析、评估、防范和化解工作。

（4）实施金融文化提升工程，营造良好氛围。一是打造金融文化知名品牌。定期举办珠江金融论坛，打造金融领域的高层次对话平台。继续办好金融图书"金羊奖"，普及金融知识、弘扬金融文化。在广州国际金融城规划建设金融博物馆，打造传承和发扬金融文化的重要载体。二是全力办好中国（广州）国际金融交易·博览会。将中国（广州）国际金融交易·博览会办成华南地区最具影响力的金融交易与博览盛会，成为广州新的产业发展平台和城市名片。三是打造金融资讯高地。培育若干家在国内有较大影响力的财经传媒企业，创办金融高端刊物。支持发展金融信息服务业。建设金融信息平台，打造区域金融资讯集聚和发布中心。

（5）实施金融人才建设工程，构筑人才高地。一是完善金融人才激励措施。建立激励与薪酬分配体系，对为广州经济社会发展做出重要贡献的金融人才根据有关规定给予补贴和优惠政策。法人金融机构和大型法人金融机构地区总部主要负责人可参加政府组织的各类学习、会议、培训、体检等活动。逐步提高各级人大、政协金融界代表和委员的比例。二是建设多层次金融人才队伍。大力引进和培养一批金融高级管理人才和高级专业人才。支持高校、专业院所培养更多金融专业人才。引进各类金融教育和认证机构，为金融从业人员获取执业资格提供便利条件。成立金融人才认证服务中心，建立金融人才信息库，为金融从业人员提供专门和优质的服务。三是加强金融人才培训与交流。支持校企共建金融培训基地，鼓励金融机构在广州设立全国性的人才培训基地，支持金融人才赴海外进行专业培训，支持国家金融监管部门驻粤机构干部进入高等院校深造学习。

（三）实施金融合作深化工程，提高开放合作水平

1. 推进珠三角金融一体化

发挥广州作为国家中心城市的辐射带动作用，引领珠三角地区金融服务一体化发展。协调推动珠三角地区金融机构实现通存通兑。引导在穗金融机构优化珠三角区域网点布局。支持在穗金融机构发展总部融资模式。积极打造珠三角地区产权交易共同市场。建立珠三角地区金融信息沟通、监测预警、应急处置等协作机制。

2. 深化穗港澳台金融合作

以快速发展的人民币贸易结算为纽带，加快穗港澳台经济融合，积极筹划以南沙和白云港为核心的自贸区建设。以跨境人民币结算业务为例，2013 年广东与香港跨境人民币结算金额为 1.23 万亿元，同比增长 36.5%，占全省跨境人民币结算总金额的 71.9%。截至 2013 年末，粤港累计办理跨境人民币结算业务 28694.91 亿元，约占全省结算量的 76.8%，位居境外结算国家（地区）首位。① 全面加强穗港澳金融业界的合作，将起到"1＋1＋1＞3"的效果。加快建设南沙穗港澳金融合作示范区，推动穗台跨境人民币业务，加强穗台两地在银行、资本市场、保险、金融人才培训等领域的合作，将广州打造成为台资金融机构在华南地区的集聚中心。

3. 加强国际金融交流与合作

广州作为历史上著名的海上丝路发祥地，更要带头贯彻国家关于共建 21 世纪海上丝绸之路的战略要求，积极探索在广州建立开发性的金融机构，加强与海外特别是东盟 10 国的金融交往，开展广州与国外跨境贸易人民币结算。加强与国际金融组织、跨国金融企业集团的交流与合作，组织金融交流团对外推介广州区域金融中心。鼓励金融要素市场、金融机构、金融教育研究机构等开展国际合作与交流。加强与纽约、伦敦、新加坡等国际金融中心城市的交流与合作，以吸引更多的国际性、区域性多边金融组织进驻广州。

---

① 数据来源：广东省外汇管理局 2013 年统计数据。

第九章 论创新驱动

　　广州作为国家中心城市，在新的历史起点上，只有在加快新型城市化发展中率先实现全面建成小康社会和基本实现社会主义现代化的目标，才能更好地发挥辐射带动和引领全省乃至全国发展的功能，更好地完成带动全省"三个定位、两个率先"总目标的实现。未来一段时期是广州加快建设现代产业体系，转变经济增长方式，推动经济社会由要素驱动向创新驱动转变的关键时期。广州将贯彻广州市委、市政府建设低碳广州、智慧广州、幸福广州的重大决策，以"绿色、低碳、智慧、可持续发展"为核心理念，以科技体制机制创新为突破口，推进科技创新驱动工程，提高自主创新驱动能力，着力培育经济发展增长点，将广州打造成为具有国际影响力的华南科技创新中心和国家创新型城市，完成不断走向国际中心城市的战略部署。

第一节 广州科技创新发展特征与经验

一 广州科技创新发展的基本特征

　　1. 科技对广州经济增长的贡献不断增大。由表 9 - 1 可以看出，1978～2010 年广州工业部门 GDP 的年平均增长率是 14.79%，其中 66.57% 是由综合要素投入的增长实现的，即有 66.57 个百分点的年平均增长率是由综合要素投入所推动的，1978～2010 年广州的经济增长在很大程度上是由快速经济增长的要素投入所推动的，其中资本投入的贡献就达 49.71%；1978~2010 年，由工业部门所创造 GDP 的年平均增长率中有 33.43% 的增长率，即 33.43 个百分点的年平均增长率是由单位投入的生产率所贡献的，其中规模经济的改善和劳动效率的提高对经济增长的贡献分别是 9.23% 和 15.67%，而资本配置和资本效率的贡献分别是 6.31% 和 2.22%。广州全要素生产率（TFP）在 1992 年后出现较大幅度的提升，这种提升在 1992~2001 年主要体现为 GDP 的快速增长；而在 2001~2010 年，总要素投入的节约成为提升全要素生产率的一个关键因素，在 GDP 增速保持稳定的情况下，总要素投入进一步得到合理利用，资本与劳动的配置更为合理，使得各生产要素的边际产量提高，要素投入的增速显著降低。

表 9 - 1　广州 GDP 增长及要素投入对经济增长的贡献

单位：%

年份	1978~2010		1978~1992		1992~2001		2001~2010	
	增长率	贡献度	增长率	贡献度	增长率	贡献度	增长率	贡献度
GDP	14.79	100	13.21	100	16.91	100	15.18	100
总要素投入	9.85	66.57	10.20	77.44	10.24	60.53	8.96	59.03
其中：劳动	2.50	16.86	2.23	17.12	2.46	14.52	2.84	18.73
资本	7.35	49.71	7.97	60.32	7.78	46.01	6.11	40.3
固定资本	3.31	22.39	3.10	23.50	4.56	27	2.46	16.23
流动资本	4.04	27.32	4.87	36.82	3.22	19.01	3.65	24.07
单位投入的产出	4.94	33.43	2.98	22.56	6.67	39.47	6.23	40.97
其中：资源配置	0.93	6.31	0.90	6.79	0.45	2.69	1.52	10
规模经济	1.36	9.23	-0.17	-1.28	2.93	17.33	2.04	13.42
资本效率	0.33	2.22	-0.09	-0.67	0.62	3.64	0.63	4.13
劳动效率	2.32	15.67	2.34	17.72	2.67	15.81	2.04	13.42

资料来源：根据相关数据计算所得。

综合以上对广州工业部门及 GDP 增长要素的分析，可以看出，广州的经济增长在近十年里保持一个高速、稳定的增长态势，要素投入也进一步朝节约化、合理化的方向发展，但是还存在一定的提升空间，在资本与劳动资源的配置过程中，全要素生产率在未来十年里还将出现起伏。

2. 高新技术产业保持快速增长。"十一五"期间，广州市高新技术产业总体上保持快速增长的态势，产业规模不断扩大。2011 年，全市规模以上工业高新技术产品产值 6353 亿元，占规模以上工业总产值的 40%，同比增长 15.9%。国家、省、区、市四级协同联动，政产学研用相结合，重点推动平板显示、新一代通信、电子商务、生物医药等十大创新型产业集群发展。2012 年先后获批为"中国软件名城"示范试点城市、国家"十城万盏"半导体照明试点示范城市、国家现代服务业创新发展示范城市试点、中国音响之都等。

3. 技术创新能力大幅提升。承担国家重大基础研究计划，国家、省级科技项目等数量大幅度提升。2011 年，广州全社会研究与开发经费投入 238.06 亿元，高于杭州（199.8 亿元）、南京（190.5 亿元）、武汉（175.0 亿元）、成都（139.5 亿元）等，位居国内副省级城市第一。"十一五"时期，广州获得国家、省级科技奖励 682 项，其中国家级奖励 58 项。在大功率白光 LED、中高端通用核心芯片、下一代移动通信 LTE 宽带无线接入系统、RFID 应用示范、自主品牌轿车发动机、中高档数控加工装备、高效能源设备、新药创制、干细胞、生物医学工程等多个领域取得技术突破，掌握了一批拥有自主知识产权的核心关键技术和重要产品。

4. 科技引领产业转型升级的作用显著增强。"十一五"期间，广州市利用科技发展推动产业结构升级，不断提高劳动生产率。2011 年，广州市软件和信息服务业实现收入 1750 亿元，同比增长 31%，科技进步贡献率为 56%。大力推进信息化，2011 年互联网普及率达到 72.9%，居全国大城市第二位。不断强化科技惠民工作，逐步改善生态环境、公共交通、居民医疗、文化教育和政府管理。此外，高新技术产业的集聚效应不断提升，带动软件、生物、信息、新材料、网游动漫等国家级产业基地落户，基本形成了电子信息、生物、新材料、高端制造、新能源与节能环保、软件服务业等高新技术产业集群。

5. 重大创新平台建设良好。与国内知名院校合作，共建了北航广州新兴产业技术研究院、军事医学科学院华南分院等一批重大创新平台。省、市政府与国防科大、中山大学签署了共建国家超级计算中心合作协议，共同承担国家 11 亿亿次高效能计算机系统研制项目。推进科技创新载体建设，推进天河智慧城、中新知识城、白云国际健康城等发展，支持番禺节能科技园形成地产资本、工业资本、金融资本、科技资本、人才资本"五资融合"的新模式。截至 2010 年底，建成国家级工程技术研究开发中心 12 家，国家认定企业技术中心 17 家，国家级重点实验室 11 家，国家工程实验室 4 家，省市级工程技术研究开发中心 188 家。与中国科学院等一批大院大所和著名高校合作共建了中国科学院广州工业技术研究院、中国科学院广州生物医药与健康研究院、广州现代产业技术研究院等一批高水平的创新平台，初步形成了以企业为主体、国家级创新平台为龙头、省市级创新平台为支撑的区域技术创新体系。

6. 区域科技合作效应不断增强。（1）建立国际科技合作基地。以合作基地为依托，探索出了联合研发、专利和技术转让、人才团队引进、共建联合研发中心和产业园等新路子，吸收、消化国外先进适用技术的研发和产业化体系已初具规模。截止到 2012 年 9 月，广州市建设省级国际科技合作基地 23 个，占全省总数的 61%；有国家级国际科技合作基地 11 个，占全省总数的 92%。其中"中国－乌克兰巴顿焊接研究院"是乌克兰巴顿焊接研究所在中国开展焊接和相关工艺技术研发中心，英国伯明翰大学也在广州建立了合作研究中心。这些基地已成为开展国际科技合作的重要阵地和载体，有效地促进双方的科学研究、技术创新、技术转移和转化。（2）搭建重点地区国际科技合作平台与国际科技枢纽。发挥毗邻港澳台的区域优势，加大科技合作力度。通过与港澳在项目合作、科技展会、共建平台、信息共享和培训交流等方面合作，促进了科技与经济的发展，取得了良好的效果。在穗台合作方面，建设了穗台新兴产业关键技术交流合作服务中心和广州大学穗台科技合作交流服务中心、广州国际科技合作交流中心以及与台湾工业技术研究院合作的广州物联网检测技术服务中心，这些中心成为推进战略性科技基础设施建设的重要平台。（3）加大对国际科技合作的经费支持。2011 年，市本级财政科技投入预算 9.4 亿元（含科技事业费），比 2010 年增长了 13.25%。全市全社会研发经费投入预计达 250 亿元左右，比 2010 年增长了 30%，约占全年 GDP 的 2.25% 左右。（4）设立国际合作专项。设立科技专项是聚集国际创新资源的有效途径之一。广州市在科技计划体系中设立了"对外科技合作专项""国际科技会议资助专项""企业技术攻关难题招贤专项""广州伯明翰等科技合作专项"以及"红棉计划专项"。通过这些专项，聚集了一批国际创新资源。如"银屑病特效中药美国 FDA - ⅡB 期临床试验"项目与美国多家著名医院合作，是目前中药进入美国主流医药市场取得的重大突破。

7. 智慧广州、低碳广州、幸福广州建设成效凸显。自从 2011 年广州市第十次党代会做出"12338"的决策部署后，建设智慧广州被放在了前所未有的战略高度。广州市以市民个人主页、社会保障市民卡、城市海量信息资源库、公共支撑平台、天河智慧城以及人才工程"5 + 1"工程建设为重点的智慧城市建设取得了积极成效。通过实施政府服务网上办理二期工程，2012 年累计完成市政府服务全流程网上办理事项 205 项。在全国率先开通了市民网页，为 154 万市民提供 300 余项办事结果查询和 180 多项办事结果主动推送服务。在越秀、海珠、番禺等区全面启动社会保障卡（市民卡）发卡工作，发放社会保障卡 157 万人张。完成天河智慧城等总体设计和试点建设，开展数字化城市管理顶层设计，推进城市精细化科学管理，国家级两化融合试验区顺利通过国家验收。广州的低碳产业发展实现新突破，全国最大的冷热电三联供分布式能源站落户广州大学城，该项目是目前全国最大的分布式能源站。广州新能源环保产业占工业增加值比重从 2001 年的不足 0.5% 迅速增加到 2011 年底的 2%，以绿色低碳为理念，实现产业劳动力"双转移"取得突出成效，广州"十一五"期间单位工业增加值能耗下降了 39.3 个百分点，万元生产总值能耗下降 20.4%。

2003 年广州市建成安全社区 577 个，2010 年前 80% 以上的社区达到"自治好、管理好、服务好、治安好、环境好、风尚好"的平安和谐社区。全市多个保障性住房项目得到有效推进，2007 年底至 2012 年 8 月，广州已累计对 49285 户低收入住房困难家庭实施廉租住房保障。2009 年，广州计划新增解决低收入家庭保障住房 14100 户，其中通过廉租住房保障解决 10000 户，出售经济适用住房解决 4100 户。

8. 科技创新环境不断优化。政策方面，广州出台《广州国家创新型城市建设总体规划》，编制发布"十二五"科技发展规划和"十二五"信息化发展规划，召开了广州市创建国家创新型城市大会，颁布了《广州市信息化促进条例》，完成了《广州市科技创新促进条例》的调研和起草。研究提出创建国家创新型城市决定、建设"智慧广州"意见、天云计划、十大科技创新工程等重大政策，已报请审定，天云计划也已获审议通过。2011 年，广州市被确定为首批国家促进科技金融结合试点城市。优化政府科技投入模式，市、区科技部门联动，投入近 15 亿元，联合设立了 5 只创业投资基金，吸引民间资本超过 100 亿元。联合市财政局设立了首期 4500 万元的科技型中小企业贷款担保专项资金。设立"科技型中小企业贷款担保专项资金"破解科技企业融资难问题，探索利用多层次资本市场，扩大直接融资规模，制定了科技型中小型企业上市路线图计划，建立"金字塔"形科技企业上市梯队，对于进入"塔底"、"塔中"和"塔尖"的科技型企业，按其需求分别制定有针对性的扶持政策。

9. 科技创新人才不断涌现。"十一五"时期，广州市以广州留交会和重大项目为依托，加强高水平创新团队和人才的集聚与培育，引进了诺贝尔奖获得者梅洛教授等 9 个创新科研团队、14 名领军人才，分别占全省的 45% 和 82.4%。实施"创新创业领军人才百人计划"，遴选并支持了首批 7 名广州市创新领军人才和 17 名创业领军人才。启动珠江科技新星计划，遴选 100 名 35 岁以下的科技创新精英。截至 2010 年底，广州市人才资源总量中受过大专以上教育的人才达到 231 万人，居全国大城市第三位，"十一五"期间人才增长率位居全国各大城市首位；拥有两院院士 34 名，占全省的 73%；入选国家"千人计划"36 人，占全省的 58%；获得国家"973"计划首席科学家项目 6 个，国家自然科学杰出青年基金获得者 12 名；列入广东省首批引进的创新科研团队 4 家、领军人才 11 名；每年在穗工作的境外专家达 10 万人次，约占全国的 15%；城镇单位专业技术人员 56.04 万人；中国留学人员广州科技交流会已连续成功举办 13 届，累计吸引留学人员 2.4 万人。广州优化提升留交会办会方式，整合成人才交流、创新论坛和成果展示的"3 + N"模式，创办珠江创新论坛、中国广州创新博览会，实施海外人才创新创业的"红棉计划"，引进外籍创新人才，会议规模和层次创历年之最。

二　广州科技创新发展的基本经验与结论

广州已进入效率和创新驱动增长的发展阶段。广州市单位劳动力成本优势在过去十年中进一步降低，非熟练工人实际工资水平的迅速上升，正在促使企业转移到劳动力和土地供给更为充足、价格相对便宜的邻近城市。由于城际交通基础设施的持续改善，产业迁移后交通运输成本相对较低。

广州市制造业和服务业的技术追赶潜力到 2020 年将得到充分发挥。在制造业中，政府制定的政策不仅关注增长，而且鼓励制造商提升自己在价值链中的位置，迅速向国际技术前沿推进。服务业增长最有潜力的是研发、金融、物流、培训、信息服务等行业，这些行业的增长将帮助制造业提高效率，提升其在价值链中的位置。

由于创新能力需要长期积累，对创新能力进行系统规划会产生创新红利，创新红利可能在 2020～2030 年以前沿性技术和突破性发现的形式显现。注重创新系统的质量和效率，系统创新的最终目的应是促进生产率增长、创造财富，而不仅仅是研发支出、专利申请和论文发表。

第二节　广州创新发展面临的形势与机遇

一　广州潜在经济增长率的中长期变动趋势估计

为加快广州市建设现代产业体系，转变经济增长方式，推动经济社会由要素驱动向创新驱动转变，不断加快走向国际中心城市的步伐，有必要对广州潜在 GDP 增长率进行预测，为调整广州产业发展方向、促进产业转型升级、建设新型化城市提供佐证。

传统的统计理论对于 GDP 潜在增长率估计的研究主要分为两大类：统计分解趋势法和经济结构关系估计法。前者主要是将时间序列分为永久性成分和周期性成分，借此进行估计；后者主要是结合宏观理论，运用模型分析结构性和周期性因素对产出的影响。

结合菲利普斯曲线和奥肯定律的基本理论，根据广州的实际 GDP 增长情况，通过构建包括产出、通货膨胀率和失业率的动态系统来获得对产出缺口和自然失业率的估计。

经过卡尔曼滤波迭代以及动态预测，估计出 2011～2030 年广州市GDP 增长率，结果见表 9 - 2。

表 9 - 2   2011 ~ 2030 年广州市 GDP 增长率预测结果

年份	增长率(%)	区间(%)
2011 ~ 2015	9.8	9.6 ~ 10.1
2016 ~ 2020	9.5	9.32 ~ 9.68
2021 ~ 2025	9.07	8.9 ~ 9.23
2026 ~ 2030	8.71	8.58 ~ 8.82
2011 ~ 2030	9.22	8.77 ~ 10.32

从表 9 - 2 可以发现，广州市 GDP 的增长呈现逐渐放缓的趋势，GDP 增长率逐渐下降，2021 ~ 2025 年甚至可能跌破 9% 。广州市 GDP 增长具有以下几个特征。

第一，实际 GDP 增长率与潜在 GDP 增长率较为一致。数据显示，广州市 2012 年 GDP 增长率为 10.2% ，与估计的 10% 基本一致。同时，实际 GDP 与潜在 GDP 的产出缺口也基本反映了广州市 1978 ~ 2010 年的现实经济运行情况：1978 年改革开放之初，广州市的经济发展处于起步阶段；1994 年 10 月 8 日设立珠江三角洲经济区，以广州与深圳为中心开始大力发展第二、三产业，自此广州市经济开始快速发展。由图 9 - 1 可以看出，从 1993 年开始广州市 GDP 呈现指数级增长，同时开始出现产出缺口。

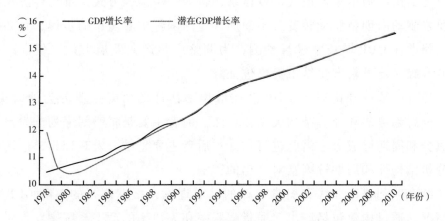

图 9 - 1   1978 ~ 2010 年广州市实际 GDP 增长率与潜在 GDP 增长率比较

第二，模型结果较符合广州的经济发展实际情况。广州市的经济发展外贸依存度较高，产业主要以制造业为主。2001 年中国加入世贸组织，为广州市的发展提供了新的契机，同时广州市政府也制定了相应的"十一五"和"十二五"规划，大力发展第二产业、第三产业，1998 年爆发亚洲金融危机，受宏观经济环境影响，产出缺口开始逐渐减小，2007 年达到最低。2007 年国务院出台了《珠江三角洲地区改革发展规划纲要（2008～2020 年）》，珠三角地区产业聚集及城市化进程加速。2009 年始，国内通货膨胀率较高，国家开始实施紧缩的货币政策，受此影响，广州经济发展逐渐放缓。

第三，从预测结果来看，广州市 GDP 将在未来 20～30 年处于平稳增长阶段并有一定程度的下调。这不仅与目前国家发展规划、未来发展趋势相符，也与发达国家发展情况相符。国外的经济发展事实表明，当经济增长到一定程度后，经济增长率将逐步降低。受世界经济危机影响，广州与美国、欧盟的贸易量下降，广州的 GDP 增长率也开始出现下滑趋势。通过调整产业结构、降低外贸依存度、发展自身高新产业、保持可持续增长，以应对全球贸易的新挑战，已成为广州科技规划的一项迫切任务。

二 广州科技创新发展面临的机遇与趋势

（一）科技创新和智慧广州建设的战略位置更加突出。随着经济全球化的推进，科技创新活动日趋全球化，科技创新资源的集聚与扩散将达到前所未有的深度与广度，广州市承接国际科技创新资源转移、科技人才集聚的机会和获得国际先进科技成果的机会也将大大增加。

为加快建设现代产业体系，推动经济社会由要素驱动向创新驱动转变，2011 年广州市第十次党代会"12338"的决策部署，把建设智慧广州放在前所未有的战略高度，并绘制出智慧城市建设与发展的"树形"结构图。同时，广州市实施"三个重大突破""五个全面推进"的战略部署，以"绿色、低碳、智慧、可持续发展"为核心理念，出台了《珠江三角洲地区改革发展规划纲要（2008～2020 年）》《广州市国民经济和社会发展第十二个五年规划纲要》《广州市"十二五"科学技术发展规划（2011～2015）》，从战略选择、创新激励、产业发展、人才保障等方面优化政策环境，为智慧广州建设提供了重要保障。

（二）新一轮科技革命催生一批战略性新兴产业，推动全球的产业结构调整。以新能源、新材料、信息与生物技术为核心的新一轮科技革命，将催生一批战略性新兴产业，推动全球产业结构调整。这场变革将给广州市经济、科技及新兴产业发展带来巨大机遇。同时，国际、国内都在积极准备迎接这场变革，势必加剧各国和城市间的竞争，给城市发展带来巨大的机遇和挑战。

（三）城市对创新资源的激烈竞争带来巨大挑战。《珠江三角洲地区改革发展规划纲要（2008～2020年)》《粤港合作框架协议》《广佛同城化发展规划（2009～2020年)》等政策文件的全面实施，将会加快珠三角经济一体化及穗港澳台合作步伐，有助于区域科技要素的流动和协同，在进一步强化广州区域科技创新中心地位的同时也为创新资源的激烈竞争带来巨大挑战。

三　广州科技创新发展的优势与障碍

（一）广州科技创新发展的优势

珠三角地区强大的制造能力和广州的产业基础为广州创新能力的提升提供良好的互补环境；国家中心城市良好的发展环境吸引着高质量的优秀创新人才；科技与金融融合发展；营商环境改善和制度创新不断推进；现代服务业发展迅猛；创新驱动战略实施，智慧城市、国家创新型城市建设成交显著；新型城市化发展取得重大突破；创新潜力得到发挥；创新体系不断整合，国际合作深化。

（二）广州科技创新发展的障碍

1. 创新投入不足。研发投入强度是国际通行的反映一个国家或地区科技发展水平的评价指标，体现的是知识创新和自主创新的投入水平。按照建设国家创新型城市的要求，社会研发投入占GDP的比重至少应该在2%以上。广州的研发投入占GDP的比重仅为1.92%，不仅长期落后于北京（5.83%）、深圳（3.66%）、上海（2.9%）三大城市，而且低于天津（2.6%）、苏州（2.45%）等城市。

2. 高新技术产业竞争力不强。高新技术产业对高端创新人才缺乏吸引力和承载力。2011年广州规模以上高新技术产品产值达到6353亿元，同比增长15.9%，占工业总产值的40%，产业规模在"十大创新型城市"中排名第三，但增幅却在这些城市中居末，与已过万亿的深圳（11875.61 亿元）、苏州（10516.15 亿元）的差距不断拉大。

3. 企业自主知识产权产品少。广州企业专利总量不大，发明专利稀少，支柱产业与高新技术产业专利严重缺乏。2010 年广州市专利申请量为 20801 件，2011 年达到 28087 件，同比增长 35%；2010 年发明专利授权量 1988 件，同比增长 58.2%；2011 年全市发明专利申请量和发明专利授权量分别达 8172 件和 3146 件，同比增长 25.7% 和 58.2%（见图 9 - 2）；2011 年全市商标注册量增至 21.5 万件，同比增长 16%。但从横向比较来看，广州知识产权创造能力有待进一步提升。首先，广州专利总量偏低。2009 年，广州专利授权总量为 11095 件，低于北京（22921 件）、上海（34913 件）、深圳（25894 件）。按常住人口计算，2009 年广州每万人专利授权数为 14.01 件，同样低于上海（18.17 件）、深圳（29.05 件）。其次，广州发明专利偏少。2009 年广州发明专利授权量 1516 件，远低于北京（9157 件）、上海（5997 件）、深圳（8132 件）；2009 年广州发明专利授权量占专利授权量的 13.66%，远低于北京（39.95%）、上海（17.17%）、深圳（31.41%）；2009 年，广州每百万人发明专利数为 191件，低于北京（467 件）、上海（312 件）、深圳（912 件）。

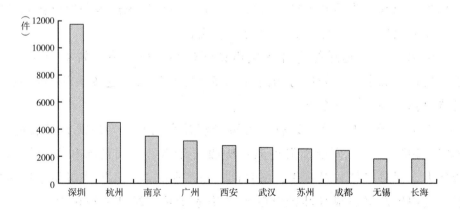

图 9 - 2　2011 年发明专利授权量排前十名的省级城市

4. 科技创新人才资源匮乏。在创新人才储备方面，目前落户广州的两院院士只有 36 人，仅为上海的 23%、北京的 4% 左右；入选国家"千人计划"的海外高层次人才 36 人，仅为上海的 28%、北京的 12% 左右。

第三节　广州创新发展的指导思想与发展目标

一　指导思想

以自主创新、需求主导、重点支撑、开放协同为基本原则，实施创新驱动战略，以加快实现转型升级、建设国家中心城市、培育区域创新中心为核心，以改善创新环境、优化科技布局、提高自主创新能力、推进科技成果转化、培育发展战略性新兴产业为重点，着力突破前沿技术和产业关键核心技术，加快战略性新兴产业的发展，构建以知识创新为引导、技术创新为主体、服务创新为支撑的城市综合创新体系，支撑和引领城市绿色、低碳、智慧和可持续发展，为广州建设国际中心城市奠定坚实基础。

二　发展目标

到 2020 年，基本建立完善的社会主义市场经济体制，形成以现代服务业和先进制造业为主的产业结构，不断集聚科技创新资源，提高科技研发水平，增强科技产业化能力，提升科技辐射与带动能力，支撑和引领城市绿色、低碳、智慧和可持续发展，形成具有世界先进水平的科技创新能力，成为国内走向国际中心城市的先进代表。

到 2030 年，通过综合性的城市创新体系，构建现代新型产业体系，建设现代、和谐、有创造力的高收入高智能化城市，建成国际中心城市。具体目标分为以下三个方面。

自主创新能力增强，以科技促进经济社会均衡发展的能力显著增强。2013～2020 年，主要依赖引进消化吸收再创新、协同创新和提升技术创新能力，促进科技成果转化，培育创新型产业集群，不断完善城市创新体系，实现生产率的提高和经济的平稳快速增长。2021～2030 年，主要依靠原创性的发明创新，重视基础研究和企业创新能力的提升与应用，将广州建设成为中国乃至世界城市创新的领先者。

坚持低碳经济、智慧城市、幸福生活三位一体的城市发展理念，强化人才、知识、创新的发展新动力，推进重点领域的科技创新。实现产业结构高端化，促进高端创新人才集聚，完善智能城市运行体系。进一步完善战略性信息基础设施，建成并完善智能化管理和服务系统，新一代信息技术取得突破。推进低碳节能，增强绿色发展能力，建成国际化程度更高的开放性城市。

自主创新成为城市发展的核心动力与后续引擎，建立综合性的城市创新体系，注重创新质量与创新效率。推进创新型城市建设。推进体制机制创新、社会管理创新、商业模式创新，营造鼓励创新的社会氛围，最大限度激发城市的发展活力。

三　具体目标和相关量化指标

科研创新投入强度大幅提高。全社会研发经费投入占 GDP 的比例到 2016 年达到 2.5% 以上，2020 年提高到 3.1% 左右①。企业研发投入强度明显提升，大中型工业企业中有科研机构的比例 2016 年提高到 37%，2020 年达到 45%；规模以上工业企业研发支出占全社会研发支出比例 2016 年提高到 66%，2020 年达到 70%；基础研究和前沿技术研究投入持续增加；科技创新投融资渠道进一步拓展。

高新产业发展迅速。至 2016 年，规模以上工业高新技术产品年产值达到 11000 亿元，占规模以上工业总产值的比重超过 46%；至 2020 年，该项指标预计达到 14000 亿元，占规模以上工业总产值的比重超过 52%。经国家认定的高新技术企业，预计 2016 年增加到 1600 家，2020 年达到 1900 家。

科技创新更加惠及民生。科技在解决群众健康、能源紧张、大气污染、交通拥堵等问题方面取得重大突破；科技更广泛地应用于城市建设、社会民生、生态建设等领域，数字家庭、智慧社区、智慧医疗、社会保障信息化等新应用进一步普及。预计至 2016 年，国际互联网普及率提高到 87%，至 2020 年，提高到 90%。

科技创新平台建设稳步推进。建成一批重大科研基础设施和创新平台，形成比较完善的公共科技资源共享机制和服务体系；由创新型企业和科技研发、科技服务等关联机构组成的创新集群布局更加合理。至 2016

---

① 结合《广州市"十二五"科学技术发展规划（2011~2015 年）》对科研投入预测指标进行调整。以下主要目标的计算与此类似。

年，国家重点实验室、工程中心、工程实验室等创新平台达到 72 家，2020 年达到 85 家。国家级科技企业孵化器 2016 年增加到 16 家，2020 年达到 20 家。

高端创新人才队伍进一步壮大。培育一批具有国内先进水平的科学家和研究团队；集聚一批创新创业领军人才和团队。每万名劳动力从事研发的人员数 2016 年达到 96 人，2020 年达到 100 人。全民科学素质显著提高，公民具备基本科学素质的比例 2016 年达到 6%，2020 年提高到 9%。

科研成果转化能力进一步提升。至 2020 年，每百万人口年发明专利授权量 2016 年达到 410 件，2020 年提升到 600 件；企业、高校、科研机构专利申请量占全市总量的比例 2016 年达 72%，2020 年提高到 79%。科技管理改革取得明显进展，激励自主创新的政策有效落实，全社会创新环境进一步优化。科技辐射与扩散能力显著提高。广州更加积极地参与全球科技资源配置，在新一轮经济发展方式转型过程中发挥更大的支撑和引领作用。

第四节　广州创新发展的主要任务

一　建设战略性科技创新平台，支撑华南科技创新中心的发展

优化科技创新基地和平台的建设布局，推进广州高新区各园区、中新广州知识城、广州国际创新城、广州国际生物岛等科技园区建设。着力构建中国软件名城。推广土地资本、金融资本、产业资本融合发展模式，推动大学科技园、民营科技园、专业镇发展壮大。重点支持建设一批科技企业孵化器和加速器，建设 20 家左右的国家级科技企业孵化器，面积 800 万平方米以上，在孵企业达到 10000 家。依托广州超级计算中心，发展工业设计、文化创意等一批大数据产业。加快建设光电子与纳米材料、发光材料与器件、机器人、呼吸疾病等一批国家级重点实验室，优化提升移动通信、基因工程药物、数字家庭等一批国家级工程技术研究中心。推进专利信息服务平台建设和推广应用，为企业技术创新提供支撑。

二 强化企业在技术创新体系中的核心地位，提升技术创新能力

提升企业技术创新能力。支持大型企业设立研发中心，引导中小型企业联合设立行业研发中心和研发联盟，增强企业自主知识产权的应用和转化能力。落实企业研发费用税前加计扣除政策。制订科技企业成长路线图行动计划和相关政策，针对科技企业的不同成长阶段予以政策支持。对创新型企业和科技小巨人企业，按企业研发投入额度由市、区（县级市）两级财政给予一定比例的资金资助。实行"一对一"特别帮扶措施，推进企业创新能力建设。对成长扩张期的科技企业，积极引导其利用资本市场规范发展，对改制上市的科技企业予以奖励和成本补助。

促进引进技术消化吸收再创新。利用财政性资金或国有资本引进重大技术、装备的企业，应当编制引进技术消化吸收再创新方案，并由科技主管部门联合有关部门组织专家论证。重点支持企业和研发机构对引进境外的技术进行消化吸收再创新，协调落实相关优惠政策；对同步设立核心技术研发机构的重大外商投资项目，根据其对地方经济社会的贡献，按比例给予一定的补贴，用于技术研究开发。对企业引进消化吸收再创新的成果，获得各级科学技术奖或专利的，给予奖励。鼓励企业将引进消化吸收再创新的产品和服务参与政府采购。

三 促进协同创新，建设科技创新体系

深化珠三角区域科技合作，发挥广州中心城市龙头带动、集聚辐射作用，在重大技术攻关、科技基础设施、公共服务平台、科技服务体系等领域，开拓合作渠道，建立合作机制，有效整合区域创新资源。建立地方、企业和高等院校、科研院所协同创新联盟。积极拓展与国内外大院大所合作的方式与渠道，在科技园区布局一批科技合作基地，引进高端资源。支持企业与高等院校、科研院所开展产学研用协同创新，设立校企联合研发机构。建立产学研用创新联盟、区域创新联盟、科技园区联盟、创业投资联盟等一批协同创新合作平台。支持和鼓励各创新主体根据自身特点和优势，探索多种形式的协同创新模式。

深化产学研合作，建立科技成果转化项目数据库和企业科技需求数据库，定期发布产学研合作攻关需求；建立以企业需求为导向的产学研公共

服务平台，形成常态化的产学研合作交流机制；设立产学研用合作专项资金，支持建立产学研用合作示范基地；支持探索产学研用结合的有效模式，鼓励企业、高校、科研机构建立以技术合作开发为目的的利益共同体，实行知识产权共享、长期互助合作的机制；引导和支持企业、高校、科研机构实行共建研发机构、互派人员、定向培训等合作方式；鼓励公共创新平台探索企业会员制等模式；引导发展产业技术创新战略联盟，试行委托联盟组织实施所在领域的重大科技专项。

完善科技创新资源共享机制。市财政设立专项资金，实行公共创新平台共享补助政策，推动创新平台和科研仪器设备向企业、社会开放。建立财政性资金购买科研仪器设备审查制度和大型仪器设备信息公开制度，推进科技资源共享。

高标准推进广州国际创新城建设，加快广州国际科技合作交流中心、中乌联合研究院和广东—独联体国际科技合作联盟、伯明翰大学广州中心等一批国际科技合作创新平台建设，打造国际科技孵化基地，增强国际创新资源集聚的能力。引进高端创新资源，支持境外研发机构和跨国企业来穗开展技术研发、转移和成果转化。吸引跨国公司研发中心入驻。

推动广州校地协同创新联盟的建设，整合广州地区高等院校、科研机构、企业等各方面的创新资源，汇集智慧助推广州新型城市化发展。采取行政运作、事业运作、企业运作、市场运作有机结合的运行机制，搭建协同创新平台，探索协同创新机制。

企业申报或者联合高等院校、科研院所申报国家、省重大科技项目获得支持的，组织单位有明确配套要求和配套比例的，市财政按项目要求的比例予以配套；组织单位有明确配套要求，但没有明确配套比例的，市财政视财力情况予以配套资金支持。

四　培育创新型产业集群，提升高新技术产业竞争力

重点支持产业上下游技术协同创新，组织战略性新兴产业和传统优势产业核心关键技术攻关。以智慧城市建设推动电子信息产业结构优化升级，大力发展电子商务、软件、云计算、物联网、互联网、高端电子、数字家庭等新兴产业，催生一批新一代信息技术新模式、新业态。围绕建设

广州国际生物岛、广州国际健康医疗中心、广州国际健康产业城,实施一批生物技术重大项目,打造生物与健康产业创新集群。以广州科学城、番禺节能科技园等为载体,加快节能环保、新能源、新材料与高端制造等产业技术创新。

新一代信息技术产业。积极实施新型显示技术、数字电视和数字家庭、新一代宽带无线移动通信、电子音响产品、移动互联网、重大软件产品、云计算、物联网和下一代互联网八个重大专项,加快引进和发展具有自主知识产权和关键核心技术的重大项目,增强自主创新能力,培育龙头骨干企业。着力推进专业园区和公共服务平台建设,完善产业集聚环境,促进产业快速健康发展。建设中国软件名城和国家物联网示范城市,建设"智慧广州"。

新材料产业。通过实施关键基础材料与新材料重大专项,鼓励产学研联合和产业链整合,提升稀土新材料、显示与照明材料、车辆与船舶结构材料、能源基础材料、绿色化工材料等领域的研发和产业化水平;突破下游相关产业发展急需的基础材料的产业化关键共性技术,提高新材料产业创新能力和创新水平,促进新材料产业向高端化、规模化、集约型发展,做大做强新材料产业,培育金发科技、杰事杰新材料等一批龙头企业,逐步建成华南地区产业特色鲜明、竞争力和影响力较强的新材料产业基地。

生物产业。根据产业需求,积极开展重大新药创制、生物医学工程产品与技术、生物技术外包服务等三个重大专项,推动产业的技术创新,在药物创制等领域突破一批具有重大支撑作用的关键技术,推出一批重大创新成果,加快推动成果产业化步伐,形成超 2000 亿元的生物产业集群,不断提升产业核心竞争力。

节能环保产业。在高能耗工业节能、绿色智能建筑技术、资源综合利用及循环经济、污染控制等领域展开关键技术研发,实施节能环保标志性示范工程,建设一批新能源综合示范区、绿色智能示范工程、循环经济示范区和绿色社区,完善能源环境基础设施,逐步提高节能环保技术标准,限制高能耗和高污染产品,加快推进低碳广州建设。

新能源汽车产业。抓住国家倡导发展新能源汽车产业的有利机遇,以提升技术研发水平和市场竞争力为核心,开展新能源汽车动力电池重大专项,建立整车开发平台,加快研发混合动力和纯电动汽车关键技术,推动新能源汽车产业迅速发展，加快建设国家节能与新能源汽车示范推广试点城市。

新能源产业。瞄准国内外先进技术水平，开展半导体照明关键技术及示范应用重大专项研究，在太阳能、风能、生物质能、空气能利用等领域展开关键技术研发，开发一批重大科技产品；加快推进新能源的开发利用，在可再生能源发电、替代燃料等方面建立一批研发基地、中试基地、技术转移平台；推进一批应用示范和产业化工程，拓展和营造新能源利用的市场，形成依托自主知识产权和集成创新成果的新能源产业。

商务会展业。推动信息技术向商务会展业渗透，加速商务会展业信息化和网络化发展，促进新技术、新业态、新模式与传统会展商务模式的融合，发展与传统会展相结合的"网上会展"新形态；重点研发提高服务水平的虚拟会展技术、会展场馆设计技术等现代会展技术。

金融保险业。加快推进信息技术在银行业、保险业、信托业、证券业、租赁业等领域的应用，积极发展电子商务、网络银行、网上交易等，不断提升金融保险业的创新能力。

现代物流业。利用广州市为华南地区交通枢纽和临港的优势，建设专业化现代物流园区和物流中心，推进物流业向标准化、体系化发展。进一步完善广州市电子口岸，加快构建现代物流采购与配送体系、物流交通枢纽信息管理系统，建设若干电子物流信息平台，加快建立南方物流公共信息平台，提升现代物流产业竞争力。

文化创意产业。建设文化创意产业的公共信息服务平台及专业化、特色化交流、展示和交易平台，提升文化创意产业源头创新能力，培育文化创意品牌；大力推动产业园区建设，重点建设国家动漫产业基地综合示范园区，培育具有竞争力的文化创意产业集群。

五　整合区域创新资源，促进区域协调发展

广州市要充分发挥省会城市的优势，增强高端要素集聚、科技创新、文化引领和综合服务功能，进一步优化功能分区和产业布局。优先发展高端服务业，加快建设先进制造业基地，大力提高自主创新能力，率先建立现代产业体系。增强文化软实力，提升城市综合竞争力，强化国家中心城

市、综合性门户城市和区域文化教育中心的地位，提高辐射带动能力。将广州建设成为广东宜居城乡的"首善之区"，建成面向世界、服务全国的国际大都市。

整合资源，错位发展。在"十二五"时期广州市基本形成"两区两带—创新集群"的科技发展空间布局。"两区"是指"中部科技聚集区"和"北部科技拓展区"；"两带"是指"东部科技增长带"和"南部科技增长带"；"创新集群"是指在某一特定地域范围内（两区两带），针对若干产业领域，由若干具有共性和互补性的创新型企业和科技研发、科技服务等关联机构形成的若干创新聚集区。

优化中部科技聚集区。中部科技聚集区由越秀区、天河区、荔湾区、海珠区的大部分区域及白云区南部组成。该区域科研机构密集，智力资源丰富，信息资源发达，科技设施完备，研发平台聚集，重点实验室、工程中心占全市比重达78%，信息产业、文化创意、研发设计产业十分发达。

建设北部科技拓展区。北部科技拓展区主要包括白云区北部、花都区和从化市，该拓展区是高新技术产业创新聚集区，以技术创新引领转型升级为主体功能。依托广州民营科技园、花都汽车城、广州（花都）光电子产业基地和从化"华南智慧谷"数据产业基地，积极承接核心区与增长带的辐射，大力引进科技资源，支持专业镇创新平台建设，支持物联网技术在专业镇推广使用，支持专业镇现代产业服务链整合创新，加大科技成果孵化器和中试基地建设，加快产业聚集区向创新集群的跃升，进一步打造布局合理、产业聚集的科技拓展区。

打造东部科技增长带。东部科技增长带起于天河软件园高唐新建区，向东延伸至增城经济技术开发区，该增长带是战略新兴产业创新集群核心区，以高技术创新应用和产业化、实现国际竞争力为主体功能。以"东进"战略为指导，以天河智慧城核心区、广州科学城、中新广州知识城、增城经济技术开发区等创新集群为依托，打造科技引领产业经济发展的科技增长带。

构筑南部科技增长带。南部科技增长带起于国际生物岛，向南延伸到南沙科技创新示范区，包括海珠区部分地区、番禺区与南沙区，是科技发展模式创新与特色产业创新核心区，以国际和区域科技合作、科技金融创新、低碳引领、技术创新转移示范为主体功能。进一步深化"南拓"战略，以广州国际生物岛、广州国际科技合作产业园、番禺节能科技园、广州国际科技交流中心和南沙科技创新示范区五大科技创新集群为依托，构筑创新活力强、具有国际一流创新水平的科技增长带。

六 培育和引进创新创业人才，激励科技人才创新创业

培养一批优秀创新型人才和企业家，吸引一批拥有自主知识产权或掌握核心技术、具有海外自主创业经验的创业领军人才。加快建设"千人计划"南方创业服务中心，实施"红棉计划"、创新创业领军人才"百人"计划、珠江科技新星培育计划，引进和培养海内外人才创新创业。创新"3＋N"主题办会模式，不断提升广州留交会人才聚集效应。扶持科学家工作室开展创新活动。实施科技人员创业工程，支持科技人员创办科技型企业。加强与高等院校、科研院所、企业合作，建设一批特色专业学院、技师学院，有针对性地选拔资助优秀学生赴海外留学深造，培养战略性新兴产业发展急需的专业人才和技能人才。建设国家级区域性人才信息资源中心和服务中心，形成珠三角高端科技创新人才聚集地。

鼓励高等院校、科研院所以科技成果作价入股的企业、国有控股的院所转制企业、高新技术企业实施企业股权激励以及分红激励，对做出突出贡献的人员给予股权奖励、股份期权、分红权、科技成果收益分成等激励。推动高等院校、科研院所与企业之间人才双向交流，鼓励符合条件的企业优秀领军人才在高等院校、科研院所评职称、兼职、授课、培养研究生，支持高校教师和科研人员到企业兼职服务并取得收入。

七 促进创新资源的共享与科技成果转化，完善科技服务体系

培育一批科技咨询、科技中介服务机构，发展一批多专业的综合技术服务联盟，加快"广东现代服务超市"和科技服务研究院建设，重点发展研发设计、技术转移转化、技术服务外包、检测认证服务、科技咨询和创新创业等科技服务业，探索科技服务模式创新，构建和完善社会化、网络化的科技服务体系。

争取国家和省的支持，赋予广州地区高等院校、科研院所对科技成果处置和收益的更大自主权。实施重大科技成果转化示范工程，运用贷款贴息、股权投资、无偿资助等方式支持重大技术成果转化，建立自主创新产

品推广应用机制。探索政府以股权投资方式参与重大科技成果产业化。加强国家专利技术广州展示交易中心、广州技术产权交易所建设，加大市专利发展专项扶持力度，推进知识产权交易，促进企业重点专利技术产品成果产业化。充分发挥广州股权交易中心的作用，支持非公开上市科技企业进行产权交易。

科技计划项目对具有或可能形成自主知识产权的研究开发项目予以优先立项，应用性研究开发项目以获得知识产权作为项目验收的主要指标。强化市专利申请资助力度，适度提高资助标准，扩大资助范围。对申请、代理专利做出重要贡献的单位给予定额资助；委托专利代理机构申请发明专利的，其代理服务费给予定额资助；申请《专利合作条约》缔约国发明专利保护和具有知识产权的新药临床，给予申请费用定额资助。对企事业单位专利申请和商标注册大户，给予奖励或补贴。对企业、高等院校、科研院所、行业协会等主导或参与国际标准、国家标准、行业标准和地方标准的制定和修订的，给予不同额度的资金支持。

完善科技创新资源共享机制，市财政设立专项资金，实行公共创新平台开放共享补助政策，推动创新平台和科研仪器设备向企业、社会开放。建立财政性资金购买科研仪器设备审查制度和大型仪器设备信息公开制度，推进科技资源共享。

八　促进科技与金融结合，发展支持创新创业的多层次资本市场

完善科技与金融结合服务平台，推动科技创新链条与金融创新链条的有机融合，形成多元化、多层次、多渠道的科技投融资体系。鼓励发展创业风险投资和股权投资，设立市级创业投资引导基金，为战略性新兴产业发展提供支撑；实施科技型企业上市路线图计划，鼓励企业上市融资；完善科技担保体系建设，创新政策性担保资金运作模式，为获得各级科技计划支持、具有专利的产业化项目提供担保；支持广州高新区成为新三板试点园区，发展多层次产权市场；鼓励中小企业发行集合债券，扩大债券融资规模；制定科技保险保费补贴扶持政策，开展科技保险，降低企业研发风险；创新科技信贷业务，拓宽贷款渠道；成立科技成果转化基金，加速推进科技成果转化；研究制定鼓励商业银行服务科技型中小企业发展的支持政策，如扩大市科技型中小企业贷款担保专项资金的规模，加快推进商

业银行设立信贷专营服务机构，鼓励创投企业落户广州。实施科技保险补贴和专利保险补贴。

九　完善信息基础设施，建设智慧广州

实施宽带网络工程。加快推进光纤到户、"无线城市"宽带网络、宽带移动通信网和双向数字有线电视网络等新一代宽带网络建设，积极推进三网融合试点建设。建设国际云计算中心。实施"天云计划"，加快建设广州超级计算中心和电子政务云计算平台。建设城市大数据信息资源库。建立全市统一的基础地理空间信息资源体系，构建智慧广州核心战略信息资源。建立可控的信息安全保障体系。建设信息安全监测、预警和应急指挥系统。加强物联网、云计算、智能处理等安全技术攻关和应用。

全面推进智能交通工程。实施智能交通规划。加快建设交通动态信息感知设施，推广应用物联网、交通仿真等智能技术，缓解交通拥堵。推广电子票务应用。加快建设智能港口工程。建设港口货物物联网、港区智能管理系统，实现对进出港区船舶、车辆、货物的实时视频监控、自动感知、智能调度和管理。建设智能电网工程。推进用电和配电环节的智能化改造，普及远程智能电力终端，提供双向互动智能用电服务。加快建设智能水网工程。建设智能供水保障系统，建立覆盖供水全过程的水质感知网。建设三防智能决策系统。建设智能安全供气工程。建设城市低耗、安全、高效的智能气网，实现对液化气充装站、汽车加气站、天然气门站、调压站、燃气终端等设施的在线监控。

其他方面还包括建设高效便民的电子政府，推进城市管理智能化，发展智慧广州新产业，创造智慧广州新生活，促进智慧民生，营造智能化生活环境，建设智慧广州示范区等重要任务。

十　创新管理体制，形成良好的创新环境

加强对市科技和信息化发展的统筹协调，建立健全高新园区协调机制，强化统筹规划，整合资源，实行统一发展政策。统筹全市财政科技经费，集中资源办大事。完善科技计划体系和财政科技经费使用办法；建立绩效、效益导向机制，提高财政科技投入的效益；建立科技计划实施绩

效、项目立项公开制度，财政科技经费投入绩效评价制度。探索建立对企业研发项目的后补助或奖励制度。提高科技计划项目人员经费和间接费用比例。鼓励高等院校、科研院所联合企业申报科技计划项目。科技计划项目形成的科技成果在发表论文前应申请专利。

充分发挥政府主导作用，加大资金和人员投入，完善保护创新的法规体系建设，优化维护公平公正的法律环境和保护创新的市场环境，使各类创新主体公平竞争获得创新资源。进一步落实国家和省有关科技进步的法律法规。加快制定《广州市科技创新促进条例》，完善科技成果转化、知识产权保护的政策措施。各科技园区要为创业企业提供全方位、一站式的综合服务。加大对科技创新活动和科技创新成果的法律保护力度，加强知识产权保护执法，对高新技术企业的商标海外注册、商标质押给予资金扶持，严厉打击侵权、制售假行为，维护市场秩序，鼓励和保护创新。

在全社会弘扬创新创业文化，培育创新意识，提倡敢为人先、勇于探索的精神，营造激励成功、宽容失败的社会氛围。举办科技创业论坛、创业大赛等活动，活跃广州创新创业氛围。建立科学研究与公众沟通的体制和机制，向公众传播前沿科技研究成果。增加科普经费投入，加强科普基地建设，创新科普传播手段，实施基层"科普行动计划"和"市民信息能力提升行动"等专项活动，鼓励高等院校、科研院所定期向公众开放，提升公众科学素质。

第五节　走向国际中心城市的创新驱动十大工程

一　高端创新载体和平台工程

积极争取国家科技重大基础设施和重大创新平台布局，推动建设一批国家级重点实验室、工程技术研发中心和企业技术中心，提升广州在国家科技创新战略中的地位。高起点谋划建设一批技术、人才密集的产业集聚区，吸引国内外高端人才创新创业。特别是加快推进以中新广州知识城、广州开发区、天河软件园、增城开发区和黄埔区为核心的东部高新技术产业带建设。充分发挥广州大学城和南沙新区的优势，围绕粤港澳及国际科技合作产业和知识创新产业，加快建设国际科技合作高地。良好的创新平台应该集引领带动性、综合性、交叉性、集成性、开放性、共享性、经济性于一体，对于技术集聚、人才集聚、资源共享、信息交流起到良好的促进作用。具体来说，有以下几个方面。

高等院校的科技创新平台建设。促进学科的交叉、融合与资源的共享，以学科建设为核心，充分集成各个方面的资源，打造高水平创新人才涌现的知识平台，完善学科建设和科研发展的支撑体系。重视和加强人才队伍的建设，制定相关政策保障这些人才的工作和生活条件，稳定队伍。要集中人力、财力和物力建好实验设备与信息资源的共享平台。培育学科领军人物，使其起到学术团队的引领带动作用。进一步改革人事管理体制，对进入平台研究的人员实行招聘合同制，制定相应的工资待遇政策。

联合科技创新平台建设。建立地方、企业和高等院校、科研院所协同创新联盟，积极参与国家、省联合开展的自主创新综合实验，扩大与中国科学院、中国工程院等各类国家科研机构和"211 工程"大学尤其是"985 工程"大学的合作领域和规模。积极参与国家自然科学基金委员会—广东省人民政府联合基金建设，推进广州市源头创新能力的提升。积极争取国家、省对广州自主创新的政策、资源指导和支持，创建全省自主创新综合示范区，建立省市有关部门参与的协调机制，搭建省市联合创新政策资源平台。进一步深化珠三角区域科技合作，发挥广州中心城市龙头带动、集聚辐射作用。推进部省市共建产学研合作示范基地，组建若干个部省市产学研技术创新联盟，在重大技术攻关、科技基础设施、公共服务平台、科技服务体系等领域，开拓合作渠道，有效整合区域创新资源。

高新技术重点发展领域创新平台建设。依托广州超级计算中心，发展生物健康、工业设计、文化创意等一批大数据产业。加快建设光电子与纳米材料、发光材料与器件、机器人、呼吸疾病等一批国家级重点实验室，优化提升移动通信、基因工程药物、数字家庭等一批国家级工程技术研究中心。推进专利信息服务平台建设和推广应用。推进建设一批产业共性关键技术服务平台和专业孵化器。

科技公共服务平台建设。探索科技公共服务模式创新，推进科技公共服务业创新发展。加大投资力度，进一步完善广州市科技信息网络系统，组建广州地区大型科学仪器协作共用网、具有地方特色的广州生物种质资源库，支持具备技术优势的科研机构为行业、企业和社会提供技术服务。

建设一批科技公共服务示范机构、示范基地，形成科技服务专业化、网络化发展格局。

二　创新型企业培育和示范工程

每年重点培育 100 家创新型示范企业，通过支持企业技术创新，帮助企业引入创新要素，增加科技含量，扩大初创期企业规模，推动一大批处于成长期的科技型企业实现快速发展，成长为创新型骨干企业。重点支持具有一定规模和良好成长性的企业，提升技术创新能力，扩大市场占有率，增强竞争力，促进初创期科技型中小企业规模迅速扩大。

通过政府引导、企业示范，形成一批在国内或国际同行中具有领先地位的创新型企业，培养和造就一批创新型企业家。每年培育 30 家创新型示范企业、70 家创新型试点企业，5 年共培育 500 家左右创新型骨干企业。

三　协同创新工程

积极拓展与国内外科研院所的合作方式与渠道，在科技园区布局设立一批科技合作基地，引进高端资源。组织实施国际和区域科技合作专项，建设"中国（广州）国际科技交流合作中心"。将"留交会"打造成广州国际科技合作的重要平台。着力在材料科学与工程、轻工技术与工程、化学工程、高分子化学与物理、临床医学、生物学、作物遗传育种、食品科学、通信与信息系统、光学等优势学科和重要学科领域布局建设一批区域及国际科技合作基地，推进广东省与中科院共建广东半导体照明产业研究院，推进广东省与乌克兰共建广东省（中乌）研究院。建设一批穗港科技资源共享平台，推进南沙中药国际化检测平台、广州光机电技术研究院与香港科技园共建 LED 检测服务平台等合作项目；推进广州中科院工业技术研究院与香港科技大学等合作共建研发中心和实验室，推进霍英东研究院建立行业工程技术研究中心。

支持企业与高等院校、科研院所开展产学研用协同创新，设立校企联合研发机构。在行政管理和资源配置上打破原有的管理模式，推动广州地区各高等院校、科研单位相互间的科研设备、设施的开放和共享。实现中央、省、市三级互通联动。注意使广州的"十二五"规划、科技中长期发展规划与中央、泛珠三角、省的有关规划相衔接，争取关键的创新项目和重大的创新活动能够纳入中央和省的有关发展规划和创新体系，形成联动协作机制，从而提高广州的区域创新能力。具体来说，通过加快生产力促进、无形资产评估、技术产权交易以及科技咨询等中介机构的发展，建立有利于开展自主创新活动的科技服务体系。充分发挥高新园区、高等学校、科研院所、各类重点实验室、大型企业研究开发中心、外资企业研发中心在自主创新中的重要作用。依托具有行业技术优势的高校科研机构、中科院广州分院等重大创新平台，瞄准行业技术进步的前沿，研究开发产业界急需的共性技术、关键技术和前瞻性技术，加速提升产业技术水平，增强产业整体竞争力。积极开展创新联盟区建设。在广州大学城或广州科学城建立由高校、科研机构和企业共同参与的硅谷式教育科技创新合作区或教育科技创新联盟区，推动重大科技协同攻关，建立穗港澳创新产业联盟，提升创新价值链，努力开发可供改造传统产业和发展高新技术产业的科技成果。

建立产学研用创新联盟、区域创新联盟、科技园区联盟、创业投资联盟等一批协同创新合作平台。

四　创新型产业集群工程

按照国家创新型园区的要求，以科技资源带动各生产要素和创新资源的集聚，推动高新技术产业园区基础设施和配套服务设施建设，实现高新技术园区发展空间的战略扩张。推动科技企业孵化器向集约化、集群化方向发展，重点支持建设一批战略性新兴产业专业孵化器和加速器，完善综合服务功能和专业孵化加速功能，形成孵化网络，为创新创业提供强力支撑。至 2015 年，建成 2 个国际水准的高新技术产业集聚区，3～4 个国家级战略性新兴产业基地，培育 3 个超 2000 亿元的产业集群。建设 15 家国家级科技企业孵化器，全市孵化场地面积 300 万平方米以上，孵化企业6000 家，为加快转变区域经济发展方式提供强有力的科技支撑。

五　高层次人才的培育和引进创新工程

科技人才是自主创新的主体，是自主创新的决定性因素。要实现关键技术的突破，就必须拥有创新型人才。总体来说，通过坚持用事业凝聚人才，通过加大人力资本投资力度，凝聚、造就一批高层次专业人才、复合型人才、高技能人才；以企业自主创新项目为载体，培养学科带头人，探寻"学科带头人＋创新型团队"的人才梯队。有效突破自主创新中的重点、难点和关键技术瓶颈。

先进地区和国家的发展实践经验也表明，从某种意义上说，拥有一批高素质的人才队伍，是促进经济快速发展的最根本环节；加强人才资源能力建设是提高自主创新的基础。对于广州市来说，其自主创新能力的提升离不开对人才资源的开发与利用，因此，如何利用与开发广州市人才资源禀赋优势，充分发挥人才的积极性、主动性、创造性，从而促进广州市高新技术产业的发展，提升自主创新能力，促进经济发展，是目前亟待解决的问题。

利用高校与科研院所培养创新人才。美国许多著名的高科技公司，很多是大学生创业者们利用风险投资创建的，如英特尔的摩尔、葛鲁夫，微软的盖茨、艾伦，惠普的休利特、帕卡德，网景的安德森，戴尔的戴尔，雅虎的杨致远等，他们都是创业者科技创新的典范。据麻省理工学院的一项统计，自 2000 年，该学院的毕业生和教师平均每年创建 150 多个新公司，共雇用 100 多万人，创造近 3000 亿美元的销售额，对美国特别是麻省的经济发展做出了卓越的贡献。可见科研机构是一条重要的技术供给途径。广州市科研院所机构较多，可以以"博士后科研工作站"平台为基础构建创新平台，加大高层次人才的"引智"工作。满足科研任务对短期研究人员的需求，在不增加研究院员工存量的前提下，发挥外部成熟智力的作用，让国内外优秀博士生参与研究院重点课题工作，参与研究院的"创新型科技团队"，促进重点型号研制科研攻关，提高人力资本的使用率。进一步发挥博士后工作站的作用，将工作站作为引进高层次人才的"蓄水池"，不仅充分发挥研究员在站期间的作用，而且在"科研实践"考察的基础上，留用合适人员，力求开创一个"培养—使用—留用"的人力资源引才机制，降低直接从市场招聘高层次人才的风险，使人才快速成长，最大限度地提高人才效益。

坚持自主培养与引进并重，努力造就一支规模大、结构好、能力强的创新人才队伍。发挥广州科技和教育资源优势，搭建高端人才发挥才能的舞台，吸引创新人才集聚。大力培养创新型企业家，选择一批创新能力强、发展潜力大的企业领导，重点跟踪，定期开展培训或送出境外培训。将重大项目引进、重大创新平台建设与创新团队引进相结合，加大高端领军人才引进力度。深化与港澳台的人才合作，推动联合建设创新载体和开展联合研究。以多种形式吸引全球顶级人才来穗开展期限灵活的创新工作，提高人才国际化水平。

培养具有交叉学科、跨学科背景的综合性人才。科技人才工程还包括依托高校平台，构筑优良的科技创新团队，围绕国家中长期科学和技术发展规划确定的战略任务，培养具有交叉学科、跨学科背景的综合性人才。当今世界科学前沿的重大突破、重大原创性科研成果的产生，大多是多学科之间碰撞、交流以及交叉融合的结果。

调整、优化高中初级人才结构。实现自主创新，广州必须建成一支与广州产业发展相适应的，高、中、初级人才结构合理，创新能力强的科技人才队伍，扭转当前高、中级专业人才过多集中在计划经济体制下的事业单位，人才队伍未形成以企业为主体的科技人才集聚的局面。

广州人才资源结构性矛盾日益突出，人才结构不合理与提升广州自主创新能力的要求不对称。经济高速发展与广州科技人才增长速度、规模不匹配。广州的 GDP 与人均 GDP 以高于 10% 的速度持续增长，与之相反，专业技术人员、从事科技活动的人员与科学家等的人数却呈现低增长趋势。这表明广州科技人才数量少，高层次专业技术人才储备不足，创新型人才明显紧缺。在科技进步与自主创新成为推动广州经济社会发展模式转型的主要动力的今天，广州市人才创新能力与经济发展不协调，不能适应广州创新型经济发展的需要。

进一步完善人才引进机制与人才激励机制。推进科技人事制度改革，完善用人机制。比如，由身份管理转为岗位管理，采用固定岗与流动岗相结合的岗位设置制度，打破科研人员专业技术职务终身制和干部身份制度，实行能力综合评价制度，等等。取消行政级别，逐步打破行政任用制度，对有条件的单位实施院所长公开招聘制度，落实科研机构的用人自主权，促进科技人才合理有序流动。

增强科研动力，实行以岗位绩效工资为主体的收入分配制度。事业单位用人制度由身份管理向岗位管理转变，要求以岗位绩效考核作为依据，收入向关键岗位和优秀人才倾斜，实现工资报酬与业绩、贡献挂钩。让知识参与分配，探索产权激励机制，承认人力资本产权，允许科技人员以智力资本的方式入股，充分激发科技人员的积极性和创造性。在倡导效率优先的同时，还要体现社会公平，即从社会层面考虑，提高科技人员的群体收入水平。

建立高级人才的发现、发掘机制。研究院设立博士后科研工作站，采用在培养中使用、在使用中培养的方式，培养和发现高级人才。对博士、博士后等具有创新潜力的高科技人才加强考核，明确单位与个人的责任、权利及其他事项。

科技发展制高点是为了引领和带动战略性主导产业的发展，因此，在科技人才工程中，我们还需要针对产业的特殊性进行不同的人才考量。立足于广州市走向世界的战略规划，我们需要采用纵式人才结构和横式人才结构。

六　科技服务体系工程

一是加快发展科技中介组织。加强对现有公益性科技中介服务机构的扶持。支持建设一批科技成果推广平台、转化平台。加快发展科技中介和咨询业，建立结构合理、功能齐全、运行有序的技术市场体系。二是充分发挥行业协会的桥梁作用。各类行业协会、商会在为企业搭建技术服务平台、推广新产品新技术、提出与建立产品和技术的产业新标准、保护企业知识产权、维护行业秩序等方面发挥着越来越重要的作用。设立专项资金，用于解决商会、行业协会以及专业合作组织在财力、人力方面的困难和问题，加强指导，按照市场经济的要求下放管理权限，支持行业自律发展。三是加快推进高新技术成果的产业化。要组建科技成果推广专门机构，定期举办最新科技成果展示会，在现有科技孵化器公共服务平台的基础上，强化科技成果转化功能。积极引导重点领域的机构和企业加快高新技术成果的产业化进程。

七　科技与金融结合创新工程

科技金融是企业、金融机构之间的桥梁和纽带，在推动科技金融资源集聚和创业投资事业的发展、降低企业融资成本方面发挥着巨大作用。广州经济总量连续二十多年居全国大城市第三位，拥有完善的金融市场体系和众多实力雄厚的金融机构，已初步建成我国重要的区域金融中心；广州高新技术产业园区是我国首批启动开展创新型科技园区建设的 4 家高新区之一。2011 年，广州市高新技术企业数量达到 1257 家，占全省（含深圳市）高新技术企业的 23.5%；全市规模以上高新技术产品产值 6353 亿元，同比增长 15.9%，占工业总产值的 40%；2012 年新增高新技术企业数量 384 家。通过科技与金融的"强强联合"，广州完全有条件率先建成国家创新型城市。同时，未来整个产业的转型升级以及战略性新兴产业的发展，都需要相应的金融服务和金融创新。实施科技金融创新工程包括以下几个重要路径。

探索运用直接无偿资助与有偿使用、贷款贴息、后补贴、以奖代补等相结合的方式，发挥财政科技资金的杠杆引导作用。选择创新型企业与科技小巨人开展科技经费后补贴试点，并逐步扩大范围。研究制定科技经费后补贴办法，鼓励企业围绕城市发展目标和自身发展需要，先行投入开展研究与开发活动，对企业研发投入达到一定标准的，在按规定的程序进行审核、评估或验收后给予一定比例的经费补贴支持，引导企业不断加大研发投入并形成凝聚效应。

积极探索创业投资母子基金、天使投资、科技保险、科技贷款担保、银行贷款风险补偿等多种方式，不断改善和优化广州科技型企业融资环境，推动广州成为全国领先的科技与金融结合试点城市。对种子期、初创期、成长期、扩展期等科技企业成长的不同阶段给予不同的综合扶持，充分发挥科技金融的杠杆作用，在科技企业成长的全过程全覆盖导入科技金融服务，与科技管理有机融合，与科技计划体系无缝对接，实现科技管理和科技金融服务的资源整合，从而形成科技研发、成果转化、创业孵化、企业成长、企业发展等多元化、多层次、多渠道的科技投融资体系。

加大市、区两级政府对科技创新的投入力度，完善资金使用绩效考评，实现从以补助、贴息为主向股权投资、跟进投资等多种方式转变，充分发挥示范和放大效应，加快形成自主创新稳定投入机制。

支持高新技术企业上市融资和发行企业债券，鼓励金融机构开展知识产权质押贷款。开展科技保险试点，支持金融机构和融资担保机构依托高新技术园区搭建科技企业融资服务平台，完善创新型企业成长全周期的金融服务链。

支持银行机构设立科技发展支行。发展科技金融、促进科技金融创新的主要措施是支持银行机构设立科技发展支行，设立科技企业创业投资引导基金，推动科技企业上市、发债，开展科技保险试点，建立以多层次资本市场、科技信贷、科技保险为支撑的科技金融体系。

创新知识产权质押融资工作。开展知识产权质押融资工作，是让创新成果得到回报，促进发明创造转化为现实生产力，使知识产权自身的价值得以体现的一种很好的方式。在全国上下共同努力应对金融危机的时期，知识产权质押融资工作尤其具有重要的战略意义。广州市政府与广州地区银行合作，共同签署了广州市促进知识产权质押融资合作协议，以破解企业特别是拥有自主知识产权的科技型中小企业的融资难题，这对于进一步调整广州的产业结构、加速产业升级和自主创新、促进经济平稳较快发展都具有极其重要的现实意义。

八　创新环境建设工程

创新环境是决定一个国家或地区科技创新能力的重要因素之一。《广州市国民经济和社会发展第十二个五年规划纲要》提出，"十二五"期间，要把广州建设成华南科技创新中心，并实施华南科技创新中心建设工程、信息广州创新工程、现代服务业创新工程、战略性新兴产业创新工程、先进制造业创新工程、创新型园区发展示范工程、社会发展创新工程、创新文化环境建设工程等八大创新工程，这些工程的建设离不开良好的创新环境支撑。

打造一批重大创新载体和创新平台。一是国家重点实验室。建设眼科学、呼吸疾病、亚热带建筑科学、工业产品环境适应性、稀有金属分离与综合利用、华南肿瘤学、畜禽育种与营养研究等国家重点实验室。二是国家工程中心。建设造纸与污染控制、移动通信、聚合物新型成型装备、中药提取分离过程现代化、南海海洋药物、基因药物等国家工程中心。三是国家工程实验室。建设再生型医用植入器械、塑料改性与加工、特高压工程技术（广州）、数字音频编解码技术等国家工程实验室。四是国家级企业技术中心。建设广州珠江啤酒集团有限公司、广州无线电集团有限公司、广州金发科技股份有限公司、广州华南橡胶轮胎有限公司、广州广船国际股份有限公司等公司的国家级企业技术中心。五是重大科技基础设施。建设中科院广州生物医药与健康研究院、广州中科院工业技术研究院、广州现代产业技术研究院、广州机械科学研究院、广州国家南海深海研究中心、华南新药创制中心等重大科技基础设施项目。六是重大创新园区。建设中新知识城（首期）、广州国际生物岛、广州科学城、天河软件园、南沙资讯科技园、增城经济技术开发区、广州民营科技企业创新基地、广州国家数字家庭应用示范基地、南沙科技创新基地、白云国际健康产业城、南方海洋科技创新基地、清华科技园广州创新基地、从化经济开发区三期及高技术产业基地、广东光电科技产业服务基地等重大创新园区。

九 智慧广州与信息基础设施工程

以在线服务为重点，加快电子政务建设。围绕百项政府服务网上办理工程，加快电子政务建设，继续推进门户网站建设。一是大力推进网上市民服务中心和企业网上办事大厅，初步实现计生、民政、公安、人事、社保等一站式便民服务。二是突出抓好百项政府服务网上办理面向市民、面向企业的工程。三是全面推广以社保市民卡、市民邮箱和数字证书为核心的"e证卡"工程。

以扶持引导为抓手，重点发展电子商务。一是以专项资金为引导，带动社会电子商务应用和投资。如2010年安排电子商务发展专项和中小企业电子商务应用扶持资金2300万元，推动5000家中小企业应用电子商务，显著改善了电子商务发展环境。二是市区联动共建电子商务产业集聚载体。如加大投入支持园区公共服务平台建设。三是做好电子商务培训宣传。组织举办"电子商务高级研修班"、"电子商务交易会"和"电子商务体验日"等系列活动。

以融合创新为切入点，全面推动两化融合工作。"两化融合"是利用信息化手段促进工业生产的过程，并在融合中实现工业化和信息化的相互促进。推进两化融合是建设"智慧广州"的重要手段。2010～2020年，"智慧广州"将着力打造"五个新"，即建设一批智慧新设施，推进一批智慧新应用，发展一批智慧新产业，开发一批智慧新技术，创造一个智慧新生活。

推动物联网、云计算等新兴信息技术在政务、商务、生产、生活、教育、文化、卫生等各领域的广泛应用，提升广州信息化总体水平，建设"无线城市、智慧广州"。深入推进国家两化融合试验区建设，分类指导、分类推进两化融合工作。具体包括：通过政策性引导，安排专项资金；抓好示范引导，树立省市级试点示范企业；深化广州开发区等 4 个市级两化融合示范区建设，推动广州开发区两化融合示范区向先进制造业、高新技术产业和现代服务业基地转型；积极探索企业 CIO 制度，组织骨干企业 CIO 集中培训，提高企业对两化融合的认识。

以智慧型基础设施为根基，推动城市智能化管理。加快推进"光纤到户"工程。依托国家超级计算广州中心和国际云计算中心，以智慧型技术为主干，重点推动高端低功耗芯片的研发及产业化。设立专项扶持资金，组织开展物联网、云计算等关键技术攻关。以智慧型产业为骨架，大力发展软件和信息服务业，建设国家电子商务示范城市，打造网络商都，建设中国软件名城。以智慧型应用为目标，初步实现公共安全、电网、地下管线管网以及城市规划、土地利用总体规划、工程招投标等城市管理智能化。推进交通、医疗、社保等民生项目智能化。推进天河智慧城、中新广州知识城、南沙新区等智慧城市试点建设，在各区（县级市）开展智慧社区、智慧乡村、智慧楼宇等试点工作。

抓好"一页、一卡、一库、一平台、一城"等"五个一"工程建设，抓好战略性信息基础设施和战略性信息平台建设，抓好试点工作。

十　民生科技创新工程

民生科技工程旨在紧紧围绕城市经济社会发展中的医药卫生、人口、资源、环境、文化、教育、体育、公共安全、防震减灾、节能减排、环境保护及污染治理等方面的科学技术问题，组织应用研究，推动科学技术普及与创新，提升科技服务社会公益发展的能力，使科技成果为惠民、富民做出贡献，促进经济与社会协调，促进人与自然的和谐发展。

民生科技创新工程是提升广州自主创新能力和创新发展水平，增强城市创新功能和国家中心城市功能，推进广州发展方式转变，辐射带动周边地区走创新发展道路的重要工程。发展民生科技创新工程，具体要做到：组织实施民生科技重大专项，选择重点和优势领域，集中支持医疗卫生、城市交通、环境保护、食品安全、三农科技、公共安全等领域的一批民生需求强、涉及面广、影响大的重点项目，优先解决医疗卫生、交通、环境保护等城市发展和民生领域的关键技术，有效支撑低碳广州和幸福广州的建设。

第六节　广州走向国际中心城市的创新驱动保障措施

一　发挥统筹协调功能，加强组织领导

强化与国家和省级部门联动。积极争取国家创新资源在广州市布局。积极参与国家、省联合开展的自主创新综合实验，扩大与中国科学院、中国工程院等各类国家科研机构和"211工程"高校尤其是"985工程"大学的合作领域和规模。积极参与国家自然科学基金委员会－广东省人民政府联合基金建设，推进源头创新能力的提升。推进部省市共建产学研合作示范基地，组建若干个部省市产学研技术创新联盟。争取国家在城市布局建设重大科技基础设施、重要科研机构和重大创新能力项目，争取承担国家重大科技专项和重大科技支撑计划项目。积极争取国家科技型中小企业技术创新基金加大对市企业的支持力度。加强创新成果的产业化基地建设，争取一批国家重大创新成果在广州市转化。

全面加强省市创新联动。将市科技发展规划与广东省科技发展对接，积极争取广东省科技厅对广州市科技工作的指导和支持。在战略性新兴产业培育、关键技术研发平台和资源共享平台的建设与管理等方面加强合作，共同将广州市建设成为科技保险创新试点城市和省知识产权质押工作试点城市，协助推进广州开发区设立广东科技发展银行。

强化与珠三角地区协调配合。围绕珠三角的特色资源和共性技术开展联合攻关，形成珠三角产业协作和战略联盟。实施区域创新资源共享、科技创新、科技人才培养等区域科技合作专项，充分发挥市高校、科研院所、科技人才集聚和科技资源雄厚的优势，加强与珠江三角洲地区企业的产学研合作，打造珠江三角洲创新龙头。加强经济、科技、金融、知识产权等部门之间的密切配合，建立多个相关部门参与、统一高效的科技工作协调体系，共同推进规划实施工作。加强科技规划与国民经济和社会发展总体规划的衔接，加强与各部门专项规划的衔接，强化规划实施中重大事

件的协调。

强化市区镇（街）统筹协调建立市区联动的科技工作机制。启动创新型城区建设工作，推动建立一批创新型区（县级市），深入推进产业布局"一区一特色"。加强对各区（县级市）科技工作的指导，开展专业镇建设工作，引导各区（县级市）、镇（街）做好公共科技服务平台建设、通过技术创新促进区域产业发展，鼓励申报省、市级专业镇，强化市、区（县级市）、镇（街）科技工作的联动机制和统筹协调。

各级党委、政府各部门要加强领导和统筹功能，重视创新型城市建设，充分发挥市科技和信息化工作领导小组及广州国家创新型城市建设工作领导小组的作用，强化领导小组统筹协调职能，统筹协调建设创新型城市中的重大事项，督促各部门实施、落实各项工作分工。建立创新型城市建设专家咨询委员会和相关支撑研究机构。

二　进一步加大科技创新投入

建立健全以政府投入为引导、企业投入为主体、社会投入为支撑的全社会科技投入体系。市财政年度预算中科学技术经费的增长幅度，应当高于本级财政经常性收入的增长幅度，这些经费重点投向产业发展关键共性技术研发、科技成果转化、应用开发和创新平台建设等领域。战略性主导产业和战略性新兴产业发展资金重点支持科技成果产业化和园区载体建设。建立并完善财政科技经费使用的社会监督制度，提高资金使用效益。

一是加大财政科技投入。首先要加大投入力度。建立科技部门会同财政部门编制财政科技预算的会商和协调制度，加强对科技投入的统筹管理。建立财政科技投入适度超前、稳定持续的增长机制，确保科技投入总量增加，科技经费增长幅度高于财政经常性支出的增长幅度。其次要优化投入结构。围绕重点产业、战略性新兴产业和现代服务业创新发展的需要，重点支持产业共性关键技术攻关，加强市科技重大专项的支持力度，加强对科技基础设施建设的支持力度，加大对科学技术普及的支持，全市科普经费投入要有较大增长。最后要提高使用效率。加强财政科技经费预算管理，提高财政资金使用的规范性、安全性和有效性。提高科技计划管理的公开性、透明度和公正性，逐步建立财政科技经费绩效评价体系，提高经费使用效率。

二是推进科技金融创新。引导民间资本设立创新创业投资引导基金并逐步扩大其规模，吸引创业投资和股权投资企业集聚，扶持创新创业投资机构快速发展，引导金融机构为科技创新项目和高新技术企业提供信贷，培育一批高新技术企业上市。推进科技担保、科技保险、知识产权质押贷款工作，协助解决创新型中小企业融资难问题。推动设立私募股权投资基金，发展产业投资基金。

三是引导企业研发投入。鼓励支持企业加大研发投入，加强技术创新。推动企业成为研发投入主体，将企业研发投入强度作为支持企业的重要依据。

三 促进产学研用等优势创新资源的综合集成，提高创新效率

积极争取国家、省对广州自主创新的政策指导和资源支持，创建全省自主创新综合示范区，建立省市有关部门参与的协调机制，搭建省市联合创新政策与资源平台。整合和激活广州地区高等院校、科研院所、企业、科技园区、投融资机构等优势创新资源，促进省市创新资源的综合集成和高效配置，释放创新潜能，提高创新效率。

四 优化激励创新的体制机制和政策环境

构建促进自主创新的法规体系。把国家创新型城市建设纳入法制化轨道，组织实施《广州市科技创新促进条例》《广州市促进技术转移条例》《广州市促进科技金融结合若干规定》和信息安全保障等领域地方性法规和政府规章；大力贯彻实施《广州市信息化促进条例》，为建设国家创新型城市提供法制保障，开展《广州市科学技术经费投入与管理条例》《广州市促进科技成果转化条例》《广州市科学技术普及条例》等地方性法规的修订工作，使地方科技立法适应广州市科技发展的新要求。

健全促进自主创新的政策体系。一是落实税收优惠政策。加强企业研究开发费用税前加计扣除、技术合同认定登记税收减免等各项税收政策的落实。二是加强知识产权保护和技术标准建设。加强核心关键技术和重大项目的知识产权保护和管理工作，推进知识产权和技术标准的转化实施和产业化。引导和鼓励全社会重视知识产权和技术标准的创造与保护，培育一批关键、核心、前沿技术取得知识产权和技术标准。三是建立科技创新

集群的产学研结合机制。以发展创新集群为导向，搭建科技资源共享网络和公共服务平台，切实推进产学研联盟体系的形成，建立一系列引导型政策，推进企业技术创新，引导高校和科研院所围绕企业的技术创新需求服务。建立大学、大学科技园、科技创新平台的联动合作机制，建立良好的科技创新运营机制和考核机制。四是缓解土地瓶颈制约。优先保障战略性新兴产业发展、重点领域的高新技术产业化、科技基础能力建设项目等的用地，将战略性新兴产业和科技园区用地优先纳入广州市近期建设规划年度实施计划和年度土地利用计划，并在每年新增产业用地中划出一定比例加以保障。要制定虚拟空间拓展计划及相关配套政策，规范虚拟空间管理，培育虚拟空间市场。

第十章 论文化名城

城市是文化的载体，文化是城市的灵魂。城市文化是城市吸引力、凝聚力与辐射力扩大的基础，是支撑城市生存、竞争和发展的巨大动力和无形资产。目前全球城市竞争非常激烈，都在以"功能论输赢"或以"文化论输赢"。国际中心城市在功能上所要求的总部经济、国际金融机构、综合性龙头企业等的空间聚集，必定源自其在文化方面的国际知名度和吸引力，这就是所谓城市"文化引领未来"的全部经济社会内涵。广州走向国际中心城市，体现在文化发展战略上，就是要把广州培育建设成为世界文化名城，就是要提升与国家中心城市核心功能和国际商贸中心地位相匹配的文化软实力。

第一节 广州培育和建设世界文化名城的战略目标

从世界大城市的发展趋势看，城市之间的竞争正从资源竞争转向资本竞争和技术竞争，最终走向文化竞争，文化竞争力最终决定着城市竞争力。《珠江三角洲地区改革发展规划纲要（2008～2020年）》在国家层面上赋予广州国家中心城市定位，广州为此提出了建设国际商贸中心和世界文化名城的"双轮驱动"战略，强调的就是以"功能论输赢"和以"文化论输赢"。《广州建设文化强市培育世界文化名城规划纲要（2011～2020年）》提出，到2020年要把广州培育建设成为具有深厚历史内涵、浓郁地域特色、强烈时代特征、鲜明文化品格、高度创新精神、国际化程度较高的世界文化名城。无疑，广州培育和建设世界文化名城的战略目标，也就是广州走向国际中心城市的文化发展战略目标。

一　世界文化名城的基本内涵与特征

何为"世界文化名城"？目前学术界并没有形成共识。但从国际上公认的世界文化名城如伦敦、巴黎、纽约、东京等来看，世界文化名城的内涵是丰富而全面的，它涵盖了诸多领域和层次，包括文化、社会、经济、政治等各个方面。厚重的历史积淀，大量的高端人才集聚，领先的信息化水平、创新能力，强大的文化软实力和文化创新力、影响力、辐射力、吸引力，这些要素都是世界文化名城的重要表征。

虽然学术界对于世界文化名城尚无明确的定义，但国际上关于"世界城市"的界说可以为我们提供参考。近年来，对世界城市体系的等级划分，不仅考虑经济因素，也将文化因素纳入其中。过去数十年，在全球化和新信息技术的作用下，全球城市体系发生了深刻变化，这种变化不仅在于经济活动的全球扩展、城市功能及空间的重组，而且在于后现代主义文化的兴起与发展。许多主要的全球城市生活及价值观念发生巨大变化，文化产业成为城市最为重要的产业之一，全球文化与经济密切地联系在一起。因此，对世界城市进行等级划分，单纯从经济角度或从文化角度出发都有一定的局限性，把经济与文化结合起来是进行世界城市体系划分的必然趋势。马克·亚伯拉罕森（Mark Abrahamson）选取了三种全球性的娱乐产业——媒体音乐、电影及电视，得出文化产业的综合指数，从而从文化角度进行全球城市体系等级的划分。

广州走向国际中心城市，不仅要在国际经济分工中扮演重要角色，也要具有全球意义和国际影响力的文化软实力。单从文化这个角度来说，我们认为，世界文化名城的基本内涵包括：人文文化和科学文化在国际上都具有较高水平；具有体现城市特色的文化遗产、人文文化和人文精神；文化产业发达；具有全球高端的文化人才和高素质的市民；具有国际水准的科技、文化、教育设施和研究机构；具有极强的文化吸纳能力，能把世界上最优秀的文化企业、文化机构、文化品牌吸引进来；具有极强的文化辐射能力，能把自有文化辐射出去，产生"全球性"影响。一句话，就是"这个城市的文化遗产、文化人、文化活动具有世界知名度、影响力，吸引了来自世界各地的人们参与其文化活动、感受其文化氛围、享受其文化服务、惊叹其文化创作、吸收其文化营养、传播其文化价值"。[①]

世界文化名城的要点有三。一是就其与社会文化事业建设的关系而言，它主要体现在文化的标准、功能和发展水平上，与社会文化事业建设有着密切关系，对经济政治也会产生重要影响；二是就其文化资源的利用与整合而言，它应当既包括厚重的历史文化积淀，又包括现代人文、教育、科技的发展，是在历史文化与现代文化交融基础上的升华和再创造；三是就其文化创新的理念和方式而言，它应当依托历史，古为今用，立足现代，古今相融，面向未来，面向公众，面向世界，以先进文化为推动力，以城市运营为途径，达到文化、科教、市场、社会的共荣。

世界一流的人文文化与科学文化、发达的文化产业、优秀的文化艺术人才、良好的文化环境、蜚声国际的文化机构，这些都是世界文化名城的共同本质和主要特征。同时，每个世界文化名城又具有不同的特质，正因为其不同的特质才使其对全球的文化精神发展具有独特的魅力、持续的影响力和永恒的价值。因此，《广州建设文化强市培育世界文化名城规划纲要（2011～2020年）》提出广州作为世界文化名城所应具有的几大特征：具有深厚的历史内涵、浓郁的地域特色、强烈的时代特征、鲜明的文化品格、高度的创新精神、较高的国际化程度。

1. 深厚的历史内涵

纵观世界文化名城，大多数具有千年以上的悠久历史。例如英国的伦敦，法国的巴黎，意大利的罗马、威尼斯，瑞士的苏黎世，德国的波恩，奥地利的维也纳，希腊的雅典，埃及的开罗，日本的京都、大阪、奈良，其建城历史都在1000年以上。广州具有2200多年的建城历史，是中国首批历史文化名城，被誉为岭南文化中心地、古代海上丝路发源地、近现代民主革命策源地、改革开放前沿地，拥有丰厚的历史文化资源。有深厚的历史内涵，毫无疑问成为广州世界文化名城的首要特征。

2. 浓郁的地域特色

在经济全球化的背景下，分布在世界各地区的城市均按照共同的国际

---

① 王晓玲：《广州培育世界文化名城的战略思考》，《南方日报》2011年4月17日，第7版。

规则和经济运行规律发展，因而存在诸多共性。但是，城市发展具有路径依赖性，一个城市的历史文化、意识形态、制度对一个城市的发展有重要影响。全球化对城市的影响，会随着城市的制度基础而变化。所以，每个世界城市必然有其个性，也就是具有自身的地域特色。广州作为岭南文化和广府文化中心，在培育和建设世界文化名城过程中，将突出岭南和广府的地域特色。在千百年的文化变迁中，岭南文化和广府文化以本土文化——百越文化为基础，在与中原文化、西方文化的长期交汇、碰撞、融合中形成了独具特色的岭南文化和广府文化，成为中华文化的重要组成部分。对岭南文化和广府文化的传承与发展，是广州培育世界文化名城的一个重要前提。

3. 强烈的时代特征

广州培育和建设世界文化名城最显著的时代特征，就是广州经济社会持续协调发展，经济现代化快速推进。经济是文化建设的基础和保障，没有一定的经济基础，文化建设便无从谈起。经济发达的城市，文化未必发达；但文化发达的城市，其经济一定发达。综观世界文化名城，都有发达的经济。例如伦敦是世界重要的经济中心之一；巴黎的纺织、电器、汽车、飞机等工业都很发达，时装和化妆品更是举世闻名。广州具有"千年商都"的金字招牌，打造"国际商贸中心"也体现了强烈的时代特征。

4. 鲜明的文化品格

世界文化名城的文化品格，反映在城市精神上，反映在具有优秀的文化人才和高素质的市民上。开放包容的岭南文化品质，铸就了"敢为人先、奋发向上、团结友爱、自强不息"的广州人精神。广州是全国文明城市，其鲜明的文化品格体现在汇集优秀文化人才、塑造现代城市人文精神、提升全民思想道德文化素质和城市文明的程度上。

5. 高度的创新精神

世界文化名城的创新精神，反映在一流的文化设施、一流的教育、一流的科学研究、一流的文化艺术、一流的文化环境上，也反映在广州打造世界"创意之都"上。文化产业是广州培育世界文化名城的重要内容。世界文化名城的文化产业一般比较发达，如纽约的文化产业居世界第二名；巴黎、香港、东京的文化产业也名列前茅。

二 国外文化名城的成功经验与启示

世界文化名城应以独特的风格和文化品格为其核心价值追求，这是当今一些国际大都市建设的经验。近年来，欧美和日本、韩国的一些城市制定和推行相关发展战略和政策，依托自身文化资源优势，大力提升了文化软实力。

（一）国外文化名城的经验

纽约、伦敦、东京、首尔等城市在提升文化软实力、建设世界文化名城中取得了不俗的成就。

1. 依托国际文化之都建设，提升城市文化软实力

纽约、伦敦等城市文化建设的成功首先归功于对城市文化的准确定位和文化发展战略的导向作用。在城市发展实践中，纽约、伦敦等市政府坚持经济效益和社会效益并重的原则，将文化作为提升城市核心竞争力的关键要素之一，依托文化事业的发展全面提高居民的生活品质，依托文化的凝聚力和感召力维护社会的稳定，依托文化的发展推动城市经济的繁荣。

纽约在 2002 年的政府报告《文化资本：纽约经济与社会保健的投资》中，将文化产业视为城市的核心资产，对城市经济发展、就业市场、市民发展和社区稳定具有重要影响。同时，纽约市政府的组织机构设置充分体现了文化的经济效益与社会效益并重的理念：非营利性文化艺术事业由文化事务部主管；社区文化发展事业由公园与娱乐休闲部主管；影视、广播事业以及文化产业的扶持与发展则由纽约市长办公室负责。全市文化事业分别由 3 名副市长分管，从不同角度促进文化发展。2003 年伦敦市长签署的《伦敦：文化资本，市长文化战略草案》，提出了将伦敦建成世界级优秀文化中心的愿景，为此提出了 4 项文化发展目标：一是增强伦敦作为世界一流文化城市的地位；二是把创新作为推动伦敦成功的核心；三是确保所有伦敦人都有机会参与城市文化；四是确保伦敦从文化资源中获得最大利益。为确保以上目标的实现，伦敦市政府提出了以品牌战略塑造世界文化名城和旅游目的地等 12 项文化发展策略。①

---

① 黄发玉：《纽约文化探微》，中央编译出版社，2003。

2. 以创意产业发展为引擎，提升城市文化软实力

伦敦是创意产业之都，创意产业是伦敦仅次于金融和商业服务的第二大产业部门。2005 年在伦敦创意产业部门就职的人员占伦敦全部从业人数的 12% 和英国创意产业总从业人数的 25%。伦敦将停止运作的河畔发电站改造成闻名于世的泰特现代艺术馆，并将泰晤士河南岸老工业区建成著名的创意产业集中区，不仅使老工业区得以再生，还成功地延续了城市的文脉。伦敦在电影、广播、出版、音乐和时装等创意领域都居世界领先地位，这大大增强了伦敦的文化活力，提升了伦敦的国际形象以及国际信息沟通力。伦敦是世界第三大电影制作中心，平均每天有 27 个摄制组在伦敦街头取景拍摄。英国 54% 以上的广播电视业从业人员和 40% 以上的出版业从业人员集中在伦敦；同时，像英国广播公司、路透社等传媒巨头也聚集于此；英国排名前 11 位的报纸中，伦敦占据 10 席；伦敦还是世界上第三大音乐市场、第三大广告中心和四大时尚中心之一。据伦敦市政府调查，每 10 个来伦敦的外国游客中，有 7 个游客在做旅行计划时，会将伦敦文化作为重要的内容。显然伦敦文化之都的建设对伦敦软实力的提升功不可没。①

3. 借助国际组织与会议平台，提升城市国际影响力

国际大都市往往是各类国际组织总部所在地，国际组织的"落户"既是该市国际影响力的象征，又能进一步提高该市的国际声誉和国际认可度，增强其对国际议程的控制力。如纽约，因为其是联合国总部所在地而被称为"世界之都"；纽约的非政府组织也同样发达，联合国经济及社会理事会认可的具有咨商地位的非政府组织中，总部设在纽约的有 197 个之多。瑞士日内瓦人口只有 19 万，面积为 159 平方公里，却因为联合国驻欧洲总部、国际劳工组织、世界卫生组织和联合国难民署等 200 多个国际组织总部或区域总部而成为誉满全球的国际名城，其知名度和国际影响力居国际大都市前列。

韩国首尔作为一个新兴国际城市，2008 年国际会议举办量排在全球第七位。其基本做法包括以下几方面。一是以大型国际活动为契机，推动国际会展业升级。亚运会和奥运会的成功举办，以及韩日世界杯部分赛事

① 约翰·佐雷尔：《创意岛：英国创意设计》，封帆译，中信出版社，2010。

的承办，使得首尔的重大国际活动承办能力及城市的国际形象都得到了极大的提升，这对首尔申办国际会议起到了正面影响。从 2000 年开始，首尔以亚欧峰会和世界旅游组织全体代表大会的举办为契机，加快了大型专业会展场馆的建设，全面改造了举办国际会议的硬件设施。二是设立专业会议促进机构，保障国际会展业的顺利发展。2003 年韩国旅游发展局设置了专门的会议事务局对国际会议设施的发展建设、国际会议申办与营销等进行宏观管理；随后首尔也成立相应的会议事务局，专门负责会展业的发展计划及具体实施工作，从而使首尔的会展业步入高速发展的快车道。三是以产业立法为依据，引导国际会展业发展。1996 年韩国制定了《国际会议产业培育法》，该法明确了国际会议产业的概念，确定了国际会议产业的指导部门和产业政策的实施部门，对韩国国际会议产业的发展具有重要意义。四是将国际会议设施的投资视同社会基础设施投资，给予保护和税收优惠政策，大大提高了相关市场投资的积极性，有力推动了国际会议基础环境的改善①，从而为树立首尔的国际形象打下了坚实的基础。

4. 借力传媒与影视业的发展，提升国际话语权

在信息时代，软实力不仅依赖于文化和理念的普适性，还依赖于影响力的传播渠道。传媒是软实力的重要组成部分，传媒资源的拥有量决定了一个国家的国际新闻议程设置能力和在全球传播体系中的话语权。纽约和伦敦等国际大都市都拥有发达的传媒与影视业，这不仅可以全方位塑造并推广城市的正面形象，而且可以提升城市在全球的话语权。

东京凭借动漫获得了高度的国际认可。日本政府一直致力于通过发展动漫产业来推销日本文化、树立国家形象，进而提升日本软实力。2007年，日本动漫产业成为国内第 6 大产业，占据了全球动漫市场 62% 的份额，阿童木、蜡笔小新、机器猫和 "Hello Kitty" 等日本动漫形象影响了中国乃至全球的几代人。富有动漫底蕴的东京在政府的大力扶持下，通过集群化发展和成熟的市场运作机制，成为名副其实的 "动漫之都"，也成就了手冢治虫、宫崎骏等国际级动漫大师。目前东京有动漫企业 359 家，约占日本动漫企业总数的 78.8%。动漫产业的成功不仅给东京带来了巨

① 詹小洪：《韩国争当 "会议之都"　欲从亚洲边缘到世界中心》，《资本时代》2010 年 3 月 24 日。

大的经济利益，而且也大大提高了东京的国际认可度。[①]

（二）对广州的启示

纽约、伦敦、巴黎、东京等世界城市经过多年的探索和发展，形成了战略规划、政策扶持、多元投入、内外并举等一整套较为成熟的文化建设运作模式，值得广州学习借鉴。

1. 文化事业和文化创意产业是培育和建设世界文化名城的"孵化器"

纽约、伦敦等国际大都市软实力塑造的成功，首先就在于它们依靠文化创意产业之都建设，增强了城市活力、延续了城市文脉、提高了居民生活品质，进而提高了城市凝聚力；同时，文化创意产业走向世界，在国际上塑造了良好的品牌形象，进而提高了这些城市在全球的吸引力和影响力。广州文化软实力未臻强盛的根本原因之一就是文化创意产业发展滞后，文化创意产业起步较晚，尚处于产业发展的初期，整体产业实力比较单薄，国际影响力还较欠缺。因此，广州培育和建设世界文化名城，必须推动文化创意产业快速成长与发展，培育文化创意产业的国际竞争力；依循产业发展规律和城市发展愿景，以全球化的视野制定科学的发展规划，辅以符合文化创意产业发展规律的体制机制，并持续、系统地给予政策和资金等方面的支持。

2. 专门的组织机制是培育和建设世界文化名城的"助推器"

纽约等国际大都市虽然没有成立专门政府机构负责软实力的塑造，但是承担软实力塑造职能的文化产业、创意产业、城市营销等都有专门的组织机制作为保障。对于创意产业这一涉及10多个行业的复杂系统，伦敦成立了"创意伦敦"工作协调小组来协调相关政府机构、民间组织和企业，以解决投资、用地、知识产权保护、人才培育等方面的问题。作为后发城市，广州要在培育和建设世界文化名城的全球竞争中后来居上，应建立统一领导、协调各方的常设管理机构。

3. 传媒、影视、会展业和国际组织是培育和建设世界文化名城的"倍增器"

良好的国际沟通力、强大的国际新闻议程设置能力以及全球传播能

---

① 张慧中：《日本动漫产业的启示》，《人民日报》2007年11月12日。

力，可以使城市文化软实力得到大幅提升。纽约等国际大都市的成功经验表明，发达的传媒和影视业不仅可以全方位塑造城市的正面形象，更可以使城市在全球城市中具有一流的话语权；而国际组织、非政府组织的聚集和会议产业的发展是展示城市形象、获取国际认同和提升城市国际沟通力的重要抓手。广州的传媒影视业和会展业在发挥国际影响力方面还有很大的空间。

4. 城市营销是培育和建设世界文化名城的"整合器"

以社会营销、非营利组织营销和战略营销为理论基石的城市营销，始终以满足城市顾客需求和实现顾客让渡价值最大化为理论核心。城市营销设计、生产和提供满足顾客需求的城市产品或服务的过程，便是提升城市吸引力的过程。纽约和伦敦都设有专门的城市营销机构和城市品牌塑造机构，为了维持并强化本城市作为世界顶级旅游、投资、留学、居住目的地的地位，这两个城市多年来通过不懈的营销投入，有效协调城市的营销和推广活动，以连贯的方式对城市进行营销和推广，从而获得了广泛的国际声誉，成功塑造了城市的品牌，成为全球城市的翘楚。广州的城市营销还处于初级阶段，营销组织分散、战略规划缺乏、技能经验不足，未来的整合空间和发展潜力很大。

三 广州培育和建设世界文化名城的总体思路和目标定位

伴随着世界经济文化一体化发展不断加速和以大城市群的发展为主要特征的世界第三次城市化浪潮的兴起，一个崭新的、被称为"文化引领未来"的文化时代已开启帷幕。从建设国家中心城市、培育和建设世界文化名城的大视野来看，广州必须抓住机遇，应对挑战，发挥文化引领功能，以新的思路提升城市品位，以更加开放的姿态和更加有力的措施推进文化事业的发展。

(一) 总体思路

广州培育和建设世界文化名城的总体思路包括以下内容。坚持社会主义先进文化的前进方向，坚持文化事业和文化产业协调发展，遵循社会主义精神文明建设的特点和规律，适应社会主义市场经济发展的要求，以科学发展为主题，以体制机制创新为重点，以满足人民群众精神文化需求为出发点和落脚点，以建设国家中心城市和培育世界文化名城为发展目标，构建充满活力、富有效率、更加开放、有利于文化科学发展的体制机制；在城市文化生态建设的整体性、协调性、延续性、鲜活性上下功夫，以岭南文化和广府文化的传承、弘扬和创新为依托，努力把 2200 多年城市发展史独具魅力的文化内涵和文化特色通过各种文化形态展示出来，以充分彰显中心城市应当具有的文化引领功能；推进文化产业尤其是文化创意产业的发展，抢抓发展战略性新兴文化产业的市场机遇，培育和壮大广州文化产业发展的龙头企业，促进现代文化产业体系的建立，增强广州文化经济的发展后劲和竞争实力；深化公益性文化事业单位改革、推动公共文化服务运行机制创新，按照体现公益性、基本性、均等性、便利性的要求，以政府为主导，以公共财政为支撑，以农村和基层为重点，健全服务网络，加快构建覆盖城乡、惠及全民的公共文化服务体系，促进以人为本的"文化民生"建设，通过公共文化消费的引导和公共文化服务水平的提升，推动优秀文化产品的开发和整个文化市场的活跃。

（二）目标定位

文化生成和发展的特性，决定了培育和建设世界文化名城是一个长期的历史过程，任重而道远。广州培育和建设世界文化名城的发展目标可以描述为：以建设文化魅力十足、文化特色突出、文化设施一流、文化精品纷呈、文化氛围浓厚的世界文化名城为方向，努力把广州打造成为与国家中心城市地位相匹配的岭南文化和广府文化传承创新基地、文化品牌创新中心、公共文化魅力城市、文化创意之都、文化资源配置枢纽、文化交流国际平台和高端文化人才集聚高地。

培育和建设世界文化名城的途径按照近期、中期和远期三大阶段来设定。

近期，即在"十二五"时期，努力推进文化建设发展，形成文化事业兴旺发达、文化精品纷呈、文化设施先进、历史文化资源得到保护和利用、市民文化素质良好、文化产业结构合理、文化市场健康繁荣的发展格局。

中期，即从"十三五"到 2020 年，在"十二五"的基础上大力推进文化建设和发展，把广州建设成为全国重要的文化艺术中心、国际文化交流中心和国际文化艺术品交易中心，形成若干个有世界影响的文化团体和文化品牌。

远期，即 2025 年后，广州文化软实力显著增强，广州不仅成为亚太地区文化中心之一，而且以与国家中心城市相匹配的强大文化软实力跻身于世界文化顶尖城市的行列。

第二节 广州培育和建设世界文化名城的现状与挑战

广州有着 2200 多年的城市发展史，是岭南文化中心地、发源地，也是中外文化交汇融合的重要门户，其城市文化具有鲜明的地域特色和时代风貌，经济发展"硬实力"在全国特大城市中处于第一方阵。加快发展文化事业和文化产业，培育和建设世界文化名城，广州具有独特的优势。目前，广州面临着建设国家中心城市、培育和建设世界文化名城的重要任务，必须认真总结文化建设的经验，同时找出差距、明确今后努力的方向，以期在新的历史起点上把广州文化建设提升到一个崭新的发展水平。

一 广州培育和建设世界文化名城的优势条件

广州丰富的"四地"历史文化资源，是值得重视、珍惜并加以弘扬发展的宝库。依托深厚的岭南文化和广府文化底蕴，长盛不衰的对外开放和持之以恒的社会主义精神文明创建，塑造了广州独特的城市文化品格，形成了"敢为人先、奋发向上、团结友爱、自强不息"的城市人文精神。悠久的历史文化、发达的商贸文化、丰厚的文化资源和昂扬向上的现代人文精神，推动广州向培育和建设世界文化名城扎实迈进。

（一）岭南文化源远流长、内容丰富

广州是国家公布的第一批历史文化名城，有着 2200 多年从没中断的建城历史和丰厚的文化遗产，并且一直是华南政治、经济、文化中心，在中国近现代史上地位显赫。改革开放 30 多年来，岭南文化和广府文化得到传承、创新和发展，有力地推动着广州文化事业和文化产业全面发展。岭南文化和广府文化这笔弥足珍贵的历史文化遗产，是广州提升文化软实力的坚实基础，也是培育和建设世界文化名城的重要文化资源。

（二）"四地"文化底蕴深厚、弥足珍贵

作为古代海上丝绸之路发祥地、岭南文化中心地、近现代民主革命策源地和当代改革开放前沿地，广州的历史文化资源独具特色。古代海上丝绸之路文化，为广州培育和建设世界文化名城提供了古已有之的世界触角；千年粤商文化，为广州建设国际商贸中心提供了历史悠久的不竭动力。独具一格的文化传统为广州培育和建设世界文化名城提供了丰富多彩的精神内涵，文化创新自由发挥的空间尤其广阔。

（三）广州文化事业和文化产业日益兴旺、繁荣发展

近年来，广州公共文化服务体系不断完善，文化创作百花齐放，文艺表演丰富多彩，图书和报刊出版发行阔步前行，广播、电视与时俱进。广州文化产业呈现快速发展的态势，已成为经济的重要增长点。文化产业取得的长足进展、文化产业广阔的发展空间和美好前景，揭示了广州提升文化软实力、培育和建设世界文化名城的发展方向。

2010年广州亚运会的成功举办，更是值得全体广州市民引以为傲的可喜成绩。成功举办亚运会的经验充分说明，只要下定决心，花大力气，目标明确，方向正确，群众支持，方法科学，那么提升文化软实力，培育和建设世界文化名城是完全可以做到的。

二 广州培育和建设世界文化名城面临的机遇和挑战

（一）历史机遇

当今世界发展已经进入了一个文化发展的时代，即学者所称的"文化时代"和"新文化轴心时代"。[①] 伴随文化新轴心时代的到来，文化软实力建设被适时地提了出来，提升文化软实力成为不少国家的奋斗目标。与经济、军事力量的提高所付出的代价相比，文化软实力的提高所要付出的代价是低廉的。在资源、能源日趋紧张的今天，通过提高软实力增强竞争力，是多数国家、地区和城市的重要选择。"经济文化化"和"文化经

---

① 周熙明：《中央党校学员关注的文化问题》，中共中央党校出版社，2010。

济化"的发展趋势也印证了一个新文化时代的到来。从世界范围来看，无论是国家层面还是城市层面的经济发展，文化因素越来越占据重要地位，这也使得文化产业迅速成为整个经济增长中引人注目的亮点。如果说，过去人类在生产上要听命于自然、在消费上要受自身生物性的限制，那么今天人类已经冲破了种种限制，在很大程度上把生产和消费变成自觉自为的创造性、享乐性、审美性的文化活动。在这样的一个新文化时代，文化已经从幕后走向前台，从边缘走向中心，由配角变为主角。

从国家层面上讲，建设社会主义文化强国已经成为一个重要的战略举措并在"十二五"时期得到推动，广东省也已提出建设文化强省的战略目标，提升文化软实力已经成为共识；日渐富裕的广大市民对文化有着巨大的需求，对培育和建设世界文化名城有着迫切的要求和强烈的期盼。培育和建设世界文化名城既顺应时代潮流、适应形势发展，又充分体现了广大市民群众的美好愿望，是民心所向。

（二）主要挑战

新文化时代的到来并不表示我们可以同享世界文化盛宴，我们同样面临着前所未有的挑战。对于广州来说，挑战来自国际竞争、国内城市竞争、自身发展条件不足等方面。

首先，当今世界进入了文化全球化时代，世界各国特别是发达国家纷纷制定文化发展战略并把其作为立国之本，文化竞争日趋激烈。英国早在1990年就把文化战略提到议事日程，1997年又成立了"创意产业特别工作小组"，用以指导创意产业的发展。法国政府则在关贸总协定中提出"文化例外的原则"，对内扶持文化发展，对外促进文化交流。澳大利亚政府也在1994年推出文化发展战略计划。亚洲的日本、韩国也已明确提出"文化立国"方略。在政府的强力推动下，近10年来日本的文化产业发展迅猛，已成为全球最大的动漫生产和输出国，动漫业已成为日本国内的第三支柱产业，电子游戏也占据了全球最大的市场份额，给日本带来了滚滚的财富。韩国在1997年亚洲金融危机爆发后迅速调整国内产业结构，促进文化产业的振兴，目前韩国已成为影视产品的出口大国，对中国的出口占了主要的份额。美国表面上看，既没有设立文化部，也没有制定专门的文化战略，但其实施的是一种无为而治的文化政策，利用市场经济规则抬高外国文化产品进入的门槛，政府则为大公司的文化扩张提供保护。美国的文化发展战略已渗透在政治、军事、外交、经济和贸易的政策中，对内宣扬美国精神、维护主流价值观，对外借助经济强势和高科技力量，以文化产品为载体，输出美国的民主、价值观和娱乐消费文化，在扩张本国文化利益的同时实现美国文化软实力的拓展。表面上看，中国与世界各国在同一文化舞台上竞技，但实际上发达国家基本经过了经济高速发展的阶段，在雄厚的经济实力的基础上发展文化产业，而中国则是经济刚起步，经济积累和文化发展同时进行，文化发展的基础自然不能与发达国家同日而语。美国等发达国家还利用世界贸易组织的某些规则迫使中国开放文化市场，一些国际强势文化企业也利用资金和技术的优势，利用企业之间的兼并和重组，蚕食和侵吞中国的文化企业。所以，中国在提升国家文化软实力的过程中面临"与狼共舞"的局面。

其次，随着中国文化建设的全面推进，国内各大城市对文化事业和文化产业发展的重视程度前所未有，特别是不少大城市的文化产业发展势头迅猛。党的十七大报告把发展文化产业与提升国家软实力紧密联系起来，提出了一系列发展文化产业的新举措。国务院通过的《文化产业振兴规划》和《国家"十二五"时期文化改革发展规划纲要》都明确强调，文化创意产业在培育新的经济增长点、拉动国民经济发展中具有引擎的作用。一些省市政府通过制定"十二五"文化产业发展规划，在发展文化产业的总体框架下，对发展文化创意产业做出了部署。北京市在2004年就把文化创意产业作为国民经济的支柱产业，2006年制定了《北京市"十一五"时期文化创意产业发展规划》，同年10月颁布了《北京市促进文化创意产业发展的若干政策》，北京不少城区政府将发展文化产业作为"十二五"发展规划的重要目标任务，从宏观政策到微观策略促进文化创意产业的发展。上海市把有关发展创意产业的内容写入《上海市国民经济和社会发展第十一个五年规划纲要》《上海市2004～2010年文化发展规划纲要》，又出台了《上海创意产业"十一五"发展规划》，并在"十二五"规划中继续强化。南京市为推动文化创意产业在新世纪的发展，也制定了《南京市文化创意产业"十一五"发展规划纲要》。北京、上海、成都、长沙、南京、杭州、深圳等大城市的文化创意产业发展迅速，一批独具特色的文化创意产业园区建成运作，如北京的798创意园区、上海的田子坊等；一批文化创意品牌形成广泛影响力，如《印象·丽江》、《印象·刘三姐》、"超级女声"、"中国好声音"等。文化创意产业成为城市文化建设的重要载体，通过文化生产力迅速转化为文化软实力，并使其得到提升。当前不少大城市均制定了"十二五"期间文化发展规划，发展文化产业被提升到一个前所未有的高度。虽然广州文化创意产业总量在北京、上海之后，居全国第三位，但是京、沪、杭等城市发展文化创意产业的政策和手段都优于广州，广州发展文化创意产业可谓前有标兵、后有追兵，面临的是"第三把交椅"是否坐得稳、保得住的挑战。杭州市统计局发布的数据显示，2012 年，杭州市文化创意产业增加值超过千亿元，达 1060.70 亿元，增长 15.6%（按可比价），占全市增加值比重的13.59%，实现利润总额（含投资收益）276.38 亿元，增长 46.1%。① 国内各大城市在文化产业发展方面已形成了群雄并起的局面，竞争相当激烈。不当"领跑者"，则前行空间备受挤压，广州文化产业发展面临着巨大挑战。

再次，就广州自身文化建设和发展而言，文化软实力的提升也面临思想认识和能力水平的限制。如在一些干部的心目中仍然存在"唯经济论"的思想，片面理解"经济决定一切"的观点，文化建设被认为是"软功夫"，投入大、见效慢、不经济；他们对文化建设的重视程度不足，"说起来重要，做起来次要，忙起来不要"的情形还大量存在，落伍的思想认识制约着广州文化软实力的提升，并将导致原有的文化魅力的逐渐消解，有个性的文化价值也会被严重低估。

三　广州培育和建设世界文化名城的主要成效

广州是我国首批公布的历史文化名城，历史文化资源丰富，文化积淀基础雄厚。近几年来，在市委、市政府的高度重视和有力推动下，广州大力推进文化建设，培育和建设文化名城，取得了长足进展。

（一）公共文化服务体系不断完善

公共文化服务体系建设是衡量一个城市的城市化水平、现代化程度和

---

① 桂斌：《2012 年我市文化创意产业增加值超千亿元》，《杭州日报》2013 年 1 月 31 日，第 1 版。

市民素质高低的重要标志。加快建设城市公共文化服务体系，是实现基本公共服务均等化，维护广大人民群众基本文化权益的迫切需要，是广州文化建设的重要任务。近年来，广州市委、市政府对广州的公共文化服务体系建设设定的目标是打造省内一流、国内领先的全国性公共文化建设示范区，为此，在全市的公共文化服务体系建设方面加大了投入的力度，贯彻公共文化服务体系建设以基层为重点的原则，强化"建、管、用"三位一体同步推进，公共文化服务体系建设取得了一定的成效。

一是高起点、高标准地建设了一批反映时代气息的大型标志性文化设施。总投资超过100亿元的广州大剧院、广州新图书馆、广州新电视塔、广州电视台新址、中共三大旧址改造、广州文化艺术创作中心、广州沙河顶艺术苑、南越王宫博物院等近30个大型文化基础设施项目建设，加上白云国际会议中心、广东科学中心、广东省博物馆等国内甚至国际顶级的硬件设施，有力地提升了城市文化品位和文化形象，提高了城市文化竞争力，强化了广州市作为华南地区文化中心的地位。二是加强社区和农村基层文化设施建设，优先发展关系人民群众切身利益的文化项目。目前，基层文化站的覆盖率达100%；公共图书馆服务水平不断提高；农村电影放映工作和农家书屋建设持续推进；群众的户外文化活动场地和健身休闲户外活动场地不断增加，形成了市区"十分钟文化圈"、农村"十里文化圈"；"文化进社区""送戏下乡""送书下乡"活动蓬勃开展；实现了广播电视"村村通"。三是公共文化服务体系建设的法规不断完善。已出台《广州市农家书屋管理暂行办法》，修订完善《广州市文物保护管理规定》，抓紧制定《广州市非物质文化遗产保护办法》《广州市加强文化站管理实施意见》《广州市公共图书馆事业管理办法》等地方性法规，对公共文化事业进行依法依规管理。

（二）文化产品生产能力不断提高

近年来，广州积极推进文化体制改革，文化事业和文化产业蓬勃发展，文化产品的生产能力不断提高。

一是深化文化体制改革。从2008年4月开始，市属7家文艺院团大力推进体制机制改革和艺术创新，探索出一条具有广州特色的文艺院团改革发展之路，创作了《西游记》《八层半》《风雪夜归人》《东方天籁》

《刑场上的婚礼》等一批享誉全国、扬名海外的艺术精品。二是工艺美术品、文化用品、设备及相关文化产品制造业颇具规模。印刷业的发展尤为迅速，目前，全市有印刷企业 2000 家，书报刊印刷能力较强，包装装潢印刷特别是数码印刷发展潜力较大，2010 年印刷业工业总产值约 168 亿元。印刷复制业整体生产能力和技术水平不断提高，在全国同行中处于领先地位。三是音像产品生产能力居于全国领先地位。全市音像出版及零售企业约 900 家，年销售约 90 亿元。广州音像制品的制造和发行均占国内市场的 70% 左右，成为全国音像市场的集散地。每年举办一届的中国国际音像博览会落户广州。四是文化娱乐业稳步发展，演艺与娱乐市场繁荣发展。2013 年全市文化产业增加值 743 亿元，占地区生产总值的 4.91%，文化产业对经济的贡献率不断提高，正逐步成为广州市的支柱产业。文化产业门类齐全，重点产业突出，新业态不断涌现。文化企业法人单位 2.2 万个，总数始终保持全省首位。形成了涵盖 10 个大类、120 个小类，门类齐全的文化产业格局。

（三）文化遗产保护力度不断加大

广州是我国第一批公布的国家级历史文化名城，具有 2200 多年的建城历史，历史文化资源丰厚，文物和文化古迹众多。广州不断加大文化遗产和历史文化名城保护的力度，取得了较好的效果。

一是加强代表岭南特色的古建筑古文化遗产保护。颁布了《广州市文物保护管理条例》和有关政策法规，历史文物建筑得到了依法保护。目前，广州共有全国重点文物保护单位 24 个，省级文物保护单位 37 个，市级文物保护单位 159 个，广州市登记保护的文物保护单位 104 处。20 世纪 80 年代以来在广州先后发现了西汉南越王墓、南越王宫署遗址、南越国御花园和南越国宫殿遗址，广州投入了大量人力、物力对这些遗址进行保护和开发，成为我国城市考古工作的典范。

二是加强历史文化名城保护。1999 年 3 月 1 日《广州历史文化名城保护条例》施行，标志着广州市历史文化名城保护工作进入新阶段，广州市历史文化名城的保护工作取得显著成效。历史文化名城保护的管理机构健全，形成了由广州市历史文化名城保护委员会、广州市国家历史文化名城办公室等政府机构和广州市历史文化名城研究会、广州古都学会等群众性团体相结合的管理体系，保护机制不断完善。逐步疏散老城区人口，保护历史城区的空间格局，使"建设性破坏"大幅减少。政府在历史名城保护方面的投入越来越大，市民历史文化保护意识不断增强。目前已初步形成由市域历史文化保护，历史文化城区、历史文化名镇名村保护，文物保护单位和历史建筑与非物质文化遗产保护相结合的多层次的保护体系。

（四）文化创意产业发展成效显著

近年来，随着产业结构的调整和升级，二、三产业的不断融合和高端服务业的发展，文化创意产业迅速发展，形成了一定的规模，其产值在地区生产总值中的比例不断上升。

一是设计、会展业迅速发展。目前，广州已形成门类比较齐全的设计产业体系，各类专业设计企业 1500 多家，从业人员 45000 多人。设计企业规模较大且设计理念先进，服务和辐射周边地区，涌现出广州大业工业设计有限公司、广东省广告公司、广州漫友文化发展有限公司等名牌设计企业。会展业有较大发展，2012 年会展行业经营收入超过 75 亿元，同比增长 30%；全市办展总面积达 829 万平方米，位居全国前列；参会 1700 万人次；行业税收实现了较快增长，2012 年会展营业税收同比增长 12%。① 会展业成为广州经济发展的新亮点。

二是传媒、出版发行业蓬勃发展。广州传媒业发展在全国名列前茅，同城有三大报业集团，三大报业集团属下分别有十多家子报和报业集团网络。《广州日报》是我国党报发行量最大的报纸，2011 年日均发行量 168 万份，广告收入连续 19 年位居全国平面媒体第一名，报业集团资产规模超百亿元。据世界品牌实验室（World Brand Lab）统计，2011 年《广州日报》品牌价值达 99.36 亿元，紧随《人民日报》，一举跃居中国报业品牌价值第二。② 新组建的广州新华出版发行集团股份有限公司是广州出版发行单位的整合，其业务涵盖图书、报刊、音像、电子出版物的编辑、制作、发行、仓储、物流，以及其他文化产品、电子产品的经营等领域，现

---

① 《2013 广州统计年鉴》中国统计出版社，2013，第 198 页。
② 乔平：《广州日报报业集团经营转型之路》，《新闻战线》2012 年第 7 期。

拥有总资产 10 亿多元，经营品种超过 20 万个。目前，广州有出版发行单位 275 家，产值约 40 亿元。

三是动漫产业成绩斐然。经过近几年发展，广州动漫产业取得了长足进展，呈现欣欣向荣的发展态势。广州成为继北京、上海、成都之后第 4 个国家级动漫网游产业发展基地。目前从事网络游戏动漫产业的企业超过 120 家，从业人员逾 15000 人，全市动画产量占全国动画产量的 25% 左右，动漫网游产业产值超过 100 亿元，居全国城市第 3 位。2011 年广州市共创作原创动画片 30 部，仅次于杭州和沈阳，在全国排名第三（2012 年晋升至第二，仅次于苏州）；原创动画片合计 18449 分钟，排名第五。《漫友》杂志是目前国内最具人气的青少年动漫期刊，青宫动漫特区是全国首家以动漫为主题的青年创业基地。以漫友文化为代表的原创漫画书刊占据全国漫画书刊市场 30% 的份额；国内网络游戏收入和上线产品两项指标排名前 5 名的企业广州占据了 3 家，电子游戏产品在国内市场的占有率为 50% 左右，网络游戏动漫产业年增长速度达到 50% 以上。2009 年 9 月，广东奥飞动漫文化股份有限公司正式在深交所中小板挂牌上市，成为"中国动漫第一股"；由广东原创动力文化传播有限公司出品的动画系列片《喜羊羊与灰太狼》现在已经红遍全国，被誉为"中国动画产业的复兴代表之作"。

四是一批文化创意产业园区正在发展壮大。2013 年，广州地区上市文化企业达 10 家，总市值超过 900 亿元，国家级文化产业园区 7 个，省级 10 个。涌现一大批优秀文化企业、企业家和产业园区，其中，广州高新区文化和科技融合示范基地被科技部、中宣部等四部门命名为第二批国家级示范基地。这些基地包括坐落于黄埔区的国家网游动漫基地、天河科技园（软件园）、广州创意产业园、羊城创意园、广州设计港、文化星城、广州工业设计国际交流中心、珠影电影动漫服务基地、信义国际会馆、黄花岗科技园、广东软件科技园、南沙资讯科技园、北岸文化创意码头等。这些文化创意产业基地分布于全市各区，对促进广州文化创意产业的合理布局和发展起着巨大作用。

四　广州培育和建设世界文化名城存在的不足

虽然广州的文化建设取得了显著成效，但文化生产力总体水平不高，城乡之间文化服务供给不平衡，文化产品和文化服务远不能满足广大市民群众的需要，文化产品的数量和质量与文化大发展大繁荣的目标还有明显差距。总体上看，广州的文化软实力还不强，尤其是文化产业缺乏具有前瞻性的整体规划，离世界文化名城的目标还有较大的差距。

（一）公共文化服务体系还不健全

良好的城市文化公共服务体系能够为市民的文化活动服务提供良好的空间和资源，而城市公共文化服务体系作为城市文化发展的要素，具有典型的社会资本属性，需要政府加大投入来实现。近几年，虽然广州大手笔建设了近30项较大规模的公共文化服务设施，也投入了大量资金建设基层公共文化场地，成绩有目共睹。但是，与国内外先进城市相比、与建设国家中心城市的要求相比，广州还存在文化基础设施数量不足、规模不大、布局不合理、整体水平不高等问题。仅以公共图书馆和群众艺术馆为例，公共图书馆北京有24个，上海有29个，广州只有15个；群众艺术馆北京有20个，上海有29个，广州只有14个。文化设施建设不仅直接体现一个城市所具有的文化发展水平，而且还会直接影响人民群众的基本文化权益，因此，加大公共文化服务的投入力度、构建惠及城乡居民的完善的公共文化服务体系显得相当迫切。

（二）文化创新动力不足

在知识经济时代，创新已经成为社会发展和人类进步的动力和源泉。创新甚至超越了技术的或者经济的层面，成为一种文化形态，推动着国家、区域和城市的发展。目前广州在文化发展方面的创新动力还明显不足，鼓励冒险、宽容失败、崇尚竞争、平等开放的创新文化还没有形成，文化创意产业整体上创意不足，盗版、抄袭、跟风现象严重，原创产品少。不少文化单位创新成果少，力作不多，影响力不强；一些文化生产企业处于产业链的末端，所得的效益甚微；文化产业规模较小，力量分散，科技含量不高，市场竞争力不强。广州文化创新动力不足，原因是多方面的，既有制度环境的制约，也有法律法规建设滞后和市场机制不完善的影响，要在这些方面有所突破，才能促进文化创新能力的形成和发展。

（三）文化领军人才缺乏

人才是各行各业发展的重要资源，文化创新发展更依靠人才支撑。文化产业历来是知识密集型、人才密集型的产业，随着知识经济的发展，文化产业越来越成为高技术与文化密切关联的领域，对专门人才有着特殊的要求，文化人才已经成为广州文化创新发展、提高城市整体文化水平的重要因素。改革开放以来，广州得风气之先，以其开放、宽容、创新的岭南艺术氛围，产生和吸引了大量的文化名人，这些名人和大师支撑着文艺团体，激活了文化单位，带来巨大的社会和经济效益，在各个艺术领域为推进岭南文化的创新和发展做出了突出的贡献。但在现阶段，广州大师级人才偏少，缺少在全国有影响的名作家、名导演、名演员和高素质的文化经营管理人才，特别是在音乐创作、表演以及戏剧创作、导演方面的大师级人才缺乏，致使广州出不了震撼全国、影响世界的文艺作品。值得重视的是，广州不仅文艺创作、演出人才不足，文化产业方面的创意、策划、经营人才也不足，总体上低于北京、上海的水平，严重制约了广州文化创意产业的发展。目前广州文化人才培养、储备的环境不佳，人才机制滞后，缺乏有效机制留住人才，存在文化人才流失的现象。长此以往难以形成与经济发展相适应的文化人才高地。因此，广州必须在文化人才的引进、培养和使用方面制订规划、出台政策、逐步推进，破解人才不足难题，培养一批文化大师，构筑文化人才高地。

（四）前瞻性的文化产业发展整体规划缺乏

近几年，广州文化产业发展十分迅猛。以广州为中心的网络游戏产品研发、人才培养、产品运营、产品展示、产品出口的产业链正在形成。然而，目前困扰广州文化产业进一步发展的主要问题是缺乏自主创新的文化品牌和企业。广州文化产业还不乏生产低端、贴牌产品的企业，更加缺乏知名文化品牌，还没有涌现类似百度的大企业，更没有形成日本动漫、美国好莱坞电影、韩国电视剧等具有规模和集群效应的文化产业群。出台具有前瞻性的文化产业发展规划，扶持有潜质的文化企业实现新兴业态的加速发展，使之成为广州文化产业的新亮点，这些任务已迫在眉睫。

第三节 广州培育和建设世界文化名城的对策研究

文化既是推动经济社会发展的重要手段，又是社会文明进步的重要目标。"只有文化的复兴才能带来一个民族的复兴；只有文化的繁荣，才能推动一个国家真正走上富强之路。"① 培育和建设世界文化名城是一项复杂的系统工程，必须从锻铸城市的精神品格、彰显岭南文化特色，提高市民文化素质、塑造良好城市形象，多方面培育文化品牌、形成文化产业竞争优势，实施文化人才战略、构建文化发展保障体系等方面入手，提高城市的影响力、感召力、凝聚力和竞争力，逐步达至世界文化名城的目标。

一 锻铸世界文化名城的精神品格

城市精神是城市发展的"内动力"，是文化软实力最核心、最基础的部分。要主动适应社会价值观日益多元化的趋势，充分发挥广州中西文化交融、海纳百川的文化优势，以更加自信和开放的心态，加强社会主义核心价值体系建设，积极探索建设中华优秀传统文化与社会主义核心价值观有机结合的当代思想文化道德价值体系，大力弘扬新时期广州人精神，激发在广州创业和生活的全体市民对广州城市形成认同感，努力建设广州人安身立命、奋发进取、报效社会的精神家园。

一是淬铸广州城市文化品格。坚持以社会主义核心价值体系建设为引领，进一步弘扬爱国主义精神和改革创新的时代精神，大力培育以社会主义核心价值体系为灵魂、以岭南优秀历史文化传统为底蕴、以现代文明素质为特征的新时期广州人精神。把建设社会主义核心价值体系融入文化建设的全过程，贯彻到各项文化工作中，通过思想教育和文化引导，使社会主义核心价值观真正成为广州社会的主导意识和精神支柱，成为凝聚人心的强大精神力量。

二是着力提高市民文化素质。市民素质是广州第一软实力，市民素质决定城市形象。加大教育投入，建设教育强市，把发展教育作为提高人的素质的战略工程抓紧抓好。推进学习型社会建设，营造全民学习、终身学

---

① 欧阳坚：《文化发展繁荣的春天正在到来》，《求是》2010 年第 19 期。

习的社会氛围。继续扎实推进以"爱国、守法、诚信、知礼"为主题的现代公民教育活动和"文明广州"系列主题活动。引导市民更新思想观念、提高文化素养、树立正确的生活态度、创新生活行为习惯、塑造现代公民意识。

三是广泛开展各类群众性精神文明创建活动。文明城市建设只有起点没有终点。经过全市上下多年的努力，广州获得了"全国文明城市"称号。但"文明无止境、创建不停步"仍是广州巩固"创文"成果长期坚持的口号。广州向世界文化名城目标迈进，就必须继续抓好提高公民综合文化素质和思想道德水平的综合性工程，努力提高全市人民的思想道德素质和科学文化素质，促进人的全面可持续发展，加强道德素养、法治观念、诚信意识和国民人格养成，以良好的市民形象展现广州的亲和力和吸引力。

二　继承世界文化名城的历史文脉

历史文化资源是一个城市文化品位的重要表现，是一个城市文化个性的生动体现，也是一个城市成为文化名城的最独特的文化优势。广州要培育世界文化名城，必须依法科学处理城市建设与历史文化遗产保护的关系，传承广州城市历史文化遗产，延续广州2200多年的历史文脉和文化积淀。

一是更加重视保护城市历史文化资源。通过挖掘、整合、开发、利用历史文化遗产潜在的文化内涵、经济价值和对城市发展的积极意义，使历史文化遗产融入现代社会生活、发挥更大作用。完善历史文化名城保护规划和文物信息数据库，积极推进历史文化街区、古村落或单个历史建筑物的保护开发工作。扶持本地传统文艺及手工艺生存发展，让民间传统文艺和工艺得以不断传承，重点扶持"三雕一彩一绣"传统民间工艺，推动传统民间工艺创新发展。

二是提高全体市民保护历史文化遗产的自觉性。加强宣传教育，形成全社会关心保护历史文化遗产的浓厚氛围。开设广州本土历史文化遗产教育课程，从小培养人们保护历史文化遗产的意识。加大宣传研究力度，不断丰富和创新历史文化保护利用的内容和形式，夯实城市的文化底蕴。进一步挖掘岭南建筑、园林、绘画、戏剧、音乐、饮食等的丰富内涵，将其融入广大市民日常生活，打造富有岭南特色、广州特点的文化生活品牌，使传统文化得到活态延续，增强城市文化绵长恒久的活力。

三是大力开展海上丝绸之路的研究与宣传推介。海上丝绸之路是连通广州与世界漫长历史的一条重要纽带，见证了中国的古代灿烂文明与蓬勃生机。加强海上丝绸之路文化遗产保护，加大对海上丝绸之路文化遗产研究、保护、开发的经费投入和支持力度，推动海上丝绸之路的联合"申遗"。努力挖掘海上丝绸之路文化对于广州建设文化强市的世界意义，从海上丝绸之路悠久历史进程中，汲取建设世界文化名城的文化源泉，努力推动广州成为中国海洋文明新崛起的前沿地和人类海洋文明的聚焦地。

四是深化对粤商文化的研究与宣传推介。粤商文化是广州文化的重要组成部分，在岭南文化发展进程中处于重要的历史地位。开展深层次的粤商文化研究，揭示粤商文化的本质，营造粤商文化氛围，打造粤商培养体系，宣传、推介粤商文化，推动粤商文化品牌建设。

五是规划完善广州历史文化题材旅游线路。促进广州历史文化旅游发展，提升广州在世界旅游市场上的品牌和形象。创造系列可传播的文化产品，利用各种媒介进行宣传、推广广州旅游品牌和城市形象。广州西关的西来初地、华林寺，作为中国禅宗文化的重要发祥地，有着深远的历史影响。在已有传统旅游项目基础上，加强对广州禅宗文化资源的发掘、整理、保护、开发利用。通过整合资源，规划建设禅宗文化旅游区，开展节日宗教仪式、风俗展示等特色活动，展示禅宗文化内容，吸引更多游客。

三　增强世界文化名城的创新能力

发展文化产业是增强广州创新能力、打造"创意之都"的重要途径。充分利用广州文化底蕴深厚、信息化水平相对较高以及会展业发达等优势，把文化产业作为支柱产业来发展，加强规划和引导，优化产业布局，推动集聚发展，突出优势产业，联动相关产业，精心打造上下游文化产品相互带动、共同发展的文化创意产业链，增强文化产业竞争力和渗透力。

一是实施重点扶持战略。重点支持已经形成品牌和规模效应的优势文化行业和企业进行重组、兼并和整合，培育在全国和世界都具有较高知名度的文化企业集团，打造文化产业航母。倾力支持已经形成规模的广州日报报业集团和喜羊羊等国内著名动漫品牌。重点培育壮大一批文化产业园区，完善产业布局，打造动漫基地、软件设计创意园、文化创意产业园、旅游文化区、现代文化体验区等园区。做强大型国有文化集团，壮大重点国有文化企业，发展骨干民营文化企业，培育外向型文化企业，形成国有、民营、外资多种所有制文化企业有序竞争、良性互动、共同发展的格局，加快广州文化产业发展。

二是大力培育发展新兴文化业态。推动文化与科技结合，提高文化自主创新能力，以全球化的视野积极开发新兴文化产业。支持发展数字出版以及手机短信和影视、动漫、网络游戏、VOD 点播等新兴产业，大力发展移动多媒体广播电视、网络广播影视等增值服务，加快广播电视传播和电影放映数字化进程。积极推进新一代广播电视网建设，制定和完善网络标准，促进互联互通和资源共享，推进三网融合。充分发挥主流媒体在内容、技术、人才等方面的资源优势，发展新兴传播载体。加快高新技术、信息技术和适用技术对传媒产业的改造和升级。

三是建设广州文化产品交易平台。创办"广州文化精品交易会"，争取国家文化部支持，将"中国演艺产品交易会"常设广州，打造高端文化产品进入市场的交易平台。

四是完善文化产业政策。在文化产业组织、投资融资、财政税收、分配激励和文化资源保护、开发、利用等政策上做适当的调整并加以完善。规范文化产业单位的组织形式，形成科学的法人治理结构和经营管理制度。采取适当措施调整文化产业资产存量结构。鼓励和放宽各种社会资金投入文化产业，促使社会闲散资金向文化产业聚集，推动投资主体多样化。对新兴和创新性文化产业项目实行低息或贴息贷款。增加用于扶持文化产业发展的财政专项投入。形成有效利用人才资本的激励和约束机制。实施重大的基础性文化资源开发项目，由政府牵头、企业投入，加大对文化资源的市场化、产业化开发利用程度。积极发展文化中介服务机构，鼓励各种所有制形式参与文化中介和经纪人市场，形成面向社会的开放型、市场化文化中介服务体系。

四　推介世界文化名城的良好形象

城市形象是城市内在素质、发展水平和文明程度的综合反映。良好的城市形象是名片、是品牌，也是扩大城市影响力、显示城市文化魅力的无形资产。广州城市形象应该反映现代城市文明和建设成就、体现岭南文化特色和时代气息，富强、民主、文明、开放、进取是其特质，"南国明珠、千年商都"是对其客观存在和历史影像的局部描述。构建标志性的城市形象体系，是培育和建设世界文化名城的重要内容。

一是推进标志性文化工程建设。规划建设大型标志性文化设施，合理布局、扩建新建一批文化广场，实现人文设施的规模和聚集效应。充分利用自然地理条件与历史人文资源，建设自然风貌与城市景观和谐交融的城市文化生态保护区。对海心沙片区注入更多的岭南文化、珠江文化元素，运用声光电等高端科技手段，将海心沙一带打造成为具有岭南文化特色的城市"中心文化厅堂"和表演平台，作为综合利用"后亚运时代"场地的典范。以海心沙为中心地，添加若干特色建筑和文化设施，发展为广州新的代表性文化中心区和旅游景区，成为如北京天安门广场、上海外滩的代表性景区。结合海心沙文化旅游景区建设，规划建设从白鹅潭到长洲岛的珠江两岸文化旅游景观，形成"珠江文化带"。

二是实施城市形象塑造传播工程。成立专门的城市形象宣传协调机构，专门负责城市形象宣传战略的制定与执行的协调，加强对广州形象的设计、策划、包装，同时承担城市形象营销资源的整合、营销活动的协调和城市形象的整体塑造，积极统筹协调各类文化传播媒体对城市形象的宣传。在城市形象宣传的执行过程中聘请专业力量负责操作层面的工作，引进民间资本，变政府单一主体塑造城市形象为政府、企业、市民等多方集成塑造城市形象。

三是构建城市文化传播体系。增强城市文化传播力，着力提高培育知名品牌、输出文化产品和对外文化交流的能力，着力提升主流媒体竞争力和影响力，着力提升大洋网、中国广州网等市属新兴媒体的影响力，增强对外传播的竞争力和有效性，形成与广州城市发展相适应的文化传播能力。实施集约化战略，致力于培育在国内外有较大影响力的名报、名刊、名台、名社、名网，大力推进数字电视、数码电影、网络视听、在线游戏、网络出版、电子书、电子报纸和数据库建设，构建岭南文化传播强势地区。

四是丰富对外文化传播手段。整合文化传播资源，积极利用国内外媒体进行各具特色的报道，组织动员本地电视、报刊、网络、广播等各种媒体的力量，加大对外宣传推介广州城市形象的力度，在国际上树立广州开放、国际化的良好形象，凸显"千年羊城、南国明珠"的文化张力和价值认同。主动与境外媒体和国际综合类媒体开展合作，拍摄城市形象宣传片。主动邀请境外资深时政、文化、体育和摄影记者以及专栏作家来广州参观、采访或实地考察，增强境外媒体对广州的了解，使其更加全面、客观地报道广州。继承利用好亚运会结束后在体育、旅游、会展、媒体传播、文艺与娱乐等方面留下的宝贵遗产，进一步提升广州的城市形象。

五是加强对外文化交流。引进高质量的国际文艺团体演出或艺术品展出，推动广州文艺团体演出和艺术品展出走出去。以面向世界、服务全国、服务华南的视野对广州市属媒体进行定位，积极探索走出去、办到国外去的途径，进一步办好《广州日报》、广州电视台、广州市广播电台等市属主流媒体，拓展《广州日报》海外市场，争取实现广州电视台上卫星，设立国际性的粤语频道，针对以粤语作为母语的全球观众，传播岭南文化。办好《英文早报》、英语频道和大洋网英文《广州生活》频道，努力在内容和包装上注入国际化气息，不断扩大广州对外文化传播力。

五 完善世界文化名城的人才体系

培育世界文化名城关键在人才、在大师。人才是先进文化的创造者，是创意的源泉，人才资源是文化发展的第一资源。大力培育人才、引进人才、爱护人才、用好人才，才能为培育世界文化名城提供智力保障。加强对文化人才工作的组织领导，成立专门的文化人才管理机构。建立文化人才的认定、考评机制。制定培养、选拔、使用和管理文化人才的政策措施，制定扶持、支持和包容文化人才的各项政策。

一是积极培育文化领军人才。大力实施"十百千"工程，加大文化领域杰出人才的培养资助力度。搭建人才交流活动的平台，大力宣传和包装文化俊杰，塑造本土文化名人和文化大师。着力扶持培育一批在国内外有较大影响的马克思主义理论家、文学艺术名家大师和文化创意领军人物，作为推动文化创新的主导力量。

二是加强专业文化人才的培养。培育文艺名家，鼓励设立知名文艺家创作室和流动工作站。建立健全各类专业文化人才培养基地，强化基层文化人才队伍和民间文化人才队伍建设。

　　三是加大高端文化人才的引进力度。建立并完善引才引智机制，吸引国内外文化拔尖人才、领军人物及团队来广州工作或创业，使广州成为全国高端文化人才的集聚地和创业乐园。

　　四是积极创新人才激励机制。建立与文化领域创造性劳动性质相适应的人才使用制度，与现代企业管理相适应的人事管理制度，与文化生产规律相适应的分配制度，充分体现文化创新的价值。加大对德艺双馨艺术家、社会科学家和文化产业营销人才的奖励力度，对优秀项目、重大文学艺术成果或产生重大影响的文化作品、学术成果和文化产品给予嘉奖。建立和完善荣誉制度，对贡献重大的各类优秀文化人才授予荣誉称号。以科学的人才激励机制培育文化新锐，会聚各方精英。

第十一章　论生态城市

生态文明源于对发展的反思，是对工业文明的超越，更是从文明进步的新高度对未来发展的重新审视。习近平总书记在生态文明贵阳国际论坛2013年年会的贺信中指出，走向生态文明新时代，建设美丽中国，是实现中华民族伟大复兴的中国梦的重要内容。"努力建设美丽中国，实现中华民族永续发展"的生态文明目标，以鲜明的形象、丰富的内涵，诉说着中国人的向往，吸引着世界的目光。在新的历史时期，应对生态危机、维护生态安全已成为全球面临的重大课题，建设生态文明、实现科学发展已成为刻不容缓的重大任务。我们要善于从人类社会文明进步的历程中获得智慧，更好地走向生态文明的新时代。生态城市建设是广州迈向现代化国际中心城市重要的不可或缺的一环。广州经过多年的努力奋斗，环境保护和生态城市建设取得了很大的成绩，但是由于改革开放前城市建设欠账过多，改革开放后又走"先发展，后治理"的路子，环境保护意识不强，环境保护投资不足，环境保护和生态城市建设的任务仍很重。

第一节　广州生态城市建设的指导思想与重要意义

生态城市是人类文明进步的标志，是城市发展的方向；建设生态城市是科学发展观在城市发展中的内在要求。广州建设生态城市的总体方向是，紧紧围绕建设国家中心城市、全面提升科学发展实力、加快建设全省"首善之区"的要求，以解决危害人们健康和影响可持续发展的生态环境问题为重点，全面加强城市生态环境保护，统筹城乡环境建设，促进生态环境与历史文化保护相结合，着力营造生态、环保、自然、优美、和谐的人居环境，不断增强城市的凝聚力和亲和力，加快建成人与自然和谐的一流水平的"花园城市""绿色城市"。

一　广州生态、城市建设的指导思想

（一）文明飞跃与生态文明思想的产生

人类社会文明进步经历了三次飞跃。从"敬畏自然"的原始文明到"顺应自然"的农业文明是第一次飞跃。人类改造自然的能力仍十分有限，认同"人法地，地法天，天法道，道法自然"。[①]讲究尊天敬神、顺应自然。随着生产力逐渐向前发展，人类社会从农业文明转向"征服自然"的工业文明，人类社会文明进步的历史完成了第二次飞跃。工业化生产在索取巨量的自然原料和能源，创造了大量的满足人类需要的工业品、生活用品和奢侈品的同时，也创造了巨量的工业废弃物和污染垃圾，整个地球生态系统濒临崩溃。正是工业文明给人类社会带来的生态浩劫，使人类更加清醒地认识到工业文明本身的弊端，最终推动人类社会在21世纪转向生态文明发展的新时代，由此实现第三次文明的飞跃。

中共十八大以来，习近平就生态文明建设发表了一系列重要讲话，深刻论述了生态文明建设的重大意义、方针原则、目标任务、工作重点，较为系统地回答了什么是生态文明、怎样建设生态文明一系列重大理论和实践问题，把中国共产党对生态文明建设的认识提升到一个新的高度。解决我国经济社会和城市化发展面临的问题，必须深刻认识生态文明建设的重大意义，科学把握生态文明建设的根本要求，进一步明确生态文明建设的重点任务，按照"五位一体"的总体布局，努力走向社会主义生态文明新时代。

（二）生态文明理论的价值取向

"生态文明"是为了解决"工业文明"面临的问题提出的，它意味着

---

① 《老子》第三十五章。

人类社会需要全面、系统、彻底地祛工业之魅，即清除工业文明体系各种要素（包括物质、制度、精神、文化、技术、伦理等）中不符合生态文明要求的成分。在给工业文明"祛魅"这个问题上，目前理论界至少有"生态中心论、现代人类中心论和生态学马克思主义"① 三种争论。生态中心论和现代人类中心论围绕"人类中心主义价值观"的问题发生争论，前者认为人类并非大自然的唯一评判者，即使没有人类，大自然依然会有内在价值，这就意味着人类对自然的权利并不比其他物种更优越，因此人类应该敬畏自然；后者认为尽管任何物种都会以自己的价值实现为中心，但生态运动的最终目的应该是符合人类整体和长远利益的，而非近代人类中心主义所谓的满足人类的所有欲望。不过，生态中心论、现代人类中心论在这一方面保持一致，都认为人类生态问题就是价值观问题，应该以自然的价值和权利作为生态运动优先考虑的问题。生态学马克思主义则认为解决了"人和人的关系"问题就解决了生态问题，因为资本主义制度维护着利益集团的利益，利益集团的一切动机都是逐利的而非生态的，所以资本主义制度的本性决定了它是反生态的。由此生态学马克思主义提出了生态社会主义的命题。

经济学上有一条著名的库兹涅茨曲线，这条倒"U"形曲线描述的是人类社会在现代化进程中必然遭遇的一段困境：经济越发展，环境污染越严重。在怎样解决环境污染问题、应对生态危机上，生态中心论、现代人类中心论和生态学马克思主义三种理论从不同的角度出发，形成了不同的价值取向。

生态中心论者在生态危机治理问题上形成了生态经济平衡论和生态无政府主义两种观点。生态经济平衡论者强调经济与生态一体化，赫尔曼·戴利在《稳态经济》一文中剖析了人口和物质存量的恒定水平。② 他认为人口数量与物质存量应该处于相对稳定的状态，并率先提出以"自然资本"代替"人造资本"、以资源的"绝对稀缺"替代"相对稀缺"的概念，倡导人口数量的增长、经济发展的规模应该以生态环境承载力为标准。为探求可持续发展的有效路径，戴维·W. 皮尔斯和 R. 凯利·特纳

---

① 王雨辰：《当代生态文明理论的三个争论及其价值》，《哲学动态》2012 年第 8 期。
② Herman E. Daly, The economics of the steady state, *The American Review*, 1974, 64 (2): 15.

倡导建立"循环经济"，即探求环境供给原料的阈值、环境对污染物的自净阈值以及环境给人们带来的视觉享受和精神愉悦阈值。在他们看来，经济系统与自然生态系统是一种共生的关系，在一定程度上经济系统的阈值要小于生态系统的阈值；他们主张的可持续发展原则是：可再生资源的利用率应该小于更新率，废物要尽可能重新利用，无法利用的废弃物直接进入环境系统的总量要低于环境的自净能力。① 生态无政府主义者主张建立平等主义的生物圈解决生态危机，但他们明确反对利用科学技术和经济增长来实现。他们对现代化所带来的科技革命、技术精英和官僚精英缺乏信心，同时又"憎恨中央集权和物质主义"。② 他们提出建立示范性的生态社区并通过促使个人生活方式的改变来实现。他们设想的这个社区是超越民族国家、地方自治并以直接民主为主要特征的绿色社会。

现代人类中心论者把生态危机归结为人口过快增长、技术使用失控和对占有自然的错误观念造成的。因此面对生态危机他们的主张是：加强制度建设，控制人口，探求生态科学技术，进行环境预测，实现自然资源市场化。德国著名学者马丁·耶内克指出："对于环境污染和生态破坏的负面效果，我们有修复补偿、末端治理、生态现代化和结构性改革四种可能的应对思路。"他进一步阐述了应对措施："我们可以通过政策推动的技术革新和现有的成熟的市场机制，减少原材料投入和能源消耗，从而达到改善环境的目的，也就是说，一种前瞻性的环境友好政策，通过市场机制和技术创新促进工业生产率的提高和经济结构的升级，并取得经济发展和环境改善的双赢结果。因此，技术革新、市场机制、环境政策和预防性原则是生态现代化的四个核心要素。而环境政策的制定与执行能力是其中的关键。"③ 质言之，现代人类中心论者主张预防、创新、双赢三原则，倡导的四项措施基于现有制度框架进行。一方面，他们强调解决环境问题不再走"先污染后治理"的补救老路，而倡导先预防再生产；另一方面，他们提倡社会转型为生态社会，表现在：发展科学生态技术，实现经济增

---

① 李慧明、王军锋、左晓利等：《内外均衡，一体循环——循环经济的经济学思考》，天津人民出版社，2007，第 93 ~ 101 页。

② 安德鲁·多布森：《绿色政治思想》，郇庆治译，山东大学出版社，2005，第 2 页。

③ 郇庆治、马丁·耶内克：《生态现代化理论：回顾与展望》，《马克思主义与现实》2010 年第 1 期。

长、资源消耗和污染排放最优，致力培育生态市场，促使政府在制定科技政策等方面形成生态文明自觉性。

美国俄勒冈大学教授约翰·贝拉米·福斯特被誉为典型的生态学马克思主义的代表。在他看来，生态系统的毁灭性灾难是资本主义制度造成的。在他看来，所谓生态危机不如说成社会危机，因此解决生态问题关键在于社会的公正与制度的设计。福斯特直言批判"资本与自然之间的致命冲突"是导致目前全球生态危机的主要历史根源。所谓生态危机，事实上是资本主义"生产方式，特别是资本主义的制度"造成的。[1] 资本主义"这种以利润最大化为目的的生产正随着历史进程的加速而加速，原材料和能源的投入在增加，生产过程也随着技术的改进在加快，因为从提取原材料到把最终产品传送到消费者手里，其流程越快就越有机会创造利润。为了创造利润，这种生产方式严重依赖能源密集型和资本密集型技术，从而节省了劳动力的投入。但是增加能源投入以及用更多的能源和机械替代人力意味着快速地消耗更多的优质能源和其他自然资源，并且向环境倾倒更多的废料。所以，在现行体制下，保持世界工业产出的成倍增长而又不发生整体的生态灾难是不可能的"。[2] 然而，如何解决根源于资本主义生产方式的生态矛盾呢？福斯特单从环境角度提出"我们只能寄希望于改造制度本身"，因为"我们除了抵制这种生产方式之外别无选择"，[3] 如果要想完全消除生态危机只能"取而代之"。[4] 福斯特倡导以一种以人为本的生产方式来代替资本主义制度的不道德，他认为具备这种道德生产方式的制度就是社会主义。因为"这种方式不排除任何一个人"。[5] 美国纽约市立大学教授戴维·哈维持完全赞同福斯特的这一观点："社会主义的第二条道路是可行的，这一道路突出了生产的社会组织与生产（生态的）条件之间的矛盾，而不是阶级矛盾。因此，社会主义的必然性

① 约翰·贝拉米·福斯特：《生态危机与资本主义》，耿建新、宋兴无译，上海译文出版社，2006，第38页。
② 约翰·贝拉米·福斯特：《生态危机与资本主义》，耿建新、宋兴无译，上海译文出版社，2006，第38页。
③ 约翰·贝拉米·福斯特：《生态危机与资本主义》，耿建新、宋兴无译，上海译文出版社，2006，第95页。
④ 约翰·贝拉米·福斯特：《生态危机与资本主义》，耿建新、宋兴无译，上海译文出版社，2006，第61页。
⑤ 转引自田世锭《英美马克思主义者对社会主义的三种论证》，《社会主义研究》2009年第4期。

便在某种程度上获得了，因为只有在社会主义条件下，才能彻底地、永久地和公正地解决环境问题。"[1] 生态学马克思主义者普遍担忧阶级问题带来的环境灾难。一方面，他们尖锐地批评了资本主义的资本逻辑：为了追求高额利润，透支环境资源并不断将生产性废物投放到自然中或转移到其他国家，通过广告和文化误导人们过度消费；另一方面，他们高扬社会主义的发展观："社会主义者最知晓如何进行环境—生态改造，从而实现社会主义的长期目标：丰衣足食、为每个人提供合理的生活机会、为人类多样性发展开辟道路。"[2]

三种生态文明理论实质上是围绕以自然为本还是以人为本进行的论争。生态中心论放大了自然、缩小了人类，生态文明被理解成人类向自然的回归；现代人类中心论坚持以人为本，但是生态文明强调的是人类在工业文明基础上对环境的保护；生态学马克思主义也强调要以人为本，不过生态文明是针对工业文明祛魅后出现的新文明。基于三种理论不同的价值取向，人类社会解决生态危机的措施也不尽相同，这需要我们从实际出发，具体问题具体分析。

（三）生态城市建设的理念

生态城市是联合国教科文组织发起的"人与生物圈（MAB）"计划中的一个概念，是城市生态化发展的结果；是社会和谐、经济高效、生态良性循环的人类居住形式；是自然、城市与人融合为一个有机整体所形成的互惠共生的结构。简而言之，生态城市是一类生态健康的城市。一般来说，作为人类生态文明进程中的重要内容，建设生态城市就是按照生态文明的理念和原则建设社会、经济、自然协调发展，物质、能量、信息高效利用，技术、文化、景观充分融合，人与自然的潜力得到充分发挥的城市。生态城市不仅是市民身心健康、自然生态持续、社会和谐发展的集约型聚居地，而且是人类有效利用环境资源实现可持续发展的生产和生活的新场所。生态城市建设是一项极为复杂的系统工程，不但包括了面广量大的物质内容，也包括了极为丰富的精神内涵，如生态环

---

① 戴维·哈维：《正义、自然和差异地理学》，胡大平译，上海人民出版社，2010，第204页。
② 戴维·哈维：《正义、自然和差异地理学》，胡大平译，上海人民出版社，2010，第222页。

境的战略、居民生活的标准、历史文化的保护、生态的基础设施、自然与城市的融合，等等。

推动生态城市建设，首要的就是要倡导和强化一种理念，即生态不是新建出来的，建设生态城市并不是造一座新城。其核心理念是在强调保护和保存基础上的建设和发展，是在尊重与和谐前提下的"生态重构"，是通过综合协调城市经济社会活动与资源环境间的相互关系，进而实现经济持续稳定发展、资源能源高效利用、生态环境良性循环、社会文明高度发达。更为关键的是，生态城市实质上构想了未来人类聚居的一种模式，并意味着对全人类未来城市发展出路的探讨。

恩格斯曾告诫人们"不要过分陶醉于我们对自然界的胜利。对于每一次这样的胜利，自然界都报复了我们。每一次胜利，在第一步都确实取得了我们预期的结果，但是在第二步和第三步却有了完全不同的、出乎预料的影响，常常把第一个结果又取消了"。[①] 人与自然是相互联系、相互依存、相互渗透的：人类若能正确地进行生产活动，人类的存在和发展会推动自然向更有机的方向前进；自然的平衡发展又会为人的更好发展奠定坚实的基础。人与自然的辩证关系思想，为绿色低碳生活提供了坚实的哲学基础。在前工业化社会中，人与自然共生、共存、共荣。工业文明的到来，给予人类前所未有的征服和改造自然的能力。而在工业化过程中，人类与自然越来越疏离，渐行渐远。从 18 世纪的伦敦到现在的中国，人类在享受工业文明所带来的种种便利的同时，也为工业文明的进程付出了巨大的代价。其中最大的代价莫过于工业化对自然人性的否定，及工业化给自然生态环境所带来的大规模的不可逆转的破坏。

低碳生活代表着更健康、更自然、更安全的生活，同时也是一种低成本、低代价的生活方式。低碳不仅是企业行为，也是一项符合时代潮流的生活方式。低碳意指较低（更低）的温室气体（以二氧化碳为主）排放量，就是低能量、低消耗的生活方式。简言之，低碳生活就是返璞归真地去进行人与自然的活动。因此在广州建设生态城市过程中，践行"低碳生活"理念、推动城市可持续发展，是居民责无旁贷的责任。

---

① 《马克思恩格斯全集》第 4 卷，人民出版社，1995。

二　广州生态城市建设的重要意义

中共中央总书记习近平指出，建设生态文明，关系人民福祉，关乎民族未来。他强调，生态环境保护是功在当代、利在千秋的事业。要清醒认识保护生态环境、治理环境污染的紧迫性和艰巨性，清醒认识加强生态文明建设的重要性和必要性，以对人民群众、对子孙后代高度负责的态度和责任，真正下决心把环境污染治理好、把生态环境建设好。这些重要论断，深刻阐释了推进生态文明建设的重大意义，表明了我们党加强生态文明建设的坚定意志和坚强决心。

（一）党提高执政能力的重要体现

能否带领国家走好科学发展道路，是考验党的执政能力的重要时代命题。习近平总书记指出，全党面临的一个重要课题，就是如何正确认识和妥善处理我国发展起来后不断出现的新情况新问题。人民群众对环境问题高度关注。我们党一贯高度重视生态文明建设，把环境保护确立为基本国策，把可持续发展作为国家战略。多年来，我们大力推进生态环境保护，取得了显著成绩。面对可持续发展的时代潮流，面对绿色、循环、低碳发展的新趋向，面对人民群众对环境保护的期待和诉求，必须把生态文明建设作为增强党的执政能力、巩固党的执政基础的一项战略任务，持之以恒加以推进，不断抓出成效。

（二）民意所在民心所向的重要标志

习近平总书记2013年4月在海南考察时指出，良好的生态环境是最公平的公共产品，是最普惠的民生福祉。头顶着蓝天白云，在清洁的河道里畅快游泳，田地里盛产安全的瓜果蔬菜……这些是人民群众对生态文明最朴素的理解和对环境保护最起码的诉求。近年来，中国一些地方的雾霾天气、地下水污染等问题集中暴露，群众反映强烈。人民群众的向往，就是我们各级党组织和政府工作的出发点和落脚点。我们必须把生态文明建设放到更加突出的位置，着力在治气、净水、增绿、护蓝上下功夫，为人民群众创造良好的生产生活环境。

（三）城市可持续发展的必由之路

全世界目前已有一半人口生活在城市，预计 2025 年将会有 2/3 的人口居住在城市，因此城市生态环境将成为人类生态环境的重要组成部分。城市是社会生产力和商品经济发展的产物。城市集中了大量社会物质财富、人类智慧和古今文明。同时城市也集中了当代人类的各种矛盾，产生了所谓的城市病，诸如城市大气污染、水污染、垃圾污染、地面沉降、噪音污染；城市基础设施落后、水资源短缺、能源紧张；城市人口膨胀、交通拥挤、住宅短缺、土地紧张，以及城市风景旅游资源被污染、名城特色被破坏等。这些都严重阻碍了城市所具有的社会、经济和环境功能的正常发挥，甚至给人们的身心健康带来很大的危害。今后 10 年是中国城市化高速发展的阶段，如何实现城市经济社会发展与生态环境建设的协调统一，就成为中国城市建设共同面临的一个重大理论和实际问题。21 世纪是生态世纪，即人类社会将从工业化社会逐步迈向生态化社会。从某种意义上讲，下一轮的国际竞争实际上是生态环境的竞争。从一个城市来说，哪个城市生态环境好，哪个城市就能更好地吸引人才、资金和物资，处于竞争的有利地位。因此，建设生态城市已成为下一轮城市竞争的焦点。广州走向国际中心城市，必须把生态城市建设摆在更加突出的位置。

（四）经济持续协调发展的关键保障

生态城市建设是破解经济发展难题的关键保障。城市作为区域经济活动的中心，同时也是各种矛盾的焦点。城市的发展往往引发人口拥挤、住房紧张、交通阻塞、环境污染、生态破坏等一系列问题，这些问题都是城市经济发展与城市生态环境之间矛盾的反映，建立一个人与自然关系协调与和谐的生态城市，可以有效解决这些矛盾。生态城市建设，也是抢占科技制高点和发展绿色生产力的需要。建设生态城市，有利于高起点涉入世界绿色科技先进领域，提升城市的整体素质、国内外的市场竞争力和形象。良好生态环境是人和社会持续发展的基础。蓝天白云、青山绿水是长远发展的最大本钱。良好的生态环境本身就是生产力，就是发展后劲，也是一个地区的核心竞争力。目前，中国是世界上能源、钢铁、氧化铝等消耗量最大的国家。2012 年，煤炭消费总量近 25 亿吨标准煤，超过世界上其他国家的总和；十大流域①中劣 V 类水质比例占 10.2%。如果继续沿袭粗放发展模式，实现十八大确定的到 2020 年国内生产总值和城乡居民人均收入比 2010 年翻一番的目标，那么生态环境恶化的状况将难以想象，全面建成小康社会的奋斗目标也将化为泡影。在这个问题上，我们没有别的选择，必须大力推进生态文明建设，再造生态环境新优势，加快转变经济发展方式，努力提高经济增长的质量和效益。

（五）提升城市形象的必然要求

生态城市建设是顺应城市演变规律的必然要求；建设生态城市，是有效提升城市形象的需要。改革开放 30 多年来，广州经济发展走在全国前列，但在城市形象方面不尽如人意。青山绿水是广州城市守望者的向往，也是城市匆匆过客的期望。但事实上，某段河涌黑臭、珠江某河段大量漂浮物、市区水浸街等现象经常出现在人民的视野和传媒报道中，这些都严重影响了广州的城市形象。另外，广州具有深厚的水文化，"水为财"是广州水文化的特质，水城的"水"是广州的独特资源，是提高广州城市形象的一张王牌。充分利用广州水城的"水"提高城市居民的居住环境，在不断加大治水力度的同时，实现水资源涵养、保护与利用有机结合，实现广州宜居、宜业、宜商的现代山水园林城市建设目标。这既是广大市民的渴望，更是广州以良好的生态水城形象走向国际中心城市的必然要求。

（六）建设幸福广州的内在要求

生态城市建设是提高人民生活质量的需要。随着经济的日益增长，城市居民生活水平也逐步提高，城市居民对生活的追求将从数量型转为质量型、从物质型转为精神型、从户内型转为户外型，生态休闲正在成为市民日益增长的生活需求。随着幸福广州的提出，各项民生工程逐步开展，最大的民生项目——改善居住环境也成为广州市政府工作的重点和难点。在征求民意、总结以往治水经验和借鉴国外城市建设经验的基础上，广州提

---

① 十大流域指松花江流域、辽河流域、海河流域、淮河流域、黄河流域、长江流域、东南诸河流域、珠江流域、西南诸河流域和西北诸河流域。

出了建设生态水城的战略，并结合海珠区在亚运期间的成果，提出在海珠区"先试水"。广州生态水城建设的宗旨是利用水城的水资源给居民提供一个安全、舒适、美观的城市，使广州成为全国乃至全球最具幸福感的城市之一。

第二节　广州生态城市建设面临的形势与机遇

一　广州生态城市建设面临的形势

（一）生态环境不容乐观

广州自 20 世纪 90 年代以来，由于现代市场经济的发展，环境问题变得日益严重；珠江广州水系每年接纳工业污水和生活污水几百万吨，城区 19 条河涌变为排污沟；降尘量超过新中国成立初期的几倍甚至几十倍；郊区土壤重金属超标几十倍。由于现代市场经济的发展，广州过去河网密布、山清水秀的江南水乡景色已不复存在。近些年来，由于加大了治理力度，环境问题有所缓和，但并没有从根本上解决问题。如何让广州城市发展造福每一个广州人，是广州建设生态城市的重要课题。

广州市目前的主要问题在于"心脏负荷过重，而手脚未完全施展开来"，即老城区人口密度过大，而新城区开发建设不足。因此，针对不同地区，要进行不同的健康诊断及应对。广州南部地区是待开发的新城区，尚未达到一定的城市规模，尚缺乏聚集效应，需要与城市规划同时开展环境保护规划工作，并基于城市生态系统承载力判断大规模的重工业基地及港口建设给城市生态系统带来的压力。

广州在高速发展中遭遇"垃圾围城"之痛。根据最新数据，广州垃圾产量年均递增值约 7%，几乎与广州目前 GDP 增长同步。据不完全统计，广州日产垃圾约 18000 吨，而进入终端处理环节的大约为每天 12000 吨左右，垃圾分类处理率长期徘徊在 33% 左右，虽然在国内已经处于相对先进的水平，但与发达国家相比仍有明显的差距。广州市兴丰生活垃圾卫生填埋场日处理 7000 吨，李坑生活垃圾焚烧发电厂日处理 1000 吨，其余 4000 吨垃圾分别在番禺、花都、从化、增城四区市当地处理。而兴丰和日处理 1200 吨的番禺火烧岗垃圾填埋场已填满封场。广州面临每天近万吨生活垃圾无法处理的危机。

（二）生态城市建设方兴未艾

近年来，广州面临加强生态环境治理和保护的压力，市委、市政府非常重视节能减排和环境治理工作，先后出台"空气整治 50 条"和"新 31 条"措施，为加快生态城市建设创造了良好基础条件。广州的"低碳生活"理念从城市发展格局到居民日常生活都得到了充分的体现，生态城市建设扎实稳步推进。

一是生态城市发展格局加快形成。广州的城市空间发展将从拓展向优化提升转变。近年提出了优化城乡空间布局的"一二三"理念，即提升一个都会区、打造两个新城区、建设三个副中心。规划用 10 年时间基本建成东部山水新城，疏解中心城区密度过高的人口；用 20 年时间将南沙滨海新城建设成粤港澳合作的示范实验区、国际航运中心和现代产业基地、海滨生态宜居示范区，疏解中心城区部分公共服务、工业产业功能。广州多中心的城市发展格局，促使城市过密人口和功能向周围次级中心疏解，减少了各个城市次级中心间的人流、物流、信息流等的交换，能够有效降低能源消耗和碳排放。

二是居民低碳生活习惯初步养成。城市的可持续发展是为了让城市生活更美好，实现该目标的主体是城市的居民。2010 年举办第 16 届亚洲运动会以来，广州广泛宣传城市低碳生活理念，倡导节约、节能生活方式。诸如垃圾分类回收体系建设，公共交通出行，节能电器补贴，推行低碳建筑等，都成为广州城市生活的重要特征。

三是城市公共交通体系基本完善。公共交通体系的建设与完善是节约能源、促进城市可持续发展的重要手段。广州市公共交通体系主要包括普通公交、快速公交和城市轨道交通三类。广州快速公共交通系统建设 4 年之久，耗资 13 亿元，全线总长 22.9 公里。2008 年 11 月，广州快速公交线路动工；2010 年 2 月 10 日，广州快速公交试验线正式开通，有 51 条线路。

广州以轨道交通支持城市发展的态势十分明显，尤其是"东进""南拓"的力度进一步强化。截至 2010 年底，除广佛线广州段和珠江新城旅客自动输送系统，广州市共建成轨道交通线 211 公里，车站 123 座。根据广州市轨道交通线网"十二五"建设方案，2015 年前广州拟建 11 条地铁线路（含延长线），全长 312.6 公里，以客流疏导型线路为主。2020 年广州市轨道交通线网规划公示方案提出以中心城区打通番禺、南沙、黄埔（萝岗）、花都和增城、从化等四区两市。届时将加密中心城区线网，同时支撑中心城区与四区两市的互连互达，线网总里程 677 公里。规划线网由"环形线 + 放射线 + X 对角线"构成，并构建由十三号线与三号线形成的十字快线，支持"两轴两带"城市发展。

四是绿色经济和低碳产业发展初显格局。城市产业体系是城市经济社会发展的重要动力源，但城市产业布局也会对城市可持续发展产生举足轻重的影响。广州在发展经济的同时，十分重视经济发展方式的可持续性问题，充分认识到只有可持续发展的经济产业布局，才能为城市提供不竭的动力。因此，广州要在国家中心城市建设的发展目标中，积极助推绿色低碳产业的发展和壮大。

二　广州生态城市建设面临的历史机遇

广州位于南岭之麓、南海之滨，是北回归线上的一片绿洲。这里雨量充沛、气候宜人、条件优越，拥有山、水、城、田、海等众多元素构成的地域生态格局，东江、西江、北江在这里汇合出海，域内水系发达，纵横交错的 231 条河涌长达 913 公里，地理位置和生态资源得天独厚。广州在推动物质文明建设持续快速发展的同时，高度重视生态文明建设，在 21 世纪之初就制定了《广州市生态城市规划纲要》，将生态学、经济学和城市发展规律相结合，提出了广州要建成兼具岭南自然景观与人文景观及山水特色、最适宜人们创业发展和生活居住的区域性国际生态城市，逐步形成了"科学发展、生态优先"的工作思路。

（一）城市空气质量逐步改善

近年来，广州市抓住举办亚运的契机，大力推进空气环境、水环境、交通环境和人居环境综合整治，以实现"天更蓝、水更清、路更畅、房更靓、城更美"为总体目标，宜居城市建设取得了显著的成效，城市环境品质和城市形象极大提升，市民自信心、自豪感、认同感、归属感极大增强。

广州市逐步完善空气质量常态管理的长效机制和建立必要的保障机制，如采取严格的环保准入制度，从源头控制大气污染；优化产业结构；进一步推动环境影响评价，最大限度地减小规划的实施对周围环境的影响；大力推进天然气、电等清洁能源的应用；建立"绿色产业"指导体系，推广"绿色发展"理念；全面推广使用粤Ⅳ标准车用柴油，严格实施机动车燃油国Ⅳ标准，把好新车上牌关。积极整治餐饮业污染扰民现象，推进建立相对独立、不污染扰民的饮食街（区）、饮食综合楼。2012年1月至6月，广州市空气质量优良率为98.34%，比2011年同期上升2.76个百分点；广州亚运会后的空气质量和水环境呈持续好转态势。这些成绩得到了广大市民的认可。

（二）全民参与推动生态广州建设

任何一项工作的开展都需要群众基础，尤其是生态环境保护这样涉及面广、具体而细微的工作。生态环境保护不只是政府的事情，更需要公众的参与和支持。广州市在生态城市建设过程中，充分调动广大市民的积极性，广开言路，不但让市民参与生态城市建设，还让广大群众参与环保监督，充当环保事业的"千里眼""顺风耳"。群众的环保意识是绿色发展的根本，也是生态城市建设的核心。

2001年，广州在全国率先创建"绿色学校"，《广州市绿色学校评估指标体系》融入了低碳环保的教育实践内容。近几年，教育局已拿出150多万元专项经费，支持协和中学、天河区天荣中学、番禺区洛浦中学、增城市派潭第二中学等一批学校创建"环境友好型，资源节约型"校园。摆满旧书的流动书吧分布在每层教学楼，分别贴着"可回收垃圾""不可回收垃圾"的旧塑料桶成对放置，用废板旧瓶自制的小饰品随处可见。广州市开展"小手拉大手"活动，教育学生树立绿色发展的理念，并通过学生将这种理念传播给家长，影响到家长。2008年，广州市支持241所学校、近3万名师生开展垃圾分类活动，并通过这些师生影响3万个以上家庭参与低碳环保、节能减排活动。2011年，教育局组织1400多所学校开展垃圾分类工作，为建设节约型城市、发展循环经济打下了良好的基础。

2006年广州市政府首次组织横渡珠江活动，之后每年一次，省市领导亲自参加。时任市委书记张广宁指出：横渡珠江一是检验综合整治珠江的成果；二是进一步贯彻省委、省政府整治珠江的指示精神，督促各部门继续加大整治力度，充分表明广州市委、市政府整治珠江的决心和信心；三是号召广大市民从我做起，爱护珠江，人人有责。广州市领导参加横渡珠江活动，一可以检测珠江治理的情况，二体现了广州市治水的决心，并用参与这种倒逼机制，督促有关部门主动、积极开展环境治理，还广大市民一个清澈、干净的广州。

（三）绿色理念引领发展模式转型

广州市以绿色理念引领发展模式转型，积极推进产业转移与升级。2008年以来，广州市与梅州、湛江、阳江等对口合作市加强协调，联手打造三大共建产业转移园区，推动区域协调发展，取得明显成效。2008年以来，广州市共向市外转移企业598家，其中转移到省认定的产业转移工业园的企业209家，占全省的35%。广州（梅州）、广州（阳江）、广州（湛江）三大共建产业转移园全部获得省示范园和十大重点园区称号，累计获得省21亿元资金扶持。2011年，三大园区继续保持快速增长势头，分别实现工业总产值52.7亿元、138.9亿元和523.6亿元，同比增长分别为40%、40%和20%。产业转移不仅实现了广州市产业的"腾笼换鸟"，还帮助欠发达地区探索发展路径，找到适合本地的发展方式。

自"十二五"以来，广州更是积极推进低碳发展，把低碳发展理念贯穿到城市建设、经济发展和人民生活的各领域各环节。据统计，广州万元GDP能耗在"十一五"期已经累计下降20.34%，预计到2015年万元GDP能耗还将下降19.5%。广州正在下大决心调整产业结构，促进产业体系低碳化转型升级，大力发展低能耗、低物耗、低污染排放的低碳型产业，全面推行清洁生产。如南沙核电装备产业园、广州市节能和新能源（白云）产业基地、花都光电产业集聚区等，都是广州未来健康可持续发展的新的经济增长点。

第三节　广州生态城市建设的发展目标和主要任务

广州建设生态城市、打造岭南生态之都品牌是广州走向国际中心城市的魅力所在，更是广大市民的共同期盼。广州出台《关于推进低碳发展建设生态城市的实施意见》，有利于加快转变经济发展方式，实现经济效益、社会效益与生态效益的共赢；有利于改善城市的综合环境，提高市民的生活品质，为广州的子孙后代谋福祉；有利于以"低碳、生态、绿色"为理念，以建设"花城、绿城、水城"为重点，全面加强环境保护和城市生态建设，将广州建设成为具有岭南特色的"环境优良、生态安全的品质之都，低碳高效、循环再生的活力之都，自然融洽、健康文明的和谐之都"，进而实现自然、城市与人的有机融合和互惠共生。

一 广州生态城市建设的发展目标

（一）拓展生态空间，加强环境保护

坚持在发展中保护、在保护中发展，是广州一直秉持的生态城市发展理念。广州在全国率先开展城市建设总体战略概念规划，规划确定了"南拓、北优、东进、西联"的发展思路，形成了以山、水、城、田、海的自然格局为基础，主要沿珠江水系发展的多中心组团式网络型城市结构。通过以珠江为城市空间景观发展的纽带，沿珠江前后航道发展带、沙湾水道发展带、蕉门水道发展带，与广州传统城市中轴线、新城市中轴线以及沿轨道交通用地发展轴交会，共同形成广州作为特大城市多中心网络型的发展形态，进而形成以大都会核心区为中心，以高、快速路网与轨道交通体系为依托，各级城镇辐射范围合理、空间分布均衡的大中小城镇相结合的多层次、星座式的市域城乡布局结构。广州的城市规划建设，特别突出区域协调发展和生态优先原则。广州市专门制定了《广州市城市生态环境规划》，先保护好城市的山体、森林、水脉，再进行城市建设规划。即广州坚持以人为本、宜居优先、城乡一体，创新规划理念，强化规划调控，突出内涵提升、功能完善，推动城市空间集约化、基础设施现代化、城市管理精细化。优化城市空间布局，科学编制城市总体规划，促进"三规"① 有机衔接，重点优化提升一个都会区、打造两个新城区、建设三个副中心，完善多中心、组团式、网络型城市空间结构。中心城区更加

---

① "三规"指国民经济和社会发展规划、城市总体规划、土地利用规划。

注重内涵提升，突出完善高端服务功能、提升国际大都市品质和形象；外围城区更加注重功能完善，突出拓展城市空间、提升发展能力、带动镇村共同发展。

　　广州在环境治理和环境保护等工作上也是不遗余力。近年来，广州积极推动产业的转型升级，实施中心城区产业"退二进三"①和"双转移"②战略，关停、转移、淘汰一批企业，努力做到城区内环以内无工业。中心区工业企业退出后，腾出空间大力发展现代服务业，尤其是发展科技研发、设计创意、现代物流等生产性服务业以及服务外包等。在城市新区加快发展先进制造业和战略性新兴产业，重点推进重大发展平台建设。通过明确新老城区功能定位，进一步形成以服务经济为主体、具有较高生态质量的特大型城市产业结构。利用举办"两个亚运"和创建全国文明城市的契机，制定和实施了"青山绿地""蓝天碧水""花园城市"等重大行动计划，大力开展以空气环境、水环境、交通环境和人居环境为重点的城市环境综合整治，实施空气质量 PM2.5 监测，实现了"天更蓝、水更清、路更畅、房更靓、城更美"的阶段性目标，获得世界水资源论坛水环境治理奖第一名和国际可持续交通奖，荣获"全国文明城市""国家环境保护模范城市""国家园林城市""国家森林城市""国家卫生城市"等称号。

　　站在新的历史起点上，广州要推进新型城市化发展，构建资源节约型、环境友好型的社会，仍然需要在城市发展的规划布局上更加深谋远虑，在环境保护的实践工作中更加扎实有力。要积极实施节地计划，节约集约用地，促进土地综合高效利用，提高用地效率，构建区域生态安全格局，划定法定基本生态控制线，有效保护城市山、水、林、田等重要生态资源。要进一步创新环境管理制度，完善生态规划和环境保护的政策体系。加大生态屏障地区的财政转移支付，不断完善水源涵养林生态补偿机制。提高环保准入门槛，强化规划环评，从源头上控制污染。同时，还要继续开展水环境、空气环境、交通环境及人居环境综合整治，强化水系、湿地等生态敏感区和风景名胜区的资源保护，减少和控制土地污染，积极

---

① "退二进三"指在产业结构调整中，缩小第二产业，发展第三产业。

② "双转移"是中共广东省委、省政府提出的"产业转移"和"劳动力转移"两大战略的统称。

推进珠江水系和珠三角城市空气污染联防联治，促进环境治理不断取得新成果。要着力实施清洁计划，完善废弃物处理。构建城乡统筹、结构合理、技术先进、能力充裕的废弃物分流、分类处理体系，经过若干年的努力，做到"回收垃圾全利用，原生垃圾零填埋"，形成市容市貌整洁、市民生活文明的整体风貌，解决"垃圾围城"困局，以实现"城更净"的目标。

（二）打造花城绿城、建设生态水城

城市建设，归根结底是把城市发展成果变成人民群众实实在在的物质精神享受；广州推进生态城市建设，建设"花城、绿城、水城"，也是落实以人为本的科学发展观。近年来，广州坚持人与自然和谐发展的宗旨，大力推进生态文明建设，成效显著。据统计，到"十一五"末，广州城市公园总数达 232 个，建成 1000 多个城市绿岛、绿化广场和 121 条道路（河涌）绿化带，形成 1300 多个花园式、园林式单位和小区；截至 2011年末，共建成生态型、郊野型、都市型三大类型绿道 1661 公里。同时，通过持续多年开展水治理，市内水环境得到根本改善，基本形成了水清河秀的城市水景观。经过 10 多年的治水，至 2012 年底，广州城镇生活污水日处理能力达 470.18 万吨，城镇、农村生活污水处理率分别达 90.88%和 41%；中心城区生活污水集中处理率达 90.19%，经整治的 144 条河涌水质持续好转，形成了"一涌一景"的水景观特色。[①] 广州共有 1248 个行政村，目前有 410 个纳入城镇污水处理系统，农村卫生状况得到明显改善，惠及约 71.8 万农村人口。"十二五"期间，广州市将基本完成全市农村污水治理系统建设。

如何延续广州"花城"的美誉，让"花城"更靓、让"绿城"更绿？首先要突出花城特色，建设主题花园，提升迎春花市品牌，形成规模化、立体化、网络化的花城形态；加强自然保护区建设，保持生物多样性。其次要实施绿地计划，构建城乡一体的生态景观格局，构筑"一屏四片"生态屏障和"三纵五横"生态走廊，形成岭南特色鲜明的城市生态绿地体系，实现"城更绿"的目标。继续实施森林围城、森林进城战

---

① 《2013 广州统计年鉴》，中国统计出版社，第 53 页。

略，全面提升完善森林公园，推进林分改造，提高碳汇能力。拓宽绿色空间，继续加强绿道网、街头绿地和社区公园建设，保护农村自然生态田园，推行立体绿化。再次要按照"一年试点先行，三年全面铺开，五年初具规模"的要求，以区（县级市）为主体开展各具特色的生态示范区建设，全面优化区域生态布局。即大力完善以绿道网、生态景观带为重点的绿色生态体系建设，高标准打造一批集中展示"花城"风貌的景观新亮点，形成森林围城、绿道穿城、绿意满城、四季花城的城市景观，彰显岭南园林特色，以提升广州"花城"和"绿城"魅力。具体讲，一是建设5大花园，即在珠江公园的三期、麓湖公园的聚芳园、白云大道陈田兰圃、老白云机场的飞翔公园、白云公园打造具有岭南特色的5个花园，打造一批集中展示四季花城的城市花园景观；二是重点推进30个促进"花城"建设的项目，即在森林公园、景观区、公用绿地建设一花一景的花境，以提高城市的"花视率"；三是加快生态园林的建设，力争在2020年以前建设500公里左右的生态景观林带，在广佛高速、京都高速等8条高速公路原有绿化的基础上，再多种一些开花的乔木和灌木，打造具有岭南特色的生态景观廊道，再建设200公里长的绿岛；四是在以乡土花卉为主的基础上，大力开展优质品种的引进和相关技术推广应用，逐步体现道路绿化的多组合、多层次、多花色的特点；五是加强精细化的管理，不断提高园林绿化的精细化管理水平，努力做到"锦上添花""出门见绿"与"立体绿化""园林精品""园林文化"等工程建设体系相得益彰。

广州依水而建，因水而兴，市内水系发达，珠江穿越中心城区，河道纵横交错，素有"岭南水乡"的美誉，形成了别具岭南特色的水环境和富有开放包容内涵的广府文化。国际上评价水城一般有三条标准：一是在全市总面积中水域面积一般不低于10%；二是长期以来形成了与水相关的生产和生活习惯；三是形成了与水相关的水文化。按照这三条标准衡量，广州自古以来就是一个名副其实的水城。"六脉皆通海，青山半入城。"举世闻名的威尼斯诠释了西方式的"水城"，而由数百条河涌和大小人工湖组成的中国"水城"广州，也将给人们提供东方式的诗意栖居的新生活。经过多年持续治水，广州市水环境明显好转，基本形成了水清河秀的城市水景观。在广州走新型城市化道路的背景下，广州提出了"完善水网体系、海岸线和传统山水格局，彰显岭南生态水城特色，促进人水和谐、城水共生"的要求，将水生态、水景观、水文化作为新的城市品牌来打造。市民对生态水城的美好憧憬，通俗一点说，就是打开水龙头能喝上放心水；生活污水都能得到收集处理；下再大的雨也不用担心水浸街；人们不仅可以到珠江游泳，还可以到沙滩戏水；一般步行 10 分钟就能走到水边看鱼、观鸟，跟大自然接触。这是一幅生态水城的美好图景。

广州建设生态水城，就是要坚持治水与造湖、建景与人居相结合，在河涌综合整治中凸显水文化内涵，打造珠江、增江、流溪河、滨海岸线景观，推进一批湖泊建设、河涌整治、沙滩泳场建设等项目，构建水清岸绿、碧水环绕的城市生态水网体系，建设"生态水城"。打造以花城、绿城、水城为特点的城市品牌，构筑生态城市，给我们指明了广州城市的明确定位，符合广州城市发展特点，体现了广州建设和谐人居环境的城市建设理念，即要实施碧水计划，不断加强水利设施和水环境建设，完善水网体系、海岸线和传统山水格局，有效保护和科学利用区域水资源，实现水与城的有机融合，形成"通江达海"的生态水系，营造"珠水绕城"的城市景象，以进一步实现"水更清"的目标，真正把广州建设成为水资源合理利用、水安全有效保障、水环境生态自然、水文化异彩纷呈、水管理高效科学、水经济可持续发展的人水和谐的岭南生态水城。

围绕广州建设生态城市的实践和探索，广州要突出"地、水、气、物、能、生"六大元素。"地"，就是节地，推动土地集约节约利用，实现城市精明增长、紧凑增长，改变"拼土地"的发展模式；"水"，就是治水，通过水环境治理，展现岭南水乡风情，打造"生态水城"品牌；"气"，就是治气，通过整治大气污染，实现空气环境持续好转；"物"，就是化物，寻求垃圾废物处理之道，彻底破解"垃圾围城"难题，使固体废弃物处理问题得到整体解决；"能"，就是节能，倡导绿色、低碳生产生活消费方式，推动生态体系不断完善；"生"，就是保持生物多样性，实现人与自然和谐相处。为此，我们力求从建设生态城市的基本理念，经济发展与生态文明，广州城市的环境保护与可持续发展，广州生态城市的空间布局和景观构建，广州生态城市的土地利用，构建人水和谐、科学用水的岭南水城，构建独具岭南园林特色的四季花城，构建森林围城、绿道穿城、绿意满城的生态绿城，城市环境管理的基本制度，广州建设生态城市的保障体系等各个方面，全面总结广州生态文明建设的经验，进一步探索国际生态城市建设的理论和规律，以期为广州实施生态化转型，建设健康和谐的品质之都、低碳高效的创新之都、循环再生的活力之都、合纵连横的生态之都，为广州实现新型城市化发展，从而迈入世界先进城市行列，建设成为人民满意的理想市提供有益的借鉴。

二　广州生态城市建设的主要任务

在推进新型城市化发展的进程中，广州更要注重绿色发展、低碳发展，把以人为本的可持续发展理念作为城市生态文明建设的核心灵魂，努力把生态文明理念深刻融入经济、政治、文化、社会建设的各方面和全过程，把低碳发展理念全面贯穿到城市建设与人民生活的各领域和各环节。这需要我们既要推动经济的生态化、生产的生态化，积极调整能源结构，推广使用清洁能源，强化节能减碳，加快淘汰落后产能，全面推行清洁生产，加强主要污染物总量控制，又要推动社会的生态化，积极探索低碳城市发展模式，创新低碳城市管理机制，推广绿色基础设施，严格执行建筑节能标准，推动低碳技术研究应用，并进一步弘扬社会节俭风尚，倡导低碳生活方式，培养具有自觉生态意识和环境价值观的现代公民。

（一）强化环境保护和生态城市建设

一是树立生态城市建设新理念，需要清醒地认识到生态城市建设的长期性。搞好环境保护和生态文明建设，绝对不是一时一刻的事情。生态环境保护是一项长期而又艰巨的任务，需要坚持不懈、持之以恒。生态城市建设乃大善之举，不仅是对当代人的善举，更是对后代人的善举，不仅是对别人的关爱，也是对自我的关爱。人与自然和谐共处是和谐社会的基础，没有人与自然的和谐共处，人与人之间就不可能实现持久的和谐；没有人与自然的和谐共处，我们将逐渐失去家园，民族将失去立足的空间。

二是树立生态城市建设新理念，需要清醒地认识到生态城市建设的必要性。只有守住青山绿水，广州的发展才能更长久、更健康，市民的生活才能更幸福。一味追求经济指标的突飞猛进，而忽视对生态环境的保护，恶化的环境最终将使我们付出更大的代价来维持经济、社会的运行。百姓的幸福感不仅源于丰富的物质基础，更源于良好的生态环境所营造的良好的生活环境，生活在恶劣环境中的人们，幸福感根本无从谈起。因此，生态文明建设也是经济建设、社会建设、民生建设的重要组成部分。

三是树立生态城市建设新理念，需要清醒地认识到生态城市建设的艰巨性。面对日益脆弱的生态环境，我们更要慎之又慎、备加呵护，一旦生态系统遭到破坏，我们将付出成倍的时间和代价才有可能恢复。生态文明建设绝不可能一蹴而就，不可能毕其功于一役，必须长远规划、认真落实、按部就班、持之以恒。

生态环境保护、生态城市建设是功在当代、利在千秋的事业，只有牢固树立生态文明建设新理念，脚踏实地地推进工作，才能守护住青山绿水、湿地湖泊，才能让人民群众更幸福地生活，才能给子孙后代留下一方生存的净土。让我们携起手来，从大善与小善、显性与隐性、短期与长远、众生与自我的关系上来正确看待生态文明建设与环境保护，增强自豪感、紧迫感和责任感，从我做起，从小事做起，共建生态文明，共筑绿色家园，以更大的决心、更新的理念、更实的措施建设生态文明。

（二）协调、带动周边地区搞好环境保护和生态修复

搞好环境保护和生态文明建设，也绝对不是一地一处的事情。从区域经济的高度看，把珠江三角洲比喻为一顶皇冠，皇冠上镶着大小不一的明珠，其中位于顶部正中最大的一个"明珠"就是广州，下面左右分列两颗较大的"明珠"为深圳、珠海，其余的"明珠"分别分布在皇冠之上。这种以最大的"明珠"串起皇冠、形成区域优势的做法在国际上是常见的经济现象，比如东京之于东京城市群，巴黎之于巴黎城市群，等等。最大的"明珠"当然要拭去灰尘，而周边的"明珠"如果布满灰尘，势必影响最大的"明珠"的形象。环境是相通的，生态是相连的，蓝天不为我独有，白云不为我独享，尤其是水域（海域、河流）、空气具有流通性和渗透性，任何一个局部环境的破坏，都有可能引发全局性的灾难，甚至危及整个国家和民族的生存。一个城市在环境和生态上无法独善其身，所以广州必须协调、带动周边地区搞好环境保护和生态文明建设。从国际视野看，生态安全具有全球性。正如全球经济一体化之后，国与国之间的经济安全密切相关一样，生态安全也是跨越国界的。目前世界各国已经面临各种全球性环境问题，包括气候变化、臭氧层破坏、生物多样性迅速减

少、土地沙化、水源和海洋污染、有毒化学品污染等。

（三）具体目标

——城乡环境综合整治成效明显，环境保护形成法治化、制度化、规范化、系统化机制，循环经济发达，经济增长与人口、资源、环境相协调。

——自然生态有效修复，生态资源得到切实保护，生态结构特色鲜明，自然生态系统和人工环境系统有机融合，生态建设达到国际先进城市水平，实现生态环境可持续发展。

——以城带乡，城乡统筹，完善覆盖城乡的生态环境公共服务体系，形成城乡环境保护和生态建设一体化新格局，城乡居民共享生态文明建设成果。

——市容环境卫生质量优良，城市保洁功能完善，成为全国乃至全球最整洁的城市之一。

——生态环境保护与历史文化保护紧密结合，相得益彰，历史文化名城和生态环境建设的文化含量凸显。

——生态文明理念得到普及，形成具有地方特色的生态文化，绿色健康的生活、消费方式得到普遍推广。

——生态环境管理体制机制健全，形成党委领导、政府负责、部门协同、全民参与的生态文明建设新格局。管理与服务紧密结合，寓管理于服务之中。

第四节　广州建设生态城市的对策措施

广州要走向国际中心城市，生态城市建设是大考必答题目。在建设生态城市中，要做到既保证经济持续发展，又不以牺牲生态环境和人民健康为代价。要善于借鉴国际生态文明建设的先进经验，尽量少走弯路。

一　借鉴国际生态文明建设的先进经验

国际上生态文明建设有很多先进经验，我们选择东欧国家的一些城市进行分析。

（一）城市生态培育的理念——原生态才是真生态

从一个城市的文物保护力度可以看出这个城市的生态保护水平。东欧国家普遍重视文物保护。捷克共和国首都和最大的城市布拉格，其文物保护尤为突出。漫步于布拉格，徜徉在伏尔塔瓦河畔，走过中世纪的查理大桥，踏着历经数百年甚至千年的石板小路登上布拉格城堡，在夕阳下俯瞰整座城市：红色房顶，宛如童话；金色塔尖，梦幻迷离。布拉格的神秘与梦幻，就在于她的原汁原味原生态，在于她不曾"被破坏"。她是全球首座世界文化遗产城市。在这座"建筑艺术的博物馆"，人们可见到自 11 世纪到 21 世纪的几乎所有的建筑形式。在面积只有 900 公顷的城市核心区，国家级历史保护文物多达 2000 处。

新规划不等于好规划。布拉格的城市规划从 14 世纪到现在没有修改过！近千年来，无论入侵与战争如何频繁发生，自然灾害如何凶猛异常，布拉格从来没有中断对历史古迹的修复和维护。

在布拉格等东欧城市。如果房屋是文物，没有文物保护部门的许可，房子的屋顶、外墙、装饰，甚至墙体颜色都不能有任何变动。一个小咖啡店要在室外挂个小广告，都需要市政部门审批。此外，老城区的房子只许室内装修，不准动外部结构。多年来，布拉格市民严格遵守规定，而政府也会出钱替这些业主维修和保养房屋。

布拉格对文物的保护给了我们这样的启示：保护看得见的古迹，亦是在保护看不见的民族文化。在这一过程中，城市文脉得以延续，城市灵魂得以留存。经得起历史检验的文物观应是：开发建设是发展城市，保护历史建筑同样也是发展城市。由此我们可以得出一个结论：原生态才是真生态。

（二）城市生态培育的真谛——崇尚自然

在东欧，城市普遍倡导"回归自然"，推崇"自然美"。人们认为只有崇尚自然、结合自然，才能在当今高科技、快节奏的社会生活中获取生理和心理的平衡。

在东欧，人们认为追求生活质量、享受生活才是最好的生态和活法。每到休息日，劳顿了一周的城里人大多回归大自然去了。商店大多关门，街上行人稀少。开车行在公路上，你会发现不少车辆顶部都载着自行车，因为人们喜欢骑车运动。他们度假往往选一个地方住下，然后静心享受生活。

在东欧国家，许多小村庄散布在狭长的山谷里，马儿和牛羊悠闲地吃草。参观传统风格的村庄，听听当地的音乐与民谣，品味特色食品，使人有一种返璞归真的感觉。在树林的环抱中，碧绿的湖水倒映着远山和近处的山间别墅，湖中闲荡着天鹅、野鸭，宛如一幅经典的美丽油画。清新的空气，满眼的绿色，让人流连忘返。人与动物和谐相处也让人印象深刻甚至惊讶不已：街道上白鸽和麻雀、公园中松鼠等与人相处不惊，甚至落在游人的手里、爬到游人的身上……

行人走累了，随意找一家路边露天的咖啡吧、酒吧坐下来，欣赏一下这悠闲的城市。当你细心观察周围形形色色的人，你会发现欧洲人很会享受生活。他们晒晒太阳，或者和心爱的人说说悄悄话，在太阳伞下品着咖啡，看看书，发发呆，甚至率性地躺在草地上，这样可以很轻松地打发大半天。他们生活节奏慢，生活惬意！整个城市散发着一种休闲、慢生活的气息。由此我们有必要反思：究竟发展是为了什么？什么才是生活的真谛？

东欧国家的城市管理理念是顺其自然，比如闹市区的石板路上居然有野草、小花，没有人刻意去除；又比如很多公园的路是原生态的土沙路。

（三）城市生态培育的关键——重视细节

在生态城市的建设中，对市民的教育和潜移默化的风气教化是十分重要的细节。在东欧，不管是在美丽的多瑙河，还是在其他河流、湖泊，到处可以看到一群群野鸭，它们自由自在，悠哉游哉。这才是真正的原生态。如果珠江上也游弋着一群群野鸭该多好！

好的城市生态是一个完整的、宜居的生态，生活方便程度决定了城市生态水平的高低。比如，城市各种标识虽然是细节，但是十分重要。东欧的城市指示标识十分清晰，比如一个停车场有很多标识，简直到了不厌其烦的地步。而我们的城市标识普遍遭人诟病，一些标识往往到了关键时刻、关键地方就没有了。有关部门应该组织人员对所管理的标识进行大检查。要摒除"我都知道，你不知道""这么简单还要标示吗"等认识误区，要设身处地为别人（特别是初来乍到、人生地不熟的外国人、外地人）着想。

城市设计要时时、处处考虑生态。你在东欧城市马路上行走，会发现马路两边的石板是向里倾斜的。原来设计者考虑到下雨天道路的泄水问题。这里的城市很少会出现"水浸街"的现象，因为下水道的设计十分先进、超前。广州常强调"多少年一遇"，而这些城市"多少年一遇"都不怕。这些城市的道路可以几百年不用开挖，不像我们没几天挖一次，这也与这些城市的地下管线预留空间大有很大关系。

为避免"保护性破坏"，东欧很多城市的政府将"以旧修旧"的原则体现在每个细节上。以布拉格国家歌剧院为例，这座于 19 世纪下半叶建成的古建筑尽管历经风雨洗礼和数次重大修缮，但始终保持原貌。布拉格对古迹的保护，甚至细致到了门牌号。我们开始觉得有些奇怪，为什么当地的门牌普遍有两种以上？原来，当地不但保留了古代用以标示主人家从事何职业或有何喜好的象形图案式门牌，而且也有现代城市街区门牌号，布拉格市政府亦在 2000 多幢历史建筑的街区门牌号旁，另设文化遗产登记牌号。

（四）城市生态培育的"手筋"——多元多彩

城市不能千城一面，到处一个样，好的城市生态应该多元多彩。东欧的城区非常完好地保存了古文化与古建筑。行走在老城区，时光仿佛倒流，一栋栋美丽得无与伦比的古建筑连在一起遍布街区。教堂、塔楼、广场、石子路、琳琅满目的旅游纪念品小店；色彩丰富的民居，每幢房子都有自己的颜色，各种风格并存，组合成一个童话般的世界。

在东欧很多城市，居民每家每户都种花，很多人把鲜红的花种在靠马路的窗台上甚至人行道边，给人一种独特的温馨的感觉。市政部门也在马路边种上各式各样的鲜花，百花齐放，煞是可爱，成为城市一道亮丽的风景，惹得外地游客纷纷拍照。

东欧的城市管理多元多样。比如对垃圾的管理。垃圾处理是城市生态建设的一个重要环节。这些国家城市的垃圾桶多种多样，有的城市有十几种。垃圾桶分布均匀，十分方便。有一种垃圾桶很大，还上了锁，估计是防止捡荒者乱翻垃圾。这些国家很少有拾荒者。

根据国际先进城市的经验，制度建设始终是生态发展的核心。制度的重要功能是把行之有效的生态建设经验用法律和制度的形式巩固下来。自 1993 年以来，日本相继颁布《容器包装回收法》《环境影响评价法》《家电产品回收法》《推进形成循环型社会基本法》《促进资源有效利用法》《绿色购买法》《建筑废物回收法》《容器再利用法》《食品回收法》《汽车回收法》《化学物质综合管理法》《家用电器再利用法》等法律，其中的《推进形成循环型社会基本法》提出"促进物质的循环，减轻环境负荷，从而谋求实现经济的健全发展，构筑可持续发展的社会"，从法制上保障经济和社会的可持续发展。同样，欧盟的环境法规也是各国城市生态建设的基础性准则。欧盟成员国的环境立法需要同欧盟的环境立法接轨，成员国法律的调整则是一个转变过程。要加入欧盟的国家必须通过谈判与欧盟就未来的发展达成一致。许多成员国为达到欧盟环境法规的标准而积极采取措施。德国于 1998 年修订的《循环经济与废物管理法》明确宣布："本法的目的是促进循环经济，保护自然资源，确保废物按有利于环境的方式进行清除。"法国有关法律规定到 2003 年要有 85% 的包装废物得到循环使用；荷兰将欧盟的环境法规融入其立法中。

二 优化创新，构筑广州生态城市建设的绿色之路

生态文明不仅是人类的存在方式，更是人类文明发展的崭新阶段。怎样精心调适经济发展与环境保护的关系，不仅是经济问题、技术问题，更是社会问题、政治问题，这是对人类智慧和伦理的双重挑战。随着经济版图的变迁和社会结构的转型，这样的挑战不仅存在甚至还会在一些局部地区激化，因此我们要最大限度地维持好发展与环保的平衡。广州要做到既保证经济持续发展，又不以牺牲生态环境和人民健康为代价，需要注意以下几点。

（一）优化理论创新，建构符合广州生态文明建设的理论体系

伟大的实践源自伟大的理论，广州要推动生态文明建设阔步发展，没有正确的理论做指导是走不远的。而近几年为了解决生态环境问题，学界纷纷借鉴西方生态文明建设理论，一时间，各种理论纷沓而至。登录中国

知网，在"主题词"项输入关键词"生态文明"，仅 SCI 和 CSSCI 来源期刊就能搜索到 2000 余篇论文，其中多与西方的"生态中心论"和"现代人类中心论"相关，可见，这些理论给我国生态文明研究带来了极大的影响。不可否认，这些理论包含了丰富的生态智慧，部分理论已应用于我国生态文明建设的实践。但是，生态中心论和现代人类中心论本身的价值缺陷十分明显，具有"以西方为价值中心"的取向。这两种理论立足于"原发内生型"工业文明道路的实践，而我国走的是"后发外生型"工业之路，两种道路的基础、起点、存在的问题、现状等各不相同。这说明我国不可能完全照搬西方生态文明理论，也不可能从其理论中找到解决当代生态危机的普遍性出路。就国内而言，广州率先发展，率先污染，没有国内经验可以学习，而必须靠自己摸索和创新。广州经济在我国具有举足轻重的地位，广州立足本省实践、充分借鉴西方生态文明建设理论，尤其是生态学马克思主义理论，摸索出一套具有"广州基因"的生态文明建设理论，对指导广州生态文明建设实践和对全国生态文明建设都具有标杆性作用和示范意义。

（二）优化制度创新，正确处理经济发展与生态建设的关系

尽管广州的 GDP 在全国特大城市中长期排行第三，"北上广"已深入人心，但我们发现广州的环境压力比其他地方更大，环境资源问题比其他地方更突出，解决起来也比其他地方更困难。在不少地方，经济业绩仍然是考核干部最简便的标尺，"GDP 至上"的政绩指挥棒短时期还很难被取代。如法律授予环保部门检查权、罚款权和建议权，但在基层这些职能有时会被各类土政策阻挡，甚至被地方保护主义的长官意志扼杀。很多环境问题从表面上看是经济发展与环境保护的博弈，其实质仍然是局部与全局的博弈、政绩与民生的博弈，甚至是大资本与政府监管部门的博弈。广州要处理好经济发展速度与生态文明建设的关系。一方面，广州的各级政府要提高生态政治意识，围绕"生态强省""生态立市"的战略目标，进一步确定生态文明建设的路线图和时间表，从以往的 GDP 竞赛逐步转向以改善民生、公共服务、社会管理和推进节能减排为主要内容的综合竞赛。发展地方经济不能再走先污染后治理的老路，而应加快对现有企业进行环境友好型的技术创新。另一方面，广州市应加强制度创新和结构生态化建

设。制度创新体现在干部考评体制的生态化因素创新、环境保护产权制度创新、生态文明监管制度创新和社会公众参与环境保护制度创新等方面；结构生态化建设是指政府引导人们的生产、制度、消费和观念结构向生态化转变。也就是要依靠不断的制度变革和机制创新，破除人人都说环保重要，一旦触及自身利益就不干了的"吉登斯悖论"。

（三）优化科普创新，以生态良知推进全社会的"生态觉醒"

在儒家看来，人心是天地之心。朱子说："天地万物以生物为心，人以天地万物之心为心。"意思就是人类要承担天地万物的生态责任。在学者看来，生态觉悟应该是一种生态智慧。"历史提出了推进生态觉悟的任务，这一任务的核心，就是培育生态觉悟或生态理性的新的历史形态，同时也为完成这一任务准备了条件。"① 这里的生态觉悟是对人生意义一种新的认知，意思是人类要树立"生态良知"；在生态良知的观念中，大自然有独立的价值体系，并非是作为人类征服、利用的对象而存在的。它把自然平衡看作一切价值的基础，时时意识到人类不过是诸多生物的一种。人与物共存而不相害，才是人类生存的一种理想境界。如朱熹所说"与天地万物上下同流，各得其所之妙"。广州要通过各种方式和途径，广泛深入地开展生态文明宣传教育，使生态良知成为一种指导每一个人行为的"直感判断力"。也就是说，生态文明的思维要成为我们日常行为中的一种自觉、一种潜意识。这种直觉判断力应该体现在我们生活的方方面面，上至社会政策的制定，下至百姓日常生活的点点滴滴。要让人们在不经意间践行这种生态文明的智慧。

三　生态文明指引下的经济社会发展——可持续发展

生态文明指引下的经济社会发展，毫无疑问就是一种可持续的发展，是生态与经济增长处于平衡态势的发展，也是科学的发展。从广州经济发展态势来看，广州经济总体保持了平稳快速的发展势头。地区经济总量快速发展，同时，第三产业也保持了相应的快速增长趋势。在此背景下，广州环境保护财政支出也稳步跟进，促使环境质量得到提升。

---

① 樊浩：《"生态文明"的道德哲学形态》，《天津社会科学》2008年第5期。

（一）建设生态城市必须发展绿色经济

城市要可持续发展，即建立生态城市，必须在城市建设、管理的过程中与自然和谐相处，充分体现城市生态的价值。建设生态城市必须发展绿色经济。

首先，绿色经济使生态城市经济、社会、环境一体化发展。传统城市经济发展模式的基本特征是大量占有和利用自然资源、不断提高劳动生产率、最大程度地促进经济增长。人们认为自然环境与城市经济发展之间彼此不能兼容，环境问题是城市发展过程中的必然现象，城市发展、繁荣必然要以牺牲自然环境为代价，最终导致城市发展的不可持续性。绿色经济模式是以可持续发展观为基础的新型经济发展方式，它以自然生态规律为基础，通过政府主导和市场导向，制定和实施一系列引导社会经济发展符合生态系统规律的强制性或非强制性的制度安排，引导、推动、保障社会产业活动各个环节的绿色化，减少或消除污染，使生态保护与城市发展同步进行。

其次，绿色经济体现城市的生态价值。绿色经济坚持开放性和协调性，将环境资源的保护和合理利用作为其经济系统运行的重要内容，在生产、流通和消费各个领域实行绿色先导原则，尽可能地减少对自然环境的影响和破坏，或改善环境资源条件，并将自然环境代价与生产收益作为产业经济核算的依据，确认和表现城市经济发展过程中生态的价值。事实上，经济的发展与环境资源的消耗是并行的，在量化经济发展的各项收益指标时，环境消耗价值理应据实计算并从中扣除。

再次，绿色经济的自然资源利用具有公平性。公平性是可持续发展的重要特性，失去公平性就等于失去可持续发展。追求经济利益最大化，不断提高人类的生活质量，是经济和社会发展的基本目标。然而，传统经济模式下的社会经济增长，是以自然资源系统遭受严重破坏和污染为代价，仅仅满足了当代人或少数区域人的物质利益需求，忽略后代人或其他欠发达区域人的生存需要，是将子孙后代或全人类的环境资源用以满足少部分当代人的物质上的奢侈需求，这是极其不公平的。绿色经济发展方式通过自然资源的可持续利用，能够最大程度地提高自然环境的利用率和再生能力，理论上可以同时兼顾当代人和后代人的代际利益平衡和当代人之间的区域利益平衡。

最后，绿色经济可以引导产业发展的优胜劣汰。在经济发展过程中，产业结构是动态的，优胜劣汰是客观规律，正是基于产业结构的更新机制，产业的可持续发展才能实现。发展绿色经济，可以引起工业社会发生巨大的变革：一是在生产领域中，工业社会以最大程度地提高社会劳动生产率、促进经济增长为中心的"资源—产品—污染排放"的生产方式将转变为以提高自然资源的利用率、消除或减少环境污染为中心的可持续发展生产方式，加大了生产者的环境保护责任；二是在流通领域内改革工业社会所奉行的自由贸易，实行附加环境保护义务的自由贸易，控制污染源的转移；三是转变消费观念，引导和推动绿色消费。这一系列的制度性变革，必然引起工业城市向生态城市的回归，依据自然生态规律，建立由不同生态系统所构成的绿色城市。

（二）广州可持续发展的对策建议

遵循规律、统筹兼顾。充分尊重经济社会发展规律和自然生态规律，正确处理经济社会发展与生态环境保护的关系，促进经济、社会、生态良性互动，把生态优势转化为发展优势，实现发展更科学、环境更优质、社会更和谐。

立足当前、着眼长远。把生态城市建设目标任务纳入经济社会发展规划，统筹近期与长远、局部与整体的关系，因地制宜、分类指导，标本兼治、彰显特色，有计划有层次分步骤地推动生态城市建设向纵深发展。

重点突破、整体联动。在优先选择对经济社会发展和生态环境建设有重大影响的重点领域、重点区域、重点问题进行有效突破的同时，坚持城乡区域统筹，推动生态经济、生态文化、生态科技、生态环境文明、生态制度文明共同发展，增强生态城市建设的普惠性。

创新机制、依靠科技。积极推进体制机制和管理创新，加快建立符合市场经济规律的生态城市建设制度体系；加强生态科技人才培育、先进成果推广应用，强化生态城市建设的智力支撑和科技支撑。

四　在旧城改造中实现城市有机更新

城市有机更新的主要内容包括：改进城市的规划结构，合理划分城市各个功能区，提高城市土地利用的集约化程度和城市土地资源利用效率。旧城改造要以完善居住条件和居住环境为目标，充分发挥改造地段的经济、社会、环境优势，最终实现改造区生态环境的改善。在旧城改造过程中，旧城的各种物质和非物质元素发生不同程度的变化和位移，因此，如何促进城市产业重组及升级，提高城市的竞争力，是城市有机更新的重要课题。

（一）西方城市有机更新经验

作为旧城复兴的代表，西方发达国家的城市旧区更新经过了近百年的研究和实践，已经发展到一个相当成熟的阶段。而我国当代的城市旧区更新无论是理论还是实践，都起步较晚，还处于初始阶段。这种发展阶段的差距不应该成为我们的阻碍，而应该成为我们的有利条件。因为尽管东西方存在文化的差异、历史的不同和国情的区别，但是在诸如经济背景、社会需求和心理环境等很多方面是有很多相似点的。

首先，西方发达国家城市旧区在更新与复兴过程中，普遍体现了对城市历史和文化的尊重，并越来越体现对这一地区的使用者的关怀，包括对本地居民和旅游者的关怀。

其次，城市旧区的更新也不再是全部推倒重建，而是更有机的更新：适当地保留历史建筑和历史环境，注重老建筑的改造和再利用，延续地区的历史文脉和人文精神，在整体环境上提高城市旧区的品质，使现代生活和旧区历史文化得到很好的共存，城市旧区得到真正复兴。

再次，城市旧区更新不能仅仅停留于表面形式的改造，仅仅解决一些物质和社会性表象的问题，而应探寻其深层结构性问题，彻底解决城市旧区衰退的根本矛盾，追求社会经济、人文历史及环境品质的全面复兴。

最后，城市旧区更新不仅要重视城市物质环境的改善，也要注重地区特色的保护和延续，维持原有城市空间结构和原有的社会网络。

（二）以有机更新平衡城市生态的发展和保护

广州建设生态文明，其城市发展理念是将城市生态文明和城市历史文化资源进行系统整合。只有在传承丰富的历史文化的基础之上，城市的绿色生态建设才能凸显人文精神的重要内涵。所以，注重对城市历史文化资源的保护是广州生态文明建设的重要基础和城市发展的前提。

　　城市有机更新模式是一种全新的城市发展和改造模式，为城市在发展中继承城市历史文化，保护城市环境，实现城市发展与保护的平衡，提供了可能的视角。广州作为一个快速发展的国际大都市，城市面积不断拓展，新城建设如火如荼。在新城建设的同时，旧城改造也成为城市发展的重要内容。

　　广州城市有机更新要注意对环境的呵护。环境是人类社会的基础，也是城市形成和发展的根本条件，正是由于自然环境与人文环境的不同，城市才形成了各自的风貌和特色，表现出各自生动而丰富的个性。广州地处亚热带，背靠白云山，面向狮子洋，西江、北江、东江三江交汇，雨水充沛，交通便利。有优越的地理和生态环境，广州2000多年来都是在原址上扩展，没有迁移、优越的自然山水环境，是广州城赖以生存发展的先决条件，历代广州城廓的拓展，也体现了自然环境与城市形态的有机融合。"四地"的特殊性，造就了广州的鲜明个性。建设生态城市首先要全面树立生态优先的发展理念。在广州这样一个高速发展的城市中，旧城改造模式如何走上"绿色"发展的轨道，确实关系广州建设生态城市的全局目标。城市有机更新理念，是依据已有的城市历史文化和生态环境来进行改造更新的途径。那么，利用这一理论进行旧城改造，实施"绿色改造"就成为一项重大的理论和实践课题。

　　广州城市有机更新要做好城市文化的呵护。城市文化是历史发展的产物，又是历史的投影；城市既是历史文化的载体，又是社会经济的文化景观。随着我国城市化进程的加快和各地城市规模的普遍扩大，新区占城市建成区的面积比重不断上升甚至成为城市的主体。城市文化保护范围包括历史文化名城、历史街区以及列入文物保护单位的古建筑等。

　　广州是中国的历史文化名城，也是广东省的政治、经济、文化中心。追溯历史，大约四千年前，广州的先民们就在这里劳动生息，创造着这一地区的原始文化。随着生产力的发展，广州经过了不同的历史时期，逐渐发展成为具有现代文明的国际性大都市。广州城市的可持续发展离不开其独有的城市文化积累，广州特别注重保护和发展已有的城市文明，为城市的可持续发展提供丰厚的文化土壤。许多名胜古迹如南越王墓、镇海楼、南海神庙、陈家祠、沙面岛、广州起义烈士陵园、黄埔军校旧址、中山纪念堂等，都是广州历史文化名城的见证。为了有效保护广州城市的历史文化资源，传承城市文明，广州编制了《广州历史文化名城保护规划》，划定了广州的历史城区面积为 20.39 平方公里，核心保护区新建建筑不得超过 12 米。为了有效实施该规划，广州将结合投融资制度改革，多渠道筹集资金，建立文化名城保护的资金保障机制。

现阶段国内很多城市在建设中都出现了传统风貌特色消失、历史文脉中断的现象，并造成"千城一面"的后果。如何在新区规划和旧城改造中延续城市文脉、展示城市历史文化特色，无论是对历史文化名城的保护还是对新兴城市的新区开发，都是值得我们深入研究的课题。在城市发展过程中只有保持城市景观的连续性、保护传统建筑的地域特色、保存城市空间的记忆，才能保存城市的文化，延续城市的魅力，保证城市的可持续发展。在保护重点文物的同时，也要重视没有列入"重点文物"和"登记文物"的带有城市文化味道的东西。

五　生态文明建设的全民参与

国际中心城市的成功经验告诉我们，要建设城市生态文明，必须动员全体市民积极行动起来，从我做起，从现在做起；培养全民环境保护的责任感和主动意识；倡导、鼓励市民参与城市生态文明建设，实践绿色健康的生活、消费方式，树立生态文明理念，形成"全民参与，共建绿色家园，共护文明城市"的社会氛围。

（一）加强政府引导

在城市发展、城市管理等诸多方面，要落实体制创新和机制创新，根据绿色文化都市创建的工作需要，适时制定和实施鼓励绿色环保低碳的城市管理政策法规，重点在产业政策、公共交通政策、生活消费政策、建筑节能政策以及碳交易政策等方面有所突破，推动城市节能减排和绿色文化氛围的营造工作。在城市建设方面，政府应结合广州的城市特色和绿色环保工作需要，在城市雕塑体系、广场游园体系、社区美化绿化体系、湖泊河涌沁水体系等适当融入绿色文化理念，提高城市绿色文化品位和市民低碳绿色环保意识，同时逐步推进建筑节能工作，提高绿色建筑的比重。在绿色消费方面，可以建立绿色消费平台，加强环境标识产品、有机食品、节能产品的认证，通过政府网站或主流媒体分门别类地公布低碳环保产品名录，并适时更新。引领消费者识别和购买低碳环保产品，尽快建立绿色政府采购制度，使更多的绿色环保产品进入政府的绿色采购范围。在资源循环利用方面，不断提高资源综合开发和回收利用率；在资源消耗环节，努力提高资源利用效率；在废弃物产生环节，全面开展资源综合利用；在再生资源产生环节，积极回收和循环利用各种废旧资源。鼓励企业进行技术改造，引导企业广泛采用低碳、节能、降耗、增效的清洁生产技术。

（二）强化市民生态文明意识

针对城市发展过程中忽视绿色环境文化的现象，应高度重视绿色文化建设工作，借鉴发达国家和国内其他城市建设绿色环保都市的先进经验，以良好的绿色文化宣传教育营造氛围，促进广州绿色都市的早日建成。

绿色文化宣传教育是生态城市建设的有力保障。通过多种形式的绿色文化宣传教育方式，使绿色理念渗透到每一位市民的思想，并以此理念指导工作和生活，为广州生态城市建设营造良好的氛围，为广州生态城市建设规划的贯彻落实提供有效载体。开展经常性的环境卫生知识普及活动，开展环境保护知识进社区活动，建立环境保护的公众参与机制，形成全社会关心保护环境的良好氛围，不断提升市民的生态文明素养。

首先要加强绿色环保知识的普及，大力推动绿色文化理念进机关、进学校、进社区、进企业。各级党委中心组至少要安排一次相关知识的学习，各级党政机关、企业、学校、街道社区都要进行绿色文化和低碳环保知识的学习，提高全体市民的绿色低碳环保意识。组织多种形式的绿色文化宣传活动，可以通过报刊、广播电视、互联网等宣传媒体以及单位、公园、社区等的宣传栏，开展广泛宣传，逐步使市民树立节约资源和能源的意识，提高对绿色生活方式的认知度。可在媒体设立公益广告，开辟专题专栏，组织绿色文化演讲比赛、征文等多种形式的活动，树立绿色文化和低碳环保核心价值观。

其次要推行健康生活、健康消费方式。要利用各种媒体以及主题公益活动，向市民介绍、推广普及绿色健康的生活、消费方式，营造绿色生态文化氛围。

（三）全面动员公众参与

以社区为单元，开展绿色社区创建活动，落实环保责任制，制定社区居民的行为规范准则，鼓励社区居民践行低碳理念和参与环境保护。保障公众对环境的知情权、参与权，扩大环境信息公开范围，对涉及公众环境权益的发展规划和建设项目，应通过听证会、论证会或社会公示等形式，听取公众意见。充分发挥社会公益组织和环保组织在绿色文化宣传教育中的积极作用。

加大绿化认建认养行动力度。做好宣传工作，在完善园林认建认养试点工作的基础上，全面推广共建公园绿地的新思路；抓紧在全市推行"公园认养计划"、"公园守望计划"及"社区园艺计划"。

积极推进"送绿进万家"活动。通过街道、社区开展为居民送绿化苗（花苗）活动，以此推进家庭阳台、天台绿化工作。通过镇、街、村，每年在植树月期间向农民送绿化苗木，发动农民在房前屋后多种树，改善乡村环境。

第十二章　论辐射带动[*]

全球中心城市是全球经济社会版图上的重点、节点，对推动国际经济社会深度融合具有很强的辐射带动作用。广州建设国家中心城市，必须在发挥辐射带动作用上下功夫，多措并举，不断强化自身辐射带动能力，以全新开放性的思维，不断完善开放型经济体系和社会开放度，从国内走向国际。

第一节　强化中心城市辐射带动功能的战略构想

一　战略构想

建设面向世界、服务全国的国际中心城市已成为未来广州发展的基本走向，也是广州一直追求的发展目标。具体而言，就是要在不断强化国家中心城市、综合性门户城市、南方经济中心、区域文化教育中心的功能定位的前提下，沿着国际商贸中心和世界文化名城的目标迈进，不断提升广州在国际经济、科技文化领域的辐射和带动作用，到21世纪中叶确立国际中心城市地位（见图12-1）。

面向世界、服务全国是国家对广州发展的要求。未来珠三角将成长为全球最具核心竞争力的大都市圈之一，广州作为这一地区"首善之区"、国

---

[*] 本章主要参考了广东省社会科学院课题组"面向世界　引领广东——广州对全省的辐射带动作用"研究的成果。

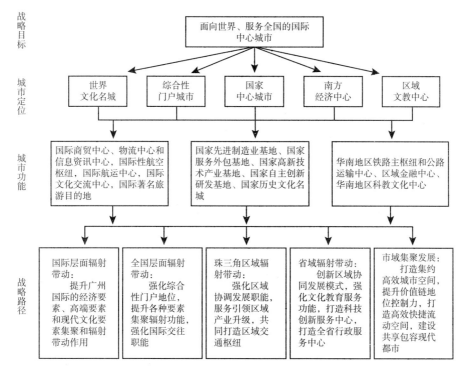

图 12 - 1　强化广州中心城市辐射带动作用的战略框架

际化城市中的排头兵，要努力建设成为提升中国国际竞争力的主力城市，构建面向国际的中心功能，扩大国际影响，带动区域融入全球城市体系。

二　战略意义

广州发挥中心城市辐射带动作用，是拓展战略腹地的现实需要，是服务全省、全国的客观要求，对于充分发挥广州的比较优势，优化资源要素配置，更好地推进广州新型城市化发展具有重要的意义。

（一）资源配置全球化的要求

在全球化与信息化交互作用的背景下，经济资源全球流动，打破了国家的界限，城市之间的网络开始主宰全球经济命脉。经济全球化要求任何国家、任何地区的经济发展都必须自主或非自主地融入世界经济体系。一个国家或地区的经济已成为全球经济发展链条中的一个环节或世界经济体系的一个有机构成部分。伴随经济全球化的进程，产业的分工越来越细，形式多样、纵横交错的细化产业链，诸如全球知识创新产业链、全球金融投资流动产业链、全球加工制造产业链、国际物流产业链、国际商务服务产业链、国际文化传播产业链、国际旅游文化产业链等，趋于形成。根据自身特点，完成区域产业群与国际产业群的对接，实现各种资源要素在全球范围内的优化配置，最大限度地分享全球化的利益，这是未来国际中心城市的重要战略使命之一。为了在全球经济格局发生深刻变革、新技术革命和产业革命方兴未艾的进程中实现跨越式发展，中国正在积极培育和发展若干在世界城市体系中占有重要地位的国家中心城市，代表国家在更大范围、更广领域、更高层次上参与国际经济技术竞争与合作，为全球经济社会可持续发展做出重要贡献。广州作为国家中心城市，对外开放门户城市，提升在世界城市体系发展中的独特地位，充分发挥中心城市辐射带动作用，具有重大的战略意义。

(二) 大珠三角世界级城市群发展的客观要求

城市群是在不同区域范围内由各种不同类型城市的密切联系形成的城市群体及空间组合。"大珠三角"① 是中国最重要的三大城市群②之一，是代表中国改革开放的先行地区。目前，大珠三角地区已经成为仅次于纽约都市圈和东京都市圈的世界第三大都市圈。广州作为这一城市群的核心，加快推进国家中心城市建设，增强中心城市集聚辐射功能，对于促进大珠三角地区经济社会一体化发展，增强广大腹地区域的综合竞争力，对于早日将"大珠三角"建设成为具有全球竞争力的世界级城市群作用巨大。

(三) 辐射带动广东省科学发展的现实需要

改革开放30多年来，广东省经济社会发展取得了显著成效，实现了从一个经济比较落后的农业大省向全国第一经济大省的历史性跨越，但区域发展不平衡等问题突出。相对于珠三角地区而言，粤东西北地区经济实力较弱，粤东西北人口约占全省的47%，而GDP总量仅占全省的21%左

---

① "大珠三角"包括珠江三角洲地区的广州、深圳、佛山、珠海、东莞、中山、惠州、江门、肇庆9个城市和香港、澳门2个特别行政区。

② 三大城市群为长三角城市群、珠三角城市群和京津冀城市群。

右，区域发展水平存在较大差距。[①] 广州作为广东省的省会城市，率先实现转型升级，增强中心城市辐射带动作用，有利于带动广东省尤其是粤东西北地区提速发展、跨越发展，有利于促进全省工业化、城市化和区域经济的协调发展。

三　基础条件与制约因素

广州走向国际中心城市，既有坚实的基础条件，又有一些制约因素。广州经济总量在全国特大型城市中长期位居第三，"千年商都"的影响力，以岭南文化和广府文化为引领的对外文化的影响力和吸引力，为广州"五位一体"协调发展打下了坚实基础；但国际化水平低、科技创新能力弱、金融业发展滞后等因素仍将成为制约广州跻身国际中心城市的主要瓶颈。

（一）中心城市功能不断完善

广州历来是华南地区政治、经济和文化中心，是改革开放的前沿阵地，尤其是经过30多年来的经济快速发展，中心城市功能不断强化，在《珠江三角洲地区改革发展规划纲要（2008～2020年）》战略定位与战略目标的引导下，广州作为国家中心城市的地位与实力进一步提升，其集聚、辐射、带动和综合服务功能得到不断强化。

一是经济辐射力不断增强。广州作为"珠三角"经济圈城市群的龙头城市，其快速发展带动了相邻地区的快速发展，其周边各个主要城市也主动和广州接轨，主动接受广州的辐射和带动。广州以广佛同城化为突破口，积极推进广佛肇经济圈建设，推动与江门、云浮、韶关、清远等市的合作，深化穗港澳合作，携领珠三角地区一体化向纵深发展。广州还通过与深圳的"竞合"互利互惠，正逐步形成合力，带动珠三角区域发展。

二是高端要素集聚功能显著提升。至2012年，全市共有普通高等院校80所，集中了全省所有的国家重点高校和97%的国家级重点学科；拥有国家级工程技术研究开发中心15个（其中国家工程研究中心7个，国

[①]　徐林、陈枫：《省委十一届二次全会开幕　广东吹响加快发展冲锋号》，《南方日报》2013年1月17日。

家级工程技术中心 8 个），国家工程实验室 9 个，国家重点实验室 14 个，省市级工程技术研究开发中心 293 个，省市级重点实验室 195 个，国家级、省级大学科技园 6 个；全市研发人员 2.37 万人，居广东省之最；全市共有院士 35 人，国家"千人计划"人才 58 人，占全省的 73.42%。①

三是科技创新功能不断提升。改革开放 30 多年来，广州坚持以科技创新支撑和引领社会经济发展的理念，中心城市科技创新辐射能力不断增强。1999 年以来，广州连续 6 次被评为"全国科技进步先进城市"。同时，广州加快区域创新体系建设，着力增强产业创新能力，抢占新兴产业制高点。以企业为主体、国家级创新平台为龙头、省市级创新平台为支撑的技术创新体系加快形成。数字通信、智能终端、LED、平板显示器、集成电路及芯片、移动互联网及电子商务、生物医药和新材料等一批重大高科技创新项目建设投产。随着"广州校地协同创新联盟"等相继成立，全市科技实力明显增强，科技对社会发展和经济增长的作用越来越明显。

四是文化引领功能进一步增强。广州既是岭南文化中心，又是广府文化中心。近年来，广州在加快经济发展的同时，努力推进文化建设，不断增加文化设施建设的投入，建设和改造一批新的文化设施，使广州城市文化品位不断提升。

五是城市综合服务功能显著提升。空港、海港、信息港及高速铁路、轨道交通等现代化重大基础设施建设全面提速。2011 年，广州白云机场旅客吞吐量居全国第 2 位，跻身世界前 20 强；2013 年客流突破 5000 万人次，客流增幅在全国三大机场中居于首位。② 2012 年港口货物吞吐量、集装箱吞吐量分别居世界第六和第七名；到 2013 年末，高速公路总里程达685 公里，地铁运营总里程达 260.5 公里。③ 城际轨道交通全面推进。信息化建设走在全国前列，广州现已成为国内三大通信枢纽、互联网交换中心之一和互联网三大国际出入口之一。按照《广州市现代物流发展布局规划（2012～2020）》，广州将继续大力提升空港、海港、铁路等大型基

---

① 《2013 广州统计年鉴》，中国统计出版社，2013，第 585 页，第 350～365 页。

② 钟啸：《白云机场年客流量突破 5000 万人次 跻身全球前 15》，《南方日报》2013 年 12 月 13 日。

③ 杨婷：《广州地铁六号线首期投入运营 未来 3 年内广州地铁总里程将超 500 公里》，《新华网》，2013 年 12 月 28 日。

础设施的建设规模、服务水平和辐射能力，到 2020 年，航空、铁路、公路、水路货运量增长幅度将分别达到 145.8%、108.8%、82.6% 和 67.7%。

（二）主要制约因素

1. 经济增长动力不足。与国际国内先进城市相比，经济总量偏低，综合经济实力有待进一步增强。从近年投资、出口和消费拉动经济增长动力结构看，广州面临的问题有：旧的经济增长动力减弱与新的增长动力形成不足，低端传统产业亟待转型升级，高端及新兴产业正处于培育之中，新的经济增长点尚未有效发挥作用，投资对经济增长拉动作用减弱，投资率呈现下滑态势，出口拉动经济增长作用趋于稳定，消费对经济的拉动作用偏弱，等等。

2. 现代服务业发展相对滞后。广州第三产业增加值占 GDP 比重已经超过 60%，服务经济主导地位基本确立，但从服务业内部结构看，传统服务业规模大，现代服务业发展滞后。尤其是总部经济发展实力较弱，金融业发展还较为滞后。

3. 科技创新能力及文化创造力较弱。与北京、上海等城市相比，广州研发投入规模仍然偏小，科技创新能力偏弱，核心技术及自主创新能力不强。缺乏创新型龙头企业，拥有自主知识产权和知名品牌的大型跨国经营企业数量少，科研机构、高校与企业之间的产学研深化合作程度较低，创新人才缺乏。此外，广州与培育世界文化名城要求相比仍不相适应，文化软实力不强，文化产业不发达，文化原创力和吸引力不足。文化产业发展规模和效益与广州中心城市定位不相称。

4. 交通信息枢纽服务功能不强。与世界先进城市相比，广州枢纽的国际化高端服务功能仍存较大差距。一是港口高端服务功能不强。二是空港国际辐射能力弱。广州空港、海港和信息港等战略性通道建设任重道远。

5. 区域腹地支撑作用不强。广州与珠三角地区各市、粤东西北地区以及泛珠三角地区不同圈层腹地的区域分工合作仍有待深化；区域综合竞争力有待提升；腹地对中心城市的支撑力较弱，制约着广州中心城市发展。

四　提升各种要素集聚和辐射带动功能的基本思路

广州迈向国际中心城市体系，必须充分发挥自身的辐射带动作用。按照"移低扩高"的原则，着力打造以高端产业、高端要素、高端服务为主的创新体系，提高城市建设水平，强化交通枢纽地位，加强与周边城市、周边省份、周边地区以及全球各国的经贸文化交流与合作，在全球经济社会和平发展新格局中做出更大的贡献。

（一）大幅度提升经济、文化和高端要素在国际上的集聚和辐射带动力

1. 不断增强经济要素集聚和辐射带动力。在国际层面上，作为中国综合性门户城市和国际化大都市，广州承载着国际商贸中心、物流中心、信息资讯中心、国际性航空枢纽、国际航运中心、国际著名旅游目的地等城市职能，因此应依托国际化海港、空港等枢纽平台，进一步强化中国对外开放门户和海外经济贸易窗口的功能，提升在国际层面上各种经济要素的集聚和辐射带动作用。

2. 不断增强高端要素集聚和科技创新功能。随着科学技术的进步和知识产权制度的完善，技术劳动力、科技基础（如科研机构、研发投入、通信设施）、知识产权（如专利、品牌、版权）等已成为现代社会生产中最重要的生产要素条件，是高级生产要素。与基本生产要素不同的是，高端要素并非天然的，而是创造出来的，是需要通过大量的、持续的投资才能形成的。在经济全球化、知识化的现代国际竞争中，创造、提升与使用高级生产要素即高端要素的效率，比拥有基本生产要素的多寡更重要。广州应以新型城市化发展为总抓手，强势推进战略性发展平台建设，特别是南沙新区、中新广州知识城等平台建设，大力提高自主创新能力，高效运营广州校地协同创新联盟，建立健全科研成果转化机制，推进广州超算中心等重大信息基础设施建设，加快建设智慧城市，为广州加快发展抢得先机。

3. 强化文化要素集聚和辐射带动作用。文化是一座城市的凝聚力和自信心的源泉。一个城市的辐射力和吸引力在很大程度上靠文化。广州要充分发挥海外华侨华人众多的优势，把广府文化带进所在国并在异国他乡"落地生根"；要充分发挥广州对外文化交流的窗口作用，深度融合世界

文化；要加强广州国家历史文化名城建设，精心打造广州六大历史文化名片①，提升广州城市的文化魅力和吸引力。

（二）进一步提升广州作为国家中心城市的集聚和辐射带动力

广州作为国家中心城市，承载着国家先进制造业基地、国家服务外包基地、国家高新技术产业基地、国家自主创新研发基地等城市职能，应通过强化综合性门户地位，积极推动产业优化升级，向高端化和服务化方向发展，增强高端要素集聚和科技创新功能，实现由"广州制造"向"广州创造"的转变，构建成熟的现代城市产业体系，提升广州九大优势主导产业②和六大战略性新兴产业③的辐射带动作用，为促进全国经济持续健康发展贡献重要力量。

（三）不断提升广州作为珠三角区域经济中心的经济集散和辐射带动力

在珠江三角洲区域，广州作为中国南方经济中心和区域文化教育中心，承载着华南地区铁路主枢纽和公路运输中心、区域金融中心、华南地区科教文化中心等城市职能。广州应进一步强化华南地区铁路主枢纽和公路运输中心地位，提升区域交通集散和辐射带动作用；强化华南区域金融中心和科教文化中心职能，提升对金融、教育、人才、文化要素等的集聚功能和辐射带动作用。广州还应充分发挥花都、从化以及增城北部片区的生态优势，提升区域生态旅游和休闲度假功能。

（四）不断强化广州作为省会城市的辐射带动力

广州既是国家中心城市，也是省会中心城市。广州应站位高、定位准，注重省会城市的角色定位，树立强烈的责任意识、义务意识和使命意识，主动服务全省发展。首先，应根据省会城市的特点和功能定位，重点

---

① 指"海上丝路、广交会、十三行、北京路、广州花城、食在广州"。
② 指汽车制造、石油化工、电子产品、重大装备、商贸会展、金融保险、现代物流、文化旅游、商务与科技服务。
③ 指新一代信息技术、生物与健康、新材料与高端制造、时尚创意、新能源与节能环保、新能源汽车等六大战略性新兴产业。

发展对广州周边地区有一定辐射和带动作用的省会经济。其次，应强化和提升城市的服务、决策和管理功能，在更高的层次和更广的范围发挥中心城市的作用。同时把广州城市软环境建设成为全省最优的软环境以及具有龙头引领作用的好环境，使广州真正成为全省对外开放的窗口、展示良好形象的载体、实施阳光行政的平台，通过一流的行政服务赢得社会的赞誉。再次，应通过强化文化教育服务的职能，形成"服务优质、覆盖全社会的公共文化服务体系"。最后，应充分发挥科研院所的科技、人才、研发优势，强化省会城市的吸纳创新能力和对外辐射作用，创新区域协同发展模式，大力推进产业与科研的高度融合发展，为广东产业转型升级、经济发展方式转变做出新的更大贡献。

第二节　强化广州辐射带动功能的基本策略

中心城市辐射带动作用的发挥，取决于自身承载能力和集聚发展能力的提升。随着城市空间规模的逐步扩大，广州必须实现由空间拓展向空间优化升级的转型，提高城市的空间效率和集聚、承载能力。在经济规模发展壮大的基础上，积极推进转型升级，走产业高端化之路，提升在全球经济体系中的价值链地位和控制力、影响力。应依托"三港二枢纽"①，提升广州作为综合性门户城市的功能，提升广州对各种经济要素流的集聚和辐射作用。还必须强化岭南文化和广府文化特色，积极促进新老广州人和驻穗外国人融合，提升城市魅力和吸引力，打造共享包容的现代化大都市。

一　实施城市优化提升战略，打造集约高效的现代化大都市

广州城市国际化水平的提升，有赖于城市空间拓展模式的转变与城市空间结构的优化。必须从外延式的空间"拓展"走向内涵式的"优化与提升"，积极推进高质量、高水平的城市功能组团开发，全面优化提升中心大都会区的城市品质，以建设"智慧城市"为契机，将城市智能系统沿着城市副中心适当疏散，强化重点镇和特色镇的辐射带动与服务职能，全面提升城市空间效益。

---

① 指国际化的航空港、海港、信息港以及铁路和公路枢纽。

（一）实施"123"① 城市优化提升战略，提升城市的集聚和承载功能

伦敦、东京、纽约等先进城市的发展经验，以及"理想城市、精明增长"等城市发展理论表明，大都会区发展必须打破各自为政的困局和行政区划的局限，以城市功能为导向，打造多中心组团式的网络型空间结构。为了应对快速发展而带来的各种问题和挑战，合理利用土地、空间、生态等各类资源，广州必须认真贯彻《广州城市空间发展战略——"123"实施政策》，构建"一个都会区、两个新城区、三个副中心、若干中心镇"的城乡结构，形成"多中心、组团式、网络型"紧凑集约高效的城市空间布局。同时按照城市功能区规划，结合"优化与提升"的城市空间拓展战略，积极推进"2+3+9"策略：即两个新城区（南沙滨海新城、东部山水新城）、三个副中心（花都副中心、增城副中心、从化副中心）、九个发展平台（广州国际金融城、海珠生态城、天河智慧城、广州国际健康产业城、广州空港经济区、广州南站商务区、广州国际创新城、花地生态城、黄埔临港商务区）。其中"2+3+9"策略，可以分为以下三种类型推进。

第一类是依托机场、铁路、港口等区域性基础设施，发挥基础设施的综合服务功能，带动周边发展，包括空港经济区、南站地区、黄埔临港商务区，以及花都副中心、南沙滨海新城等。这一类平台的主要功能是提升广州的区域辐射力。

第二类是立足现有的产业基础和科研、教育优势，布局金融科技创新等高端服务功能，主要包括广州金融城、天河智慧城和国际创新城，以及东部山水新城等。这一类平台的主要功能是弥补广州高端服务短板。

第三类是侧重于保护并合理利用自然生态资源，优化提升现有功能，根据所处区位的差异，完善综合服务功能或者布局战略性新兴产业，包括海珠生态城、花地生态城和白云健康产业城，以及增城、从化副中心等。这一类平台的主要功能是改善广州城乡人居环境，创造健康生活。

"2+3+9"的建设发展，将有利于全市域多中心、组团式、网络型的大都市空间结构的形成，通过"交通、产业、生态"不同类型要素的

① 指一个都会区、两个新城区、三个副中心。

带动发展，形成完善的公共服务中心体系，在市域范围内各个发展极功能互相联系的基础上，促进基于网络的协作分工功能体系，构建多极化网络化的城市空间结构，进而解决由于内外功能不平衡而产生的种种大都市问题，引领区域一体化发展，提升城市化质量和城市空间效率，形成科学高效的网络化城市空间结构，提高城市的集聚发展能力和综合承载力。

（二）全面优化提升中心大都会区功能，强化中心城区的辐射带动作用

国际发展经验表明，大都市的国际影响力和竞争力，在很大程度上取决于其核心都会区的功能级别、发达程度和竞争力水平，一个国际大都市的崛起，必然以其核心都会区的发展壮大为基础和前提。广州作为国家中心城市，要发展成为国际大都会，提升城市对区域的辐射带动作用，必须加大力度促进中心大都会区的优化升级，打造一个强势的核心都会区。广州中心六区①构成的中心大都会区，汇集了广州2200多年城市发展的精华，承担着区域及城市高端要素集聚、科技创新、文化引领和综合服务功能，是广东省行政管理中心，珠江三角洲世界级城镇群的高端生产性服务业中心（包括商务会展中心、商贸中心、金融中心、华南科教文化中心），广州建设国家中心城市的核心空间载体。中心都会区的发展，应更加注重空间优化、效益提升与功能升级，以强化高端服务功能和提高国际化、现代化水平为主攻方向，促进现代服务功能向都会区集聚。优化都会区中心体系，建设CBD网络②，增强对全球的辐射与服务职能。继续实施"中调战略"③，坚持"新旧联动"，加大历史名城保护力度，强化都会区的城市空间品质与个性特色，实现人口、交通、制造业、低端服务业等城市功能向城市副中心和外围城区的疏解。

（三）推进新城与副中心的规划建设，高水平打造城市集聚的新载体

无论从世界城市的发展经验来看，还是从广州城市建设的实际情况出发，都必须在城市快速发展的过程中，主动识别具有战略性价值的地区，

---

① 指越秀、荔湾、海珠、天河、白云、黄埔六区。

② CBD（Central Business District），即中央商务区或商务中心区。

③ 2006年12月25日广州市第九次党代会正式提出了调整提升广州中心城区发展质量的广州城市发展"中调战略"。

并结合重点项目将其作为新增城市服务职能的空间载体，使城市空间组织从单中心模式走向多中心模式，形成多个服务区域的城市职能中心，提高城市的综合竞争力和区域辐射带动力。

第一，高水平建设两大新城。新城区主要承担交通枢纽、大宗物流、重型制造业，以及会展、研发、教育、医疗等专项高端服务职能，同时通过完善人居公共服务配套设施，成为都会区功能、人口疏解的主要承载区。广州应依托区域战略性基础设施，培育新的城市空间增长极，推进产业方向明晰、综合功能完善、相对独立、特色鲜明、辐射带动区域发展的新城建设。继续实施"南拓"战略，依托南沙深水海港，以港区和国际物流园区为核心，积极发展临港产业及区域关联产业，建设国际性港口综合区；完善地区生活及服务配套设施，承接中心城区部分生活服务职能，建设宜居宜业的现代化滨海新城。继续实施"东进"战略，依托中新广州知识城、科学城和增城开发区；承接中心城区部分生活服务职能，建设广州东部重要的创新中心和综合性核心城区，打造宜居宜业的东部山水新城。

第二，做优做强三大副中心。副中心既是服务所在片区的综合服务中心，也是进一步优化城市空间格局，打破单中心"外溢—回波"型城市空间拓展模式的城市功能"截流中心"和"反磁力中心"。广州市在着力打造东部山水城和南沙新城的同时，还应着力提升花都新华、增城荔城、从化街口三个副中心的城市功能，在通过培育专业化职能分担疏导中心都会区职能的同时，更好地辐射服务所在片区，完善公共服务配套，促进农村地区城市化，率先建成统筹城乡发展的现代化新城区。花都新华重点为白云国际机场、花都汽车城提供商贸、会展等服务功能。增城荔城和从化街口分别作为增城和从化地区的生活、生产服务中心，辐射带动所在片区的发展。

（四）积极推进高水平的城市功能组团开发，促进城市功能的有序集聚

以功能组团开发优化城市空间效率，将城市功能分解到功能相对综合的城市组团，有利于克服城市传统上"摊大饼"蔓延的弊端，形成紧凑有序的城市空间结构。一方面，应重视现有功能组团的整合、优化和提

升。着重通过对现有功能组团的优化提升和对新功能组团的培育发展，形成一批整体提升城市功能、辐射带动周边发展的重大战略性功能组团，提升城市整体空间效率，塑造紧凑、高效、有序的城市空间结构。另一方面，应积极推进新功能组团的培育和建设。按照"生态隔离、功能明确、相对独立、职住平衡、有机联系、紧凑发展"的原则，明确各类组团的主导发展属性，提升和培育若干重点功能组团。在中心城区优化提升若干现有重点功能组团，突出完善高端服务功能、提升国际大都市城市品质和形象，重点优化提升珠江新城—员村地区、琶洲地区、城市新中轴线南段地区、白云新城、白鹅潭地区、广州（黄埔）临港商务区、越秀核心产业功能提升区、天河智慧城等功能组团。在中心城区外围培育发展若干新的城市功能组团，突出拓展城市空间、提升产业发展能级、带动周边区域共同发展，重点培育和发展中新广州知识城、南沙新区、空港经济区、广州南站商务区、增城经济技术开发区、从化温泉地区、大学城周边地区、广州新城、白云国际健康产业城等功能组团。

二　加快转型升级，提升广州经济在全球经济体系中的价值链地位和控制力、影响力

（一）走产业高端化之路，全面提升城市产业的全球价值链地位

产业是城市发展的立足点和支撑点，是城市综合实力的决定性因素，决定着一个城市在全球经济网络中的地位。经济规模的扩大和整体实力的增强是提升城市竞争力和影响力的必要条件。在当前经济全球化的格局下，广州作为外向型经济高度发达地区的珠江三角洲地区的核心城市，已高度融入全球价值链和经济网络体系。但广州制造业的国际竞争力和现代服务业水平还比较低，在全球价值链中的层级和地位不高。广州要全面建设国家中心城市，提升在国际经济网络体系和价值链中的地位，必须加快产业转型升级，走出技术含量低、附加值低、市场门槛低、竞争无序且恶性化的困境，主动参与国际经济体系循环和竞争，建立以服务经济为主体、现代服务业为主导，现代服务业、战略性新兴产业与先进制造业有机融合、互动发展的现代产业体系。尤其是要走产业高端化之路，集中力量发展一批引领全局和长远发展的产业基础好、生产要素优、市场空间大、

具有较高关联度和较强带动性的战略性主导产业，通过高端服务业和高端制造业的发展，全面提升广州城市功能和城市综合竞争力。

提升广州在全球价值链中的地位，应把握全球经济在创新发展方面的新机遇，通过新材料、新能源及先进技术在产业中的应用，全面提升优势产业的自主发展能力和国际竞争力。一是从产业链的最低端制造环节向产业链上游的研发设计环节以及下游的营销、品牌和服务环节延伸，提高产品的附加值。二是进一步加大传统技术改造力度，积极推进先进适用技术、现代信息技术和高科技手段的广泛使用，实现传统产业全产业链的整体升级。三是抓住第三次工业和技术革命带来的机遇，着力突破一批重大关键技术瓶颈，培育一批在产业链的细分环节能够持续保持分工优势的专业化制造企业，形成更具国际竞争力的现代产业体系，在新一轮全球价值链重构和产业分工中形成较强的竞争优势。四是进一步强化行业龙头和优势产业的作用。引导行业龙头企业在更大范围内基于价值链和品牌对资源进行配置与整合的力度，深化产业内部分工，不断提升产业的主导权。五是重点培育打造一批功能突出、辐射带动力强的战略性发展平台，突出战略性发展平台在高端产业发展中的载体和极核作用，将城市产业与城市功能有机结合，形成推动全市经济社会发展和产业转型升级的新引擎。要以"广州校地协同创新联盟"为样本平台，引导科技创新资源与广州市重点项目和龙头骨干企业有效对接，促使科研成果转化为现实生产力。

当前，由信息技术革命所导致的新一轮国际分工和国际产业转移从内容到形式都发生了深刻变化，现代服务公司的全球化布局正成为全球性经济网络和城市体系形成的重要驱动力量。现代服务业的发展水平在很大程度上决定着城市的中心性，并在经济全球化和区域经济一体化的背景下，决定着城市的对外辐射能力和区域影响力。广州必须不断强化城市的现代核心服务功能，着力发展现代服务业。广州作为国家服务业试点城市，应重点发展现代物流、金融保险、信息服务、科技服务、商务会展、总部经济、创意产业和服务外包，精心打造亚洲物流中心、区域金融中心、亚太地区重要总部经济集聚区、国际商务会展中心、国际信息港和区域"创意之都"，全面提升广州综合服务能力，更好发挥国家中心城市的作用，加强区域服务职能，进一步引领珠三角地区融入全球城市体系。要充分发挥规划的引导作用，推动高端服务要素在空间上有序集聚，打造现代服务功能集聚区，加强主城区内部传统城市中心和珠江—新城—琶洲两大核心现代服务业聚集区建设，使其发展成为珠三角核心，以及联系世界、服务全国的高端公共服务要素、决策服务要素的重要空间载体。

（二）加快外向型经济转型升级，全力打造开放型经济

改革开放 30 多年来，广州大力实施外向带动战略，开辟了经济产业融入国际市场、参与国际分工、分享贸易红利的有效途径，奠定了外向型型经济的领先地位与雄厚基础。后金融危机时期，对外开放的外部环境和内在条件都发生了深刻变化，广州作为经济外向依存度较高的城市，不应简单地介入全球分工体系、扩大出口、吸引投资，而应该实施更加积极主动的开放战略，逐渐由目前的外向为主、境外和国际资本主导、被动接受国际产业分工的低端外向型经济，转变为内外并重、内源经济和本土资本主导、主动参与国际产业分工的多元平衡的开放型经济，率先成为全国从外向型到开放型体制转换的城市。在外向型经济向开放型经济体转型过程中，提升广州在全球经济网络和城市体系中的地位，强化中心城市的辐射带动作用。

全面提高开放型经济水平，打造多元平衡的开放型经济，首先要促进进出口贸易的平衡，优化对外贸易结构，充分发挥广州作为综合服务中心城市的地位和作用，积极发展服务贸易。其次要推动贸易方式的平衡，推动加工贸易加快转型升级，延伸产业链和提升产品附加值，率先实现加工贸易的全面转型升级。再次要逐步实现出口市场多元化，在巩固传统国际市场份额的同时，积极开拓东盟、拉美、非洲和中东等新兴国际市场。还要积极推进"引进来"和"走出去"的平衡，提升招商引资质量和水平，鼓励本土企业参与国际市场竞争，形成一批有实力的跨国企业。最后要实现国内和国外两个市场和两种资源的平衡，在积极提升国际生产要素配置能力的同时，大力增强国内生产要素的配置和利用能力，形成内外市场联动新格局。

（三）提升在全球城市体系中的层级地位，强化要素配置的控制力和影响力

世界城市是全球经济系统的中枢和世界城市网络体系中的组织节点。

经济全球化加速了全球网络的形成，市场要素（包括人才流、物流、资本流、技术流和信息流）在全球网络中进行充分流转和合理配置。在要素流转和配置过程中，城市成了全球网络中资源要素流转和配置的节点，这些节点根据等级高低、能量大小、联系紧密程度等要素集结成为一个多极化、多层次的世界城市网络体系。其中，对全球政治经济文化具有控制力和影响力的主要节点城市就是世界城市。世界城市的控制力主要表现为对全球战略性资源、战略性产业和战略性通道的占有、使用、收益和再分配，是全球战略性资源、战略性产业和战略性通道的控制中心。正是出于这种原因，世界各国在城市化进程中，无不体现对核心城市发展质量与水平的高度关注，力图通过提高核心城市的全球地位，来提升其全球化红利与竞争力。

未来珠三角将成长为全球最具核心竞争力的世界级城市群之一。广州作为这一地区的核心城市和"首善之区"、国际化城市中的排头兵，将继续构建面向国际的中心城市功能，不断扩大国际影响，带动区域融入全球城市体系。广州要提升在全球经济和城市网络体系中的地位和控制力，必须积极培育和加快发展跨国公司，积极鼓励本土企业进行跨国投资和扩张，在全球范围内实现资源的整合和价值链的扩张，融入全球产业布局，纳入全球生产制造体系，逐步提升本土企业在全球价值链中的地位，强化对资源控制、财富分配的掌握和控制能力。要积极利用广州处于国内外两个市场结合点的优越条件，培育和提升广州对国内外两个市场中高级要素的集聚和配置能力，提升广州在国际经济体系和国际经贸利益分配格局中的地位。要充分利用广州国际市场网络优势和连接国内外两个市场的枢纽地位，吸引国际跨国公司面向中国（周边地区与国家）的总部、国内外向型企业的总部进驻，与本土跨国企业总部一起，强化广州外向型总部经济的地位。

三　夯实"三港二枢纽"地位，提升各种经济要素流的集聚和辐射作用

全球化时代，城市在全球城市体系中的层级地位，在很大程度上取决于其能否与其他城市形成高效快捷的联系，在全球"人才流、物流、资金流、信息流、技术流"的空间中强化其枢纽地位与枢纽功能。广州市要强化辐射带动作用，建成"带动全省、辐射华南、影响东南亚"的区域中心城市，必须强化其在全球"人才流、物流、资金流、信息流、技术流"中的空间枢纽地位，着重提升基础设施的建设水平，重点打造国际化的空港、海港、信息港以及铁路公路枢纽，构建外通全球、内联各地，高效快捷的流动空间枢纽；加强城市规划与交通规划的衔接，从源头上实现全市开发密度、项目建设与交通承载能力相匹配，加快完善道路网络建设，改善道路条件，强化交通枢纽站场规划建设，提升内外交通转换功能。

（一）优化城市内部交通，保障城市的高效运转

按照现阶段资源承载与环境敏感双重现实约束和城市可持续发展的目标要求，应高度关注城市规模扩张、空间重构与交通资源配置的关系，通过优化城市内部交通，构建高效便捷的城市综合交通，以保障城市的高效运转。城市规模的扩大和多极方向的拓展亟须增强城市发展与交通系统发展之间的协同性。应坚持"交通先导"的空间发展策略，根据"主中心城区、副中心城区、卫星城（重点镇）"城镇空间层级体系及"城市级主公共中心、次公共中心、片区级公共中心"城市中心模式结构，结合"城市级—片区级"产业单元层级体系的基本布局目标模式，争取在空间形态演进中，通过空间结构与交通一体化整合，促进中心区城市职能尽可能有机疏散且形态均衡，打造集约化的交通走廊和交通枢纽体系。在中心城区外围的功能组团和承接城区人口疏散的重点地区，应以 TOD 模式①启动新区开发，注重职住平衡，完善配套，达到疏解中心城区人口并接纳机械增长人口的双重目的。

适应广州城市空间布局形态，制定沿城市轴向和环向发展的交通资源配置策略，优化交通枢纽设置。从主城区到近郊副城区（北部、东部、番禺）之间的近郊交通走廊以大运量快速路和快速轨道为主，从主城区到远郊副城区（从化、增城、南沙）之间的远郊交通走廊综合配置高速公路、快速路和中运量快速轨道。主城区边缘通过设置快速环路屏蔽外部

---

① TOD（Transit-oriented Development）模式，它是在开发规划一个居民区或者商业区时，实现公共交通使用最大化的一种非汽车化规划设计方式。

过境交通并加强边缘组团之间的联系，主城区内部通过设置快速轨道环线改善传统城市中心和天河新城市中心的交通环境，近郊副城区之间通过设置高速公路和快速轨道线路加强交通联系，远郊副城区之间通过高速公路进行联系。依托重大区域交通设施（空港、海港、铁路公路枢纽）在近郊副城区设置综合交通枢纽，有效缓解北、东、南三个方向的交通压力，为珠三角周边城市及更广阔区域提供综合交通运输服务。按照"分层、分级"的原则，结合城市公共服务中心体系的建设，分别设置公交换乘枢纽，为本地区提供高水平的公共交通服务。

（二）打造复合型国际航空枢纽，提高空港经济的辐射带动作用

夯实白云机场在全国三大枢纽机场中的地位，建成以广东省和泛珠三角地区为依托，辐射东南亚和太平洋地区的大型门户复合型枢纽机场。完善综合交通换乘体系，建立综合客运交通枢纽，实现铁路、城际轨道、城市轨道、高速公路、城市道路等多种交通方式在机场的无缝衔接，把白云机场建设成为泛珠三角地区多种交通方式换乘中心和交通枢纽。加快建设国际、国内航线均衡发展的干、支线航线体系，强化白云机场在泛珠三角地区的枢纽机场地位，形成以白云机场为核心的"枢纽—干线—支线"机场网络。扩大空域和航权，拓展国际航线和货运航线，提高国际航班中转率，多元发展航空客运、物流和仓储业务，推动临空指向性的高新技术和先进制造产业发展。以白云国际机场综合保税区为核心，形成机场、综合保税区和空港经济区融合发展的整体格局。为进一步提高城市航运能力，支持城市发展，建设新机场是世界上许多大城市的必然选择，伦敦、纽约、巴黎、东京、上海等城市均拥有两个甚至更多的机场，北京也已获批建设第二机场。广州应以南沙新区开发建设为契机，在加快南沙通用机场建设的同时，谋划广州第二大型国际机场建设。

（三）巩固华南综合主枢纽港地位，强化现代航运中心功能

随着广州港南沙港区的建设和发展，广州港实现了由河港向深水大港的转变，为向世界级大港和强港迈进奠定了坚实的基础。广州应进一步以港口为核心，以国家中心城市为依托，以现代产业体系为支撑，逐步发展成为立足珠三角、辐射华南、面向全球的具有重要影响力的国际航运中

心。以南沙国际集装箱枢纽港建设为着力点，强化广州港区域性枢纽港口和广州市、广东省、泛珠三角对外贸易口岸的战略地位，将广州港建设成为内外贸并举的国际集装箱运输枢纽港，华南、亚太地区综合性枢纽港。

（四）强化国家铁路公路主枢纽的地位，增强对泛珠三角地区的辐射带动作用

充分发挥现代化交通运输对经济发展的带动作用，进一步强化广州的中心城市地位，扩展广州的腹地范围和影响力。以世界级城市圈核心城市为标杆，强化对珠江三角洲一小时城市圈"辐射服务、带动引领"的核心城市作用。对外形成辐射东南亚及亚太地区，联系重要国际城市的发达的国际航线体系和航运网络；对内形成以广州为中心的高速铁路（城际铁路）、高速公路放射性走廊，辐射珠三角、广东省、华南地区的陆路交通系统，建设立足珠三角、服务全国的交通枢纽城市。

强化铁路运输在综合运输体系中的地位，确立全国四大铁路客运中心的发展定位，成为辐射湖南、广西、贵州等泛珠三角地区的华南铁路主枢纽，国家高速铁路、城际轨道等干线铁路中心。构筑以广州为中心，覆盖珠三角、辐射华南地区的环型放射状区域高速公路网络，加强机场、港口、铁路枢纽与高速公路的联系，强化高速公路、公路与城市道路的衔接，构筑一体化综合运输网络，成为华南地区高速公路网络中心、公路客货运输枢纽。广州一直是珠三角对内辐射的重要枢纽，武广、贵广等高速交通设施，进一步拉近了广州与中西部地区的距离，广州需要规划更为合理的衔接系统，使广州的服务设施能更好地服务于广大的内陆腹地。以"区域共享"和"珠三角同城化"理念为发展导向，以白云机场、南沙港、铁路新客站三大枢纽为龙头，积极构建以广州为中心的珠三角地区高速公路网络和城际轨道交通网络，建设开放高效的现代综合交通运输体系，实现广州与珠三角地区和邻近城市60分钟互达，广州中心城区至珠三角任何一个地级市不超过90分钟，打造一小时都市经济圈，提升广州作为珠三角地区核心城市的地位与功能。

（五）打造枢纽型国际化信息港，高水平建设智慧城市

在全球化网络时代，广州要强化中心城市的辐射带动能力，必须加强

信息化和智慧城市建设。广州信息化建设的枢纽地位，离不开珠江三角洲等所在区域的支撑，应积极推进珠三角城际信息基础设施统筹规划建设，促进珠三角无线宽带网络同城化和光纤网络一体化，建成以广州为中心、覆盖珠三角的无线宽带城市群，共同建设开放融合的信息网络体系和移动互联网的信息服务网络。积极构建服务珠三角乃至更大区域的电子商务平台、物流公共服务平台、企业信用网和便民公共服务平台。强化电信枢纽功能，提升互联网国际出口能力，积极发展国际转接业务。大力发展网络虚拟合作平台，吸引和扶持全国性门户网站和电子商务平台在穗发展，大力发展国际电子商务，建设面向全球的大型国际采购电子商务平台，构建物流信息交换中枢，跻身亚洲信息化先进城市行列。巩固广州作为全国三大信息港之一、三大通信枢纽之一、三大互联网络交换中心之一、三大互联网国际出口之一的优势地位，打造汇聚华南、服务全国、沟通世界的枢纽型国际化信息港。

世界科技产业和智慧地球发展新趋势，要求广州必须加快物联网等智能技术研发和全方位应用，促进智能技术高度集中、智能产业高端发展、智能服务高效便民，建设全面感知、泛在互联、高度智能的智慧城市。以物联网、下一代互联网、新一代宽带无线移动通信等重点信息技术应用为突破口，以传感网、互联网、通信网、广播电视网等多网融合为基础，构筑宽带、融合、安全的智能型基础设施。进一步完善公共信息服务体系，促进经济社会运行管理和服务数字化、智能化。加快建设城市智能管理设备系统，建设"城市控管指挥中心""城市管理核心系统"，逐步实现对城市运行的实时感测和综合管理，促进城市各个关键系统的和谐高效协作，提升城市运行综合效率。推进实施智能交通、智能电网、智能城管、智能家居以及天河智慧城、南沙智慧岛、黄埔智慧港等示范试点工程，建设珠江新城、广州中新知识城和广州新城等智慧城市示范区，加快建设智慧广州。

四　以更加开放的姿态、更加包容的胸怀，建设广州现代化大都市

广州走向国际中心城市，应充分利用中国历史文化名城的积淀和海外华侨华人、港澳同胞众多的优势，加快城乡融合、原住民与新市民融合、本地人与驻穗外国人融合，积极推进外来人口市民化进程，以宽容和大度接纳来自世界各地的外国朋友，共建共享广州现代化大都市。

（一）提升文化软实力，打造富有岭南文化特色的世界文化名城

文化软实力是城市打造独特的竞争优势并保持可持续发展的内在动力，是城市塑造自身影响力和辐射能力的核心要素，已经成为城市竞争力的重要内容。在经济快速发展的背景下，更需要看到广州是一座具有深厚的历史文化底蕴的现代城市，深厚的文化传统是广州核心竞争力的重要因素，更是广州城市发展的永恒主题。延续城市文化脉络，突出城市文化特色，建设文化强市，培育世界文化名城，是广州强化中心城市辐射带动作用必须予以足够重视的问题和重要抓手。

高品质的文化是城市魅力的重要底蕴，也是城市持续创新的动力源泉。广州作为岭南文化的中心地、古代海上丝绸之路的发祥地、中国近现代革命的策源地和粤语文化的中心，具有强大的文化影响力，这也使得广州在世界历史上占据重要的地位，具有较高的城市知名度。经过改革开放以来的努力，文化建设、文化事业和文化产业实现跨越发展，城市的价值观念、文化创新力、文化辐射力和城市凝聚力日益增强，城市文化软实力明显提升，为广州推进世界文化名城建设提供了强大动力。要继续加强广州特色大都市建设，继承与弘扬传统的岭南文化，深入挖掘历史文化名城内涵，促进文化资源聚集与合理配置，尤其是保护展现岭南文化的各种物质和非物质文化遗产，突显广州作为岭南文化中心地、改革开放前沿地的城市特色，塑造具有鲜明地域生态特色、现代化和国际化特色的城市文化精神，彰显广州开放务实精神的"千年商都"文化品牌，保持开放包容的城市性格，加强与世界各国著名城市的交流来往，形成有较大影响力的广州文化品牌，不断增强城市文化的国际影响力，彰显历史文化名城魅力。

要坚持以人为本、协调发展、全民参与、开拓创新的原则，提升城市居民文明素质。文化软实力主要体现在居民的文明素质上。根据瑞士洛桑国际管理学院的有关研究，国民素质与国家竞争力的相关系数在 0.9 以上。提升城市文化软实力的根本点就是城市居民文明素质的普遍提升。要推进公共文化服务创新，繁荣发展文化产业，满足人民群众日益增长的精

神文化需求，把广州建设成为在国内处于领先水平的文化强市。公共文化服务作为文化建设的有机组成部分，在维护公民文化权利、提升城市文化软实力方面都具有不可替代的作用。要积极推进公共文化服务创新，为社会提供非竞争性、非排他性的公共文化产品。

（二）接轨国际规范，优化对外开放环境，打造高度现代化和国际化的城市营商环境

世界城市发展经验表明，一个城市要提升在国际经济网络和世界城市体系中的地位，要吸引国际性的各种经济要素和人才、资金、信息、技术的集聚，必须营造良好的营商环境。需要建立一种促进开放水平提升、具有以自己为主导的产业政策基础、在全球配置资源的基础上提高经济效益、经济体制与世界经济规则接轨的开放型经济体制。开放型经济是贸易自由化的经济，其要素、商品与服务可以较自由地跨国界流动，从而实现资源的最优配置。从体制上看，开放型经济是指一种经济制度，该经济制度致力于主动对接世界经济以及世界经济规则。广州既要以开放促发展、促改革、促创新，在扩大开放中着力完善经济发展的模式、机制、环境与支撑体系，又要主动推进改革深化，逐步确立并优化对外开放环境。

广州必须加快建立国际化的营商制度体系，继续对不符合 WTO 规则、不利于与国际惯例接轨、有碍经济国际化发展的各种不合时宜的规定及时进行清理和废止，使经济运行环境逐步做到规范、透明、公正。要以推进穗港澳营商环境与做事规则紧密对接为突破口，着力优化营商环境和规则国际化。要为经济发展提供更好的法制环境，特别是要加强对专利制度和产权制度的保护，营造良好的区域创新环境。要深化行政审批制度改革，进一步减少并规范行政审批，为开放性经济发展提供高效服务。要积极参与实施自贸区战略，以全面落实 CEPA 协议[①]为契机，推进穗港澳服务贸易自由化。还要积极探索在中国—东盟自由贸易区框架协议下，推进与泛北部湾经济区国家的经贸、投资合作。

---

① CEPA（Closer Economic Partnership Arrangement），《关于建立更紧密经贸关系的安排》，包括《内地与香港关于建立更紧密经贸关系的安排》协议和《内地与澳门关于建立更紧密经贸关系的安排》协议。

（三）积极推进外来人口的市民化进程，提高城市的包容性与吸引力

外来人口的不断融入和市民化，是城市不断发展壮大的必然过程，也是中心城市不断吸纳外来人口、增强辐射带动能力的重要表现。第六次人口普查数据显示，广州市 1270 万常住人口中，常住的户籍人口只有 794 万人，同"五普"时相比增长 19.76%，常住的非广州户籍人口（也就是平时说的外来人口）有 476 万人，同"五普"相比增长 43.81%，外来人口的增速明显高于户籍人口，外来人口在常住人口中的比重为 37.48%，外来人口成为广州城市规模增长的主要原因。广州在发挥和强化中心城市辐射带动能力过程中，必须积极推进外来人口的市民化，增强城市的包容性和吸引力，特别是对各层次人才的吸引力。

广州不仅要尽量保障较高素质人口迁入的自由，而且还要为他们创造融入城市社会的机会和条件。由于体制和观念的原因，许多"新广州人"未能真正融入城市生活，无法与城市居民分享城市化的成果。长期对城市居民倾斜的政策，限制了"新广州人"分享经济发展和城市发展所带来的改善福利的机会，也阻碍了人力资源的有效配置，削弱了城市的聚集效应，也严重影响了广州中心城市辐射带动作用的发挥。在城市规划中要统筹考虑长期在城市就业、生活和居住的"新广州人"及其家庭对教育、医疗、安全、娱乐等公共服务的需要，健全覆盖"新广州人"的社会保障体系，完成从传统土地保障到现代社会保障的过渡，促进"新广州人"在城市稳定就业和实现市民化。深入解决城市发展中人口的深层次矛盾和问题，推动形成一个以城市社会为主形态的团结型社会。

（四）从广州世界文化名城建设的战略高度接纳外国人

建设世界文化名城是广州新型城市化发展的重要战略目标。不同文化的交融有利于一座城市的转型升级、加快发展，这为广州 2200 多年来长盛不衰的历史发展所印证。广州要建设世界文化名城，不是多建几个豪华剧院、多引进几部美国大片就可以完成的。更为深厚的文化，往往是不同的文化在融合和冲击中，相互取长补短，共同发展而形成的。让来自世界各国的人与广州本地居民加强交流，也让来自不同国度的人加强沟通，从而推动广州城市发展，这是现代文明城市建设的客观要求。

我们必须认清形势，以更加开放的姿态接纳外来的新鲜事物，大胆吸纳一切外来文化中的积极因素，不断丰富、提升和壮大自己，以广州世界文化名城建设。

第三节　广州辐射带动作用的门户枢纽建设

广州具有得天独厚的自然地理环境、交通优势和历史文化积淀，长期以来是中国南方的重要门户。在全球化背景下，国际化城市不仅是国际交通枢纽城市和国际资本、商品、技术、信息、人才交往中心，而且是国际政治和文化交往的重要门户。广州必须进一步强化国家门户和枢纽功能，以国际交往的"中介性"为要务，不断提升在世界经济文化交往中的"中心性"。

一　强化多渠道大容量高效率的通道体系建设，提升辐射的输送传递功能

世界级城市圈的发展经验表明，核心城市往往都依托世界级的空港、海港，以内外衔接的高速铁路、高速公路网络为支撑，形成开放的现代综合交通运输体系。广州应围绕增强城市的集聚效应和扩散效应，加强通道体系建设，建立连接周边地区城市的枢纽性对外交通通信系统和城市立体交通系统，强化广州在全球空间的枢纽型节点地位，不断提高其对外的吸引和辐射作用。

（一）构建亚太综合性航空中枢

以广州新白云机场为核心加大基地航空公司引进力度，积极拓展国际航线和货运航线，鼓励"国际—国内"和"国内—国内"的中转联程产品，建立完善国际国内干、支线航线网络。加快完成广州白云国际机场扩建工程，谋划广州第二大型国际机场建设。改善白云机场通关环境，优化机场内部衔接，规划建立内部捷运系统，加快白云机场综合交通枢纽建设，提升北站铁路客运枢纽等级，借此强化机场对大区域的辐射，完善以机场为中心的区域高快速道路网。积极推进"空—铁"联运和"空—海"联运，进一步推进空、海港基础设施建设，增强空、海港港口集疏功能。

依托空港经济区建设大力发展航空客运、物流和仓储业务、飞机租赁、航空维修和制造、航运金融、商务会展、现代商贸、服装时尚、酒店休闲等现代航空服务业，提升空港综合服务功能。依托新白云国际机场和联邦亚太转运中心，进一步完善空港物流基础设施，加快空港物流园区建设，为广州、珠三角乃至泛珠三角区域活跃的经济活动提供高效的物流服务，将广州建设成为中国南方国际物流中心和全球物流体系的重要节点。建立完善航空物流信息系统，提升空港服务效率与水平。

（二）强化国际性航运中心建设

大力改善港口条件，加快推进以深水航道疏浚和大型集装箱泊位为重点的项目建设，进一步扩大广州港的吞吐能力。加快发展海铁联运与江海联运，逐步提高铁水联运比例，促进江海航运联动发展，依托现有的高铁、城际轨道、城市轨道、城市快速路，建设连接空港和海港的高速交通通道，实现海空港无缝对接，加快推进江海联运码头建设，推进广州港与珠江水系航运的密切对接，使珠江水系航运与海运乃至远洋运输一起构成高度互动的航运体系，优化广佛港口资源和布局，推动珠江港口群协作发展，与泛珠三角、环珠三角城市合作建设"无水港"，扩展广州港发展腹地，建成以广州港为中心，泛珠江三角洲区域为腹地，与珠江口港口群合理分工、紧密协作的国际航运枢纽港。以南沙新区开发建设为契机，以临港产业集聚区建设为载体，加强穗港航运服务业合作，大力发展航运金融和保险、航运交易、船舶交易、海事法律服务、教育培训等现代航运服务产业，提升航运服务功能。推进智能化物联网等新技术在港口航运领域的应用，打造"智能港"。积极争取政策支持，增加广州港的集装箱国际航线和外贸航线，扩大国际中转业务，提高国际客货运和集装箱中转的比例，形成具有全球航运资源配置能力的国际性航运中心。

（三）提升广州铁路枢纽地位

进一步优化调整广州铁路枢纽布局，加快推进京港、沪深、南广和贵广等四条高铁线路的建成开通，将广州打造成为中国"四纵四横"高铁网络体系的主要节点，增强对泛珠三角地区乃至广大东中西部地区的辐射带动作用并支撑沿线产业发展。规划新建广东西部沿海铁路、南沙港铁路、广汕铁路等，推进建设广佛城际环线、穗莞深城际北延长线等城际轨道交通建设，加快推进全市地铁线路的规划建设，构筑以广州为核心的轨道交通线网。高铁线路主要承担客运功能，相应地增加部分线路货运列车开行对数，释放广州与泛珠三角地区的铁路货运能力。结合铁路运输结构的变化，统筹规划广州地区各车站货场和专用线货场，整合和优化配置现有货场资源，建设大型货场，提高仓储能力，并以广州港为依托大力发展水陆联运，与广州白云国际机场设立的联邦快递亚太转运中心合作，实现铁空联运。

（四）构建区域公路网络主枢纽

加快以广州为中心的高快速道路网衔接，重点推进重要跨区域干道建设，规划新建高速公路出省通道，完善区域一体化、网络化的公路干道网，将广州建设成为华南地区公路运输中心。完善白云国际机场、南沙港、广州新客站等综合交通枢纽与高快速道路网的无缝对接，进一步完善城市内部道路网络建设，消除体制机制障碍，促进花都、从化、增城等郊区与中心城区交通的有效连接，实现交界地区路网融合。加快推进物联网技术在交通基础设施领域的运用，提高交通运行效率和通达水平。在电子商务催生物流配送业大发展的背景下，要适应物流企业配送网点空间布局调整的变化，调整基础设施投资建设以及城市物流用地规模等，降低物流时间和经济成本。

二　强化产业高端①控制力，提升在全球产业发展格局中的辐射带动作用

（一）大力发展总部经济

广州要大力发展总部经济，提高产业高端控制力，利用总部经济的企业产业价值链和空间价值链，强化作为全球网络结构节点的地位。从价值链分工理论的角度看，总部经济是以地区总部聚集引起产业结构变化为前提，即以地区总部入驻较多的某个城市与其周边以加工制造业为主的诸多

---

① 在同一个产业链中，拥有高技术含量和高附加值、处于关键技术控制区、非替代的产品或技术。

城市形成产业链分工①。当前广州发展总部经济的着力点包括以下内容。
一要依托自身资金、技术、管理、人才等高端要素集聚优势和国内广大腹
地制造业基础优势，加强区域分工合作，加快区域经济协作体系建设步
伐，更多地吸引跨国公司来穗设立研发中心、运营中心、分支机构和华南
地区总部，并将生产制造环节布局在广大腹地区域；吸引广大腹地的本土
企业来穗建立总部中心、销售中心等，增强本土企业的区域影响力和控制
力。二要鼓励广州企业做大做强，将部分制造业逐步转移到中西部地区，
实现产业的梯度转移和协同发展，降低整个链条的成本，将广州的战略性
资源优势和广大腹地的资源性优势结合形成协同效应，实现区域之间资源
优势互补、产业分工合作发展的良好局面。三要立足自身现有的汽车、装
备制造、电子信息、商贸、会展等产业优势，培育发展特色总部经济，实
现与北京、上海、深圳、香港等其他发展总部经济的城市间的错位发展。
四要瞄准国际前沿和优先发展产业，以更加优惠的政策吸引企业总部进
驻。国际节能环保产业方兴未艾，广州应不失时机建立国际性节能环保产
学研联盟总部，以抢占国际节能环保产业制高点。

（二）完善航运服务产业链条

伦敦港比起香港、新加坡、釜山等一些港口，在硬件上并不具有优
势，但伦敦却是名不虚传的国际航运中心，它的航运服务业主要集中在航
运金融和保险、船舶经纪、法律服务等知识密集型的高附加值行业。广州
应在以下四方面有所作为。一是立足自身航运业发展实际，不断拓展现代
航运服务领域，进一步强化通关服务、航运信息服务、航运代理和货运服
务等基础服务产业，培育发展航运交易和航运金融等高附加值服务业，加
快发展船舶修造、检验、交易、租赁、代理、设计等辅助服务业，建立区
域性船舶交易市场。二是积极吸引船代货代公司、物流公司、海事法律公
司、商务会展公司、邮轮公司等入驻，形成航运企业集聚、航运要素市场
繁荣、配套服务功能完善的航运服务集聚区。三是促进航运与金融的融合
发展。大力发展航运金融业，积极开展以动产质押为基础的物流银行业

---

① 任永菊：《地区总部、产业结构与总部经济——来自香港的实证研究与思考》，《台港澳经济》
2007 年第 4 期。

务，大力发展供应链金融，设立船舶投资基金，发展船舶和飞机融资租赁、船舶险和货运险等航运相关保险业务，积极争取外资航运金融、法律和保险机构的地区总部、业务总部等落户广州；鼓励国内已有的金融、法律和保险机构进入航运服务领域，争取其总部、业务总部、资金运营总部、区域总部、航运保险运营中心以及数据处理中心等落户广州。四是不断完善航运服务软环境。在航运服务发展中，应加快推进南沙新区现代物流服务区、空港经济区等航运服务功能区建设。充分利用改革开放先行先试的优势，加强制度建设，形成有利于航运服务发展的政策环境，争取国家给予广州航运服务特殊的航运政策支持和全面支持。尤其要积极探索自由港政策，争取国家支持将南沙新区打造成为国际自由贸易区。推进通关模式创新和体制机制改革，提高口岸通关效率。鼓励以高校与企业、科研院所与企业合作培养等多种方式，培养与实践结合的高层次航运人才。通过年会、研讨会、展览会等形式加强与国内外航运企业50强、国内外航运组织、主要发达国家航运服务机构的沟通交流，谋划合作，提高广州航运服务集群的知名度。

（三）彰显"广州服务"品牌优势

广州作为国家中心城市，应进一步增强国内国际辐射带动作用，充分发挥第三产业的综合服务作用，加快第三产业内部结构调整，大力发展商贸、商务、金融、航运等生产性服务业，顺应制造业服务化新趋势，促进服务业与制造业融合发展。培育和吸引行业龙头企业，彰显"广州服务"品牌，加强与香港服务业的合作与对接，深化与广大腹地合作，扩大服务输出，提高中心城市的综合服务水平。当前彰显"广州服务"品牌的着力点如下。

第一，打造商贸服务的"网络商都"。推动传统"千年商都"向现代"网络商都"转型，加快电子商务、电子结算方式的普及与发展，积极抢占流通技术与业态创新制高点。推进电子商务和传统销售融合发展。建立电子商务推广应用专项资金，鼓励传统批发市场、专业市场、大型集贸市场以及广大中小实体企业广泛开展电子商务活动，扩大企业服务范围和服务能级。支持电子商务基础支撑和服务平台建设，扶持电子商务服务平台、新型支付平台、交易清结算平台、企业融资服务平台等的建设，建设区域性移动电子商务平台和信用、认证、支付、标准等支撑体系。加大对电子商务中小企业的扶持力度，建立电子商务孵化器。引进和培育龙头型企业，积极推动国际著名电子商务服务商落户广州，引导国内龙头电子商务企业如阿里巴巴、慧聪网等企业扩大规模，扩大在华南地区的业务辐射面，鼓励电子商务企业上市，做大企业规模。规划建设电子商务产业园区，促进电子商务集群化发展，推行房租优惠，免费光纤上网，支持园区为入驻企业提供信息服务、宣传推广、培训交流、业务办理、服务器托管等专业服务，降低电子商务专业公司建设和运行成本。进一步完善物流配套体系，积极发展第三方物流企业，加快新兴物流配送中心建设，促进工业、商业、仓储和运输等物流各个环节信息资源的整合，加快建立物流信息网络，实现物流资源优化配置，提高物流对电子商务发展的配套支撑作用。

第二，高度重视商务服务的支撑作用。优化发展商务服务业，发展和规范法律、咨询、会计、审计、税务、评估、广告、人力资源、城市规划、市场调查和认证等专业服务，形成专业化、高水平的服务支撑体系，为广州商务中心、会展中心、金融中心等的建设提供强有力的支持。推动科技服务业加快发展，支持科研开发、产品设计、工程规划、技术推广、环境监测等行业发展，为经济社会发展提供科技支撑。

第三，提升广州商务服务的国际化水平。实践证明，完善的国际商务服务是发展总部经济的有力支持。广州商务服务业快速崛起，发展水平居全国前列，但商务服务国际化程度依然偏低，与北京、上海等相比，世界排名靠前的知名咨询公司、律师事务所、会计事务所等进驻广州明显较少。依托毗邻港澳及联系国内外的区位优势，积极引进法律、会计、咨询、评估鉴定等境外商务服务机构，大力吸引国际知名商务服务品牌落户发展，在广州设立地区总部或分支机构，提供国际水准的专业化商务服务，提升广州商务服务的国际化程度，吸引更多跨国性高端商贸交易业务在广州开展。

第四，促进广州商务服务与区域制造业融合发展。广州所在珠三角已经形成巨大的国际制造业基地，拥有规模庞大、数量众多的工业企业。由于广州和珠三角地区制造业主要是以外资为主导，因此所产生的各类专业服务需求很少寻求广州本地企业加以解决，特别是一些跨国企业和大项目，宁愿以高价寻求境外知名专业服务龙头企业提供服务，广州专业服务档次水平与区域市场需求不匹配在很大程度上制约了广州专业服务的发展空间。广州作为中心城市，应结合珠三角地区以外资为主导的产业结构特色，吸引国内外高端专业人才和境外知名服务龙头企业落户发展，提升广州专业服务的服务能级，加快拓展泛珠三角地区共同服务市场，满足自身制造业和周边地区产业发展的需求，形成广州专业服务业与区域制造业深度融合的发展格局。

三 强化经济要素集聚和辐射功能，提升国家中心城市和华南经济中心的地位

国家中心城市和经济中心地位在很大程度上体现在对经济要素的集聚和辐射作用上，城市对经济要素的集聚辐射作用越强、范围越广，则其作为国家中心城市的辐射带动能力越强。广州要提高中心城市的辐射带动作用，必须强化其在全国层面对经济要素的集聚和辐射功能，拓展其影响和控制范围，从而不断巩固和加强其地位。

广州发展要突出高端要素集聚、科技创新、文化引领和综合服务功能，通过构建国际商贸会展中心、国际制造业基地等国际化职能，更好地发挥国家中心城市的作用，进一步携领珠江三角洲地区融入全球城市体系。国际商贸中心主要体现在商贸在国际上的影响力。必须在广交会商贸会展品牌的基础上，培育新兴的国际商贸新亮点，支撑国际商贸中心的持续发展。做强先进制造业高端环节，构建具有国际先进水平的制造业基地，重点发展新技术、新能源、新材料方面的研发，通过提高自主创新能力，扩大广州甚至中国制造业在国际上的影响，强化广州作为国家先进制造业基地、国家服务外包基地、国家高新技术产业基地、国家自主创新研发基地的职能。

广州长期以来都是华南地区的经济中心，对珠江三角洲地区以及更大范围的区域有持续的带动作用。随着生产要素成本的提高，珠江三角洲地区普遍面临产业转型的问题。广州无疑承担着优先发展高端服务业、加快建设先进制造业基地、大力提高自主创新能力、率先建立现代产业体系的责任，需要以此带动珠江三角洲地区的经济转型与新的发展。广州应积极发展现代服务业，提升对高端要素的集聚辐射功能、对生产生活的综合服务功能，重点发展金融业、会展业、物流业、信息服务业、科技服务业、

商务服务业、外包服务业、文化创意产业和总部经济。必须积极建设区域性现代服务业中心、区域金融中心、高新技术产业与先进制造业基地，辐射华南地区，构建对区域具有强大带动力的中国南方经济中心。

四 强化国际交往中心职能，提高广州的全国中心性和国际影响力

广州的地缘区位独特，扼守珠江咽喉，坐镇中国南大门，长期以来都是中西文化交流碰撞的重要场所，在中国的地缘政治历史中具有举足轻重的作用。国际对外交往是广州重要的城市职能，使其成为南中国门户和华南地区对外交流的窗口城市。广州是南方地区特别是华南地区的外国领事馆集中地，凭借处于改革开放前沿的经济大省广东的省会城市地位，广州一直是华南地区的国际官方事务交流中心。城市的发展具有历史继承性，在全球化的今天扩大开放对于广州显得更为重要。

广州作为国家中心城市，必须在国际交往中不断拓展国际交流合作网络，完善交流合作平台建设，强化广州作为综合性门户城市的国际交往功能，提高广州在全国的中心城市地位和国际影响力。应加强城市品牌的综合策划和开发，借助世界城市和地方政府联合组织（UCLG）等国际平台，广泛开展城市品牌形象的推介和宣传。拓展"国际友好城市—友好合作交流城市—友好城区—友好单位"的立体国际交往网络。积极营造有利于促进外来文化交流融合的城市氛围，创造国际化的生活和服务条件，为各类来穗人士和机构提供高效服务。营造有利于国际组织集聚的国际化社区氛围，积极吸引国际组织在穗设立总部、区域总部或分支机构，充分利用各类国际资源服务城市发展。发挥广州作为华南政治经济文化中心的优势，积极争取主办或承办国家级和国际级会议、展览、论坛等对外交流活动，构建多功能、高层次的国际交流平台。

第四节 广州辐射带动作用的合作机制建设

广州建设国家中心城市，必须不断拓展腹地范围，增强辐射带动作用，代表国家参与全球竞争，顺应区域和城市竞争发展的新趋势，创新对内对外交流合作机制，破除各种市场壁垒，引领区域一体化发展，不断推进城际、区际、国际多层次的开放与合作。

一 建立和不断完善国内区域合作交流机制

在继续推进广佛同城化，加快广佛肇经济圈建设的同时，总结经验，进一步完善相关合作机制，并把其中成功的经验和做法应用到广州与东莞、中山、惠州、河源、清远等周边城市，粤东西两翼、粤北山区城市，以及中南、华南及西南等泛珠三角地区城市的合作中去。通过与相关合作城市建立多层次的"双边"或"多边"区域合作协调机制、磋商机制、利益分享和补偿机制，重点协调城市之间在贸易、基础设施、能源、公共服务、生态环保、市场和信息等方面的合作与分工。要打破城市之间的市场壁垒和行政区划的制约，认真清理各类法规文件，逐步取消妨碍商品、要素自由流动，妨碍区域市场一体化的制度与政策规定，着力构建统一、开放的区域市场体系，形成区域城市经济共同体。

二 建立和不断完善穗深共谋发展的合作机制

改革开放以来，深圳经济参与全球化程度加深，国际化城市功能进一步提升，国际交流合作不断拓展，国际知名度和影响力持续提高。当前深圳进一步叠加"国际化、法治化"新优势，从区域性的国际化城市向"现代化国际化先进城市"迈进，继续在国家新一轮改革开放中当好排头兵。广州和深圳两市相互支持，深化交流合作，取得了丰硕成果。目前两市都处在战略转型的关键时期，面临着新的机遇和挑战。广州和深圳密切合作，发挥特大城市的引领作用，对辐射带动珠三角、广东区域协调发展、提高国家竞争力，具有重要的战略意义。广州和深圳两市在创新发展、产业融合、重大平台建设、文化旅游开发等方面进一步加强合作对接，错位发展，互利共赢，必将为广州走向世界城市行列产生积极影响。深化穗深合作，既是广东省委、省政府的战略部署，也符合两市的共同利益。广州应以《穗深战略合作框架协议》的签署为契机，优势互补、强强联手，进一步加强与深圳在重大基础设施和重大战略平台建设等方面的合作，加快推动在城际轨道、高快速路等重大交通项目上以及在高新技术、资本市场、创新人才、历史文化、城市服务功能等领域的合作，推进前海深港现代服务业合作区与南沙新区的合作发展，充分发挥"双引擎"的辐射带动作用，携领珠三角为打造世界级城市群、为全省实现"三个定位、两个率先"目标做出积极贡献。

三　建立穗港澳战略合作联盟

无论过去、现在还是将来，毗邻港澳都是广州对外开放的最大优势。穗港澳三地同根同源、同声同气，是推动穗港澳一体化发展的最深厚基础和最强大纽带。从产业角度看，港澳投资已与广州经济融为一体，双方形成了紧密的依存关系。从市场机制看，毗邻港澳使广州在引进资金、技术、管理上具有独特优势，在市场衔接、资源配置上占据独特先机。广州改革开放的 30 多年，是与港澳"风雨同舟"的 30 多年。广州毗邻港澳，在产业发展上依赖港澳，在市场培育上得益于港澳，与国际经济接轨最重要的节点还是港澳。广州在走向世界的过程中必须将与港澳的合作提高到更高的层次。穗港澳经济一体化趋势十分明朗，某些领域的融合发展已达到较高水平。穗港澳合作已经站在新的起点上，穗港澳合作的升级将体现在不断提升、高度融合的一体化水平上。要充分发挥广州开发区、南沙新区穗港澳全面合作示范区等平台的载体优势，加快共建优质生活圈，强化基础设施衔接，促进产业分工协作，推进公共服务合作，加强营商环境对接，重点在金融服务、商贸服务、专业服务、社会公共服务、科技文化服务等方面进行合作，逐步实现穗港澳区域服务业的融合发展以及服务市场的一体化，推动形成穗港澳全面合作、共同发展的新格局。

（一）建立穗港澳现代商贸服务业战略合作联盟

现代商贸服务业是开拓市场、扩大需求、促进消费、拉动经济增长的重要支柱产业。现代商贸业的发展呈现市场不断扩大化、国内外市场一体化、商贸结构最佳化、商贸组织合理化、商贸网络化、市场管理科学化等趋势。广州应继续发挥"千年商都"优势，在不断完善本地商贸销售市场体系和开拓内地市场的同时，充分发挥港澳作为广州开拓国际市场桥头堡的作用，建立穗港澳现代商贸服务业一体化联盟，从而凸显广州国际商品市场集散地的功能。推动穗港澳现代商贸服务业一体化发展，当前应重点做好以下方面。

1. 提升现代商贸服务业合作基础。抓住 CEPA 系列政策先行先试的有利契机,建立穗港澳商贸服务业合作框架,加强在现代物流、商务会展、信息服务、科技服务、文化创意、总部经济、服务外包、旅游等领域的合作。加快引入香港法律服务、市场调研、管理咨询等中介服务机构,积极承接香港外包业务。积极引导香港创意企业在广州设立区域总部、营运中心、研发中心、核心产品制造中心。联合构建穗港澳贸易投资综合电子商务平台、大通关信息平台、世界级会展基地。

2. 探索建立穗港澳特别合作区。充分发挥广州南沙保税港区对产业高端发展的支撑和引领作用,借鉴自由贸易区建设模式,探索设立"南沙穗港澳合作特别实验区"。以此为载体,加强与港澳在科技创新、服务外包和创意产业、港口物流业、商贸旅游业等方面的合作。同时,推进建立穗港澳现代服务业合作园区,充分利用琶洲会展商务区、天河软件园信息服务产业区、南沙资讯科技园、黄花岗科技园创意动漫产业园、穗港澳流通服务业合作实验区等有效载体,进一步加强穗港澳三地服务业合作和对接,打造一批布局合理、特色鲜明、集聚度高、辐射力强、文化内涵深厚的现代商贸服务业功能区,促进穗港澳商贸服务业集聚发展,提升穗港澳合作的水平。

3. 共同策划并推动重点领域旗舰合作项目。广州应加快完善联邦快递亚太转运中心、广州保税物流园区、南沙保税港区、白云空港保税物流中心、珠江新城金融商务区、科学城金融创新服务区等具有较强辐射带动力的重大服务业项目建设,并以旗舰项目的合作建设作为穗港澳深化合作的抓手,吸引港澳知名企业前来发展,吸引港澳高端人才集聚广州。积极鼓励服务创新和服务输出,主动吸引并承接港澳现代商贸服务业的转移,全面提升广州的综合服务功能。

(二) 建立穗港澳现代金融服务业战略合作联盟

目前穗港澳金融合作机制建设仍处于雏形期,三地金融业缺乏制度性的合作与协调。为适应穗港澳金融关系高层次提升的需要,推动穗港澳金融服务业建立战略合作联盟,当前应重点做好以下方面。

1. 大力引进港澳金融机构,支持港澳金融机构扩大在穗业务。一是以广州国际金融城为广州建设区域金融中心的重要载体,鼓励港澳各类金融机构以及相关配套机构加快进驻。二是支持港澳金融机构参股广州的法人金融机构，鼓励港澳资本参股股份制商业银行和城市商业银行。三是支持香港联合交易所、结算公司、证券公司、期货公司、保险公司、基金公司和财务公司到广州设立机构，开展业务，建立合资的法人金融机构。四是吸引港澳台熟悉国际金融市场运作的专业化咨询、评估等金融中介机构来广州开业。五是增加货币市场的交易品种，增加新的金融工具和产品。利用港澳人民币回流的机遇，在国家法规、政策允许的范围内积极支持、科学引导资金跨境流动，建设穗港澳三地银行间同业拆借市场。

2. 积极开展穗港澳三地金融互联服务和资金融通合作。一是继续完善穗港票据联合结算系统，增设美元票据单向结算，逐步开通美元和欧元票据双向结算，并逐步把非贸易项下的票据纳入联合结算范围。二是与澳门共同建立穗澳票据联合结算系统、电子汇兑结算系统等基础设施。三是相互引进金融产品。为加强穗港澳之间的资金流动，广州金融机构可以引进港澳的金融产品，也可以协助港澳地区金融机构引入内地的一些金融产品。广州应大力推动穗港澳银行开展银行卡、消费信贷及投资理财等个人金融服务的合作，鼓励银行探索穗港澳三地个人双币种贷款（包括质押贷款、住房贷款和其他消费贷款）产品的引进和创新，做好个人信贷业务，鼓励银行探索三地中小企业双币种贷款。四是加强网络银行合作。利用各自在当地的优势，在公司网上银行业务、网上零售业务、网上股票交易等领域加强合作。五是加强银团贷款合作，为跨境、跨区大型基建项目和企业集团提供信贷支持。香港是亚洲银团贷款中心和主要牵头行集中地，广州是国内区域性银团贷款中心，穗港澳之间银团贷款业务的互补性强，应鼓励港澳金融机构参与广州企业的重组和对不良资产的处置，支持符合条件的广州金融机构和人员到港澳从事与资本市场投资相关的服务业务和套期保值业务。

3. 以《广州区域金融中心建设规划（2011～2020年）》和《广州金融创新服务区建设发展规划》为指引，依托广州金融创新服务区，加强开发区、南沙新区与香港金融机构合作，把广州开发区、南沙新区建设成为香港金融后台服务区。主动接受香港国际金融中心的辐射，积极吸引香港金融机构将其金融灾难备份中心、数据处理中心、软件开发中心、理财中心、培训中心等后台业务内迁至广州，开展业务和技术合作。

4. 深化与香港交易所的合作，推动广州企业赴港上市融资。香港资本市场制度清晰透明、融资能力强、拥有多元化的全球投资者基础，逐渐成为国内企业海外上市的首选之地。各级政府金融管理机构应主动配合企业多元化的上市需求，积极为企业赴港上市搭建权威、畅顺的交流平台；尤其要帮助拟赴港上市企业理清工作思路，包括上市方案及策略、常见财税问题处理，以及相关法律问题；邀请港方金融中介机构对区内企业进行实地回访考察，进一步争取落实企业赴港上市。支持广州一些金融机构和大型国有企业到香港发行股票和借壳上市，支持广州地区的港澳资本企业在境内发行股票。探索广州金融机构通过香港进入国际金融市场、买卖外国政府债券、扩大外汇资金使用的渠道。

5. 加强穗港澳保险业在风险管理、产品设计、行业监管等领域的合作，不断提升广州保险业的竞争力。一要支持港澳保险机构在广州投资设立综合性和专业性的保险公司。二要加快建立穗港澳保险业定期联络制度。只有建立健全穗港澳保险业的沟通渠道，不断增进广州与港澳保险业在技术、人才、经验等方面的交流，才能有效促进保险企业引进港澳专业保险人才和先进的服务理念参与广州保险业的改革与发展。三要支持穗港澳保险机构合作与创新，共同研究开发新产品，为跨境出险的客户提供更完善的服务。四要加强穗港澳巨灾保险和再保险服务的探索，为区域性防灾减灾提供基础性保障。

6. 加强穗港澳三地金融监管部门之间的信息交流，建立穗港澳金融监管联络机制。通过定期召开联席工作会议，通报各自的监管政策和监管对象的信息。以落实巴塞尔委员会的有关规定为契机，加强穗港澳三地金融监管部门分工协作，对于跨境设立分支机构和相互参股的金融机构、定期通报各自掌握的有关监管对象的信息。

（三）建立穗港澳现代社会公共服务业战略合作联盟

公共服务分为基础公共服务、经济公共服务、社会公共服务、公共安全服务。社会公共服务是指通过国家权力介入或公共资源投入，为满足公民的生存、生活、发展等的直接需要所提供的服务，如公办教育、公办医疗、公办社会福利等。当前广州社会公共服务体制还不健全，要解决社会事业发展相对滞后的问题，最根本的就是要加快政府职能转变，建设服务型政府，同时建立健全符合新的时代特点、以民生为核心的社会基本公共服务体制，满足广大社会成员的基本公共需求，这是政府义不容辞的责任。主要满足社会成员多样化需求的非基本公共服务部分则利用市场机制充分实现产业化。要改革基本公共服务提供方式，引入竞争机制，扩大购买服务，实现提供主体和提供方式多元化；推进非基本公共服务市场化改革，增强多层次供给能力，满足群众多样化需求；建立政府与民间组织在基本公共服务供给上的合作伙伴关系，积极探索政府购买服务的方式，通过税费减免、财政转移支付等多种形式，鼓励和引导民间组织广泛参与基本公共服务。推动穗港澳现代社会公共服务一体化发展，对中国探索建立社会事业和公共服务的多元参与机制将具有示范引领意义。

为推动穗港澳现代社会公共服务一体化发展，应重点做好以下方面。一是鼓励港澳社会资本参与广州非基本公共服务领域的投资，包括在民办医院、民办养老院、民办教育机构等领域的投资。二是支持穗港澳三地民间机构合作开展环保事业。民间环保组织是保护资源、防治环境污染和保护生态的重要力量，在弥补政府解决生态环境问题能力不足方面起到了重要作用。许多国家的实践证明，建立和发展民间环保组织，是保护环境和生态资源的一种有效途径。由于广州民间环保组织还处于起步阶段，许多方面还很不规范、很不成熟，政府应积极为民间环保组织搭建与港澳民间环保组织交流与合作的平台，提高穗港澳三地的国际交往水平，以适应当前世界环保事业发展的需要。三是穗港澳三地合作开展防灾减灾事业。穗港澳三地均为洪涝、台风高发地区，为加强多灾种综合、各部门协同、跨行业合作的防灾减灾能力建设，统筹防御地震、地质、气象等自然灾害，统筹运用法律、行政、市场和科技等多种手段，推进防灾减灾体系建设，提高防灾减灾能力和灾害风险管理水平，最大限度地减少人民群众的生命财产损失，切实保障经济社会全面协调与可持续发展，在三地政府间搭建防灾减灾联动机制应提上日程。食品安全是人民群众日常最关心的问题，探索建立联防共治的食品安全长效工作机制势在必行。四是穗港澳三地合作开展慈善事业。广州公益慈善事业起步较晚，既缺政策、缺共识、缺人才，更缺好的经营方式。广州需要大批专业人士参与推动公益事业，需要用企业社会投资的方式发展公益事业。为促进公益慈善事业的健康发展，广州应借鉴港澳地区成熟的公益慈善事业经验，主动对接港澳公益慈善组织、义工组织，创造公益组织良性发展的生态环境，通过鼓励竞争，使行业健康发展。

（四）建立穗港澳现代科技创新战略合作联盟

科技创新是城市竞争制胜的利器。从区域科技发展与区域经济发展的对应关系来看，一般科技实力强则经济实力强，反之亦然，二者呈相互促进、相互推动的正相关关系。随着知识经济的发展，科技创新正在取代自然资源、劳动力、价格等传统因素而成为城市竞争的决定因素。为促进香港的科技成果在广州产业化，广州成熟的科技成果在香港资本市场取得风险投资，促进穗港文化资讯资源共享，探索引进香港优质教育资源和科技资源等，建立穗港澳现代科技创新战略合作联盟已势在必行。具体需要落实以下几点。一是以中新广州知识城为载体，借助粤新合作理事会的交流机制，以及孵化基地、创业孵化平台和中试基地，建立和完善穗港、穗澳双向创新资源，按照与港澳功能互补、错位发展、互利共赢的原则，推动创新发展与合作。二是充分发挥香港作为全球第十大创新中心的作用，结合广州的人才资源、成本和产业化优势，探索建立穗港科技合作机制。三是充分发挥香港广泛联系国际市场，在工业设计方面的专业人才、国际理念、广阔的海外市场、健全的法制环境等优势，结合广州开发区发达的制造业，利用广州的人才、成本、靠近生产前端等优势，联合打造珠三角工业设计中心。

（五）建立穗港澳国际高端人才集聚战略合作联盟

广州走向世界城市前列，人才是关键。一是要以"广州南沙—深圳前海—珠海横琴粤港澳人才合作示范区"列为"全国人才管理改革试验区"为契机，深化穗港澳人才合作机制建设。二是要以泛珠三角人才交流合作联盟为载体，发挥广州"中国南方人才市场"的节点作用，进一步强化穗港澳国际高端人才集聚功能，把一大批国际高端人才会聚在广州。三是继续发挥"广州国际留学人员交流中心"的独特功能。中国留学人员广州科技交流会（简称广州留交会）是中国规模最大、层次最高、最具影响力的海外人才项目交流平台，被誉为"中国海外留学人员交流第一品牌"，穗港澳三地应充分用好这一平台，积极为国际高端人才集聚提供良好的服务。四是建立穗港澳专业人才交流制度。包括鼓励在穗优秀专业人才参加香港"输入内地专才"计划，选派优秀业务骨干到港澳交流、培训和学习；发挥驻穗高校港澳学生多的优势，加大三地专业人才的联合培养力度；实现专业人才流动便利化，人事、外事和公安等政府部门应为各种专业人员赴港澳提供便利和支持。

四　建立广州融入国际经济大舞台的政策支撑系统

广州经济全面融入全球分工体系，吸引国际组织、全球性企业总部进驻，实现全球"人才流、物流、资金流、信息流、技术流"的高度集聚，必须实施更加开放的政策，提供更加优越的政策环境。

（一）实行优惠的税收政策

财税政策是政府提供公共产品、弥补"市场失灵"的重要经济手段。在社会主义市场经济条件下，为加快广州国际商贸中心和世界文化名城建设的步伐，根据资源优化配置的要求，采取相应的税收优惠政策，必将达到广州产业结构调整和产业结构优化的目的。为推动广州经济转型升级、加快发展，中央政府应重点给予以下扶持政策。一是实施会议会展业优惠政策。在广州专营会议会展业的企业，营业税减半或免征。二是实施旅游购物优惠政策。允许广州机场、码头口岸设立免税商店，实行离岸旅客免税购物政策，并实行店内付款提货、离岸验放，允许国内地方特色商品进入免税商店。三是实施国际航运中心税收优惠政策。注册在广州开发区、南沙保税港区内的航运企业从事国际航运业务取得的收入免征营业税，对注册在广州开发区、南沙保税港区内的仓储、物流等服务企业从事货物运输、仓储、装卸业务取得的收入免征营业税。允许企业开设离岸账户，为其境外业务提供资金结算便利。实施启运港退税政策，以鼓励在广州开发区、南沙港区发展中转业务。

（二）实行开放灵活的投资政策

投资政策是国家对固定资产投资进行宏观调节或宏观管理的政策。为推动广州经济转型升级、加快发展，中央政府应重点给予以下扶持政策。一是外资企业在广州投资符合国家产业鼓励类、允许类的项目，进口的自用设备，免征关税，免征进口环节增值税。二是放宽外资企业在广州独资开办医院权限，其进口的医疗器材、建筑材料、交通工具等免征关税，免征进口环节增值税。三是鼓励外商投资发展金融、交通运输、旅行社、医疗康复、旅游职业教育等服务业；允许外商投资经营广州境内退税免税商店；允许外商独资建设医疗康复机构等。以全面落实 CEPA 为契机，推进与港澳营商环境与做事规则紧密对接，在企业认证许可、引进人才、融资、跨境交易、保护投资者、履约、结算等方面达到或接近国际同等便利程度。加强国际化公共服务体系设施规划，重点推进国际社区、国际医疗中心、国际休闲服务区等服务载体建设，为国际人才居住创业创造良好的环境。

（三）赋予广州更加开放便利的出入境政策

广州是中国的重要门户，广州每年边检部门检查出入境旅客超过1000 万人次。为推动广州转型升级、加快发展，中央政府应重点给予以下扶持政策。一是把免签证入境广州的国家扩大到与中国达成互免持特定护照人员签证协定的所有国家，最大限度地延长入境停留时间，实行真正意义上的免签入境广州。二是加强涉外管理，通过外籍人员综合信息管理平台和联席会议制度，加强与领事馆、商会等驻穗机构的联系与合作，加强对境外非政府组织、境外新闻机构的管理和引导，提高对外籍人员及境外组织的管理服务水平。

（四）赋予广州更加开放的相关产业发展政策

产业发展政策是围绕产业发展为实现一定的产业发展目标而使用多种手段所制定的一系列具体政策。为推动广州转型升级、加快发展，中央政府应重点给予以下扶持政策。一是扩大广州旅游娱乐业的经营范围，凡是国际旅游、体育、娱乐项目，均可在广州先行先试。二是赋予广州更大的中外文化体育交流活动审批权和文物进口审核权，加大文化开放力度。三是允许境外科技、自然、旅游、非国民教育、体育、音乐、娱乐等非时政类广播电视节目在广州落地，提高广州的国际化程度。

第十三章　论空港经济

城市空港经济一般是指城市依托大型机场特别是大型枢纽机场的综合优势，发展具有航空指向性的产业集群，即以航空港为推动力而形成或带动产业经济体系，促使资本、技术、人力等生产要素在机场周边集聚的一种新型经济形态、一种具有现代服务性特征与新经济时代特征的新型城市经济。以国际大型航空枢纽作为最佳融合点，集聚全球高能级生产要素，并由此衍生高端产业，已成为引领世界城市经济发展的新趋势和新潮流。特别是进入21世纪以来，随着工业化、城市化、国际化的加速推进，空港经济地位、作用越来越重要，发展势头日益强劲。空港是反映现代化中心城市辐射能力的最核心、最本质方面，已经成为全球化经济竞争的重要场所。

第一节　广州加快发展空港经济的重要性和必要性

进入21世纪以来，空港经济在经济全球化中正在扮演越来越重要的角色。空港不只是一个机场，而是一种整合旅游、物流、资讯、会展、休闲、商务等城市集群功能的新兴业态。甚至有人认为，经济全球化竞争的决战场所就在国际空港城，国际空港城将成为21世纪城市经济的发动机。国内外众多的成功经验表明，将现代工业与现代服务业有机结合的城市空港经济，应该是未来全球化进程中城市经济竞争的焦点、热点。

一 城市空港经济可以直接带来可观的经济效益

空港作为城市的一种独有资源，对整个城市的贡献越来越明显。中国民用航空局局长李家祥曾说过：三千米的高速公路也许解决不了什么问题，但三千米的机场跑道却可以将一个地区与世界连接起来！空港经济已成为促进区域经济发展的"新引擎"。研究表明：一个航空项目发展十年后给当地带来的产出比为 1:80，技术转移比为 1:16，就业带动比 1:12。目前美国、德国、法国、荷兰等国家及国内的上海、昆明等城市都通过大力发展空港经济带动经济繁荣发展。

航空旅客一落地就能带来住宿、餐饮、娱乐、旅游、购物等商业利润。不仅如此，源源不断的客流还常触发额外的间接商机，如地产、广告、投资等方面的商机。这就能给城市带来稳定的利润，进而明显增加政府税收。国际机场协会（ACI）研究认为，机场每百万旅客吞吐量，可以产生经济效益总和1.3 亿美元，相关就业岗位 2500 个。据国内研究分析，我国机场每百万旅客吞吐量，可以产生经济效益总和18.1 亿元，相关就业岗位 5300 多个。据预测，到 2015 年，珠三角五大机场旅客吞吐量将达到 1.8 亿人次，货邮吞吐量达到865 万吨，显示这一地区客货市场潜力十分可观。至 2020 年，珠三角地区人均GDP 将达到2.5 万美元左右，人均航空出行次数将达到 2 次左右。

二 城市空港经济有利于提升中心城市的地位和国际竞争力

城市空港经济已经成为产业全球化分工与合作的关键一环。在经济全球化的今天，大型的国际航空枢纽是连接国际商品流、资金流、信息流、技术流和人才流的中心，也是全球高能级生产要素的最佳融合点。随着创新的驱动和科技的进步，可以清晰地看到，产业的全球化垂直与水平分工，使得设计、零部件生产、组装、消费与维修都有可能在不同国家发生，这就加速了以机场为核心、物流与航空公司相结合的国际物流园区的形成和发展。特别是随着国际多式联运的发展与综合运输管理能力的增强，国际航空枢纽开始朝着提供批发、配送、仓储、出口加工及自由贸易等全方位增值服务的方向发展，空港经济已经成为产业全球化分工与合作的关键一环，其天然的国际商品、信息与人才集散地的综合优势，有利于实现国家之间高能级生产要素的最佳结合，从而实现全球范围内产业分工与合作的进一步深化。这有利于提高广州的中心城市地位，更好发挥中心城市的国际竞争力，推进区域经济的国际化进程。

三　城市空港经济有利于充分发挥中心城市的辐射带动作用

着力培育广州空港经济圈不仅可以培育新的经济增长点，而且可以对产业结构优化升级产生重要的推动作用，即通过加快转变发展方式，推进现代服务体系的形成。大型国际枢纽机场的功能可以辐射到旅游业、金融业、物流业、房地产业等领域。城市空港经济的新经济形态和新型产业特征，还决定了空港经济的核心是把现代工业和现代服务业有机结合的现代尖端产业，如现代制造、精密仪器、生物制药、电子信息等高新技术产业，以及物流、金融、会展、总部经济、房地产、休闲旅游等现代服务业。所以说，发展城市空港经济是中心城市争创发展新优势、提升集聚辐射和综合服务功能的必然要求。

四　城市空港经济可以发挥中心城市"新动力"和"增长极"的作用

国务院《关于促进民航业发展的若干意见》从国家层面明确了民航业是我国经济社会发展重要的战略产业，同时，国家对低空空域逐步开放，将极大促进通用航空事业、航空制造业和综合交通运输体系的发展，为广州空港产业发展带来新的机遇，为广州未来的经济发展带来新的增长点和核心增长极。此外，广州要加快建设国家中心城市，走新型城市化道路，提升城市发展质量，强调创新驱动战略，也要求空港经济、空港产业的发展为其注入新的动力。

第二节　广州加快发展空港经济的有利条件与制约因素

一　广州发展空港经济的有利条件

广州机场的不断发展为广州空港经济创造了良好的条件。广州白云机场 2012 年全年完成旅客运送 4830 万人次，同比增长 7.2%；起降航班达 37.3 万架次，同比增长 6.8%。作为世界排名提升最快的机场之一，广州白云机场旅客吞吐量年年刷新纪录。自 2004 年转到新机场以来，旅客吞吐量已经连续"三连跳":由转场当年 2000 万人次,到 2007 年和 2010 年分别突破 3000 万人次和 4000 万人次大关,实现了每三年客流就以千万级的规模增长。2013 年 12 月已经突破 5000 万人次。

1. 基础优势

近年来,广州机场不断开拓国际市场。2012 年新增国际航线 10 条,新增国际通航点 3 个、国际及地区航线 113 条,通达全球五大洲,航空能力进一步加强。

广州空港区初步形成集聚发展态势,包括航空物流业集群、航空维修业产业集群、高新技术产业集群、现代服务业产业集群等,还集聚了南方航空、省机场管理集团、联邦快递亚太转运中心等一批龙头企业,为广州空港经济的发展奠定了一定的基础。

2. 人口优势

广州地区人口众多,航空市场庞大,发展潜力巨大。与发达国家相比,我国还不能被称为民航强国。例如:美国 2010 年有超过 7 亿人次搭乘飞机,平均每人每年乘坐 2 次飞机,我国只有 2.68 亿人次,平均每人每年乘坐 0.2 次飞机;2010 年美国的航空运输总收入达到 2800 亿美元,我国的航空运输收入只有 3000 亿人民币。广州的管理人口达 1600 万人,加上周边地区密集的人口,发展潜力巨大。从长远看,航空"大众化"是发展空港经济基本的内在推动力,中国民航发展的核心优势就在于其人口众多的国内市场资源。珠江三角洲乃至泛珠江三角洲地区合作进一步加强,为广州空港产业的发展提供了广阔的发展腹地,对航空运输服务的需求不断增加,为广州空港产业发展拓展了市场空间。

巨大的市场也顺带成就了网络渠道优势。以南航为例,机队规模全球第三(400 余架飞机)、亚洲第一,航线网络密布全国,可从西至新疆、南至海南、北至黑龙江的众多分支市场收集零散客源向其广州枢纽汇集——这种几乎囊括整个欧洲大小市场的渠道汇集能力,是国际竞争对手尤其是最直接的东亚对手所无法企及的。

3. 地理优势

辽阔的疆域为国内航空枢纽有针对性地布局带来了巨大便利,并在特定航线上体现为更短的航距和更低的成本。如与首尔、东京等竞争对手比,广州在世界航空版图中有着独特的地理优势,广州飞往澳大利亚、新西兰、东南亚等地就具有不可取代的地理优势。广州还处于欧洲—日本之间，气候环境条件远优于中东迪拜，完全可以成为"袋鼠航线"的新支点。

4. 交通优势

广州综合交通枢纽的日趋完善为空港产业一体化发展拓展了广阔空间。以机场高速、北二环高速、广清高速、武广客运专线、地铁 3 号线北延线为主要通道的对外交通网络已经形成，随着广佛城际线、穗广深高速以及地铁 9 号线等交通基础设施建设的不断推进，以白云机场为核心，汇集航空、公路、地铁、高铁等多种交通方式的综合交通枢纽日趋完善，广州北部门户功能得到凸显，同时北部空港经济区对全市乃至珠三角区域的带动辐射功能进一步得到加强。

5. 其他优势

从大环境看，广州空港经济发展面临难得的机遇。一是随着经济的全球化，全球产业分工和协作加速重组，为广州空港承接国际优质资源、拓展国际市场提供了重要机遇。二是《国务院关于促进民航业发展的若干意见》从国家层面明确了民航业是我国经济社会发展重要的战略产业，为广州空港经济的健康发展指明了方向。同时，国家对低空空域逐步开放，将极大促进通用航空事业、航空制造业的发展，为广州经济带来新的增长点。三是周边交通环境的进一步发展和优化，为广州空港经济发展开创了广阔的发展腹地。四是广州市场经济发育良好，商业发达、贸易活跃，是世界经济最活跃、发展最快速的地区之一，也是世界会展、商贸活动最为密集的地区之一，国际旅客纷至沓来；地理优越，气候宜人。当前中国正在积极推进走出去的国家战略，与世界各地交往不断提升。因此建设国际枢纽空港机场，广州正面临千载难逢的机遇。

二 广州发展空港经济的制约因素

1. 现行管理体制制约

目前广州对空港的管理可谓机构重叠，有中央层面的中国民航中南地区管理局（属于民航局的直属机构，设置 19 个职能机构、3 个党群工作机构和 1 个离退休干部工作机构）、中国民航中南空管局、中国民航广东安全监督管理局等；有广东省层面的广东省机场管理集团公司（直属广东省人民政府的国有大型航空运输服务保障企业，成立于 2004 年 2 月 25

日，现由广东省人民政府国有资产监督管理委员会直接监管。集团下辖广州白云机场、揭阳潮汕机场、湛江机场和梅县机场），有广州市层面的广州空港经济区管委会，还有省市共管性质的广州白云机场、广州白云国际机场股份有限公司，另外还有南方航空公司，等等。这么多权力机构管理空港，犹如"九龙治水"。多头管理，职能交叉、重叠，政出多门，沟通难、协调难，导致职责混乱，问责扯皮，利益大家争，问题众人推，协调起来事倍功半，管理效率可想而知。这种情况势必影响广州空港的发展。

2. 自身实力有待加强

广州空港的自身实力亟待加强。广州空港现有运力和服务存在不足，跑道等飞行资源与需求矛盾日益突出。同时，周边机场竞争压力大，同质竞争十分激烈。产业布局重复，对广州空港产业集聚形成较大压力。此外，近年来，国内民航市场受到其他交通运输方式尤其是高铁的挑战。各种运输方式各有优势，竞争将推动现代综合交通运输体系的建设，由此民航的国内客运市场地位必将凸显，因此要大力开拓民航国内市场（尤其是广阔的农村市场），使坐飞机成为大众日常的出行方式。

广州空港的区域影响力也有待加强。广州空港产业尚未形成规模，与其他重大战略性发展平台协调发展尚未完善，在全市的战略布局尚未凸显核心优势。整体而言，空港经济区产业发展水平不高，企业规模小、分散，劳动密集型企业偏多，智力密集型、高新企业偏少，与空港关联度不高，未形成明显的临空指向性、位于价值链高端的产业集群。

3. 国际竞争力相对较弱

广州空港目前以服务国内航线为主，国际航线、航班数量有限。另外一个不足则是国际航线经营权分散乃至错位。国际航线是一种稀缺的经营资源，各航空公司竞争极为激烈。潜规则之下各显神通和多方平衡的最终结果，往往体现为"人人有份，个个不爽"——拿到手的航权航线与机型机队不匹配、与航空公司主营枢纽的地缘优势不匹配、与网络渠道不匹配等问题屡屡出现，导致国际航线运行成本高企，竞争优势打折。此外存在经营本位化、利润单一化、客源绝对市场化的弱点——经营上集中围绕航空运输主业，利润基本依赖于客、货舱位销售，而客、货源则完全来自市场渠道。

国外空港经济发展早，基础好，相比之下，广州空港经济起步较晚，临空产业尚未形成规模，在全市产业布局中的特色和优势尚不明显，与其他重大战略性发展平台的协调发展尚不完善。投资环境有待完善和优化，在争取国际高端产业资源，如高端项目、高端企业、高端人才等方面的优势有待加强。

4. 货运量较少的制约

人们普遍对空港的客运量较为重视，对货运量关注不多，而货运量恰恰是空港经济发展的重要体现。广州空港的货运业务总的来说发展比较缓慢，2012年货运量才124.9万吨，而迪拜机场年货运量达1800万吨，差距十分明显。白云机场目前主要经营国际货运业务的白云物流园区，其货站设计年处理能力仅20万吨，已经远远不能满足目前货运快速发展的需要。国际1号货站启用后，白云机场的国际货运业务处理能力将增加52万吨，使白云机场现有的两家国际货站（不含联邦快递转运中心）年处理能力从40余万吨大幅提升至100万吨。但是白云机场货运发展仍与国际行业龙头地位有较大差距，硬件设施的短缺成为制约白云机场货运业务发展的主要瓶颈。因此，抓紧建设物流货运机场显得很有必要。

5. 投资融资渠道局限

空港经济区随着具有鲜明外向型特征经济的发展，其金融服务业对资产配置的影响将充分显现。面对经济全球化和金融市场的一体化、信息化，金融创新包括金融产品、交易技术和投资工具的创新将成为金融发展最重要的推动力。尤其是金融衍生品的应用和非传统投资的发展，将对未来空港经济的发展产生较大的影响。

与国际竞争对手比起来，广州机场既缺乏稳定忠诚的大财团体系内的客源支持（如韩亚航空所属的锦湖－韩亚财团），也缺乏韩系航空公司那样上游让利下游补盈的条件（如韩亚航空就不惜以低折票揽客赴韩，从而为本财团下游的旅游等产业创收），整合营销能力和赢利水平也弱一些。

第三节　广州加快发展空港经济的主要思路

民航业是先导性的产业，对地方经济发展贡献投产比高达1：8。根据民航局安技中心的研究，南航为广州直接和间接增加就业岗位39万个，创造的综合经济效益超过1600亿元。据测算，民航业贡献给广州的综合经济效益高达2000亿元。发展民航业的重点是机场场地建设和配套建设。

一 广州建设的第二机场可定位为中型商务机场

北京、上海和广州号称全国性枢纽机场三大"巨头"，上海早有第二机场，北京第二机场建设已经落地，广州在第二机场建设方面已经滞后，亟须奋起直追。

1. 广州需要建设第二机场

广州需要建设第二机场，这在目前已经成为共识。目前，白云机场存在诸如空域不够、机位不够、跑道不够等问题，"航站楼里人挤人，跑道上飞机挤飞机"是其现状的写照。平均每分钟有20多架飞机需要使用白云机场空域，机场空管员每人要同时指挥超过12架飞机，比香港赤鱲角国际机场还要繁忙。白云机场仅有两条跑道，每天起降容量不超过1000架次。广东省机场集团预测，2015年白云机场的旅客吞吐量将达到6000万人次，2020年将达到8000万人次。而现有设计旅客吞吐量仅为3500万人次，难以承担如此"三级跳"的重负。广州人口超过千万，整个珠三角东岸人口有五六千万，航空客运、货运需求量很大。因此，广州迫切需要建设第二机场。

2. 广州需要建设专门的中型商务机场

在西方国家，一个区域一般只有一个国际机场，同时配备商务机场或私人机场，而粤港澳地区国际机场的密度已经相当高，商务机场则十分欠缺。基于南沙比较高端的产业定位，未来私人飞机也会越来越多，对商务机场有巨大的市场需求，建设通用航空机场更合适。

3. 在广州周边没有必要再建一个大型机场

在广州再建一个类似或超过白云机场的大型机场显然是不实际的。因为白云机场的设计功能全部实现后（还有第五、第六跑道可以开发），30年内，白云机场作为综合主机场的功能、地位是不容置疑的。目前在珠江三角洲范围内共有六大机场在使用，如果新机场定位为大型国际机场，空域争夺的问题肯定会更加凸显。因此，在珠三角地区大型国际机场如此密集的情况下，再规划建设大型机场显然是不适宜的。

4. 南沙中型商务机场作为广州第二机场较为合适

南沙要建设一个中型机场，作为白云机场的副机场＋商务机场。最主要的原因是白云机场迁址后地理位置偏北，对广州南部的吸引力有所减弱。而相对番禺来说，南沙更具优势。新建机场应尽可能靠近广州南站，以便陆空联动、形成对接，乘客一下机就能在短时间内到达广州南站，这样就能充分发挥机场和高铁的合力作用。新建机场也要尽可能服务珠江三角洲西岸。南沙在这方面具有不可替代的地理优势。同时，不在南沙建大型机场有以下原因。在建设机场前，不仅需要考虑空域、地质、水文、气候、交通等诸多因素，也需要考虑与其他机场的关系。一般民用机场之间的距离应在150公里以上，距离太近会导致客源分流明显，机场无法实现赢利。南沙离周边香港机场、澳门机场、深圳机场、珠海机场太近，再建大型国际机场会造成资源浪费，这就决定了南沙不适宜建设大型或超大型机场（见图13-1）。

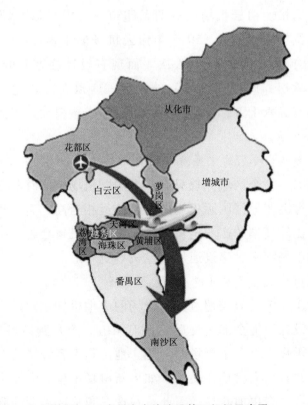

图13-1 广州市南沙建设第二机场示意图

长期来看，珠三角城市群的机场仍然不能满足需求。假定广州白云机场客流量每三年增加1000万人次的话，那么未来不到20年的时间就将从目前的每年4000万人次增加到1亿人次。又假设白云机场扩建后可以承担客流量8000万人次，南沙机场每年承担1000万~2000万人次（即前期1000万人次，后期2000万人次）那么，南沙机场就可以很好地补充白云机场了。

截至2012年，我国共有民用机场183个、军用机场250个左右，而美国拥有15096个各类型机场。很明显，机场数量已经成为制约中国民航国内客运市场进一步发展的关键因素。但是我们似乎没有注意，美国机场虽数量多但大部分为中小型机场，以通用机场为代表的小微机场数量庞大。因此，建设中小型机场应该是我国民航业未来一大发展趋势。

把南沙作为交通枢纽来打造，将带动整个区域的发展。像番禺长隆和香江那样的主题公园，再加上影视城项目，以及人造沙滩等，都会吸引游客前来。与香港合作的高校项目和商业项目，以及产业项目，还有对自由贸易区的预期，也都在集聚人口，吸引周边人口到南沙工作和定居。所有这些都离不开便捷的交通，而最大的基础设施就是中型机场。

目前珠江三角洲没有一个商务机场，现有条件无法满足日益增长的商业、行政等公务市场需求。突出表现在，不能提供企业团体定制、私人包机、紧急起飞等个性化服务。随着经济的快速发展，个性化飞行需求日渐增多。当前，国内购买、使用私人飞机的人已经为数不少。城市主飞机场是以保障国际航班、国内通用民航航班、普通政务和经贸航班为主要任务的，无法满足特殊的行政、商务和个性化飞行需求。此类需求以中小机型为主。据了解，白云机场经常出现中短途小飞机挤占起飞时间和航道资源的情况。另外，在货运上，航空物流日益增长，同样存在需求与供给不足的矛盾。全球物流巨头美国联邦快递进驻白云机场后，广州地区空运物流发展迅猛。但由于机场航道数量、机位数量的局限，缺乏进一步发展的空间。因此，南沙可以建设基于通用航空需求的低等级的、多跑道的、公务机和直升机的固定运营基地。

第二机场要与第一机场分工协作、相辅相成，以副机场的形式分担主机场的压力，迫切需要分流那些挤占航线和起降时空资源的类型，为主机场腾出时空飞行资源。具体来说要承担三类航班。一是中小机型航班，比如广州往来梅县的航班，使用的主要是 ERJ145 型飞机；二是商务型航班，如中小型公务、商务、行政包机和个性化商务包机，企业和私人飞机等；三是中小型货运专线班机。

在具体的选址上，可考虑两个方案。一是选在南沙区万顷沙镇西南部、三民岛范围内，毗邻万顷沙镇和中山市。但该区域属于冲积平原地质，且需要拆迁。二是选在龙穴岛对开海域，建设南沙海上机场。目前已经有世界领先技术支撑海上机场的建设。其优点是不用征地，可以服务于珠江口西岸。

二 广州建设国际枢纽空港机场正逢其时

白云机场的定位是国际空港枢纽，其最大的特点和优势，就在于众多国际和国内航班汇聚于此，旅客从国外飞到广州，不出机场即可以转机前往中国其他所有大城市。

但是，基础设施建设严重滞后，成为制约白云机场建设成为国际航空枢纽的重要瓶颈。旅客吞吐量与白云机场相当的上海浦东机场，已经拥有四条跑道和两个航站楼。浦东机场的旅客承载量将达 8000 万人次。此外，香港机场也将于 2014 年开建第三条跑道，以进一步分流白云机场的国际旅客。把视野移远一点，如美国东海岸城市群，机场跑道达 21 条，纽约就有 3 个机场、9 条跑道；再比如伦敦城市群，伦敦有 5 个机场、7 条跑道。相比之下，珠三角城市群的机场跑道还远远不够，而广州机场跑道更是不足。因此，为了实现建设国际枢纽空港机场的目标，加快基础设施建设刻不容缓。

1. 加快推进二期扩建工程

早在 2008 年，白云机场二期扩建工程就获得了国家发改委的批复立项，并于 2012 年写入全国和省市的"十二五"规划纲要。白云机场一期工程是按照 2500 万人次旅客吞吐量的标准设计的，在经过扩建之后，所能承受的最大旅客吞吐量为 3500 万人次。而在 2012 年白云机场旅客吞吐量已经突破 4500 万人次，2013 年突破 5000 万人次。为应对冲击，二期扩建工程部分项目招标已于 2013 年 5 月开始陆续启动。应该增强紧迫感，加快建设速度。

2. 发展低成本航空，把三期工程提上议事日程

目前国内低成本航空发展落后的情况，也正是《中国民用航空发展第十二个五年规划》中所指出的问题：一是可用空域资源不足；二是基础设施保障能力不强；三是管理水平不高；四是人力资源短缺，飞行、空管和机务等专业技术人员结构不合理，缺乏高级技术、管理和安全监管人才。这些问题的存在，对国内低成本航空公司的兴起产生了较大的阻碍作用。

目前，各地机场航站楼都是按照"城市窗口""都市名片"的标准来打造的。然而，从低成本航空的角度看，气派的航站楼反倒成为低成本航空发展的一大障碍。高昂的建设成本，很可能转嫁到消费者身上。应该转变思路。其实广州白云机场目前的航站楼已经够气派，完全可以代表广州的形象。同时，目前发达的互联网和手机业为快捷乘坐飞机提供了技术保证，"打飞的"不应是梦想，关键是决策者的理念问题。因此，广州白云机场在扩建时应考虑多些建设低成本航站楼，方便市民乘坐飞机出行，这也是提高竞争力的重要一招。

3. 抓紧建设物流货运机场

发展空港经济，势必要大力发展航空物流业，因此，很有必要在主机场附近建设一个专业的物流货运机场或在主机场加建货运机专用跑道。广州货运副机场建设和公务副机场一样，主要是为了分解主机场的航空货运压力、满足经济贸易发展的需求。随着2008年联邦快递等国际物流业巨头的落户，广州航空货运业正迎来千载难逢的机遇。广东是制造业基地，广州是全球国际贸易重镇，国际物流运输频繁，倚仗一个仅客运压力就很大的白云机场，迟早会面临无法解决客货运输矛盾的局面。我们认为，货运副机场建设应当尽早提上议程。需要结合广州市物流规划建设政策进行选址，选在空港物流业聚居区域，最好紧靠主机场。

第四节　广州加快发展空港经济的对策研究

城市空港经济有利于充分发挥中心城市的辐射带动作用，广州加快发展空港经济，一方面是把机场做大做强，为乘客提供方便、快捷、舒适的服务；另一方面是发挥大型国际枢纽机场的功能，进一步辐射旅游业、会

展业、金融业、物流业、房地产业等领域。这是因为空港经济已经成为产业全球化分工与合作的关键一环，其天然的国际商品、信息与人才集散地的综合优势，有利于实现国家之间高能级生产要素的最佳结合，从而实现全球范围内产业分工与合作的进一步深化。同时，城市空港经济的新经济形态和新型产业特征，还决定了空港经济的核心是把现代工业和现代服务业有机结合的现代尖端产业，如现代制造、精密仪器、生物制药、电子信息等高新技术产业，以及现代物流、金融、会展、总部经济、房地产、休闲旅游等现代服务业。所以说，发展城市空港经济是中心城市争创发展新优势、提升集聚辐射和综合服务功能的必然要求。广州加快发展空港经济的具体对策如下。

一　增加旅客吞吐量，提高良性竞争力

发展空港经济，首要任务是把机场做大做强，其重要标志就是旅客吞吐量。广州机场旅客吞吐量较少的主要原因就是大珠三角的机场过于密集，竞争较为激烈。作为中国经济最具活力的区域之一，大珠三角地区的航空业也充满了机遇和挑战。目前，大珠三角地区有15家基地航空公司，其中6个通航机场的总旅客吞吐量在2008年已经达到了1.09亿人次，占内地和港澳地区吞吐量之和的23.7%；2012年达到1.32亿人次。据2013年中国民航公布的旅客吞吐量排名看，北京首都机场排名第1位（8371万人次），广州新白云机场排名第2位（5245万人次），上海浦东机场第3位（4718万人次），虹桥机场第4位（3560万人次）。

香港赤鱲角国际机场（简称"香港机场"）以旅客吞吐量计目前为亚洲第三、全球第十四大机场；若仅计算国际旅客，则一跃成为亚洲第一、全球第四大机场。但是，随着内地航空业的快速发展，特别是京沪穗国际枢纽机场地位的形成和不断提升，香港机场作为进出内地的国际门户机场的地位已经消失，其辐射范围也逐渐缩小到华南甚至珠三角地区。香港机场为了捍卫珠三角的客源，不仅将作为临时建筑的机场海天码头改建为永久性设施，而且将船班航线增加至7条，往返深圳蛇口码头的船班更是达到每小时1班。香港机场还继续为乘船中转的旅客提供行李直挂服务并即时返还120港元离境税。另外，香港机场已经开通了35个往返广东、广西以及福建的大巴班次，其中前往深圳的班次达到了15分钟一班。以香

港为基地的国泰航空于 2006 年全资拥有了港龙航空，也是为了进一步加强其内地的航线网络，以争取更多来自内地的客源。但是，从港龙 2006 年至今仅增加一架客机运力来看，其内地航线网络发展步履维艰。

深圳宝安国际机场（简称"深圳机场"）是内地排名第 5、全球排名第 61 的机场。与香港机场相比，深圳机场拥有更庞大的内地航线网络和更高的航班频率，再加上相对低廉的票价，使更多的香港旅客经深圳进出内地，从而导致香港机场的内地航线网络发展徘徊不前。深航早在 2004 年就驻扎香港市场，设立了当时内地航空公司唯一的线下营业部（Offline Office），为香港旅客提供服务。2005 年深航推出"飞机 + 轮船、飞机 + 汽车"的"一站式"票务服务，该服务模式于 2013 年高调升级为"经深飞"——通过更加便捷和舒适的陆空联运服务将往来香港的旅客截流至深圳进出，这与几年前香港机场在珠三角地区推出的"经港飞"如出一辙。

由于实力所限，澳门国际机场和珠海机场及基地航空公司尚不能对珠三角航空业格局产生决定性的影响，故这里不做讨论。

广州新白云机场是内地排名第 2、全球排名第 32 的机场，2012 年旅客吞吐量达到 4830 万人次。作为基地航空公司的南航却正在积极扩张其广州始发的国际航线网络，国际航线从 2006 年至今就增加了 15 条，现已增至 32 条。凭借其强大的国内航线网络，广州机场取代香港机场成为华南"一哥"的地位将成为可能。毋庸讳言，广州机场的主要对手就是深圳机场。2013 年底深圳机场客流量突破 3000 万人次大关，成为继北京、上海、广州和成都之后国内第 5 个年旅客吞吐量超 3000 万的枢纽机场。为了与深圳机场争抢珠三角其他城市的客源，广州机场已经开通了 17 个城市候机楼，而深圳机场则开通 20 个城市候机楼予以还击。深圳机场在香港的港岛和九龙开通的城市候机楼，为取道深圳去香港的旅客提供服务。深航联合粤港运输公司提供的 7 座商务车在香港市区与深圳机场之间接送旅客服务，旨在用过关免下车、快速、舒适为卖点吸引香港的高端商务客。从目前情况来看，市场对这些增值服务都有积极的回应。

1. 提高服务质量，减少飞机延误情况

提高服务质量是提升竞争力最有效的手段。进一步提高服务品质，可以提升载运率、客座率、吨公里收入，降低平均油耗。特别是在飞机延误的解释、后勤保障和补偿等方面还有很多文章可做。

近年来，因空域不足、流量控制造成的飞机延误情况越来越严重，航班正常率越来越低。延误情况不解决，航空业就不能健康发展。广州机场是飞机延误严重的机场之一。广州机场必须将减少飞机延误作为重要的课题来研究。在提高技术含量的同时，一定要最大限度减少人为因素；要制定最严厉的惩罚措施。航空公司和机场运营的都是现代化的运输设备，这些现代化的设施需要人来运营，因此需要我们提高对人的管理水平。只有通过不断地提高管理水平，调动员工的积极性，达到最高的生产效率，从而降低成本，取得市场竞争的优势，才能使企业长足发展，这是民航企业唯一的也是根本的发展途径。此外，要整合行政资源，统一处置标准和应急方案，建立航班延误的责任标准体系。尤其是针对多个因素同时或先后导致航班延误的情形，要明确责任主体和责任内容，从而减少无谓的扯皮。

2. 发展低成本航空，减少飞机出行成本

较为悲哀的事实是，中国尤其农村很多老百姓一辈子都没有坐过飞机。随着人民群众生活的改善，坐得起飞机的人会越来越多。但是，大部分乘客都不富裕，他们不是不想坐飞机，而是想减少飞机出行的成本。实现广大人民群众经常乘坐飞机出行的目标，大力发展低成本航空，既是民航发展到一定阶段的必然要求，也是人民群众提升幸福指数的必然要求。如此一来，低成本航空就有很大市场。而大量事实也证明，低成本航空的加入能在一定范围内带动整个旅游市场的发展。东南亚地区的低成本航空普及率几乎高达50%，而菲律宾高达85%。低成本航空可能会占据由全方位服务航空主导的市场份额。但从旅客量来看，无论是低成本航空还是全方位服务航空的旅客数量都呈增长趋势。同时，全方位服务航空以降低票价来应对低成本航空的竞争，并正积极调整商业模式。目前发展低成本航空最大的障碍是国内旅客较为青睐服务高端且质量上乘的航企，对低成本航空的概念尚不了解，甚至漠不关心。因此，要做好宣传工作，以使旅客对低成本航空有更深入的认识。比如旅客通常认为低成本航企拥有的都是老旧飞机。事实正好相反，为了尽可能降低飞机采购的成本，低成本航企一般都会大量订购最新型飞机。同样的道理，由于批量订购同款飞机的价格最优，因此每个低成本航企的机队中通常只有一种飞机。低成本航空还有其他好处，比如为了吸引顾客，低成本航企安排一些"单日双飞"的航班，即在一天内至少两次飞抵同一目的地，这意味着错过班机的旅客还能在同一天搭乘飞机前往同一个目的地。

二 实施国际战略，打造国际空中走廊和中转枢纽

广州是国际交往频繁的城市，国际地位不断提升。广州应放眼全球，依托第六航权，发展连接欧洲、北美洲与大洋洲、东南亚的扇形航线网络，抓紧开通更多"广州之路"（Canton Route）航线，建设国际空中走廊和中转枢纽。

1. 重视低成本航空

前面已经论述了低成本航空的重要性，对于国际市场来说，低成本航空在带动旅客量增长方面同样起着越来越重要的作用，所以我们有必要关注一下全球十大国内低成本航空市场。在一些地区，低成本航空正主导着该地区的航空业，在全球前十大国内低成本市场中，低成本航企运营着大部分国家50%以上的国内航班座位数，而在中国和日本，低成本航空在国内航班总座位数中占的比例较小（见图13-2）。

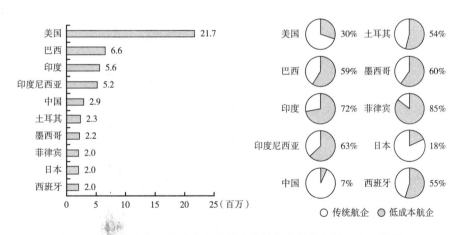

图 13-2 2013 年 8 月国内市场低成本航空公司座位数及市场份额

从座位数来看，美国的国内低成本市场是全球最大的。尽管其国内运力中只有 30% 是由低成本航企运营，但是 2013 年 8 月由低成本航企提供的总座位数仍高达 2170 万个。8 月菲律宾的低成本航企提供的座位数在

国内航班总座位数中占的比例最高，达 85%，而在中国（包含香港和澳门地区），这个比例则是最低的，仅为 7%。

发达国家通常一张机票支出占个人年收入的 0.5%，我国则平均占旅客年收入的 15% 甚至更多。空运成本每降低 1%，就能增加 0.53% ～1.25% 的航空旅客需求。低成本航空在保持最基本服务水平的前提下，提供了极其低廉的航空票价，受到了旅客的广泛青睐。与此同时，低成本航空公司不断地从管理、运营等方面对成本进行压缩，在短程航线上几乎可以与枢纽网络航空公司抗衡。低成本航空占全球市场份额达到27% 以上，在东南亚高达 50%。低成本航空为中小型机场的定位转型带来新机遇。广州机场应该积极争取支持，抢先切这块诱人的蛋糕。

2. 条块（线点）合作，合力打造航空枢纽

航空公司要与机场一起打造航空枢纽。我国的国情决定了航空枢纽必须是网络航空公司和大型机场齐心协力的产物，双方联袂共建才是唯一正确的选择。10 多年来，国内先后有多个机场在新航站楼投入运营前，宣布新航站楼将是中国大陆第一个按照枢纽理念设计的航站楼。但投运后大多数机场在中转流程，特别是国际转国内流程、国际转国际流程方面存在着严重的缺陷，导致基地航空公司抱怨连连、旅客投诉频频。主要原因还是在规划设计阶段机场和基地航空公司的沟通不够。

在不同的发展阶段，航空公司和机场要审慎选择建设航空枢纽的战略伙伴。纵观行业发展史，在枢纽建设的初期，机场只能选择一家基地航空公司。例如，广东省机场集团在白云机场选择了南航，使得白云机场在国内转大洋洲的市场上充分发挥了航空枢纽的作用。在枢纽发展到相对成熟的阶段，可以考虑引入第二家基地航空公司。以枢纽为目标的航空公司还要和机场建立协作机制，联手争取政府、军方和驻场单位的支持。目前，国航飞往法兰克福的航班中转旅客量已经接近 50%，这充分证明了航空公司与机场联手公关对打造门户枢纽、第六航权枢纽的作用。

3. 量力而行，做好市场调研工作

随着全球经济一体化发展和中国经济的稳健增长，中国国企走出国门势在必行，但是还要量力而行。航空运输的国际化发展已经完全超越地理限制，国际化网络、国际化枢纽和国际化服务成为航企国际化进程必须打造的核心，其航线收益取决于自身合理的网络构建和联盟资源的充分利

用。对于拥有网络资源和大规模机队、致力于打造大型网络枢纽的航企来说，国际化发展的重要性不必多言。除了应对国内竞争，还要抢滩国际市场，看着其他航空公司倾其资源投入区域市场，自己也不甘落后，紧随其后加大运力投入。甚至一些没有国际枢纽的地方小公司也扎堆，结果是轰轰烈烈的低价进入和随后的减航班甚至停航。在国际市场的开发上，有些公司甚至以从互联网搜集的一些并不能代表所属国航空市场的信息为依据写成可行性报告，或者一干人马匆忙出国考察一通就决定开航。实际上，并不是所有的国际航线都能带来丰厚的利润，也不是别家航企收益的航线就能成为你的摇钱树，关键是航企自身是否具备健康的市场运作体系、国际化的品牌接受度、国际网络枢纽的衔接和服务的专业化水平。因此，做好市场调研相当重要。从较发达国家的航空市场运作体系和品牌运作所带来的收益和市场效应来看，中国航企在国外的品牌知名度和认可度尚需要培养和开发。经过这些年的苦心经营，一些中国航企逐渐打开了国际销售渠道，国际影响力也在逐渐提高。但是在国际市场的开发和培养上，还应根据不同区域市场的竞争态势和竞争格局，消费者消费能力和消费行为、礼仪文化和宗教信仰差异等优化时刻资源、空地服务资源以及机型选配等，兑现对外的承诺，打造国际化品牌。

三 借鉴国外先进城市空港经济发展的经验

早在 1959 年，爱尔兰的香农机场便开始尝试空港经济区的概念，香农机场作为飞机横跨大西洋的中转站，成立了香农国际航空港自由贸易区，这里不仅吸引了大量国内外的资金流，而且还依托机场的便利运输条件和巨大的人流、物流发展了加工出口工业，直接带动了当地经济与社会的迅速发展。随着时代的进步，类似的空港经济区和航空城便在各主要国际机场周围蓬勃发展起来，如荷兰的阿姆斯特丹国际航空城、美国奥兰多国际航空城、日本关西国际航空城、中国香港新机场航空城，等等。

从国内外空港经济区成功建设经验来看，制定一个创新的临空经济区开发机制是关键，例如荷兰阿姆斯特丹机场区域，它是由政府机构、政府所有地产开发机构、私有地产机构、机场和航空公司结合而成的战略合作组织共同开发，主导这个区域开发建设的机构均为政府下属机构，即"国有企业"，采用商业运营。

荷兰阿姆斯特丹机场区域从三个圈层进行开发，第一个圈层是紧邻区，由史基浦机场集团全资拥有的史基浦不动产公司（Schiphol Real Estate）开发，业务重点在于商业地产开发、投资、销售、租赁与管理；第二个圈层是相邻区，由史基浦地区开发公司（Schiphol Area Development Company）开发，这个公司由四个股东组成，其中之一就是史基浦不动产公司，另外三个分别是北荷兰省政府（阿姆斯特丹所在地区的省级政府机构）、阿姆斯特丹市政府和哈勒梅尔米尔市政府，相当于中国的省、市、区政府，各占25%的股份；第三个圈层是拓展区，由阿姆斯特丹机场区域组织（Amsterdam Airport Area）开发。

广州设立创新的空港经济区开发机制，可以采用"政府主导、多方合作、市场运营、利益共享"的开发模式。空港经济区是一个国际高端社区，里面存在多个主体，且诉求不尽相同，其开发建设的复杂性远远超过一个开发区。因此，在空港经济区建设过程中，要努力发挥多个圈层多个开发主体的积极性，实现多赢局面。

四　发挥空港辐射功能，重点打造通用航空的产品链

2013年3月，国家发改委《促进综合交通枢纽发展的指导意见》（以下简称《意见》）正式公布。该《意见》指出了将建设的42个全国性交通枢纽城市。作为国务院发布的"十二五"综合交通运输体系规划的补充，国家发改委此次出台的《意见》蕴含包括造车、民航、商业地产等多个产业的新机遇。有国外从业者预测，低空开放后将有4万亿的容量。民航局发布的《2012年民航行业发展统计公报》显示，截至2012年底，获得通用航空经营许可证的通用航空企业146家，通用航空企业适航在册航空器总数达到1320架。预计到2020年，中国通用航空飞机需求量将猛增至5000余架，占全球总量的12%；我国通用航空飞行总量将达200万飞行小时，年均增长19%。另据中国科协、中国航空学会、通用航空专家委员会预测，未来10年我国通用航空飞机需求量约10000架，预计市场规模约1500亿元。按照拉动比1∶10计算，通用航空全产业产出规模约为15000亿元。

未来10年我国通用航空飞机市场规模约为1500亿元，全产业产出规模约为15000亿元。因为通用航空的产品链覆盖面较广，除包括飞机制

造、机场、运营外，其延伸产业还包括培训、地面维护、咨询、金融租赁、保险等，业内普遍认为，其拉动经济效应的比例应是1∶10。目前，我国通用航空产业产值仅占整个航空产业的10%，而西方发达国家这一数字为90%。发展潜力巨大，广州应该把握这一黄金机遇，重点发展三大产业——航空制造业、航空物流业和航空现代服务业，把广州空港区打造为基于通用航空的飞机组装、销售、维修、运营的综合通用航空产业集聚示范经济区。

1. 重点打造航空制造业

未来的全球商用飞机市场需求依然十分强劲。预计到2030年，全球市场对新增客机和货机的需求量将达到27800架。从地理分布来看，来自亚太地区的需求大约占全球总需求的34%，其次是来自欧洲和北美洲的需求（各占22%）。如果从航空客运量的市场份额来看，亚太地区将占33%；从国内航空客运量来看，印度和中国在未来20年内国内航空客运量增长最快，分别为9.8%和7.2%。成熟市场的国内航空客运量也将继续增长。2030年，全球三大国内航空客运市场分别为美国、中国和西欧地区，其航空客运量分别占全球客运总量的11.1%、9.8%和7.5%。今后20年交付的新飞机总量中将有19200架是单通道飞机，价值14000亿美元。按价值计算，占全部需求量的40%；按飞机数量计算，占全球总市场需求的69%。

目前，国内航空公司多使用由波音、空客等外国制造商生产的机型，飞机及航材采购成本偏高。国内民用航空制造商在大型喷气机领域缺乏市场竞争力，虽然中国商用飞机公司正在尝试制造国产大飞机，但短时间内仍无法改变目前的市场格局。但是，通用航空需要的是小型螺旋桨式飞机和中小型直升机，以新舟60、运12、直11、直9为代表的国产机型拥有较强的稳定性，是通用航空公司需要的理想机型。大力发展通用航空将是对民用航空制造业的极大支持和推动，有利于中国航空制造业的崛起。

广州重点打造航空制造业，要经营好广州航空产业城，通过建设通用航空产业基地、飞机航电设备制造和维修基地、飞机供应品生产及研发基地、航空信息产业基地、航空航天科技体验产业基地等载体，重点发展航空制造、航空维修等。建议围绕广东省航空产业布局与发展目标，通过加强与国内外航空制造企业的合作，利用目前的资源优势，发挥软实力作用，重点引进几个大项目，争取三五年内产值达 100 亿元。

2. 重点发展航空物流业

航空物流面临重要机遇。中国民航局鼓励口岸机场建设航空保税物流园区，引导建立航空物流公共信息平台，促进现有单一货运向现代物流业的转型。近年来，航空物流运输收入增长远远低于运输量的增长。在广州机场 113 条国际航线中仅 10 多条国际、地区货运航线及少量国内货运航线，体现不出航空物流高速、优质的服务优势。广州机场在城镇化背景下，应重视货运能力扩容，应加大对货运航空公司的争取力度，以期在新一轮航空物流市场的发展中谋求更多的市场份额。

目前广州空港区这方面的潜力很大，尤其是近些年快递业的飞速发展，为空港经济发展物流提供了扎实的基础。据了解，我国国有、民营和外资快递企业共有 8000 多家。根据国家邮政局数据，2013 年 1~7 月，全国规模以上快递服务企业业务量累计完成 45.9 亿件，同比增长 60.8%；业务收入累计完成 747.7 亿元，同比增长 34.6%。其中，同城业务收入累计完成 85.5 亿元，同比增长 51.3%；异地业务收入累计完成 422 亿元，同比增长 27%；国际及港澳台业务收入累计完成 151.8 亿元，同比增长 29.3%。

广州重点发展航空物流业要经营好空港国际物流产业园。重点发展航空仓储物流、加工贸易、电商物流、物流信息服务等产业。围绕白云国际机场，吸引国内外大型物流龙头产业如联邦、顺丰等，建设高端的物流服务体系平台，将其打造成集仓储、物流配送、商品展示贸易、贸易金融服务为一体的一站式综合国际物流贸易服务区。

3. 重点经营航空现代服务业

航空现代服务业，顾名思义，是具有临空特征的现代服务业，代表的是一个城市现代服务业体系当中最外向、最高端和最具成长性的现代服务业，其产品与服务附加值高、科技含量高，针对的市场以高端市场与精英人群为主体。发展航空现代服务业，其目的是将空港打造成为人流、物流、资金流及信息流的汇聚点，再造经济高增长极，成为城市经济发展的引擎和制高点。

发达国家早已进入以服务发展为主导的经济阶段，现代服务业成为经济发展的推进器。知识创新、技术进步成为现代服务业发展的主要力量，现代服务业成为知识、技术进入国民生产体系的飞轮。

广州重点经营航空现代服务业要经营好国际空港会展中心和文化旅游城。重点是依托泛珠江三角洲地区的产业发展基础和广州作为会展之都的优势，建设集展览、会议、购物、酒店、公寓、餐饮等功能于一体的会展中心。文化旅游城要依靠白云机场以及广州丰厚的文化底蕴，建设文化旅游及商业配套设施，重点打造行政办公、商务商业、文化旅游、体育休闲和高端居住等功能，建成宜居生态住区、城市公共活动中心和现代服务平台。

五　创新空港投资体制，创建空港开发模式

党的十八届三中全会《中共中央关于全面深化改革若干重大问题的决定》中提出，"积极发展混合所有制经济。国有资本、集体资本、非公有资本等交叉持股、相互融合的混合所有制经济，是基本经济制度的重要实现形式，有利于国有资本放大功能、保值增值、提高竞争力，有利于各种所有制资本取长补短、相互促进、共同发展。允许更多国有经济和其他所有制经济发展成为混合所有制经济。国有资本投资项目允许非国有资本参股。允许混合所有制经济实行企业员工持股，形成资本所有者和劳动者利益共同体"，为广州空港经济的投资、融资指明了方向，打开了思路。

1. 创造各种便利，鼓励民营资本参与空港经济建设

广州乃至广东省民营经济实力强大。截至 2012 年底，广州民营企业总数占了全市内资各类经济主体的 97%；民营经济总量占全市 GDP 的比重达 39.7%，民营固定资产投资达 1158.11 亿元，同比增长 20.5%。2012 年，广东民营经济完成增加值 29319.97 亿元，增长 9.1%，占全省地区生产总值的比重上升至 51.4%，对全省经济增长的贡献率高达55.9%，广东民间投资总量突破 1 万亿元，达到 10177.28 亿元，增长22.5%。因此，应该创造各种便利引导民营资本参与空港经济建设。

在民营航空屡屡因无法获得优质航空资源而在干线市场举步维艰的时候，我们不妨通过政策扶植和财政补贴的形式，鼓励民营资本参与通用航空市场的开发，这不仅不会涉及现有优质资源的重新分配问题，而且给民营航空的发展提供了广阔而又极具价值的"空运市场蓝海"。通用航空资本准入门槛低、运营维护标准不高、回收投资周期短等优势，对民营资本

的介入有较强的吸引力。

广州空港经济区的金融服务业大有作为，目前应该重点发展以飞机租赁为突破口的离岸金融中心，开展银行、保险、债券、人民币跨境结算和国际贸易结算等业务试点。以融资租赁和基金为主发展产业金融，促进融资租赁、股权基金、创投基金、候审担保等金融服务企业取信式发展。

2. 大胆创新，创造有广州特色的空港开发模式

在我国大大小小的开发区已逾4000个，每个开发区在发展模式上各具特点。从时间序列上看，这些开发区大致可分为两类。20世纪80年代成立的开发区多以吸引投资为主要的驱动因素，改革开放的探路者深圳就是其中最典型代表。而90年代后成立的开发区则主要是满足科技成果产业化的需求，以主导产业为发展主线。与前两者不同，空港经济区并没有模仿某种发展模式，而是将这两种发展模式紧密融合，并且放在相同的层面，互为依托、互相支持。一方面利用紧邻国际机场的区位优势，通过航空物流不断地拓展各类融资渠道，并且设立综合保税区让物流与保税的优势相互叠加，为招商引资提供最具吸引力的稀缺资源。另一方面紧跟发展潮流，明确产业发展方向，适时提出围绕航空产业链、着力打造航空核心产业、积极培育航空引致产业、加快发展航空关联产业、构建广州空港特色产业体系的发展目标。

广州空港经济区在开发建设中要采取类似欧洲国家实行的"公司化"运作模式，即管委会下成立的开发建设集团公司（下设专业公司）成为整个经济区开发建设的管理主体之一，在很多领域按照公司化的方式对经济区的运作进行管理，对经济区的长期发展进行规划并参与建设。管委会则将自身定位为一个监督和服务的机构，在征地、拆迁等一些较为敏感的领域，与当地政府（白云区、花都区和从化市）合作，确保征地、拆迁工作平稳顺利进行。

广州空港经济区要追求"专业化"发展，避免产业庞杂所带来的负面效应，同时又要促进关联产业的发展，促进空港经济区内各产业的合理配置和协调发展，形成主导产业共同发展的优势。临空产业是经济区全力打造的主导产业，它的发展不仅给予空港经济区的经济发展极大的正能量，也为空港经济区的进一步发展奠定了基础，更是迈向"国家级临空产业集聚区、国家航空经济示范区""世界级空港大都市"的坚实一步。

六　打造高端人才高地和急需人才洼地，加速人才向空港区集聚

1. 创造各种条件，打造高端人才高地

当前我国许多城市都已明白顶尖人才的重要意义，纷纷加入高端人才的争夺战。广州要想在这场高端人才的争夺战中取胜，就必须创造足以吸引全球高端人才的良好机制。不仅要为高端人才提供优厚的工作和生活待遇，更要为其提供一片好的生活、工作尤其是创业创新的土壤，创造自由宽松的工作生态，让高端人才"来得了，站得住，不想走"。同时在高端人才的引进中要实行更为开放灵活的柔性引才战略，拓宽"不求所有，但求所用"的引才思路。

2. 培养各种急需人才，打造急需人才高地

建立协同创新中心。按照"国家急需、世界一流"的要求，结合国家中长期教育、科技发展规划纲要和"十二五"相关行业领域以及地方重点发展规划，发挥高校多学科、多功能的优势，积极联合国内外创新力量，有效聚集创新要素和资源，构建协同创新的新模式，形成协同创新的新优势。加快高校机制体制改革，转变高校创新方式，集聚和培养一批拔尖创新人才，产出一批重大标志性成果，充分发挥高等教育作为科技第一生产力和人才第一资源重要结合点的独特作用，在国家创新发展中做出更大贡献。以国家重大需求为牵引，以机制体制改革为核心，以协同创新中心建设为载体，以创新资源和要素的有效汇聚为保障，转变高校创新方式，提升高校人才、学科、科研三位一体的创新能力。突破高校与其他创新主体间的壁垒，充分释放人才、资本、信息、技术等创新要素的活力，大力推进高校与高校、科研院所、行业企业、地方政府以及国外科研机构的深度合作，探索适应不同需求的协同创新模式，营造有利于协同创新的环境和氛围。我们在调研中建议由广东外语外贸大学南国商学院牵头，由广州市空港委、广州市社科联、南方航空公司、白云国际机场和韩国湖西大学一起组建协同创新中心。南国商学院座落在空港经济区，北接北部的临空物流及清洁高技术产业片区，南接东部高新科技产业片区，与空港经济高端服务核心区形成对接。同时，作为广州地区社会科学工作者管理和指导的广州市社科联既是广州市委及政府的智囊，又是联系社科界的桥梁和纽带，加上韩国湖西大学相关学科优势，几家单位与广州空港经济区及

南方航空公司、白云国际机场一起组建"空港经济协同创新中心"具有明显的地理、人才、外向型经济、科研及合作创新优势，能较好地为广州空港经济的发展服务。

此外，广州地区高校要根据广州发展空港经济的人才需要，及时调整人才培养（重点是本科生和研究生培养）计划，为构建一支门类齐全、结构合理、梯次分明、素质优良的空港经济人才队伍做好人才储备。重点是培养航空制造和修理、航空服务、国际经济与贸易、物流管理、金融学、会展、旅游管理、电子商务、国际商务、市场营销、财务管理等专业人才。

第十四章 论 "海丝" 建设

海上丝绸之路是一条开放之路、强国之路，又是一条友谊之路、和平中国之路，更是一条被国际社会认同的繁荣之路、未来之路。广州作为海上丝路重要的发祥地、世界海上交通史中唯一长盛不衰的大港，应该在全国率先担负起研究和宣传海上丝路的历史使命。

第一节　海上丝路互联互通建设的概念、内容及意义

2013 年 9 月和 10 月，习近平在访问中亚四国和印度尼西亚时分别提出建设"丝绸之路经济带"和"21 世纪海上丝绸之路"的战略构想，这是顺应时代潮流、合乎现实需要、共建世界文明的大智慧，也是中国形成全方位开放新格局和进一步提升对外开放水平的大手笔。随后召开的中国共产党十八届三中全会《中共中央关于全面深化改革若干重大问题的决定》明确提出要"建立开发性金融机构，加快同周边国家和区域基础设施互联互通建设，推进丝绸之路经济带、海上丝绸之路建设，形成全方位开放新格局"。广东省委书记胡春华在 2014 年初召开的广东省委十一届三次全会上提出，要抓住战略机遇，加强与东盟各国及南亚、中东、非洲等地区的经贸合作；抓住国际产业和资本新一轮转移的历史机遇，加强与欧美等发达国家的直接交流与合作。

共建 21 世纪海上丝绸之路，具有丰富而深刻的内涵。这不是人为强行推动的一体化方案，而是自然形成的合作构想；这不是由中国一家主导的地缘经济计划，而是多元、开放的合作进程。这里没有盟主，有的是平

等协商协作；没有强制性时间表，有的是循序渐进、水到渠成的过程；没有封闭保守，有的是相互尊重、多元包容。共建21世纪海上丝绸之路，是我国深化改革开放的重要途径，是拓展经济发展空间的深远谋划，是构建和平稳定的周边环境的战略举措，更是促进沿线国家共同繁荣的历史选择。互联互通是21世纪海上丝绸之路建设的重要内容之一，广州作为海上丝绸之路的重要发祥地，也是改革开放的前沿地，在东西方经济文化交流中发挥了重要的历史作用。面临战略机遇，广州如何加强与海上丝绸之路国家的互联互通，积极参与21世纪海上丝绸之路建设，是需要探讨的重要课题。

一 互联互通的概念

"互联互通"本是电信术语意思是互惠的联通，是指在不同电信网络之间建立有效连接，使不同网络用户之间可以通信或一个网络的用户可使用另一个网络的服务。近年来，"互联互通"逐渐成为中国与周边国家在"实体"及"精神"层面实现联网的代称。"互联互通"旨在促进中国与邻国交通、能源、物流、信息、商品、文化等方面的自由流通，实现经济社会发展水平的共同提高。

二 海上丝路互联互通建设的主要内容

根据东盟的《东盟互联互通总体规划》（Master Plan on ASEAN Connectivity），互联互通包括实体互联互通（Physical Connectivity）、机制互联互通（Institutional Connectivity）和人文互联互通（People-to-People Connectivity），是实现经济共同体、政治安全共同体和社会文化共同体的基础支持和促进手段，关系到东盟在地区经济合作中主导作用的发挥，关系到东盟内部的稳定团结和经济增长，关系到东盟能否在全球事务中发挥更大作用。具体而言，实体互联互通、机制互联互通和人文互联互通又包括以下内容。

实体互联互通，即基础设施互联互通，主要包括交通运输、信息与通信技术、能源等方面的基础设施的建设和经济合作区的建设。机制互联互通主要包括贸易自由化和促进、投资与服务自由化和促进、相互承认协议/机制等。人文互联互通主要包括教育、文化、旅游等领域的沟通交流与合作机制的建立与完善。

除了以上三个领域,互联互通还应包括产业互联互通。因为实体互联互通、机制互联互通和人文互联互通都离不开产业合作,基础设施的改善、公私合作、资金筹措也离不开产业合作,这些直接关系到投入与产出的效益。特别是基础设施的产业互补,能为其他产业互补发挥重要的基础性作用和引领性作用。因此,产业对接也是中国与海上丝绸之路国家互联互通建设的重要内容,是深化区域合作的主要方向。为突出研究重点,本章主要关注广州加强与海上丝路各国在基础设施和机制方面的互联互通的建设。同时,互联互通是一个区域性的概念,广州作为广东的省会城市,其加强互联互通建设是在广东省这一更高政府层面和更大区域的框架下推动的,所以,广州、广东加强与海上丝路各国互联互通的建设并不能严格分开,而是需要一起来论述。

三 海上丝路互联互通建设的重要意义

(一)有利于实现经济贸易优势互补、互通有无,促进区域经济一体化发展,进一步构建开放型经济新格局

加强互联互通建设是深化经贸合作的基础。通过研究相关案例可以发现,修建国际大通道,促进交通互联互通,会对沿线国家和地区社会经济发展产生了巨大影响。欧洲高速公路网、铁路网等的修建促成了欧盟经济的紧密联系;北美国际大通道的修建促成了北美自由贸易区的形成;泛美交通网的构建把南美洲和北美洲连为一体,促进了美洲市场的繁荣。通过建设中国连接东南亚、南亚、西亚和北非的国际大通道,实现互联互通,同样可以实现以点带线、以线带面,实现广州、广东乃至中国与东南亚、南亚、西亚和北非经济的沟通与融合,构建开放型经济新格局,带动沿线国家经济社会发展,并促进区域经济一体化。

(二)有利于建立区域合作友好关系,释放中国同周边外交关系健康发展的"战略红利",促进区域稳定发展

尽管中国与东南亚、南亚、西亚、北非国家的关系不断向前发展,但同时还有许多问题等待解决。广州、广东加强与东南亚、南亚、西亚和北

非国家的互联互通建设，充分体现了中国坚定不移地贯彻"与邻为善、以邻为伴"的睦邻友好政策，愿与有关国家一起，加强沟通与合作，拉近距离，增进友谊，提高政治互信水平，从而释放共同发展的"战略红利"，促进区域稳定发展。

（三）有利于世界文明的融合与进步，通过深化经济、文化等方面的交流与合作，全面推动世界的和平与发展

自古以来，海上丝绸之路就是一条开放之路、强国之路，一条友谊之路、繁荣之路，更是一条被国际社会认同的和平之路、未来之路，21 世纪海上丝绸之路更是如此。推进 21 世纪海上丝绸之路和丝绸之路经济带建设的战略构想，既有源远流长的历史延续性，又显现出富有创意的经济、外交等时代内涵，是"中国梦"战略的合理延伸。通过加强互联互通建设，深化经济、文化等方面的交流合作，有利于构建"新型大国关系"，促使中华文明与世界各种文明在相互影响中融合与进步，推进世界和平发展道路越走越宽。

第二节　海上丝路互联互通建设的现状和挑战

一　东盟国家

东盟（ASEAN），全称为东南亚国家联盟（Association of Southeast Asian Nations），前身是马来亚（现马来西亚）、菲律宾和泰国于 1961 年 7 月 31 日在曼谷成立的东南亚联盟。1967 年 8 月 7～8 日，印度尼西亚、泰国、新加坡、菲律宾四国外长和马来西亚副总理在曼谷举行会议，发表了《曼谷宣言》，正式宣告东南亚国家联盟成立。东南亚国家联盟成为政府间、区域性、一般性的国家组织。1967 年 8 月 28～29 日，马、泰、菲三国在吉隆坡举行部长级会议，决定由东南亚国家联盟取代东南亚联盟。现成员国有印度尼西亚、马来西亚、菲律宾、新加坡、泰国、文莱、越南、老挝、缅甸、柬埔寨，总部位于印度尼西亚首都雅加达。

由于地缘、人缘等多方面的因素，广东政府高层较为关注与东盟国家的交流与合作，也推动了广州与东盟国家的互联互通建设。2003 年初，

广东省省委书记张德江在考察广州时就提出，广州要建成影响东南亚的大都市；2005 年 11 月，张德江率团访问菲律宾、印度尼西亚和泰国三个东盟国家。2007 年 9 月，广东省省长黄华华率团参加"2007 中国广东—马来西亚经济贸易合作交流会"。2008 年 5 月，广东省省委书记汪洋在会见东盟秘书长时提到，广东把发展与东南亚各国的经贸关系放在十分重要的位置，将鼓励和组织广东企业到东盟投资，加强在能源资源开发利用、旅游、现代物流等领域的合作；2008 年 9 月，汪洋访问东盟秘书处，并与东盟秘书长签署合作协议，确定双方将重点寻求并促进包括农业、信息通信技术、能源与环境、贸易和投资、物流基础设施等领域的合作；随后汪洋访问了东盟四国（印度尼西亚、越南、马来西亚和新加坡），举办了一系列的经贸洽谈会，为企业寻找商业机遇，协商建立合作机制，由此引发了关于广东东盟战略的热烈讨论。

在此次访问的推动下，广东省政府专门出台了 2009 年广东省与东盟合作工作计划，并推出了一系列邀请对方领导人来访以及会议、经贸等活动，推动了广东与东盟的经济往来。2009 年 3 月，中新知识城落户广东，成为广东与东盟合作的一个标志性的龙头项目。而《珠江三角洲地区改革发展规划纲要（2008～2020 年）》更进一步明确了广东发展的战略定位和目标任务，强调广东要加强与东盟等国际经济区域的合作，推动更高层次的对外开放与交流。为贯彻落实《珠江三角洲地区改革发展规划纲要（2008～2020 年）》，2010 年广东制定出台了《关于深化与东盟战略合作的指导意见》，掀起了新一轮加强广东、广州与东盟合作的高潮。

（一）陆路互联互通现状

由于广州、广东与东盟国家并无陆地接壤，广州、广东与东盟国家的公路、铁路连接主要通过广西、云南。长期以来，广西连接广东的高速公路中，一直以渝湛高速为主通道，后来又建成了广梧高速，通过岑溪和贺州连接两广的两条高速公路广西境内已经建成，但在广东境内一直没能实现连接。

2013 年 8 月 18 日，广西·广东合作交流座谈会在南宁市举行。广东省省委书记胡春华提出，为使广东经济尽快实现转型升级，在基础设施方面，广东一定会积极努力推进，与广西加强航空、港口规划建设的沟通协调，更好地实现交通设施的对接。两广应共同努力，加快形成两广地区快捷、高效、科学合理的现代交通体系。广东方面提出了一系列互联互通项目，包括连接两省区的铁路、高速公路、西江水运项目，以及航空、港口建设项目。在高速公路的对接方面，广东怀集至广西贺州、罗定至岑溪、信宜至岑溪、封开至梧州等连接两省区的高速公路项目正在全力推进，贺州到连州、博白到信宜的高速公路也在推进中。

同样，在2013年的广西·广东合作交流座谈会上，胡春华书记还表示，南宁至广州、贵阳至广州高速铁路广东段已完成总投资的70%，南广高铁确保2014年建成通车，将南宁至广州列车运行时间缩短至3小时，形成连接我国西南与华南的快捷大通道，打造未来华南地区交通大动脉。同时，肇庆至柳州、湛江至合浦等铁路项目前期工作也正在积极推进。肇庆到柳州铁路线不仅可以加强和广西的联系，还将促进广东和周边省市的联系。湛江要通高铁最快的办法是与广西的高铁体系对接，广东正在申请深圳至湛江的高速铁路建设项目，而修建合浦至湛江的铁路可以较快地把湛江融入高速铁路网。

由广州、广东陆路进入广西、云南后，中国通往东盟国家的陆上通道框架已经初步形成，其中通向东盟国家主要口岸的公路基本实现高等级化。早在2011年，广西通往越南所有一类口岸的公路全部实现高等级化。广西与越南已实现客货运输车辆直达运输和公务车辆相互驶入，出入境口岸达到4个，客货运输线路达到29条；昆明至曼谷的公路2008年开通运营；越南老街至河内的高速公路通道正加快建设；越南河内延伸至海防的高速公路也在加紧建设，预计到2015年昆明至海防的高速公路可贯通。2012年5月30日，中国和越南签署了《关于建立中越国际汽车运输行车许可证制度的协议》，放宽限制的货车和客车可以穿行于越南河内和中国深圳之间1300公里长的公路。

（二）海上互联互通现状

2007年，中国与东盟共同签署《中国—东盟海运协定》，将中国—东盟海事磋商机制升级为各国海事安全主管部门领导进行定期磋商的机制。中国—东盟互相构筑海上互联互通网络，开拓港口、海运、物流和临港产业等领域合作。2012年，中方倡议建立"中国—东盟海洋伙伴关系"。海运成为中国与东盟交往的重要通道。

海上交通一直是广州、广东与东盟交往的传统优势。广州、广东发达的海路通道还会吸引中西部省份的部分海运物流,其中广西的一些外贸货物要经过广州或深圳中转到东盟国家。目前,广东主要通过广州港、深圳港、湛江港与东盟国家的港口(见表14-1)开展海上互联互通。其中广州港是我国沿海的主枢纽港,位于珠江三角洲的中心,沿广州珠江两岸至出海口依次分布着内港、黄埔、新沙、南沙四大港区,共有万吨级码头泊位55个,为珠三角、广东乃至华南地区的经济发展提供高效完善的港口物流服务。广州港股份有限公司与马士基、地中海、法国达飞、中国远洋、中国海运等全球知名航运企业建立了良好的合作关系,航线通达全球80多个国家和地区的300多个港口,成为全球物流链中重要的一环。

目前,广州港有直达或中转到东盟国家港口的海运航线,主要的停泊港口有新加坡港,泰国的曼谷港、林查班港,越南的海防港、岘港、胡志明港,马来西亚的巴生港、槟城港、古晋港,印尼的雅加达港、泗水港、三宝垄港,印度尼西亚的勿拉湾港,柬埔寨的西哈努克港、金边港,菲律宾的马尼拉港、宿务港,缅甸的仰光港。

表14-1 东盟国家主要港口统计

国　　家	港　　口
缅　　甸	毛淡棉、仰光、勃生港
柬　埔　寨	金边港
泰　　国	曼谷港
菲　律　宾	卡的斯、宿务、马尼拉、塔巴科港
越　　南	锦普、岘港、海防、河内、胡志明港、鸿基港
文　　莱	文莱港
印度尼西亚	勿拉湾、井里文、雅加达、日惹、望加锡、万鸦老、巴东、巨港、本地治里、坤甸、沙璜、三宝垄、泗水、丹戎不碌、井里汉港
马　来　西　亚	巴特沃思、乔治敦、柔佛巴鲁、哥基纳巴卢、古晋、库达特、拉布安、马六甲、米里、槟城、巴生港、山打根、诗巫、斗湖港

资料来源:根据综合资料整理。

泛北部湾地区是东盟国家和中国的港口集聚区,其中中国区域港口涉及广东、广西、海南以及香港等地,包括广东的广州港、深圳港、珠海港、湛江港，广西的防城港、钦州港、北海港，海南的海口港、洋浦港、八所港，香港的香港港等。我们可以通过该地区中国港口的有关数据，来分析广东港口特别是广州港在泛北部湾地区的竞争优势和相对位置。可以看出，与相邻省份广西和海南的主要港口相比，广东的主要港口在深水泊位、物流企业、集装箱国际航线、吞吐量等方面更具有优势（见表14-2，表14-3）；就相对位置而言，该地区的中国港口大致可分为三个梯队：香港港为第一梯队，广州港、深圳港为第二梯队，湛江港、防城港、钦州港、北海港、海口港为第三梯队。

表14-2　泛北部湾中国区域港口物流资源对比

港口城市	海岸线	万吨级以上深水泊位（个）	物流企业（家）	路网密度（km/km²）	集装箱国际航线（条）
香港		72		9.2	476
深圳	260	37	1200	3.3	239
广州	310	59	1700	3.8	303
湛江	460	32	900	2.6	151
钦州	520	27	800	1.9	138
防城	580	22	800	2	177
海口	130	18	1000	2.3	162

资料来源：王景敏：《泛北部湾中国区域港口物流资源整合优化探究》，《对外经贸实务》2013年第6期。

表14-3　泛北部湾中国区域主要港口2012年吞吐量和集装箱数量

港口城市	香港	深圳	广州	湛江	钦州	防城	海口
吞吐量（亿吨）	2.53	2.28	4.62	1.75	0.56	1.01	1.18
增长率（%）	-3.91	2.17	3.12	7.83	19.3	11.49	8.38
集装箱量（万TEU）	2309.7	2294.1	1470.3	36.8	47.4	39.7	103.3
增长率（%）	-5.3	1.64	1.91	16.28	17.93	22.76	26.12

资料来源：王景敏：《泛北部湾中国区域港口物流资源整合优化探究》，《对外经贸实务》2013年06期。

（三）航空互联互通现状

中国分别于2004年和2006年与泰国、缅甸实现双边航空运输市场准入相互放开；2007年，中国与东盟共同签署《中国与东盟航空合作框架》。中国进一步完善机场现有功能，适度建设支线机场，不断扩大航线网络，与周边现有通用机场共同形成空港群体，以促进与东盟国家航空运输快速协同发展。广东的国际航空港有广州和深圳。《国务院关于促进民航业发展的若干意见》明确提出要着力把广州新白云国际机场建设成为功能完善、辐射全球的大型国际航空枢纽。目前，新白云机场扩建工程已经开工，到 2020 年，设计年旅客吞吐量为 8000 万人次、货邮吞吐量 250 万吨。新建的 T2 航站楼将真正按照国际枢纽概念设计，这又将成为南航"广州之路"和广州枢纽建设新的机遇。

中国与东盟各大城市之间往来的航班越来越多，以航班规模分，上海、广州和北京三大中心为第一层次，昆明为第二层次，深圳、南宁为第三层次，其他机场为第四层次。其中广州到东盟国家航线覆盖广、航线和航班多，每天都有直达新加坡、曼谷、马尼拉、吉隆坡、雅加达的航班；到河内、胡志明市、金边、万象、普吉的航班每周也有两班以上。中国南方航空经新白云国际机场已经可以直飞抵达菲律宾马尼拉和宿务，印度尼西亚雅加达和巴厘岛，泰国曼谷和普吉，越南胡志明市和河内，老挝万象，柬埔寨金边，新加坡，马来西亚吉隆坡、兰卡威和古晋，缅甸的仰光等地。

（四）能源合作现状

东盟正努力于 2015 年建成共同体时实现区域绿色能源联通，目的是保证东盟区域能源安全，通过发展绿色能源应对气候变化。前不久举行的东盟能源高官会上，东盟各国充分表明了在能源领域合作的紧迫感。目前实施的东盟能源合作五年行动计划，有利于维护东盟能源供应的稳定和安全，而东盟要加强能源合作，需要在调整内部能源结构，大力发展新能源的同时，加强与对话伙伴国的合作。可见，东盟能源合作不仅是东盟国家经济发展的机遇，也是中国—东盟及亚洲能源合作与发展的机会。这些情况对广东发展与东盟的能源合作提供了有利条件，广东、广州应十分重视推进与东盟的能源合作开发。东盟国家中除文莱、马来西亚、印度尼西亚，其他国家石油消费 70% 需要进口，因此广东、广州与东盟国家都迫切需要培育和发展新能源产业。广东、广州与东盟国家交通便利，同属热带、亚热带气候，雨水充沛，光照充分，动植物资源分布广泛，具备能源合作开发的先天优势。同时，广东、广州与东盟国家在能源的技术开发、原料采购、生产加工和市场销售方面存在较强互补性，互利合作的潜力有待深入挖掘。通过建立联络机制和长效合作机制，双方可共同推动中国和东盟地区的可持续发展。

（五）信息与通信技术互联互通现状

2013 年 9 月 3 日至 9 月 6 日，第十届中国—东盟博览会在广西南宁举行，广州企业海格通信作为北斗核心企业代表团成员全程参与了北斗主题展、北斗卫星导航产业国际合作与投资论坛等活动，助力北斗走进东盟，共同谋划北斗卫星导航产业国际合作与投资的未来蓝图。此次博览会，海格通信面向东盟展示和推广了北斗产品，如北斗手持机、北斗车载导航仪、北斗行驶记录仪、北斗/GPS/GLONASS 船载接收机等，促进了广东与东盟国家在信息和通信技术互联互通方面的合作。

（六）机制互联互通现状

机制方面的互联互通更多建立在国家层面上。早在 2009 年 10 月举行的第 12 次中国与东盟领导人会议上，温家宝总理就提议加快基础设施建设，尽快商定《中国—东盟交通合作战略》优先项目，尽早就《中国—东盟海关合作谅解备忘录》达成一致，签署《中国—东盟区域航空运输协定》，构筑互联互通的区域基础设施网络。2009 年 8 月 15 日，《中国—东盟自由贸易区投资协议》签署，标志主要谈判结束。2010 年 1 月 1 日，拥有 19 亿人口、GDP 接近 6 万亿美元、世界最大的自由贸易区中国—东盟自由贸易区正式建立。

中国积极推进中国—东盟互联互通项目，支持东盟相关国家落实《东盟互联互通总体规划》，并将此作为中国与东盟经济合作的新增长点。2011 年 1 月，中国与东盟外长集体考察昆曼公路，并在云南昆明举办"中国—东盟外长会"，就推动互联互通建设进行研讨。同年 8 月，由外交部和广西壮族自治区主办的"中国—东盟互联互通战略研讨会"在北京召开，来自中国和东盟 10 国政府、企业、银行、智库以及东盟秘书处的 140 多位代表深入讨论了中国—东盟互联互通与制度建设、产业对接、地方动议及中国—东盟互联互通合作和未来发展方向等议题。中国还以实际行动表达自己的诚意，向东盟追加 100 亿美元信贷（包括 40 亿美元优惠性质贷款）；设立 30 亿元人民币的中国—东盟海上合作基金，推动海上互联互通建设；倡议成立中国—东盟互联互通合作委员会，支持泰国提出的"10＋3"互联互通伙伴关系等。

2012 年 11 月 19 日，第 15 次中国—东盟领导人会议提出了若干重大新倡议，包括建立"中国—东盟海洋合作伙伴关系"、建立互联互通委员会对话机制、制定"中国—东盟互联互通总体规划"以及再次对中国—东盟合作基金增资 500 万美元等。2013 年 9 月 2 日，中国—东盟互联互通交通部长特别会议在南宁举行。部长们围绕交通互联互通合作展开深入讨论、达成诸多共识，并发表联合声明，倡议从完善工作机制、创建融资平台、做好规划衔接、鼓励企业参与、加强海上联通、加强航空联通、重视均衡发展等方面入手，建立绿色、安全、高效的运输网络体系，促进地区经济繁荣和可持续发展。这些机制方面的互联互通对推动中国—东盟自由贸易区进一步完善，为中国与东盟互联互通建设和双边经贸往来提供了有力支撑和坚强保障。

二 南亚国家

南亚指亚洲南部地区，介于东南亚与西亚之间，共有 8 个国家，其中阿富汗、尼泊尔、不丹为内陆国，印度、巴基斯坦、孟加拉国为临海国，斯里兰卡、马尔代夫为岛国。巴基斯坦、印度、尼泊尔、不丹同中国相邻。

（一）航空互联互通现状

2011 年，广州白云机场已开通广州至科伦坡的新航线、斯里兰卡航空公司成为入驻该机场的第一家南亚航空公司，广州也成为斯里兰卡航空公司全球航线网络中的第 4 座中国城市。2012 年底，广州白云国际机场再增一条南亚直航航线，印度百捷航空公司开通了新德里—广州—德里的定期往返客货运混合航班。

（二）海上互联互通现状

根据统计，南亚的印度、巴基斯坦、孟加拉国、斯里兰卡、马尔代夫的主要港口数量不多，仅 14 个（见表 14 - 4）。目前，广州港已经开通了从南沙至斯里兰卡、印度西北部及巴基斯坦的航线。

表 14 – 4　南亚国家主要港口统计

国　　家	港　　口
印　　度	孟买、加尔各答、科钦、卡基纳达、马德拉斯、马希港
巴基斯坦	瓜达尔、卡拉奇港
孟加拉国	查尔纳、达卡、查尔纳港
斯里兰卡	科伦坡、亭可马里港
马尔代夫	马累港

资料来源：根据综合资料整理。

（三）经营瓜达尔港带来的机遇

在南亚国家港口中，巴基斯坦的瓜达尔港是中国参与巴基斯坦基础设施互联互通建设的经典案例。瓜达尔港位于巴基斯坦俾路支省西南部，为深水港。早在 30 年前，巴基斯坦政府就有了开发瓜达尔港的设想。20 世纪 90 年代，美国曾两次计划开发瓜达尔港，不过均因国际因素和国内舆论压力胎死腹中。1999 年以后，巴政府请求中国援建瓜达尔港。2002 年 3 月，该港口开工兴建，工程分两期完成。2007 年 3 月建成后，由新加坡港务局通过国际招标中标后负责运营，租赁期为 40 年，瓜达尔港投入运营后并没有达到预期的效果，连年货运量不足，经营难以为继，大部分时间处于闲置状态。2013 年 1 月 30 日，巴基斯坦正式批准将瓜达尔港运营控制权转交给中国。

2013 年 5 月，李克强总理在访问巴基斯坦时提出，中国愿与巴方一道，促进南亚互联互通，带动周边经济发展和民生改善，不断拉紧中巴利益纽带，为本地区国家间开展合作提供示范。而根据巴基斯坦媒体之前的报道，由中方提供资金和技术援助修建的巴基斯坦瓜达尔港运营权正式确认由三家中国公司接管，同时中国将帮助巴基斯坦修筑连接该港口与该国海岸高速公路的道路，以及为该港口的彻底完工提供进一步的资金援助。据悉，三家公司分别为中国海外港口控股公司（China Overseas Port Holding Company）、招商局国际有限公司（China Merchants Holdings）和中国远洋运输集团（COSCO Shipping）。其中招商局国际有限公司是国家驻港大型企业集团，经营总部设于香港。招商局业务主要集中于交通运输及相关基础设施建设、经营与服务（港口、公路、能源运输及物流），金融投资与管理，房地产开发与经营等三大核心产业，其港口业务遍及国内的珠三角、厦门湾、环渤海地区、长三角、泛北部湾以及国外的西非、东非和南亚等地，为毗邻的广州企业参与其中的互联互通建设创造了有利条件，也带来了机遇。

三　西亚、北非及东非国家

西亚又称西南亚，为亚洲西南部地区，包括的国家有伊朗、伊拉克、沙特阿拉伯、巴林、卡塔尔、也门、阿曼、阿拉伯联合酋长国、科威特、阿富汗、黎巴嫩、塞浦路斯。中国通过海上丝绸之路与非洲交往密切的国家通常包括北非和东非地区的苏丹、埃及、埃塞俄比亚、索马里、肯尼亚、坦桑尼亚、莫桑比克、阿尔及利亚等国。

（一）海上互联互通现状

从表14-5中看出，西亚和北非及东非国家的主要港口也较多，达35个。目前，广州港开通了到中东、北非和东非的航线，停靠迪拜、马斯喀特、蒙巴萨、达累斯萨拉姆、苏伊士等港口。

表14-5　西亚、北非、东非国家主要港口统计

国　　家	港　　口
伊　　朗	阿巴丹、阿巴斯、霍梅尼、霍拉姆沙赫尔、布什尔港
也　　门	亚丁、荷台达、穆哈、木卡拉港
阿　　曼	马斯喀特、苏尔港
伊　拉　克	巴士拉港
阿　联　酋	阿布扎比、迪拜、沙加港
科　威　特	科威特港
沙特阿拉伯	达曼、吉达港
埃　　及	亚历山大、塞得、苏伊士港
苏　　丹	苏丹港
肯　尼　亚	马林迪、蒙巴萨港
坦桑尼亚	达累斯萨拉姆、林迪、坦噶、巴加莫约、桑给巴尔港
埃塞俄比亚	阿萨布港
索　马　里	伯贝拉、基斯马尤港
莫桑比克	贝拉、洛伦索-马贵斯、莫桑比克港

资料来源：根据综合资料整理。

（二）航空互联互通现状

2007 年 6 月，埃及航空公司开通了开罗—曼谷—广州的定期航班，成为继埃塞俄比亚航空、肯尼亚航空、津巴布韦航空的第四家开通飞往广州航线的非洲航空公司。2010 年 6 月，也门航空公司开通了也门首都萨那至广州的定期往返客运航班。萨那成为继迪拜之后的第二个通航广州白云机场的中东城市。2011 年 3 月，广州—利雅得—吉达航线首航开通，广州成为沙特航空在中国内陆通航客机的第一座城市。2013 年 5 月，伊朗马汉航空继通航上海之后，又开通了中国第二个航点——广州，广州白云国际机场首次正式开通"广州—德黑兰"的定期直航客运航线。

第三节　海上丝路互联互通建设存在的问题和挑战

一　广州自身能力的不足

与海上丝绸之路各国互联互通建设总体上属于中央政府管理的事务，广州作为一个副省级城市，没有直接与外国政府商谈并签署互联互通协议的权力。换句话说，地方政府去游说海上丝绸之路各国支持广州、广东提出的互联互通项目，影响力有限。海上丝绸之路国家首先会考虑中国中央政府的态度，而不是广州、广东的建议。广州、广东加强与海上丝绸之路各国互联互通建设往往涉及国家主权和事权，需要外交部、国家发改委、公安部、交通部、海关总署等有关部门来协调。因此，广州、广东与海上丝绸之路国家互联互通建设要取得实质性进展需要做大量的沟通和协调工作。

二　来自邻省的强大竞争

广西、云南和海南等省份与东盟国家互联互通建设与广州、广东形成了竞争的局面，广西和云南作为中国与东盟国家陆上相邻的两个省区，拥有陆上互联互通建设的区位优势。目前，中国在推进次区域经济合作方面，逐步形成了大湄公河次区域合作、泛北部湾经济合作、中越"两廊一圈"合作等多项合作，并取得了很好的成效。广西是大湄公河次区域合作的中方参与者，广西北部湾经济区是中国与东盟国家开展泛北部湾区域合作的核心区，广西也是中越"两廊一圈"的南宁—河内经济走廊和环北部湾经济圈合作的主角之一，为中南半岛国家与中国华南地区开展合作架起了陆地及海上的桥梁，已经逐步打造成中国面向东盟合作开放的门户，国家已把广西定位为中国面向东盟的重要国际经济合作区；同时广西承办的中国—东盟博览会是中国与东盟交流合作的重要平台。广西作为中国—东盟区域性贸易重要通道的地位日益凸显，在很多方面都走在了广东的前面。

三　资金难题

广州、广东加强与海上丝绸之路国家互联互通建设，必须有配套的海陆空交通网，也就需要完善高速公路、铁路、海港、航空港、口岸、能源管道、电力、通信等基础设施。而各种基础设施的建设规模大，建设周期长，必然需要大量的资金投入，而且需要专门化的融资安排和风险配置。海上丝绸之路沿线的大多数国家都还是发展中国家，广州作为中国广东的省会城市，要完成这种大规模的基础设施建设压力巨大，比如存在融资渠道和规模有限等难题，造成了投资预期收益不被看好。事实上中国开通的昆曼公路、湄公河航运效益都与预期相距甚远。

四　技术标准难题

中国与一些海上丝绸之路国家（如东盟国家）在交通设施建设中采取的技术标准和相关政策不一致，这也给互联互通建设带来了难题。如铁路的轨距不统一，我国是 1.435 米的标准轨距，而东盟国家大多是 1.067 米和 1 米两种轨距，不同标准的轨道转换大大影响了国际铁路联运的效率，而且进行米轨和准轨的更换和对接，改造的成本相当高。另外，交通法规也存在不一致的问题，如公路交通，中国、越南、老挝采取右侧通行规则，而泰国、马来西亚和新加坡则采取左侧通行规则，这对跨境的交通管理带来很大不便。还有，目前中国和东盟国家在口岸管理制度、运输标准和金融服务方面存在明显的差异，如区域内各国对口岸开放时间和车辆限载量的规定各不相同，尤其是中越之间、中泰之间还不允许货车跨境行驶，给客货跨境流动造成了无形的壁垒，影响了国际运输的通畅。此外，因为跨越的区域宽广，地形地貌比较复杂，地质结构存在较大差异，在基础设施建设中勘测、设计、施工也会遇到技术难题。

五 经济实力的差距

一国的经济实力往往决定了该国参与区域合作的程度。通常一国经济实力较弱，其参与程度也就较低；而经济发展水平高、实力雄厚的国家，参与度则较高，在合作中的影响力也比较大。目前，海上丝绸之路各国的经济发展水平参差不齐，实力差距较大，而这种经济实力的差距可能动摇多边合作的基础。经济发展程度相对较低，软硬件设施落后，会在一定程度上削弱中国企业参与基础设施互联互通建设的信心，影响互联互通建设的进程。部分国家在合作中可能因为经济实力的差异而利益与义务失衡，有些国家也可能会因得利较少而逐步丧失合作的意愿与信心，从而危及区域内国际合作的长久和稳定。同时，不同国家产业结构的同质性会加大地区间的竞争性，如广州、广东与泰国、马来西亚、菲律宾、印度尼西亚经济发展水平较接近，产业机构和贸易结构相似，因而在产品出口上存在着竞争性，不利于产业对接的互联互通。

六 缺乏强制性的约束机制

约束机制各主体相互协作的重要保障。国家间的各种合作也同样需要有一定的约束机制和制度框架。在区域内，各主权国家通常以开展合作的方式来实现共赢。当前，虽然中国与有关国家签订了各种合作机制和框架，但还有待完善。特别是广州、广东与海上丝绸之路国家的互联互通建设，现在还缺乏配套的强制性约束机制，需要通过国家层面来制定强制而又可行的约束机制作为合作的制度保障。

七 政治外交因素

中国与海上丝绸之路国家之间复杂的政治关系以及区域外大国的干涉是最大的外部挑战。由于历史原因及现实存在并日趋恶化的南海问题、美国等区域外大国的干涉等因素，中国与海上丝绸之路国家特别是东盟国家之间的互信度还不高。此外，东盟各国之间的关系也错综复杂。尽管东盟提出了《东盟互联互通规划》，但该规划要到2020年才能初步建成。随着中国与东盟关系的不断发展,美国奥巴马政府重新加强了对东南亚的重视和在东南亚地区的军事存在,印度、日本也在加强对东南亚地区的影响。尤其是美国、印度为阻止中国走向印度洋,完全有可能对中国与东盟之间的互联互通尤其是中缅之间的通道建设设置障碍。再如,一直被关注的泰国克拉运河开发等问题,更多的是有关国家之间的政治外交和利益博弈问题。

第四节 海上丝路互联互通建设的目标、重点和对策

一 海上丝路互联互通建设的战略目标

加强海上丝绸之路互联互通建设,对广州、广东、中国以及海上丝绸之路其他国家具有重要意义。加强基础设施互联互通建设,可以在相应国家和地区开发建设一个融合多式联运、信息通信技术以及能源的合作网络;加强机制互联互通建设,可以有效实施相关策略、协议、法律和体制机制,促进货物和服务贸易,吸引投资;加强产业互联互通建设,可以促进产业对接和合作,加快产业转型升级;加强人文互联互通建设,可以促进文化、教育交流和旅游业发展。总的来讲,加强互联互通建设,可以达到以下目标:一是加强海上丝绸之路国家、地区之间的合作和融合;二是提升有关国家和地区的全球竞争力;三是改善有关国家和地区人民的生活水平和福利;四是推进有关国家和地区进行区域合作的制度建设,提升治理水平;五是促进各国经济和社会发展,并提升合作区域各国和地区的经济联系,缩小不同国家和地区的发展差距;六是消除区域合作的负面因素,推动可持续发展。

互联互通建设只是 21 世纪海上丝绸之路建设的内容之一。按照《中共中央关于全面深化改革若干重大问题的决定》的要求,要通过建立开发性金融机构,加快同周边国家和区域基础设施互联互通建设来推进丝绸之路经济带和海上丝绸之路建设,形成全方位开放新格局,构建开放型经济新体制。同时,建设 21 世纪海上丝绸之路与丝绸之路经济带的战略构想,既有源远流长的历史延续性,又显出富有创意的经济、外交等时代内涵,更是"中国梦"战略的合理延伸。其总体构想如下。

（一）争取国家层面持续注入更多政策支持

互联互通建设不仅应需要有强烈的联通意愿，而且也要有中央政府相应的政策支持，如中国与海上丝绸之路各国的交通部门举行部长级特别会议，以推动双方公路、铁路、港口、航空领域的互联互通进程。成立互联互通合作委员会，落实中国和海上丝绸之路国家关于促进互联互通合作的共识、倡议及总体规划等，研究确定合作的重点领域和优先项目，协调各类资源，为合作项目的建设和运营管理等提供必要的支持。

（二）抓住历史性契机加快发展外向型经济

广州要抓住建设 21 世纪海上丝绸之路的契机，利用改革开放前沿地的优势，进一步加快对外开放步伐，积极参与国际经济合作与竞争，拓展对外开放的广度和深度，促进跨越式发展。大力实施"走出去"战略，鼓励广州企业参与投资海上丝绸之路各国的基础设施互联互通建设。加大自身的航空港、海港、口岸、高速铁路、公路等基础设施建设，全面提升广东经济的影响力、辐射力，为建设国际海、陆、空大通道提供支撑。

（三）积极推进区域合作

在国家层面的支持下，按照"政治互信、经济互补、资源共享、市场融通、协同推进、互利共赢"的原则，巩固和发展与海上丝绸之路国家的友好关系，推进与东盟、南亚、西亚和非洲国家开展多领域、多层次、多形式的交流与合作，推进区域合作和次区域合作，加强以基础设施和交通运输为基础的"硬件"建设，促进互联互通。同时探索建立更多互联互通合作机制，加强以制度和情感互联互通为基础的"软件"建设，齐推"有形联通"与"无形链接"。通过加强信息沟通、政策磋商，签署多边或双边互联互通建设协议或备忘录，搭建政府主导、企业参与的沟通协调机制，如签署交通运输、物流、通关便利化协议，改善通关环境，努力消除运输通关的非物理性障碍，提高通关效率等。

（四）做好规划衔接

开展各经济体之间基础设施规划的交流与合作，把各自的基础设施开发规划同推动地区基础设施互联互通目标紧密结合起来。东盟于 2010 年通过了《东盟互联互通总体规划》，中国以及广东也正在实施交通"十二五规划"。广东、广州要进一步增强本地区交通基础设施网络的联通性，加强与国内其他区域如广西、云南、海南等省份以及东盟国家的规划衔接，要使中国与东盟的互联互通计划与东盟的互联互通总体规划相匹配、相对应，以此提高中国—东盟自贸区的一体化水平。

（五）创建融资平台

建立专门的多边金融机构或基金，以此作为海上丝绸之路各国互联互通建设的投融资平台，拓宽融资渠道，创新融资模式，建立新的融资机制，确保互联互通合作项目有长期稳定的资金来源，以解决基础设施开发的巨大资金缺口。除了国家层面倡议筹建的亚洲基础设施投资银行以外，广东、广州也可以发挥经济优势，积极探索建立海上丝绸之路开发银行等金融机构。

（六）突破空间限制和思维藩篱，从更高的角度和更广的视野来理解和建设 21 世纪海上丝绸之路

目前关于广东推进 21 世纪海上丝绸之路建设的研究，主要围绕广州、广东与东盟、南亚、西亚、非洲等地的合作来展开，存在传统海上丝绸之路的范围限制和思维藩篱。与传统海上丝绸之路相比，21 世纪海上丝绸之路更多的是中国与全球进行经贸合作、推进人文交流、发展外交关系等的代名词。所以，21 世纪海上丝绸之路应该建立在传统海上丝绸之路的基础上，并摆脱传统海上丝绸之路的桎梏，创新突破，拓展空间，提升内涵。正如胡春华书记所提出的，抓住中央提出建设 21 世纪海上丝绸之路的战略机遇，把我省作为海上丝绸之路建设重要地区的作用发挥出来，既要加强与东盟各国及南亚、中东、非洲等地区的经贸合作，不断拓展广东对外开放的新空间，又要加强与欧美等发达国家的直接交流与合作，抓住国际产业和资本新一轮转移的历史机遇，推动我省经济在与发达国家的优势产业、领先技术、先进经验相结合中提高质量水平。甚至我们还可以设想，在中国—东盟及中日韩自贸区建设的基础上，探索以"21 世纪海上丝绸之路"构建一个与 TPP（跨太平洋伙伴关系协定）和 TTIP（跨大西

洋贸易与投资伙伴关系协定）相似的协定。据悉，TPP 和 TTIP 谈判正在进行，美国以此试图构建全球贸易新规则，但也存在着重重困难，谈判短期内难有成效。因此，"21 世纪海上丝绸之路"的有关协定完全可以作为我国构建大国关系、拓展全球战略的支点，以应对世界贸易格局风云变幻带来的挑战。

二　海上丝路互联互通建设的战略重点

（一）海上互联互通

由于广州、广东与海上丝绸之路国家并没有陆地接壤。因此，海运成为广州、广东与海上丝绸之路国家交流的重要通道。海上互联互通也将成为广州加强与海上丝绸之路各国互联互通的突破口之一。广州、广东开展海上互联互通建设的条件得天独厚。其一，广东是我国的海洋大省。广东海洋资源丰富，海域面积达 42 万平方公里，是全省陆地面积的 2.3 倍；大陆海岸线 4100 公里，占全国的 1/5 以上，位居全国沿海各省之首。2010 年，广东省海洋生产总值达 8291 亿元，占全省地区生产总值的 18.2%，连续 16 年位列全国第一。其二，广州、广东具有港口优势。按照广东省沿海港口布局规划，广东沿海港口分为主要港口和地区性重要港口两个层次，广州港、深圳港、湛江港、珠海港、汕头港为主要港口，潮州港、揭阳港、汕尾港、惠州港、虎门港、中山港、江门港、阳江港、茂名港为地区性重要港口。其中，广州港、深圳港、湛江港分别是我国珠江三角洲沿海港口群和西南沿海港口群的中心港口，也是国家综合交通大通道的出海口，是连接华南和西南等地区与国际市场的重要门户，是腹地参与经济全球化的重要战略资源，对区域经济发展有重大作用和影响，将逐步发展成为区域性枢纽港口。

因此，可以建成以广州港为核心，以大通关为支撑，以便捷的和综合的交通体系为通道，以多级联运为组织形式，以珠三角水网港点和东盟港口为节点，覆盖东南亚的经济腹地。同时，以南沙新区开发建设为契机，以临港产业集聚区建设为载体，大力发展航运金融、航运保险、航运交易、船舶交易、海事法律服务、教育培训等现代航运服务产业，增加广州港的集装箱国际航线和外贸航线，提高国际客货运和集装箱中转的比例，形成具有全球航运资源配置能力的国际性航运中心，加强海上互联互通。

（二）航空和高铁互联互通

航空和高铁互联互通应当成为广州、广东加强与海上丝绸之路国家互联互通建设的第二个突破口，其中广州与海上丝绸之路国家已经开通多条航空路线。而且按照广州市政府的设想，随着白云机场扩建工程启动，广州将大力发展空港经济，并且将利用地理位置的便利性，将白云机场与广州北站打造成国际级的大型综合交通枢纽，引入地铁、高铁、城际轻轨等大容量快速衔接通道，发挥综合效应。根据规划，广州空港经济区东起京珠高速、西至凤凰南路、北达山前旅游大道、南至北二环，规划面积约288平方公里。目前，广州空港经济区的定位是广州国家中心城市建设的重要功能区、珠三角连接世界的空港综合交通枢纽、国家级临空产业基地、广州新型城市化发展的示范区。根据广州空港经济发展目标和要求，近期将重点推进广州白云国际机场航空枢纽、广州空港综合交通枢纽、广州空港现代物流枢纽、广州白云空港综合保税区、广州空港商务服务区建设。同时，南沙机场的建设也纳入了规划，拟新建一条满足主要公务机起降的跑道及配套滑行系统、停机位、机库、粤港直升机坪、FBO楼、航管楼、塔台、停车场、机场办公楼、机务场务用房、特种车库、供油设施等，投资达60亿，占地3000亩。

因此，可以白云国际机场为核心，整合区域交通资源，实现陆路交通与机场无缝对接，实现航空港、高速铁路、城际轨道、城市轨道、公路客运、城市公交有机融合；强化白云机场与广州火车北站的直接交通联系，加快建设南沙港铁路的建设和高速路的衔接，切实加强南沙港与广州新客站和白云国际机场的陆路联系；加快建设贵广铁路和南广铁路进入广州新客站后通过广珠澳城际轨道联系白云国际机场的通道，把广州打造成海、陆、空的交通枢纽，以此实现与海上丝绸之路国家在交通上的互联互通。

（三）重点合作国家

相对于中国与南亚、西亚、北非等国家的互联互通建设，中国与东盟国家的互联互通建设开展时间更长，合作更多，已经取得了很好的成效，具有很好的合作前景。而且，广州、广东与东盟国家的互联互通建设还具有四大优势。第一大优势当属人文优势，人缘商缘相通。东南亚是海外华人华侨最集中的聚居地。东南亚华人华侨总数达3000多万，其中粤籍华侨粤裔华人占多数。广东方言粤语在东盟各国不少城镇社区被广泛使用，绚丽的岭南文化在东南亚各国传播早、扎根深，华人华侨经济实力雄厚。第二大优势是交通往来便利，物流成本低。广州、广东与东南亚各国海上航运便捷，并与东盟大部分国家开通了直航空中航班，飞行时间在4小时以内。这种地缘优势为经贸合作提供了良好的条件。第三大优势是经贸合作起步早、关系密切。2002年中国与东盟启动自贸区谈判以来，广东对东盟出口连续多年实现两位数增长。第四大优势是资金技术雄厚，市场、资源互补性强。广东、广州企业投资、民间投资、社会投资潜力巨大，自主创新综合能力不断增强，为企业走进东盟积累了较为雄厚的资金和技术基础。因此，东盟国家应该成为中国——当然也包括广东和广州加强互联互通建设的重点合作国家。

三　海上丝路互联互通建设的重点对策

（一）依托高铁探索陆桥建设和陆桥经济发展

陆桥经济是随着陆桥的发展而产生并在江河与海岸经济基础上出现的一种新型世界经济，以交通高速化、轨道标准化、海陆直运化和覆盖全球化为标志，并且以高速铁路作为陆桥经济体系的核心。亚欧大陆现今已有两条大陆桥，第一亚欧大陆桥东起俄罗斯东部的符拉迪沃斯托克港，西至荷兰鹿特丹港，已有百年历史；第二亚欧大陆桥东起中国连云港，西至鹿特丹港，开通于1992年。除此以外，有关专家提出了第三亚欧大陆桥的构想，即以广州港、深圳港为代表的广东沿海港口群为起点，由昆明，经缅甸、孟加拉国、印度、巴基斯坦、伊朗，从土耳其进入欧洲，最终抵达荷兰鹿特丹港，横贯亚欧21个国家，全长约15000公里，比目前经东南沿海通过马六甲海峡进入印度洋行程要短3000公里左右。另外，从土耳其也可经过叙利亚、以色列、埃及到达塞德港后进入地中海，连接亚欧非。第三亚欧大陆桥沿线有亚太经合组织、东盟、南亚区域合作联盟、南亚自由贸易区、石油输出国组织、欧盟、非盟等多个区域和次区域合作组织。第三亚欧大陆桥将成为连接"三亚"（东亚、东南亚、南亚）的中枢、沟通"三洋"（太平洋、印度洋、大西洋）的纽带、横贯"三洲"（亚洲、欧洲、非洲）的桥梁，构建第三亚欧大陆桥对促进中国与东南亚、南亚、中东地区的互联互通和区域合作，具有重要的意义。

目前，构建第三亚欧大陆桥已经具有一定的基础，沿线地区铁路网密集，由东至西分别是中南半岛铁路网、南亚次大陆铁路网、西亚铁路网、欧洲铁路网及北非铁路网，我国国内部分已经基本形成了完整的铁路网络。中国高铁技术的发展和高铁"外交"的推进，以及亚洲基础设施投资银行的筹建，都为第三亚欧大陆桥的建设提供了有利条件。

此外，可设计一条以广州南站为起点，经江门、阳江、茂名、湛江、北海、凭祥，连接河内、万象、金边、曼谷、吉隆坡，直到新加坡的高铁路线，建设一条"广州—新加坡经济走廊"。这些陆桥都以广东的广州或深圳为桥头堡，可加快基础设施建设，加强对外开放的吸引力，同时促进广东与海上丝绸之路国家的互联互通建设。

（二）探索海上码头综合体建设

据调查，"海洋建筑物新型海洋平台"是世界领先科技发明，明显领先于填海造地和欧美的钢结构等海洋平台，已通过中国工程院院士、国务院参事和海洋工程等专家组成的评审组评审。该技术可为跨海大桥和油田半潜式平台及深水软土地基处理等集成创新设计，能高效、低廉、安全地建设海上机场、码头、海上风电场、海上风光互补系统和海洋城市综合体及人工航母岛。该模式不但在性能价格比上具有巨大的优势，而且施工速度快，建筑物造型美、用钢量少，轻巧坚固、抗震性能佳、造价低及可回收循环再造。该技术已广泛应用于各类建筑的建设中。

可推广应用该技术，在海上丝绸之路国家的港口城市分步实施和打造新型的海上码头综合体，促进海上互联互通。先在广州的南沙等地开展试点。有两种模式可以选择："纵排式"（由波浪发电堤、深海网箱、海上建筑——居民点、工业化车间组成）和"立体式"（顶层为海洋农业种植业，第二层为居民点、工业化车间，第三层为双层交通层，最底层为深水网箱）。目前有可以抗 17 级以上台风和 8 级地震的强光新型海洋固定平台和相关配套新型技术作为支撑。以新型海上综合体项目推动港口、机场、轨道交通、市政设施等投资建设，拉动上下游产业如钢铁、建材、新能源、新材料、房地产等产业发展，加快产业调整和升级。同时通过市场机制，挖掘市场潜力，以市场力量增加钢铁、水泥等材料的有效需求，引导资源分配，消化部分过剩产能。

（三）实施广州地铁"走出去"战略

地铁作为城市基础设施的重要部分，其发展为城市经济带来无限商机，特别是地铁带来的高通达性提高了沿线土地的空间利用价值，日益影响着城市的商业空间结构和土地利用形态。地铁经济不仅使得地铁沿线寸土寸金的价值得以进一步提升，而且还衍生了多个庞大的产业群。地铁经济的产业集群效应突出地表现在商业、房地产、旅游业等各种经济业态中。广州地铁建设的成就巨大，经验丰富，创造了不少"全国之最"，如第一个利用先进技术解决地铁如厕难的问题、第一个加装屏蔽门等，其技术培训已经成为全国地铁建设的"黄埔军校"。这些经验已被全国地铁同行誉为"广州模式"，并不断被复制。因此，广州地铁不仅是广州城市发展的一大亮点，更是广州在未来发展中亟待进一步打造的新城市名片，实施广州地铁"走出去"战略正逢其时。

地铁已经成为越来越多的城市基础设施建设的重要内容和发展城市经济的重要载体。但目前，海上丝绸之路国家建有地铁的城市不多。以东盟国家为例，据2012年数据，建有地铁的国家（城市）仅有四个，即菲律宾的马尼拉、新加坡、马来西亚的吉隆坡、泰国的曼谷，另外越南的胡志明市正在兴建地铁（计划于2014年开通），印度尼西亚的雅加达也在建设地铁（计划于2016年开通）。因此，广州利用自身优势，参与海上丝绸之路国家特别是东盟国家城市的地铁建设商机巨大，广州需要积极探索"走出去"参与建设地铁的商业合作模式，并推广成功案例。

（四）建立海洋经济开发园区

互联互通建设必须发展海洋经济，只有海陆双兴，才能内外双修。海洋经济是新时期广东"继续发展"——国民经济再上层楼的发力点、"领先发展"——傲视领先国内群雄的制高点、"平衡发展"——各地区齐头并进的着眼点，因此，及早布局十分重要。为充分利用广东的地缘优势、港口优势、海洋资源优势以及人文优势，推动广东、广州与海上丝路国家在海洋经济、海洋产业、滨海旅游等领域开展广泛合作，建议在广州南沙等地成立中外海洋科技园，选择优势产业，比如海洋工程（港口、船舶、游艇、邮轮等）、海洋能源（波浪能、潮汐能、风能等）、海洋生物（生物制药、保健品、化妆品等）、海洋资源（油气、可燃冰等）、海洋渔业（远洋捕捞、深水养殖等）、海洋通信等，并由省政府协调国家科技部门，充分利用我国航天、航空、航海等先进通信遥感技术，集成开发和利用四维立体的海洋科技体系，建立海洋技术产业链联盟；通过吸收消化国外先进技术，加速海洋技术在我国的推广应用，并逐步向东盟国家梯次转移。另外，广州要加快申请设立中国—东盟海洋经济合作示范区和广东海洋经济综合试验区，展开与海上丝绸之路沿线国家的海洋合作。

（五）构建金融合作平台和混合所有制开发企业

可先行先试建立海上丝路开发银行，以促进海上丝路建设为宗旨，以国家信用为基础，以市场业绩为支柱，作为专门投资基础设施的投融资平台。在实际运营中，一是以商业化运作为主，选择需要在保证项目所在地民生的基础上向经济效益倾斜，既确保所投基础设施的公益性，专注于海上丝路建设中有经济效益和战略意义的重大项目，包括交通、能源、电信、市政、生态环保等领域的项目，又追求赢利性；二是积极开展创新金融产品上市融资研究，开展以人民币计价的金融衍生品研究，探索建立人民币贸易结算中心，推动人民币跨境投资贸易清算结算等；三是推动国际金融开放合作，搭建金融机构交流对话平台，创建基础设施建设的资金保障机制等。总之，通过金融手段和投融资业务贯彻政府的政策导向，为海上丝路地区的经济社会发展提供高效而可靠的中长期金融支持，为与海上丝绸之路的国家和地区发展海洋合作伙伴关系、进行金融合作提供机遇。同时，建议组建混合所有制的区域性丝路开发总公司，国有资本、集体资本、非公有资本等交叉持股、相互融合，各所有制资本取长补短、相互促进、共同发展。通过筹建海上丝路开发银行和丝路开发总公司，积极实施广东企业"走出去"战略，拓展工程承包合作。开发性金融机构的成立将掀起海上丝绸之路国家特别是东盟发展中国家新一轮基础设施建设和互联互通建设的高潮。广东应抓住机遇，积极探索，推动相关企业特别是工程基建企业到有关国家开展港口、交通、电力、市政、环保、通信、能源等基础设施项目的工程承包，促进这些国家改善基础设施条件，同时，带动广东的建材、机电等优势产品出口，推动经贸合作。

（六）加强能源管道、通信、监测等设施的互联互通建设

加强与马来西亚、印度尼西亚、菲律宾、越南、缅甸的能源合作。其中马来西亚是传统的产油国和世界上重要的石油、液化天然气的输出国，印尼是东盟最大的石油产国和出口国，菲律宾有丰富的矿产资源，越南的铝土矿、铁矿、煤矿相当丰富，缅甸的天然气储量位居世界第十。上述国家能源资源丰富，与广东地缘相近，与之进行能源资源合作，可以极大地满足广东市场的需求，缓解广东、广州企业资源紧缺的局面。同时加强能源管道设施的互联互通，对外推广应用广州企业研制的科技成果"深海管线用直缝埋弧焊钢管"（该技术已经达到国际先进水平，可用于1500米深海的石油天然气输送）。

加大信息基础设施建设投入，推进城市智能传感网络建设。充分利用我国的北斗卫星导航系统，与海上丝路各国合作建设北斗系统地面站网络。广州海格通信集团最近与东盟博览会的各国代表围绕"感知北斗，服务东盟"的主题进行了探讨，面向东盟展示和推广了该公司的北斗手持机、北斗车载导航仪、北斗行驶记录仪、北斗/GPS/GLONASS船载接收机等，共同谋划了北斗卫星导航产业国际合作与投资的未来蓝图。同时，中国科学院南海海洋研究所在斯里兰卡建立的热带海洋环境监测站还要进一步推广，为海上丝路各国的海洋渔业管理、气象预报、救灾减灾、港口实时定位和船位监控等提供服务。

（七）引导广州企业参与建设高铁、地铁、运河等国际合作项目

中国基建企业和东盟国家之间的合作有着良好的传统。中国基建企业凭借技术、经验、资金和性价比方面的优势，相继完成了昆曼公路、中越红河大桥、湄公河上游航道整治等战略通道和改善项目，以及印尼泗水—马都拉大桥、马来西亚槟城第二跨海大桥等大型交通基础设施项目。目前东盟提出的互联互通总体规划，为广东企业投资东盟提供了巨大机遇。可借鉴中国铁建与当地企业联合投标共建土耳其安卡拉至伊斯坦布尔高铁二

期主体工程的模式，参与中国的"高铁外交"，特别是参与东盟缅甸、柬埔寨、老挝、泰国等国的高铁建设，并探索第三亚欧大陆桥和"广州—新加坡经济走廊"建设，发展陆桥经济；参与有关国家城市的地铁建设，推广地铁的"广州模式"。同时，借鉴中泰"大米换高铁"的合作模式，争取广州企业参与泰国克拉运河的筹划、开发与管理。拟议中的克拉运河，全长102公里，宽400米，水深25米，双向航道，横贯泰国南部的克拉地峡。克拉地峡是泰国南部的一段狭长地带，北连中南半岛，南接马来半岛，地峡以南约400公里（北纬7°至北纬10°之间）地段均为泰国领土，最窄处50多公里，最宽处约190公里。地峡东临泰国湾（暹罗湾），再向东是南海、太平洋；西濒安达曼海，向西进入印度洋；南端与马来西亚接壤。克拉运河穿越宋卡、沙敦两个府，虽河道较长，但地势较平坦，沿线居民点不多。至于工期和经费，初步测算需耗时10年，耗资280亿美元。这条运河修成后，船只不必穿过马六甲海峡，绕道马来西亚和新加坡，可直接从印度洋的安达曼海进入太平洋的泰国湾，航程至少缩短700英里，可节省2~5天航行时间，大型油轮每趟航程可节省18万英镑左右的费用。如果广东、广州企业参与克拉运河开发，这些企业将以参股的形式参与运河的建设与管理，这无疑将加强广东、广州与东南亚、中东、非洲、欧洲的经贸联系，最重要的是运输线路的多元化加强了中国能源运输的安全机制。运河的建设还将降低美国控制马六甲海峡对中国造成的威胁，减小东盟部分国家对中国的压力。而对于泰国，运河建设期间会创造大量的就业机会，促进国内其他行业的发展，运河建成后将大大增加泰国的经济收入，运河的建设还能够提升泰国的经济地位和战略地位。

（八）加快构建基于云计算的海上丝绸之路网域空间项目

网域空间，又名赛博空间，现实空间的事物，可以设想在网域空间里一一对应。例如，广州现实空间里有黄埔港码头，在网域空间里使用3D建模技术也可以建一模一样的"黄埔港码头"，并且在网域空间里，使用便捷的交互技术还可以了解"黄埔港码头"的历史变革、风土人情、地理信息、基础设施等在现实空间中不能及时得到的信息。开发"基于云计算的海上丝路网域文化空间项目"，可以运用最新的信息化技术和手段，更直观地从全球范围了解所关注地域海上丝路经济文化分布情况以及文献信息，在网域空间建立与现实空间一致的三维数字基础设施，用来分析研究和进行跨越时空的展示。将云计算和移动互联网等数字基础设施提供的可以综合利用的数据信息，为具体的应用服务，并逐步建设"数字海上丝绸之路"。同时，在云计算平台下创建大型中英文"海上丝绸之路"电子商务网站，为海上丝绸之路沿线各国提供电子商务服务平台。

（九）加大与海上丝绸之路国家经贸与人文交流的力度

主要是加快港口城市合作网络的构建，积极引进国际港航企业等战略投资者，实现投资经营主体多元化，并推动完善中国—东盟港口城市合作网络和机制；申报设立自由贸易园区，探索对外商投资实行准入前国民待遇加负面清单管理模式，参与中国—东盟自贸区升级版建设。同时，实施以华人商贸文化为底蕴的海上丝路品牌战略。建议在广州建设中国海上丝路博物馆，以海上丝路为品牌实施"走出去"战略，把扩大对外人文交流与发展国际贸易紧密结合起来，建立海外营销网络，加快培育参与和引领国际经济合作与竞争的新优势，增强在国际经贸规则和标准制定中的话语权，全面参与国际海洋经济事务。

为加强制度和人文互联互通，建议以广州市社会科学界联合会等单位为依托，凝聚海内外研究海上丝路经贸文化的知名专家，整合利用社会各界的研究资源，构建一个多元互融的海上丝路经贸文化研究中心。定期举办海上丝绸之路论坛，争取与《财富》全球论坛合作举办有关主题的研讨会，以扩大知名度和提升影响力。同时组织编写"21世纪海上丝绸之路沿线国家经贸文化交流文库"，创办有关海上丝路的品牌杂志和网站等服务平台，为广东、广州参与21世纪海上丝绸之路建设，加强与海上丝绸之路国家互联互通建设，构建开放型经济新体制和全方位开放新格局提供智力支持。

第十五章 论指标体系

建立和实行科学的中心城市辐射带动作用指标体系对于发挥中心城市辐射带动作用具有重要的实践意义。建立科学、合理、可比、可行的中心城市辐射带动作用指标体系，利用大量统计数据，对广州及北京、上海等中心城市辐射带动作用进行定量评价分析，进而找出差距、明辨方向、确定目标，深入探析增强广州中心城市辐射力的方向和路径，能够为进一步发挥广州中心城市辐射带动作用提供决策参考。

第一节 中心城市辐射带动作用指标体系的构建

一 构建原则

中心城市辐射带动作用指标体系是对中心城市辐射力的一种刻画和度量标准，中心城市辐射带动作用指标体系的构建，要基于全面性、科学性、可行性、可比性等原则。

全面性原则。中心城市辐射力是一个由诸多因素结合而成的概念，其外延很广，涉及经济、社会、文化、科技、人才、资源等多方面，因此，中心城市辐射带动作用指标体系的设计要具有全面性，不能孤立地使用某一方面的指标，而应尽可能全面覆盖辐射力的主要方面。

科学性原则。中心城市辐射力指标的选择，要充分考虑城市辐射力所涉及的各个要素，合理提出城市辐射力的指标；同时要采用科学、合理的统计、计算和分析方法，加强指标的效度和信度分析，构建科学系统的评价指标体系，确保评价指标结果能够客观反映城市辐射力的内涵和特征。

可行性原则。中心城市辐射力指标体系的设计要考虑具体指标数据统计汇总的现实可行性，以便建立指标体系后可以进行常态化的评价。要以各城市统计年鉴的统计指标为基础，同时吸纳部分有统一和权威来源渠道的指标，以便构建可以实际运用的指标体系。

可比性原则。中心城市辐射力指标体系的设计不但能够用于对一个城市的纵向比较，还要兼顾不同城市之间的横向比较。在指标体系的指标选取中，我们着重选取了广州市和其他几个中心城市在统计数据和统计口径上一致的指标，以期符合可比性的原则。

二　指标选择依据

由中心城市辐射带动作用的内涵和运行机制可知，中心城市辐射带动作用主要是由两大层面构成的（见表 15 - 1）。一是中心城市在区域发展过程中，由于要素集聚所获得的经济、科技文化和社会发展质量优势，为发挥辐射带动作用奠定了基础。这些优势包括综合经济辐射力、科技文化辐射力和公共服务辐射力。二是区域发展过程中，城市之间通过交通、信息、人才和资金等多种途径，实现资源要素流动，达到辐射带动的效果。该状态反映辐射带动作用实现的途径，包括金融辐射力、开放辐射力和基础设施辐射力。

综合中心城市辐射带动作用的内涵与本质，结合广州实际，最后确定的中心城市辐射力指标体系具体包含综合经济辐射力、科技文化辐射力、公共服务辐射力、金融辐射力、开放辐射力和基础设施辐射力 6 个大类别层、13 个指数层和 43 项具体指标。这些指标由绝对指标和相对指标构成。

表 15 - 1　中心城市辐射带动作用类别层选取

辐射带动作用的本质	中心城市	类别层
辐射带动作用的基础	中心城市自身实力与优势（辐射源）	综合经济辐射力
		科技文化辐射力
		公共服务辐射力
辐射带动作用的途径	中心城市与周边城市的联系（辐射流）	金 融 辐 射 力
		开 放 辐 射 力
		基础设施辐射力

1. 综合经济辐射力选取依据

综合经济辐射力是城市经济实力对周边城市的拉动效应。中心城市在发展过程中，首先表现的是区域经济控制和决策中心，该中心通过产品、服务和市场带动周边区域的发展。通过梳理《全球最具竞争力城市》、《中国城市竞争力报告》和《国家中心城市》[①] 等相关评价体系，我们发现，评价一个城市的经济主要包括经济实力、人均经济水平、产业带动和企业影响四大方面。本指标体系选择常住人口、地区生产总值、固定资产投资、财政收入、社会消费品零售总额、人均地区生产总值、城镇居民人均可支配收入、农村居民人均纯收入、第三产业增加值占 GDP 比重、第三产业从业人员比重、高新技术产品产值占规模以上工业总产值比重、世界 500 强企业数、中国 500 强企业数、中国民营 500 强企业数 14 项指标。

2. 科技文化辐射力选取依据

科技文化辐射力是城市现代文明、传统文化、科技文明和创新精神对周边腹地的扩散能力和融合创新能力。中心城市在发展过程中，科技、文化等资源要素向城市中心集聚，形成科技创新和智慧人才高地，表现为科技文化中心，通过技术、人才的"溢出效应"，对周边城市形成辐射作用，带动区域经济发展。本指标体系选择研发经费支出占 GDP 比重，专利授权量，大中型工业企业科学技术活动人员，文化、体育和娱乐业增加值占 GDP 比重，国家级非物质文化遗产数量和博物馆数量等 6 项指标。

3. 公共服务辐射力选取依据

公共服务辐射力是为满足人的基本需求、实现人的全面发展、提高城市社会发展质量所提供服务的能力，包括教育、卫生、环保等方面。良好的公共服务不但可以提升城市社会发展的质量和竞争力，也会吸引大量的人流和物流在城市之间流动，辐射带动周边城市公共服务能力的提升，为社会经济发展奠定基础。在参考中国社会科学院提出的基本公共服务力评价指标体系[②]的基础上，我们选择了普通高等学校数量、普通高等学校在校人数、卫生机构数、床位数、单位地区生产总值（GDP）能耗、建成

---

① 英国《经济学人》智库发布的《全球最具竞争力城市报告》，中国社会科学院发布的《中国城市竞争力报告》，全国城镇系统规划课题组（2010~2020）前期研究报告。

② 李慎明、李崇富等：《中国城市基本公共服务力评价（2011~2012）》，社会科学文献出版社，2012。

区绿化覆盖率等 6 项指标。

4. 金融辐射力选取依据

资金融通是辐射带动作用发生过程中所产生的重要的流通要素，资金的大小和资金在中心城市和周边城市之间自由流动的强度反映了区域经济发展的活跃程度和区域经济的联系程度。现代经济发展表明，金融业可以在更大范围内带动周边经济的发展，是辐射带动作用最强的产业因素。从资金流动的角度来看，资金包括货币、债券和股票等形式。由于缺乏相关货币统计手段，而主要的金融资产集中在以银行为代表的金融机构手中，所以本指标体系选择金融业增加值占 GDP 比重和金融机构本外币存款、贷款规模等 3 项指标反映金融业的辐射带动作用。

5. 开放辐射力选取依据

从辐射带动作用的内涵可知，辐射城市的开放程度和被辐射城市的承接功能是资源要素能够自由扩散和集聚、辐射带动作用能够实现的前提条件。城市对外开放方面包括了经济国际化、人文国际化、旅游国际化等，由于数据获取的限制，本指标体系选择了进出口总值、实际利用外资金额、国际会议数、入境旅游者、旅游外汇收入等 5 项指标反映城市的开放程度。

6. 基础设施辐射力选取依据

交通设施和通信设施建设是辐射带动作用得以实现的渠道条件，城市之间的集聚和辐射带动功能除了跟城市本身的经济、科技、文化等综合实力有关外，还要借助各种交通或通信设施，将这些城市之间连接起来形成增长轴，吸引大量的人流、物流和信息流在其城市之间聚集，从而促进更大范围的城市发展。本指标体系选择了货运（旅客）周转量、港口集装箱吞吐量、港口货物吞吐量、机场货邮吞吐量、机场旅客吞吐量、邮电业务收入、移动电话用户数、国际互联网用户数等 9 项指标。

三 权重的确定

本研究指标体系权重的确定采用了萨蒂（Santy）提出的一致矩阵法，根据指标体系层次结构构建判断矩阵，确定指标权重。同时采用专家打分法（即 Delphi 法）修正各级指标的权重，以提高权重确定的科学性（见图 15－1、表 15－2）。

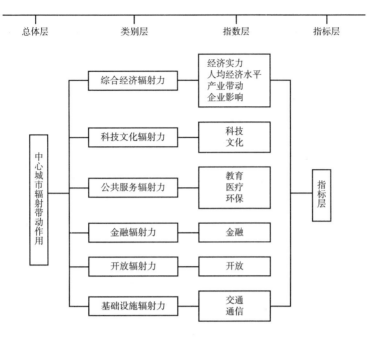

图 15-1 中心城市辐射带动作用指标体系结构

表 15-2 中心城市辐射带动作用指标体系

类别层	序号	指数层	指标层	单位	权重
	1		常住人口	万人	2
	2		地区生产总值	亿元	4
	3	经济实力	固定资产投资	亿元	3
	4		财政收入	亿元	3
	5		社会消费品零售总额	亿元	3
	6		人均地区生产总值	元	4
综合经济辐射力	7	人均经济水平	城镇居民人均可支配收入	元	1
	8		农村居民人均纯收入	元	1
	9		第三产业增加值占 GDP 比重	%	2
	10	产业带动	第三产业从业人员比重	%	2
	11		高新技术产品产值占规模以上工业总产值比重	%	1
	12		世界 500 强企业数	个	2
	13	企业影响	中国 500 强企业数	个	1
	14		中国民营 500 强企业数	个	1

续表

类别层	序号	指数层	指标层	单位	权重
科技文化辐射力	15	科技	研发经费支出占 GDP 比重	%	4
	16		专利授权量	件	3
	17		大中型工业企业科学技术活动人员数	万人	3
	18	文化	文化、体育和娱乐业增加值占 GDP 比重	%	3
	19		国家级非物质文化遗产数量	项	3
	20		博物馆数量	个	2
公共服务辐射力	21	教育	普通高等学校数量	所	3
	22		普通高等学校在校人数	万人	2
	23	医疗	卫生机构数	个	3
	24		万人床位数	张	2
	25	环保	单位地区生产总值(GDP)能耗	吨标准煤/万元	3
	26		建成区绿化覆盖率	%	2
金融辐射力	27	金融	金融业侯惠勤等:增加值占 GDP 比重	%	4
	28		金融机构本外币存款余额	亿元	3
	29		金融机构本外币贷款余额	亿元	3
开放辐射力	30	开放	进出口总值	亿美元	3
	31		实际利用外资金额	万美元	3
	32		国际会议数	场	2
	33		入境旅游者人数	万人	2
	34		旅游外汇收入	亿美元	3
基础设施辐射力	35	交通	旅客周转量	万人公里	2
	36		货物周转量	万吨公里	2
	37		港口集装箱吞吐量	万标准箱	2
	38		港口货物吞吐量	万吨	1
	39		机场货邮吞吐量	万吨	1
	40		机场旅客吞吐量	万人次	1
	41	信息通信	邮电业务收入	亿元	1
	42		移动电话用户数	万户	2
	43		国际互联网用户数	万户	2
					100

四 数据无量纲化

本研究采用上下阈值的方法，对每个指标进行无量纲化处理，使其转化为0与1之间可比的百分制数据。指标的上、下限阈值主要参考2002~2011年广州市和2007~2011年十大城市中相应指标最大值和最小值。将第 i 个指标的实际值记为 X_i，下限阈值和上限阈值分别为 X_{min}^i 和 X_{max}^i，无量纲化后的值为 Z_i。

正指标[①]无量纲化计算公式：

$$Z_i = \frac{X_i - X_{min}^i}{X_{max}^i - X_{min}^i} \text{ 或 } Z_i = \frac{Ln(X_i) - Ln(X_{min}^i)}{Ln(X_{max}^i) - Ln(X_{min}^i)} \tag{15-1}$$

逆指标[②]无量纲化计算公式：

$$Z_i = \frac{X_{max}^i - X_i}{X_{max}^i - X_{min}^i} \text{ 或 } Z_i = \frac{Ln(X_{max}^i) - Ln(X_i)}{Ln(X_{max}^i) - Ln(X_{min}^i)} \tag{15-2}$$

第二节 广州中心城市辐射带动作用的现状分析

依据第一节中心城市辐射带动作用指标体系，对2002~2011年的广州市的中心城市辐射力指数进行了测算[③]。测算结果显示，近十年广州城市辐射力指数提升显著，2011年广州城市辐射力为43.01，在2002年15.39的基础上提高27.62个点，其中2010年"亚运年"的提升幅度最为明显，当年提高了5.35个点（见表15-3）。在指标体系的六个类别层中，综合经济辐射力、公共服务辐射力和基础设施辐射力指数提升较为明显，分别提升了34.02个、38.76个和33.08个点；金融辐射力和开放辐射力有所提升，分别提升了26.17个、23.42个点；科技文化辐射力指数提升幅度相对较小，提升了7.27个点。

---

① 正指标是指指标统计值越大，表示中心城市辐射力水平越高，得分越高。
② 逆指标是指指标统计值越小，表示中心城市辐射力水平越高，得分越高。
③ 以广州市统计年鉴、广州市国民经济和社会发展统计公报及其他部门专业年鉴数据为基础数据来源。

表 15 - 3　广州市 2002 ~ 2011 年城市辐射力指数

	2002 年	2003 年	2004 年	2005 年	2006 年	2007 年	2008 年	2009 年	2010 年	2011 年	累计提高
总体辐射力	15.39	17.25	18.11	20.70	23.94	27.15	30.05	33.08	38.43	43.01	—
同比提高	—	1.86	0.86	2.59	3.24	3.21	2.90	3.03	5.35	4.58	27.62

一　综合经济辐射力指数分析

2002 ~ 2011 年广州综合经济辐射力指数呈逐年稳步提高趋势，由 2002 年的 13.42 提高到 2011 年的 47.44，指数值翻了近两番，提高了 34.02 个点，2010 年亚运年提高了 6.73 个点，提升显著。这表明，近十年广州地区经济保持平稳较快增长势头，在第 16 届亚运会的推动下，综合实力辐射力提升显著，有力地推动了中心城市辐射带动作用的提升（见表 15 - 4）。

表 15 - 4　广州市 2002 ~ 2011 年综合经济辐射力指数

	2002 年	2003 年	2004 年	2005 年	2006 年	2007 年	2008 年	2009 年	2010 年	2011 年	累计提高
综合经济辐射力	13.42	15.21	17.78	20.33	23.40	27.48	31.29	34.58	41.31	47.44	—
同比提高	—	1.79	2.57	2.55	3.07	4.08	3.81	3.29	6.73	6.13	34.02

1. 经济实力

2002 ~ 2011 年，广州市构成经济实力指数层的常住人口、地区生产总值、固定资产投资、地方财政收入、社会商品零售总额 5 项指标均保持快速增长势头，分别增长了 30%、2.9 倍、2.4 倍、4.7 倍、2.8 倍。除常住人口外，其他四项指标均翻了一番以上，其中财政收入增加尤为明显，由 2002 年的 269.1 亿元增加到 2011 年的 1535.14 亿元。这表明广州近十年地区经济保持良好发展势头，经济实力辐射力持续增强。

2. 人均经济水平

2002 ~ 2011 年，广州市构成人均经济水平指数层的人均地区生产总值、城镇居民人均可支配收入、农村居民人均纯收入 3 项指标也保持快速增长势头，分别增长了 2.0 倍、1.6 倍和 1.1 倍。除人均地区生产总值与经济实力提升保持基本同步外，城乡居民收入增长相对滞后，而且农村居

民人均纯收入增长整体低于城镇居民人均可支配收入增长。城乡收入比由
2002 年的 1.95∶1 扩大到 2007 年的最大值 2.61∶1，尽管 2008 年以来由于
大力推进农村扶贫工作，城乡收入比相对稳定，但是 2011 年仍然高达
2.32∶1。这表明近十年广州城乡居民收入增长与经济实力增长存在脱节
现象，城乡居民收入增长相对缓慢。

3. 产业带动

2002～2011 年，广州市构成产业带动指数层的第三产业增加值占
GDP 比重、第三产业从业人员比重、高新技术产品产值占规模以上工业
总产值比重 3 项指标整体上均保持平稳提升势头，2011 年比 2002 年分别
提高了 2.53 个点、9.03 个点、15.26 个点。其中 2003～2004 年第三产业
增加值占 GDP 比重受"非典"疫情冲击连续两年下降，2004 年出现 10
年中最低值 57.19%，此后呈现逐年提高势头，2009 年首次突破 60%，
达到 60.85%，成为国内除北京外第二个第三产业增加值占 GDP 比重突破
60% 的城市；第三产业从业人员比重 2010 年亚运年达到最高值 56.90%，
2011 年略有下降（下降 0.02 个百分点）；高新技术产品产值占规模以上
工业总产值比重提升显著，2011 年达到 41.13%，首次突破 40%，其中
机电一体化、新材料两大技术领域规模以上工业企业高新技术产品总产值
分别达到 2726.6 亿元和 1283.6 亿元。这表明，近十年广州市产业结构持
续优化，以服务经济为主导的现代产业体系基本形成，电子信息、机电一
体化、生物医药、新材料、新能源、环保等高新技术产业发展迅速，有力
地推动了产业的转型升级。

4. 企业影响

2002～2011 年，广州市构成企业影响指数层的世界 500 强企业数、
中国 500 强企业数和中国民营 500 强企业数 3 项指标均有不同程度的增
长[①]。其中，2004 年中国南方电网集团首次成功跻身世界 500 强，此后一
直保持世界 500 强企业地位；广州的中国 500 强企业数由 2002 年的 18 个
增加到 2011 年的 20 个，约占全国的 4%，2003 年广州的中国 500 强企业
数量最多，共有 24 个；广州的中国民营 500 强企业数由 2002 年的 1 个稳

---

① 世界 500 强数据来源于《财富》杂志发布的《财富世界 500 强排行榜》，中国 500 强数据来源于
中国企业联合会和中国企业家协会发布的《中国企业 500 强排行榜》，中国民营 500 强数据来源
于中华全国工商业联合会发布的《中国民营企业 500 强排行榜》。

步增加到 2011 年的 6 个，其中 2008~2011 年增加了 5 个。这表明，近十年，尤其是 2009 年以来，由于广州大力发展总部经济（2009 年、2010 年《广州总部经济发展规划》和《关于加快发展总部经济的实施意见》分别出台）和扶持民营经济（2010 年出台实施《中共广州市委广州市人民政府关于加快发展民营经济的实施意见》），广州龙头骨干企业及总部经济发展态势良好，但是在培育国家级和世界级龙头骨干企业方面，广州的成效还不够突出，进步尚不够明显，制约着企业影响辐射力的提升。

二 科技文化辐射力指数分析

2002~2011 年，广州市科技文化辐射力指数整体上呈现逐年上升趋势，由 2002 年的 11.97 提高到 2011 年的 19.24，十年内提高了 7.27 个点，其中 2003 年文化、体育和娱乐业增加值占 GDP 比重口径调整，辐射力呈现下降趋势，后逐年增加。2011 年，广州市出台了《中共广州市委广州市人民政府关于培育世界文化名城的实施意见》，实施文化引领工程，当年科技文化辐射力提高了 3.47 个点。这表明近十年广州市科技文化辐射力小幅提升（见表 15-5）。

表 15-5　广州市 2002~2011 年科技文化辐射力指数

	2002 年	2003 年	2004 年	2005 年	2006 年	2007 年	2008 年	2009 年	2010 年	2011 年	累计提高
科技文化辐射力	11.97	13.55	6.46	6.91	10.02	10.62	13.47	14.14	15.77	19.24	—
同比提高	—	1.58	-7.09	0.45	3.11	0.60	2.85	0.67	1.63	3.47	7.27

1. 科技

2002~2011 年，广州市构成科技指数层的专利授权量整体上保持加快上升的势头（2008 年减少 443 件，10 年增加了 4 倍），研发经费支出占 GDP 比重和大中型工业企业科学技术活动人员 2 项指标均存在较大的波动。其中，研发经费支出占 GDP 比重整体上呈现逐年上升势头，但在 2007~2009 年出现波动式增长，2008 年达到十年中最高值 1.98%；大中型工业企业科学技术活动人员最低值为 2004 年的 1.65 万人，整体上增长了 1.41 倍。这表明，近十年广州市科技创新投入及大中型工业企业科学技术活动人员数量不足且不稳定，科技创新辐射力基础尚不牢固。

2. 文化

2002～2011 年，广州市构成文化指数层的文化、体育和娱乐业增加值占 GDP 比重、国家级非物质文化遗产数量、博物馆数量 3 项指标整体上均保持逐年上升势头（2003 年文化、体育和娱乐业增加值占 GDP 比重统计口径变化，剔除教育产业增加值），分别增加了 38%、1.2 倍、7%。近十年广州文化事业和文化产业发展有限，除国家级非物质文化遗产数量显著增加外，文化、体育和娱乐业增加值占 GDP 比重增幅不大，博物馆公共服务覆盖率等文化事业服务有待进一步提高。

三　公共服务辐射力指数分析

2002～2011 年，广州市公共服务辐射力指数整体上呈现逐年上升趋势，由 2002 年的 29.20 提高到 2011 年的 67.96，十年内提高了 38.76 个点。受到 2010 年广州举办亚运会的影响，2009 年以来广州公共服务辐射力增长连续 3 年超过 5 个点，这表明近十年广州市公共服务辐射力显著提升（见表 15-6）。

表 15-6　广州市 2002～2011 年公共服务辐射力指数

	2002 年	2003 年	2004 年	2005 年	2006 年	2007 年	2008 年	2009 年	2010 年	2011 年	累计提高
公共服务辐射力	29.20	35.27	40.25	44.78	47.52	50.52	52.07	57.32	62.74	67.96	—
同比提高	—	6.07	4.98	4.53	2.74	3.00	1.55	5.25	5.42	5.22	38.76

1. 教育

2002～2011 年，广州市构成教育指数层的普通高等学校数量、普通高等学校在校人数 2 项指标，分别增加 1.55 倍和 2 倍。近十年广州文化教育事业特别是高等教育高速发展，这是 1998 年以来大学扩招、2004 年广州大学城启用以及 2010 年亚运会成功举办等有利因素综合推动的结果。广州的公共服务辐射力由此显著增强。

2. 医疗

2002～2011 年，广州市构成医疗指数层的卫生机构数和床位数 2 项指标，整体上均实现了增长。其中卫生机构数从 2002 年的 2265 家提高到

2011 年的 3459 家，增长了 52.72%，但在 2007～2010 年出现了负增长；床位数逐年增长，由 2002 年的 40430 张提高到 2011 年的 65940 张，增长了 63.1%。随着广州国际健康产业城、东山口医疗城和广州国际生物岛等重大项目推进，广州的医疗健康产业将不断壮大。

3. 环保

2002～2011 年，广州市构成环保指数的单位地区生产总值（GDP）能耗由 0.81 吨标准煤/万元下降到 0.53 吨标准煤/万元，年均能耗下降率达到 4.6%。建成区绿化覆盖率呈逐年增长趋势，由 2001 年的 32.64% 增加到 2011 年的 40.30%，其中，2010 年亚运会的举办大大推动了广州"绿城"建设，使得建成区绿化覆盖率出现了 10 年来的最大增幅（增幅达 1.94 个百分点）。

四　金融辐射力指数分析

2002～2011 年，广州的金融辐射力指数从 2002 年的 8.18 提高到 2011 年的 34.35，提高了 26.17 个点，总体呈现先下降后逐年提高的态势，整体提升幅度显著，其中 2009 年以来连续三年提升幅度超过 4 个点（见表 15－7）。

表 15－7　广州市 2002～2011 年金融辐射力指数

	2002 年	2003 年	2004 年	2005 年	2006 年	2007 年	2008 年	2009 年	2010 年	2011 年	累计提高
金融辐射力	8.18	8.62	7.89	8.64	11.29	16.96	19.20	25.61	29.72	34.35	—
同比提高	—	0.44	-0.73	0.75	2.65	5.67	2.24	6.41	4.11	4.63	26.17

从具体指标来看，广州市构成金融指数层的金融业增加值占 GDP 比重、金融机构本外币存款余额、金融机构本外币贷款余额 3 项指标，2002～2011 年整体上呈现稳步增长势头。其中金融业增加值占 GDP 比重除了 2002～2005 年持续下降外，整体上由 2002 年的 4.82% 提高到 2011 年的 6.89%，提高了 2.07 个百分点；10 年间金融机构本外币存款余额、金融机构本外币贷款余额分别增长了 2.53 倍和 2.37 倍，金融机构本外币存款余额 2004 年、2009 年分别突破 1 万亿元和 2 万亿元，金融机构本外币贷款余额 2008 年突破 1 万亿元。这表明，近十年，特别是 2007 年以来，广

州通过采取完善金融业扶持政策、加快金融机构改革重组及大力发展民间金融等有效措施，有力地推动了全市金融业的持续较快发展。2009 年以来，广州市商业银行成功更名为广州银行、广州市农村信用合作联社改制为广州农村商业银行、广州交易所集团成功组建、广州民间金融街首期建成开业、广州国际金融城加快规划建设。这些广州金融业发展的新引擎和新载体，将进一步推动全市金融辐射力的持续提升。

五 开放辐射力指数分析

2002～2011 年，除 2003 年受"非典"疫情影响呈现下降外，广州开放辐射力总体上呈现逐年上升态势，由 2002 年的 17.00 提高到 2011 年的 40.42，提高了 23.42 个点，其中 2010 年亚运年提升幅度最大，当年提高了 7.40 个点（见表 15 – 8）。

表 15 – 8 广州市 2002～2011 年开放辐射力指数

	2002 年	2003 年	2004 年	2005 年	2006 年	2007 年	2008 年	2009 年	2010 年	2011 年	累计提高
开放辐射力	17.00	15.08	16.71	20.72	24.62	27.45	30.28	32.37	39.77	40.42	—
同比提高	—	– 1.92	1.63	4.01	3.90	2.83	2.83	2.09	7.40	0.65	23.42

从具体指标来看，2002～2011 年，广州市构成开放指数层的进出口总值和实际利用外资金额 2 项指标，整体上呈现不断上升势头。其中，实际利用外资金额 10 年间增长了 65%，受"非典"疫情影响，2004～2006 年呈现急速下降后逐年回升态势，最低值为 2004 年的 247696 万美元；进出口总值除 2009 年受国际金融危机影响出现下降外，总体上增长明显，10 年增长了 3 倍多，2010 年首次突破 1000 亿美元。这表明，近十年广州不断优化的经济结构调整较为有效地化解了"非典"疫情及国际金融危机的冲击，进出口总值持续扩大，实际利用外资金额快速增长，国际投资辐射力显著增强，有力地推动了国际商贸中心的建设。另一方面，国际会议数①、入境旅游者和旅游外汇收入 3 项指标，分别呈现不同的变化态势。其中，国际会议数绝对数由 2002 的 6 场下降为 2011 年的 4 场，分别

---

① 国际会议数数据来源于国际大会及会议协会（ICCA）发布的年度统计报告。

在 2003 年和 2011 年出现了两次下降，最高值出现在 2008 年，为 17 场；除 2011 年亚运会后回落外，入境旅游者人数整体上呈现逐年上升势头，由 2002 年的 473.97 万人增加到 2011 年的 778.69 万人，增长了 64%；除受"非典"疫情和国际金融危机影响呈现下降外，旅游外汇收入整体上呈上升态势，由 2002 年的 18.72 亿美元增加到 2011 年的 48.53 亿美元，增加了 1.6 倍。这表明，近十年广州入境旅游经受了"非典"疫情和国际金融危机的冲击，由于得到第 16 届亚运会成功举办的有力支持，整体上呈现在波动中发展的态势，但是国际会议等高端入境活动波动较大，制约着全市开放辐射力的进一步提升。

六 基础设施辐射力指数分析

2002 ~ 2011 年，广州基础设施辐射力指数提升显著，整体上呈逐年提高趋势，由 2002 年的 12.87 提高到 2011 年的 45.95，提高了 33.08 个点，其中 2010 年、2011 年受亚运会有利因素推动，分别提高了 6.06 个点和 5.63 个点，表现最为突出（见表 15 – 9）。

表 15 – 9 广州市 2002 ~ 2011 年基础设施辐射力指数

	2002 年	2003 年	2004 年	2005 年	2006 年	2007 年	2008 年	2009 年	2010 年	2011 年	累计提高
基础设施辐射力	12.87	15.24	18.65	22.03	26.14	29.69	32.67	34.26	40.32	45.95	—
同比提高	—	2.37	3.41	3.38	4.11	3.55	2.98	1.59	6.06	5.63	33.08

1. 交通

2002 ~ 2011 年，广州市构成交通指数层的旅客周转量、货运周转量、港口集装箱吞吐量、港口货物吞吐量、机场货邮吞吐量和机场旅客吞吐量 6 项指标，整体上均呈现快速增长态势，分别增长了 1.5 倍、1.6 倍、4.3 倍、1.7 倍、1.6 倍、1.8 倍。其中旅客周转量 2006 年突破了 1000 亿人次公里，货运周转量也在 2011 年即将突破 3000 亿吨公里；受南沙港区一期、二期建成运营的有力推动，港口集装箱吞吐量增长最为突出，2008 年首次突破 1000 万标箱，除 2009 年受国际金融危机冲击而略有下降外，10 年增长了 4.3 倍；港口货物吞吐量分别在 2004 年、2006 年和 2010 年突破了 2 亿吨、3 亿吨和 4 亿吨；受 2003 年"非典"

疫情及 2004 年新白云国际机场建成运营影响，机场货邮吞吐量和旅客吞吐量呈现先探底然后快速持续增长势头，机场货邮吞吐量 2010 年首次突破 100 万吨，机场旅客吞吐量分别在 2004 年、2007 年、2010 年突破 2000 万人次、3000 万人次和 4000 万人次。这两项指标均稳居全国第二。这表明，在南沙港区一期、二期及新白云国际机场等重大交通设施建成运营的有力支撑下，近十年广州综合交通能力显著提升，交通辐射力持续增强。

2. 信息通信

2002～2011 年，广州市构成信息指数层的邮电业务收入、移动电话用户数和国际互联网用户数 3 项指标中，除国际互联网用户数呈现波动中增长外，其他两项指标均呈现持续增长势头。其中移动电话用户数增长明显，由 2002 年的 745 万户增长到 2011 年的 2567 万户，增长了 2.45 倍；传统的邮电业务收入持续平稳增长，由 2002 年的 192.83 亿元增长到 2011 年的 312.34 亿元，增长了 62%；国际互联网用户数 2004 年、2005 年和 2007 年出现了同比下降势头，在波动中由 2002 年的 271.71 万户增长到 2011 年的 569.73 万户，增长了 1.1 倍。这表明作为国内三大通信枢纽和互联网交换中心之一以及互联网三大国际出口之一，广州近十年邮政、电信基础设施建设加快，城市信息辐射力持续快速增长。中国移动、中国电信和中国联通等大型通信运营商不断加大在穗的投入力度，近年来全市基本实现无线网络城区全覆盖。

第三节　中心城市辐射带动作用的比较分析

为了对广州市城市辐射力做出科学、客观的评价，根据邻近性原则、行政级别一致原则、可行性原则、可比性原则等，我们主要选取了北京市、上海市、天津市、重庆市、深圳市、苏州市、杭州市、南京市和武汉市等 9 个中心城市与广州市进行比较分析。

一　总体比较

数据显示，在 2011 年十大中心城市城市辐射力指数比较中，北京、上海和广州位列前三，深圳第四，天津第五，苏州第六，重庆、杭州、武汉、南京的辐射带动作用稍弱。总体而言，北京、上海属于第一梯队的顶尖城市，城市辐射力最强，城市辐射力指数均在 70 以上；广州、深圳、天津三个城市属于第二梯队城市，城市辐射力较强，城市辐射力指数在 35 和 45 之间；重庆、苏州、杭州、武汉、南京五个城市属于第三梯队城市，城市辐射力一般，城市辐射力指数在 25 和 35 之间（见表15－10）。

从类别层来看，广州市公共服务辐射力指数和基础设施辐射力指数均具有一定优势，排名第二；综合经济辐射力指数排名第三；开放辐射力指数排名第四；金融辐射力指数排名第五；科技文化辐射力指数相对较低，排名第八。

广州的中心城市辐射力指数与北京、上海两个领先城市相比，差距29 个点以上；与排名第四的深圳比较，差距 2 个点，与排名第五的天津相比领先 5 个点以上。这表明，目前广州作为国内城市辐射力指数排名第三的城市，面临前有标兵、后有追兵的严峻形势，广州必须增强危机感、紧迫感和忧患意识，科学统筹，强势推进，整合资源，形成合力，加快发展步伐，使综合实力迈上新的台阶、新的水平。

表 15－10 十大中心城市 2011 年城市辐射力指数比较

	广州	北京	上海	天津	重庆	深圳	苏州	杭州	南京	武汉
总体辐射力	43.01	72.30	71.68	37.68	32.79	40.99	33.67	33.14	30.71	26.44
与广州的差距	0	29.29	28.67	－5.33	－10.22	－2.02	－9.34	－9.87	－12.30	－16.57
排名	3	1	2	5	8	4	6	7	9	10

注："与广州的差距"，正数表示该城市领先于广州，负数表示落后于广州。下同。

二 综合经济辐射力指数比较

2011 年十大中心城市综合经济辐射力指数中，北京最高，为 73.25，其次是上海，为 61.36，广州排名第三。广州综合经济辐射力指数分别落后于北京 25.81 个点和上海 13.92 个点，差距明显；领先于排名第四的天津不到 2 个点，领先优势微弱，面临严峻挑战；领先于排名第十的武汉18.20 个点，优势较为明显（见表 15－11）。

表 15 – 11 十大中心城市 2011 年综合经济辐射力指数比较

	广州	北京	上海	天津	重庆	深圳	苏州	杭州	南京	武汉
综合经济辐射力	47.44	73.25	61.36	45.91	38.64	38.98	37.01	34.38	34.38	29.24
与广州的差距	0.00	25.81	13.92	– 1.53	– 8.80	– 8.46	– 10.43	– 13.06	– 13.06	– 18.20
排名	3	1	2	4	6	5	7	8	8	9

1. 经济实力

城市综合经济辐射能力与其经济实力之间存在正相关关系。经济实力强意味着对周边地区的产业、技术转移能力、对周边地区产品的吸纳消化能力以及市场覆盖能力越强。国家统计局统计公报显示，2012 年上海 GDP 为广州 GDP 的 1.49 倍，北京 GDP 为广州 GDP 的 1.32 倍，由此可见，广州对周边地区的"溢出效应"和市场支持力度弱于上海和北京。构成经济实力指数层的常住人口、固定资产投资、财政收入、社会消费品零售总额等 4 项指标中，广州排名分别为第五、第七、第七、第三。其中，固定资产投资和财政收入两项指标排名靠后，固定资产投资仅为排名第一的重庆的 44.40%，绝对差距高达 4273.67 亿元；财政收入仅为排名第一的天津的 28.80%，绝对差距高达 3794.86 亿元。总体而言，广州经济发展后劲相对不足，地方经济实力偏弱，经济统筹调控能力较弱，经济综合辐射力排名第三的地位面临被赶超的严峻挑战。

2. 人均经济水平

构成人均经济水平指数层的人均地区生产总值、城镇居民人均可支配收入和农村居民人均纯收入 3 项指标，广州的排名分别为第四、第三、第四。其中，人均地区生产总值相当于排名第一的深圳的 89.33%、排名第二的苏州的 91.82% 和排名第三的杭州的 96.27%、排名第五的南京的 100.74%，差距和领先优势均较小；城镇居民人均可支配收入相当于排名第一的深圳的 94.34%、排名第二的上海的 95.05%、排名第四的杭州的 101.00%，差距和领先优势均较小；农村居民纯收入相当于排名第一的苏州的 86.02%、排名第二的上海的 94.72%、排名第三的杭州的 97.20%、排名第五的北京的 100.56%，差距和领先优势均较小；城乡收入比方面，广州为 2.32∶1 （以农村为 1，下同），明显落后于天津的 1.45∶1 和苏州的 1.93∶1，但优于重庆的 3.13∶1，与上海的 2.32∶1、北京的 2.23∶1、杭州的 2.23∶1 接近。这表明，广州人均经济水平辐射力与综合经济水平辐射力第三的地位较为一致，但是领先优势不明显。

3. 产业带动

构成产业带动指数层的第三产业增加值占 GDP 比重、第三产业从业人员比重和高新技术产品产值占规模以上工业总产值比重 3 个指标，广州排名分别为第二、第二和第三，整体表现突出。其中第三产业增加值占 GDP 比重落后于排名第一的北京 14.56 个百分点，差距较为明显，高于排名第三的上海 3.61 个百分点，领先优势不大；第三产业从业人员比重落后于排名第一的北京 17.12 个百分点，差距较为明显，领先于排名第三的南京 3.88 个百分点，领先优势不大；高新技术产品产值占规模以上工业总产值比重落后于排名第一的深圳 18.87 个百分点、落后于排名第二的武汉 6.87 个百分点，差距较大，领先于排名第四的南京 0.33 个百分点，领先优势不明显。这表明，广州产业结构及就业结构相对合理，高新技术成果高效转化推动了制造业转型升级，产业辐射力水平较高，但领先于追兵城市的优势不大。

4. 企业影响

构成企业影响指数层的世界 500 强企业数、中国 500 强企业数和中国民营 500 强企业数 3 项指标，广州排名分别为并列第五、第四、第八。其中，世界 500 强企业数仅为排名第一的北京（44 个）的 2.27%；中国 500 强企业数为排名第一北京（98 个）的 20.41%；中国民营 500 强企业数仅为排名第一的杭州（50 个）的 12%，排名第九的北京（7 个）的 85.71%，差距明显。这表明，广州企业辐射力偏弱，缺少骨干龙头企业（特别是民营 500 强企业），这成为制约广州企业影响力指数提高的一大短板。

三　科技文化辐射力指数比较

2011 年十大中心城市科技文化辐射力指数中，北京最高，其次是上海，苏州排名第三，广州科技文化辐射力偏弱，排名第八，指数与排名前两位的上海、北京差距超过 40 个点，与排名第七的天津差距 9 个点左右，仅高于排名第九位的武汉市不到 3 个点（见表 15 - 12）。这表明，广州科技文化辐射力在十大城市中处于下游水平，成为制约广州城市辐射力提升的最重要短板。

表 15 - 12　十大中心城市 2011 年科技文化辐射力指数比较

	广州	北京	上海	天津	重庆	深圳	苏州	杭州	南京	武汉
科技文化辐射力	19.24	69.01	68.02	28.67	14.73	37.74	47.21	42.74	31.71	16.72
与广州的差距	0.00	49.77	48.78	9.43	- 4.51	18.50	27.98	23.50	12.47	- 2.52
排名	8	1	2	7	10	5	3	4	6	9

1. 科技

构成科技指数层的研发经费支出占 GDP 比重、专利授权量、大中型工业企业科学技术活动人员数 3 项指标，广州排名分别为第九、第六和第九，除专利授权量处于中游水平外，研发经费支出占 GDP 的比重、大中型企业科学技术活动人员数两项指标排名均为倒数第二。其中研发经费支出占 GDP 比重仅为 1.92%，仅高于重庆（1.3%），尚未突破 2%，相当于排名第一的北京的 1/3，绝对值相差 3.84 个百分点，差距巨大；大中型工业企业科学技术活动人员仅为 4.89 万人，仅高于重庆和武汉的 3.7 万人和 4.4 万人，相当于排名第一深圳的 22%，绝对值相差 17.10 万人，差距极为显著。这表明，研发投入不足，大中型工业企业科学技术活动人员规模偏小，已经严重制约了广州科技创新辐射力的提高，进而拉大了广州与其他先进城市在科技文化辐射力方面的差距。

2. 文化

构成文化指数层的文化、体育和娱乐业增加值占 GDP 比重、国家级非物质文化遗产数量和博物馆数量的 3 项指标，文化、体育和娱乐业增加值占 GDP 比重为 1.73%，排名第六，与排名第一的上海（5.73%）差距为 4 个百分点；国家级非物质文化遗产数量排名第六，与排名第一的北京相差 44 项，与上海、苏州、杭州等历史悠久的文化名城相差 10 项以上。博物馆数量为 31 个，排名第七，与排名第一和第二的北京、上海差距达90 个以上。这表明广州的文化产业未进入有序发展的轨道，处于小规模、分散化的经营状态。文化事业还存在文化设施总量不足、水平和布局与文化消费需求不相适应、历史文化资源保护力度不强等问题。这严重制约着广州文化软实力的提升。

四　公共服务辐射力指数比较

2011 年公共服务辐射力中，北京（91.86）排名第一，广州（68.18）

排名第二，两者相距 20 多个点。广州与排名第三的上海、第四的重庆差距不到 3 个点，但领先于深圳、苏州等排名较后的城市达 30 多个点（见表 15 – 13）。

表 15 – 13　十大中心城市 2011 年公共服务辐射力指数比较

	广州	北京	上海	天津	重庆	深圳	苏州	杭州	南京	武汉
公共服务辐射力	68.18	91.86	65.70	48.36	65.56	34.67	35.57	46.89	54.55	57.25
与广州差距	0.00	23.68	–2.48	–19.82	–2.62	–33.51	–32.61	–21.29	–13.63	–10.93
排名	2	1	3	7	4	10	9	8	6	5

1. 教育

构成教育指数层的广州普通高等学校数量、普通高等学校在校人数 2 项指标排名相对靠前，分别为第二位和第三位，普通高等学校数量与排名第一的北京差距为 10 所，与武汉并列第二，均为 79 所，多于排名第三的上海 13 所；普通高等学校在校人数仅次于南京和武汉，多于排名第四的重庆 28.31 万人。这表明，广州普通高等教育经过多年的大发展，已经形成相对优势，跻身国内先进城市行列。

2. 医疗

构成医疗指数层的卫生机构数和床位数 2 项指标，2011 年广州市排名分别为第五和第四，与四大直辖市还有明显差距。其中广州市拥有卫生机构 3459 个，落后于排名前四的北京（9699 个）、重庆（7075 个）、上海（4740 个）和天津（4431 个），差距较为明显；床位数为 65940 张，落后于排名前三的上海（107310）、重庆（107000 张）和北京（94735 张），差距也较为明显。

3. 环保

构成环保指数层的单位地区生产总值（GDP）能耗、建成区绿化覆盖率两项指标 2011 年排名分别为第三和第五，与北京和深圳差距较大。广州市单位地区生产总值（GDP）能耗为 0.53 吨标准煤/万元，仅落后于排名第一的北京（0.43）和排名第二的深圳（0.47），节能减排效果显著。建成区绿化覆盖率落后于排名前四的北京（45.60）、深圳（45.00）、南京（44.42）、苏州（42.46）5 个点以下，这表明，经过多年发展，广州的节能减排工作走在全国前列,居住环境进一步优化,花城绿城水城生态城市品牌建设效果凸显。

五 金融辐射力指数比较

2011 年十大中心城市金融辐射力指数,排名前三的北京、上海、深圳分别为 97.97、81.64 和 54.95,杭州为 43.10,排名第四,广州为 34.35,排名第五,落后于北京 63.62 个点、上海 47.29 个点、深圳 20.60 个点、杭州 8.75 个点,差距极为显著;领先于排名第六的南京不到 3 个点,优势较小;领先于排名第十的苏州 13.38 个点,绝对优势较大(见表 15-14)。

表 15-14 十大中心城市 2011 年金融辐射力指数比较

	广州	北京	上海	天津	重庆	深圳	苏州	杭州	南京	武汉
金融辐射力	34.35	97.97	81.64	26.78	26.13	54.95	20.97	43.10	31.48	28.90
与广州差距	0.00	63.62	47.29	-7.57	-8.22	20.60	-13.38	8.75	-2.87	-5.45
排名	5	1	2	8	9	3	10	4	6	7

从具体指标来看,构成金融辐射力的金融业增加值占 GDP 比重、金融机构本外币存款余额、金融机构本外币贷款余额 3 项指标,广州排名分别为第八、第三和第三,金融业增加值占 GDP 比重为 6.89%,仅高于排名第九的天津(6.27%)和排名第十的苏州(5.9%),与排名第一的北京(13.63%)有 6.74 个百分点的差距。北京作为首都,集聚了大量的企业总部和金融机构总部,金融辐射力远远强于其他城市。上海是中国重要的金融中心,拥有我国最大的股票交易所和其他商品期货交易所,至 2012 年末,在沪经营性外资金融单位数达到 208 家。深圳拥有我国第二大股票交易所和平安、招商等金融机构总部。杭州拥有支付宝等大型金融交易平台。这表明,广州市缺乏股票交易所等大型金融交易平台和区域性金融机构总部,这成为制约广州金融辐射力提升及区域性金融中心建设的关键因素。

六 开放辐射力指数比较

2011 年十大中心城市开放辐射力指数中,排名前三的城市为上海、北京和深圳，广州排名第四，与上海差距 46.69 个点、与北京差距 32.67 个点，与深圳差距 17.60 个点，差距较大；领先于排名第五的苏州 2.09 个点，相对优势也不明显；领先于排名第十的武汉 31.66 个点，绝对优势较为明显（见表 15－15）。

表 15－15　十大中心城市 2011 年开放辐射力指数比较

	广州	北京	上海	天津	重庆	深圳	苏州	杭州	南京	武汉
开放辐射力	40.42	73.10	87.12	36.92	24.98	58.02	38.33	22.05	13.12	8.76
与广州差距	0.00	32.68	46.70	-3.50	-15.44	17.60	-2.09	-18.37	-27.30	-31.66
排名	4	2	1	6	7	3	5	8	9	10

从具体指标来看，构成开放辐射力指数的进出口总值和实际利用外资金额、国际会议数、入境旅游者人数和旅游外汇收入 5 项指标中，进出口总值、实际利用外资金额和国际会议数 3 项指标，广州分别排名第五、第八和并列第九（倒数第一），入境旅游者人数和旅游外汇收入 2 项指标排名均为第三。其中进出口总值仅为排名第一、第二的上海（4374.36 亿美元）和深圳（4140.93 亿美元）的 26.56% 和 28.54%，差距极大；实际利用外资金额仅为排名第一的天津（130.56 亿美元）的 33.52%、排名第二的上海（126.01 亿美元）的 34.73%，差距明显；国际会议数仅为排名第一、第二的北京（111 场）和上海（72 场）的 3.6% 和 5.6%，差距极为明显。这表明，尽管拥有中国进出口商品交易会这一品牌展会，但是广州进出口总值及实际利用外资金额均不具有比较优势，国际投资辐射力偏弱；尽管广州入境旅游者人数和旅游外汇收入整体上处于全国领先水平，但是代表高端入境活动的国际会议的数量与先进城市差距极大，制约着开放辐射力的提高。

七　基础设施辐射力指数比较

2011 年十大中心城市基础设施辐射力指数中，上海最高，其次是广州，排名第二，北京排名第三，杭州的基础设施辐射力指数最低。广州基础设施辐射力指数低于排名第一的上海 38.06 个点，差距较为明显；领先于排名第三的北京 11.47 个点、排名第四的深圳 13.57 个点、排名第十的杭州 38.14 个点，领先优势也较为明显（见表 15－16）。

表 15-16　十大中心城市 2011 年基础设施辐射力指数比较

	广州	北京	上海	天津	重庆	深圳	苏州	杭州	南京	武汉
基础设施辐射力	45.95	34.48	84.01	29.50	21.07	32.38	13.44	7.81	12.45	14.81
与广州差距	0.00	-11.47	38.06	-16.45	-24.88	-13.57	-32.51	-38.14	-33.50	-31.14
排名	2	3	1	5	6	4	8	10	9	7

1. 交通

构成交通指数层的旅客周转量、货运周转量、港口集装箱吞吐量、港口货物吞吐量、机场货邮吞吐量和机场旅客吞吐量6项指标中，广州旅客周转量排名第一、货运周转量排名第四，其余4项指标均排名第三，整体水平位居十大城市前列。其中广州旅客周转量为 18790926 万人公里，位列十大城市首位，领先于排名第二的北京、排名第三的上海。

2. 信息通信

构成信息指数层的邮电业务收入、移动电话用户数和国际互联网用户数3项指标，2011年广州排名分别为第四、第三和第三，整体水平位居十大城市前列。

第四节　广州中心城市辐射带动作用发展趋势分析

数据表明，2007~2011年，十大中心城市辐射力指数排名整体上保持相对稳定，北京、上海位居前两位，领先优势极为明显；广州与深圳的城市辐射力指数极为接近，交替排名第三、第四位，但领先优势均仅2个点；天津和苏州的城市辐射力指数稳步提高，位居第五、第六位；重庆的城市辐射力提升最为明显，由2007年的第十位提升到2011年的第八位，与杭州形成直接竞争；南京和武汉的城市辐射力在逐步下降。

表 15-17　2007~2011 年十大中心城市总体辐射力指数

年份	广州	北京	上海	天津	重庆	深圳	苏州	杭州	南京	武汉
2007	27.15	49.17	50.46	18.65	11.15	27.28	18.36	16.40	16.26	15.64
排名	4	2	1	5	10	3	6	7	8	9

续表

年份	广州	北京	上海	天津	重庆	深圳	苏州	杭州	南京	武汉
2008	30.05	56.39	56.09	23.56	17.33	30.74	21.54	19.77	19.05	18.72
排名	4	1	2	5	10	3	6	7	8	9
2009	33.08	60.75	59.02	26.69	22.41	33.22	25.92	22.55	21.63	20.52
排名	4	1	2	5	8	3	6	7	9	10
2010	38.43	65.87	65.32	31.22	26.66	37.93	31.46	28.91	25.60	23.20
排名	3	1	2	6	8	4	5	7	9	10
2011	43.01	72.30	71.68	37.68	32.79	40.99	33.67	33.14	30.71	26.44
排名	3	1	2	5	8	4	6	7	9	10

一　总体发展趋势：巩固提升

从中长期看，广州中心城市辐射带动作用发展具有内在的规律性。假设外部环境不发生较大变化，我们利用2002～2011年广州中心城市辐射力的有关数据，采用曲线回归方法，对主要指标进行测算，以预测今后几年的发展趋势。预测结果显示，未来几年，广州城市总体辐射力整体上还将保持快速提升势头，2016年辐射力指数将达72.43，对周边城市的辐射带动作用将会进一步提高。

表15-18　广州市2001～2016年中心城市辐射力指数预测

年份	2001	2002	2003	2004	2005	2006	2007	2008
总体辐射力	—	15.45	16.86	18.68	20.91	23.55	26.60	30.06
年份	2009	2010	2011	2012	2013	2014	2015	2016
总体辐射力	33.92	38.20	42.88	47.97	53.47	59.38	65.70	72.43

二　综合经济辐射力指标发展趋势：有所提高

2011年广州综合经济辐射力指数在十大城市中排名第三，从2002年的13.42提升到2011年47.44，具体指数提升幅度达34.02个点。根据这一发展趋势，考虑到广州在新型城市化发展中坚持以经济发展促转型，广州的城市经济规模将持续扩大，人均经济水平也将稳步提高。广州将率先形成以服务业为主体的现代产业体系，并将培育出更多的骨干龙头企业和总部企业；广州城市综合经济辐射力也将进一步巩固提升。尽管面临天津、深圳等城市的较大挑战，但"北上广"的格局短期内还不会发生根本性改变。

三　科技文化辐射力指标发展趋势：隐忧较大

2011 年广州科技文化辐射力指数在十大城市中排名仅为第八，具体指数从 2002 年的 11.97 提高到 2011 年的 19.24，十年内提高了 7.27 个点。根据这一发展趋势，随着广州加快国家创新型城市试点建设和打造华南科技创新中心，广州科技文化辐射力指数将会进一步提升，与天津、南京等城市的差距会有所缩小，但是如果制约科技文化的若干短板没有得到根本性消除，广州科技文化辐射力指数排名相对落后的格局还较难发生彻底改变。这是广州提升城市总体辐射力的最大隐忧。

四　公共服务辐射力发展趋势：有所提高

2011 年广州公共服务辐射力指数在十大城市中排名为第二，仅落后于北京。具体指数从由 2002 年的 29.20 提高到 2011 年的 67.96，十年内提高了 38.76 个点。根据这一发展趋势，随着广州新型城市化建设的不断推进，"低碳经济、智慧城市、幸福生活"的城市建设理念不断深化，花城绿城水城的生态城市新品牌不断擦亮，社会服务管理水平显著提升，公共服务建设不断完善，广州与北京之间的公共服务辐射力差距必将拉近。

五　金融辐射力指标发展趋势：有所提高

2011 年广州金融辐射力指数在十大城市中排名为第五，面临南京的竞争，具体指数从 2002 年的 8.18 提升到 2011 年的 34.35，提升幅度达 26.17 个点。根据这一发展趋势，随着广州加快打造区域金融中心，建成广州国际金融城等重大发展平台，广州现代金融业将会迎来新一轮发展，城市金融辐射力指数将会进一步提升，与目前排名第三深圳的差距将会有所缩小。

六　开放辐射力指标发展趋势：有所提高

2011 年广州开放辐射力指数在十大城市中排名为第四，相对于排名

第五苏州领先优势较小，具体指数从 2002 年的 17.00 提升到 2011 年
40.42，提升幅度为 23.42 个点，其中包括了亚运会的推动。根据这一发
展趋势，随着广州加快建设国际商贸中心和加快外经贸战略转型，广州城
市开放辐射力指数将会进一步提升，与目前排名第三深圳的差距将会有所
缩小。

七　基础设施辐射力指标发展趋势：有所提高

2011 年广州基础设施辐射力指数在十大城市中排名为第二，相对于
排名第五深圳有较为突出的领先优势，具体指数由 2002 年的 12.87 提高
到 2011 年的 45.95，提高了 33.08 个点。根据这一发展趋势，随着广州加
快建设国家中心城市，推进国际化空港、海港、陆路交通和信息主枢纽等
战略性基础设施建设，广州城市基础设施辐射力指数将会进一步提升，与
北京的差距将逐步减小。

附录：十大城市辐射力计算过程[*]

一 指标基础数据

1. 广州 2002～2011 年指标基础数据

类别层	指数层	指标层	2011 年	2010 年	2009 年	2008 年	2007 年	2006 年	2005 年	2004 年	2003 年	2002 年
综合经济实力	经济实力	常住人口	1275.14	1270.96	1186.97	1115.34	1053.01	996.66	949.68	966.06	972.93	984.76
		地区生产总值	12423.44	10748.28	9138.21	8287.38	7140.32	6081.86	5154.23	4450.55	3758.62	3203.96
		固定资产投资	3412.20	2659.85	2105.54	2105.53	1863.34	1696.38	1519.16	1348.92	1175.17	1009.24
		财政收入	1535.14	1399.16	1107.66	843.14	838.99	476.72	408.85	338.45	300.55	269.10
		社会消费品零售总额	5243.02	4476.38	3615.77	3187.39	2624.24	2182.77	1905.84	1677.77	1494.27	1370.68
	人均经济水平	人均地区生产总值	97588.00	87458.00	79383.00	76440.00	69673.00	62495.00	53809.00	45906.00	38398.00	32339.00
		城镇居民人均可支配收入	34438.00	30658.00	27610.00	25317.00	22469.00	19851.00	18287.00	16884.00	15003.00	13380.00
		农村居民人均纯收入	14818.00	12676.00	11067.00	9828.00	8613.00	7788.00	7080.00	6625.00	6130.00	6857.00

[*] 因前文中设计指标体系已说明各项指标的单位，附录中不再标出。

续表

类别层	指数层	指标层	2002年	2003年	2004年	2005年	2006年	2007年	2008年	2009年	2010年	2011年
综合经济实力	产业带动	第三产业增加值占GDP比重	58.98	57.54	57.19	57.79	57.74	58.33	59.01	60.85	61.01	61.51
		第三产业从业人员比重	47.85	48.34	50.53	50.89	51.74	52.20	52.61	52.63	56.90	56.88
		高新技术产品产值占规模以上工业总产值比重	25.87	27.92	28.80	30.97	31.38	34.51	35.79	37.02	39.58	41.13
	企业影响	世界500强企业数	0.00	0.00	1.00	1.00	1.00	1.00	1.00	1.00	1.00	1.00
		中国500强企业数	18.00	24.00	19.00	17.00	18.00	17.00	13.00	15.00	18.00	20.00
		中国民营500强企业数	1.00	1.00	1.00	1.00	0.00	2.00	1.00	3.00	6.00	6.00
科技文化辐射力	科技	R&D经费支出占GDP比重	1.40	1.46	1.53	1.65	1.70	1.50	1.98	1.82	1.79	1.92
		专利授权量	3656.00	5020.00	5535.00	5724.00	6399.00	8524.00	8081.00	11095.00	15091.00	18346.00
		大中型工业企业科学技术活动人员	2.03	1.86	1.65	1.94	2.35	3.69	3.65	3.40	3.47	4.89
	文化	文化,体育和娱乐业增加值占GDP比重	3.23	3.57	1.25	1.08	1.33	1.31	1.07	1.33	1.54	1.73
		国家级非物质文化遗产数量	0.00	0.00	0.00	0.00	5.00	5.00	10.00	10.00	10.00	11.00
		博物馆数量	29.00	29.00	28.00	30.00	31.00	31.00	31.00	31.00	31.00	31.00
公共服务辐射力	教育	普通高等学校数量	31.00	44.00	52.00	59.00	60.00	63.00	63.00	74.00	77.00	79.00
		普通高等学校在校人数	29.90	37.47	45.97	55.43	61.94	68.71	73.62	79.60	84.39	89.61
	医疗	卫生机构数	2265.00	2349.00	2443.00	2517.00	2603.00	2543.00	2388.00	2341.00	2387.00	3459.00
		床位数	40430.00	42210.00	45687.00	47888.00	50500.00	52640.00	54973.00	59038.00	62552.00	65940.00

续表

类别层	指数层	指标层	2011 年	2010 年	2009 年	2008 年	2007 年	2006 年	2005 年	2004 年	2003 年	2002 年
公共服务辐射力	环保	单位地区生产总值（GDP）能耗	0.53	0.56	0.65	0.68	0.71	0.75	0.78	0.78	0.80	0.81
		建成区绿化覆盖率	40.30	40.15	38.21	37.46	37.14	36.79	36.38	35.03	34.19	32.64
金融辐射力	金融	金融业增加值占GDP比重	6.89	6.24	6.03	5.38	5.35	4.17	3.87	3.93	4.36	4.82
		金融机构本外币存款余额	26460.80	23953.96	20944.19	16929.47	14783.46	13350.97	11734.10	10322.45	9379.61	7498.35
		金融机构本外币贷款余额	17732.88	16284.31	13851.83	11079.55	9661.38	8668.58	7622.20	7203.70	6742.81	5257.21
开放程度辐射力	开放程度	进出口总值	1161.68	1037.68	766.85	818.73	734.94	637.62	534.75	447.88	349.41	279.27
		实际利用外资金额	437626.00	408121.00	387476.00	377413.00	341138.00	305477.00	284128.00	247696.00	306409.00	265299.00
		国际会议数	4.00	9.00	11.00	17.00	8.00	7.00	5.00	3.00	2.00	6.00
		入境旅游者人数	778.69	814.80	689.41	611.33	564.23	564.23	510.31	437.15	362.54	473.97
		旅游外汇收入	48.53	46.89	36.24	31.30	31.91	27.97	22.94	18.97	16.22	18.72
基础设施辐射力	交通	旅客周转量	18790926	16936472	14538626	13752318	12906006	10915614	9750755	8557982	5408605	5570611
		货物周转量	28611908	24508491	21762287	24620645	24706845	27954630	27240509	27833246	25104134	22346711
		港口集装箱吞吐量	1442.11	1270.26	1131.38	1172.45	999.02	725.38	515.49	381.52	335.07	271.81
		港口货物吞吐量	44770.00	42526.00	37549.00	36954.00	37053.00	32816.00	27283.00	23887.00	19200.00	16772.00
		机场货物吞吐量	153.00	145.00	96.00	93.00	90.00	82.00	75.00	63.00	54.00	59.00
		机场旅客吞吐量	4504.00	4098.00	3705.00	3344.00	3096.00	2622.00	2340.00	2032.00	1501.00	1601.00
	信息通信辐射力	邮电业务收入	312.34	290.09	268.00	266.32	247.82	230.74	222.06	210.88	216.13	192.83
		移动电话用户数	2567.00	2329.00	2099.00	1971.00	1778.00	1706.00	1406.65	1092.65	1063.46	745.00
		国际互联网用户数	569.73	422.90	280.19	235.42	194.50	233.89	228.04	248.44	314.75	271.71

数据来源：1. 广州市 2003～2012 年年鉴、国民经济和社会发展统计公报。2. 世界 500 强数据来源于《财富》杂志发布的《财富世界 500 强排行榜》，中国 500 强数据来源于中国企业联合会发布的 2003～2012 年《中国企业 500 强排行榜》，中国民营 500 强数据来源于中华全国工商业联合会发布的 2003～2012 年《中国民营企业 500 强排行榜》。3. 国际会议数数据来源于国际大会及会议协会 ICCA 发布的年度 Statistics Report 2002～2011: International Association Meetings Market。4. 国家级非物质文化遗产数量来自《国家级非物质文化遗产名录》第一批、第二批、第三批。

2. 2011 年十大城市基础数据

类别层	指数层	指标层	广州	北京	上海	天津	重庆	深圳	苏州	杭州	南京	武汉
综合经济实力	经济实力	常住人口	1275.14	2018.60	2347.46	1293.87	2919.00	1046.74	1051.87	873.80	810.00	1002.00
		地区生产总值	12423.44	16251.90	19195.69	11190.99	10011.37	11505.50	10716.99	7019.06	6145.52	6762.20
		固定资产投资	3412.20	5910.60	5067.09	7511.00	7685.87	2060.92	3379.73	3100.02	4010.03	4255.16
		财政收入	1535.14	4359.10	3429.83	5330.00	2908.91	1610.65	2311.62	1488.92	1298.77	1194.30
		社会消费品零售总额	5243.02	6900.30	6814.80	3395.06	3487.81	3520.87	2829.58	2548.36	2697.10	2031.79
	人均经济水平	人均地区生产总值	97588.00	81658.00	82560.00	86495.57	34500.00	109250.00	106278.00	101370.00	96872.00	68315.00
		城镇居民人均可支配收入	34438.00	32903.00	36230.00	19118.00	20250.00	36505.08	33243.00	34065.00	32200.00	23738.04
		农村居民人均纯收入	14818.00	14736.00	15644.00	13200.00	6480.00	0.00	17226.00	15245.00	13108.00	9814.00
	产业带动	第三产业增加值占GDP比重	61.51	76.07	57.90	45.20	36.20	53.50	40.60	49.27	52.40	48.90
		第三产业从业人员比重	56.88	74.00	51.00	49.00	53.53	49.87	37.10	43.34	53.00	49.68
		高新技术产品产值占规模以上工业总产值比重	41.13	20.00	28.00	31.00	10.00	60.00	37.30	27.00	40.80	48.00
	企业影响	世界500强企业数	1.00	44.00	6.00	1.00	0.00	3.00	0.00	2.00	0.00	2.00
		中国500强企业数	20.00	98.00	28.00	18.00	12.00	12.00	7.00	22.00	12.00	4.00
		中国民营500强企业数	6.00	7.00	15.00	12.00	10.00	10.00	24.00	50.00	12.00	8.00

续表

类别层	指数层	指标层	广州	北京	上海	天津	重庆	深圳	苏州	杭州	南京	武汉
科技文化辐射力	科技	R&D经费支出占GDP比重	1.92	5.76	3.11	2.70	1.30	3.24	2.60	5.00	3.10	2.58
		专利授权量	18346.00	40888.00	47959.00	13982.00	15525.00	39363.00	67017.00	29249.00	12404.00	10222.00
		大中型工业企业科学技术活动人员	4.89	7.12	18.79	6.97	3.70	21.90	7.16	8.38	6.77	4.42
	文化	文化、体育和娱乐业增加值占GDP比重	1.73	2.09	5.73	3.51	0.50	0.81	3.90	1.00	4.15	1.20
		国家级非物质文化遗产数量	11.00	55.00	29.00	13.00	22.00	1.00	21.00	22.00	6.00	8.00
		博物馆数量	31.00	162.00	120.00	19.00	39.00	25.00	36.00	65.00	44.00	24.00
	教育	普通高等学校数量	79.00	89.00	66.00	55.00	59.00	9.00	20.00	38.00	63.00	79.00
		普通高等学校在校人数	89.61	57.86	51.13	44.97	61.30	7.00	18.88	44.67	99.41	92.04
公共服务辐射力	医疗	卫生机构数	3459.00	9699.00	4740.00	4431.00	7075.00	1854.00	2858.00	2958.00	2268.00	2848.00
		床位数	65940.00	94735.00	107130.00	49423.00	107000.00	22069.00	42972.00	45291.00	29322.00	56540.00
	环保	单位地区生产总值（GDP）能耗	0.53	0.43	0.62	0.71	0.95	0.47	0.79	0.58	0.79	0.82
		建成区绿化覆盖率	40.30	45.60	38.20	34.50	40.28	45.00	42.46	40.00	44.42	37.59
金融辐射力	金融	金融业增加值占GDP比重	6.89	13.63	11.67	6.27	7.00	13.60	5.90	10.60	9.00	8.98
		金融机构本外币存款余额	26460.80	75001.90	58186.48	17581.91	15832.81	22782.39	15180.78	18396.57	14241.99	11519.58
		金融机构本外币贷款余额	17732.88	39660.50	37196.79	15924.71	13001.39	15712.96	11873.89	16573.74	11723.52	10157.53

续表

类别层	指数层	指标层	广州	北京	上海	天津	重庆	深圳	苏州	杭州	南京	武汉
开放程度辐射力	开放程度	进出口总值	1161.68	3895.83	4374.36	1032.70	292.18	4140.93	3008.63	639.72	573.44	227.90
		实际利用外资金额	437626.00	705447.00	1260055.00	1305602.00	1052948.00	460000.00	901623.00	472230.00	356588.00	376015.00
		国际会议数	4.00	111.00	72.00	8.00	7.00	8.00	4.00	15.00	6.00	5.00
		入境旅游者人数	778.69	520.40	817.60	183.67	186.40	1104.55	212.00	306.31	150.66	115.91
		旅游外汇收入	48.53	54.20	58.35	17.56	9.68	37.46	14.38	19.57	12.00	6.00
	交通	旅客周转量	18790926	15286501	13075600	3421400	6402511	7209500	2746339	1529548	3673170	8738400
		货物周转量	28611908	6169272	203670000	101210000	25297609	19556900	1498375	4178684	39473702	26441800
		港口集装箱吞吐量	1442.11	0.00	3173.93	1159.00	789.00	2257.09	468.53	0.00	184.24	71.20
		港口货物吞吐量	44770.00	0.00	72258.00	45338.00	11606.00	22325.07	38006.00	8157.00	18935.88	7600.00
		机场货邮吞吐量	153.00	166.38	353.93	18.29	23.76	82.85	6.62	30.62	24.66	12.28
		机场旅客吞吐量	4504.00	7867.00	7456.02	755.41	1905.27	2825.00	294.01	1751.20	1300.00	1246.20
基础设施辐射力	信息通信	邮电业务收入	312.34	487.88	465.45	180.78	242.64	356.26	203.65	157.36	120.91	128.94
		移动电话用户数	2567.00	2575.90	3978.00	1234.66	1801.19	2313.20	1459.50	1218.11	1002.10	1271.00
		国际互联网用户数	569.73	523.40	1691.00	819.28	326.78	280.52	220.99	241.14	250.16	212.00

数据来源：1. 广州、北京、上海等十大城市 2012 年年鉴、国民经济和社会发展统计公报。2. 世界 500 强数据来源于 2012 年《财富》杂志发布的《财富世界 500 强排行榜》，中国 500 强数据来源于 2012 年《中国企业 500 强排行榜》，中国民营 500 强数据来源于中华全国工商业联合会发布的 2012 年《中国民营企业 500 强排行榜》。3. 国际会议数数据来源于国际大会及会议协会 ICCA 发布的年度 Statistics Report 2002 - 2011: International Association Meetings Market。4. 国家级非物质文化遗产数量来自《国家级非物质文化遗产名录》第一批、第二批、第三批。

3. 2010 年十大城市基础数据

类别层	指数层	指标层	广州	北京	上海	天津	重庆	深圳	苏州	杭州	南京	武汉
综合经济实力	经济实力	常住人口	1270.96	1961.90	2302.66	1299.29	2884.62	1037.20	1046.60	870.54	800.76	978.54
		地区生产总值	10748.28	14113.58	17165.98	9224.46	7925.58	9510.91	9228.91	5949.17	5012.64	5565.93
		固定资产投资	2659.85	5493.50	5317.67	6511.42	6934.80	1944.70	3617.82	2753.13	3306.05	3753.17
		财政收入	1399.16	3810.91	2873.58	1068.81	1990.59	1106.82	1950.63	2753.13	1075.25	1416.14
		社会消费品零售总额	4476.38	6229.30	6070.50	2902.55	2938.60	3000.76	2402.02	2146.08	2288.74	2570.40
	人均经济水平	人均地区生产总值	87458.00	73856.00	76074.00	72994.00	27596.00	94296.00	145229.00	69828.00	79427.00	58961.00
		城镇居民人均可支配收入	30658.00	29073.00	31838.00	24293.00	19100.00	32380.86	29219.00	30035.00	28312.00	20806.32
		农村居民人均纯收入	12676.00	13262.00	15346.00	11801.00	5277.00	0.00	14657.00	13188.00	11128.00	8294.81
	产业带动	第三产业增加值占GDP比重	61.01	73.20	56.03	44.68	35.99	52.38	41.38	48.69	50.71	51.40
		第三产业从业人员比重	56.90	74.40	55.92	48.40	55.00	48.50	35.40	42.21	50.60	50.10
		高新技术产品产值占规模以上工业总产值比重	39.58	21.93	23.20	30.60	18.58	55.88	36.60	39.59	38.68	39.92
	企业影响	世界500强企业数	1.00	41.00	5.00	0.00	0.00	2.00	1.00	1.00	0.00	2.00
		中国500强企业数	18.00	100.00	30.00	22.00	10.00	13.00	8.00	22.00	9.00	11.00
		中国民营500强企业数	6.00	4.00	17.00	9.00	10.00	10.00	28.00	56.00	11.00	9.00

续表

类别层	指数层	指标层	广州	北京	上海	天津	重庆	深圳	苏州	杭州	南京	武汉
科技文化辐射力	科技	R&D经费支出占GDP比重	1.79	5.50	2.80	2.50	1.14	3.30	2.34	4.56	2.90	2.29
		专利授权量	15091.00	33511.00	48200.00	10998.00	12080.00	34951.00	46109.00	26483.00	9150.00	10165.00
		大中型工业企业科学技术活动人员	3.47	6.90	15.02	3.88	6.53	22.60	6.03	5.06	3.50	8.00
	文化	文化、体育和娱乐业增加值占GDP比重	1.54	2.09	5.65	3.33	0.44	0.87	4.41	0.69	3.90	1.19
		国家级非物质文化遗产数量	10.00	50.00	23.00	12.00	19.00	1.00	19.00	17.00	6.00	7.00
		博物馆数量	31.00	156.00	114.00	18.00	37.00	25.00	32.00	65.00	42.00	24.00
	教育	普通高等学校数量	77.00	89.00	66.00	56.00	58.00	8.00	20.00	37.00	53.00	78.00
		普通高等学校在校人数	84.39	57.80	51.57	42.92	56.59	6.73	18.78	43.48	79.34	88.14
公共服务辐射力	医疗	卫生机构数	2387.00	6539	3270.00	2687.00	2693.00	1827.00	2675.00	2819.00	2211.00	2712.00
		床位数	62552.00	92871	84800.00	48828.00	93600.00	21069.00	39200.00	42828.00	25894.00	51200.00
	环保	单位地区生产总值（GDP）能耗	0.56	0.49	0.71	0.74	0.99	0.51	0.82	0.68	0.82	1.06
		建成区绿化覆盖率	40.15	45.00	38.20	32.10	39.48	45.00	42.84	39.96	44.38	37.17
金融辐射力	金融	金融业增加值占GDP比重	6.24	13.03	11.25	6.08	6.10	13.60	5.30	10.17	8.32	6.33
		金融机构本外币存款余额	23953.96	66584.60	52190.04	16499.25	13613.97	21937.89	14225.49	17084.35	12887.43	10930.77
		金融机构本外币贷款余额	16284.31	36479.60	34154.17	13774.11	10999.87	16808.12	10831.62	15078.73	10915.34	9093.71

续表

类别层	指数层	指标层	广州	北京	上海	天津	重庆	深圳	苏州	杭州	南京	武汉
开放程度辐射力	开放程度	进出口总值	1037.68	3014.10	3688.69	822.01	124.26	3467.49	2740.80	523.55	456.01	180.55
		实际利用外资金额	408121.00	636000.00	1112100.00	1105855.00	636956.00	429700.00	853500.00	435627.00	281601.00	329300.00
		国际会议数	9.00	98.00	81.00	0.00	6.00	0.00	0.00	10.00	0.00	5.00
		入境旅游者人数	814.80	490.10	851.12	166.07	137.02	1020.61	265.15	275.71	130.88	92.79
		旅游外汇收入	46.89	50.40	64.05	14.20	7.03	31.80	12.51	16.90	9.81	4.76
基础设施辐射力	交通	旅客周转量	16936472	13995404	12142500	3231200	5497718	6324600	2412841	1422280	3297808	7474500
		货物周转量	24508491	5136580	161730000	98590000	20103977	16541600	1237387	3733634	34671721	22636000
		港口集装箱吞吐量	1270.26	0.00	2906.90	1008.00	662.00	2250.96	364.40	0.00	145.32	65.00
		港口货物吞吐量	42526.00	0.00	65339.00	41325.00	9668.42	22097.69	33000.00	0.00	15825.54	10000.00
		机场货邮吞吐量	145.00	156.89	370.85	20.25	195.69	80.91	0.00	28.34	23.43	11.02
		机场旅客吞吐量	4098.00	7608.86	7187.74	727.71	1580.23	2671.37	0.00	1706.86	1253.05	1164.68
	信息通信	邮电业务收入	290.09	1108.90	1016.44	435.16	590.50	816.25	172.69	144.06	139.07	109.47
		移动电话用户数	2329.00	2129.80	2361.55	1089.56	1664.40	2008.60	1310.00	1061.80	931.34	1145.00
		国际互联网用户数	422.90	523.40	1560.00	622.20	263.10	261.50	188.47	218.41	150.59	145.55

数据来源：1. 广州、北京、上海等十大城市 2011 年年鉴、国民经济和社会发展统计公报。2. 世界 500 强、中国 500 强、中国民营 500 强、国家级非物质文化遗产和国际会议数等指标数据来源同上（2011 年）。

4. 2009 年十大城市基础数据

类别层	指数层	指标层	广州	北京	上海	天津	重庆	深圳	苏州	杭州	南京	武汉
综合经济实力	经济实力	常住人口	1186.97	1961.20	2210.28	1228.16	2859.00	995.01	826.00	833.40	771.31	910.00
		地区生产总值	9138.21	12153.03	15046.45	7521.85	6530.01	8201.32	7740.00	5087.55	4230.26	4620.86
		固定资产投资	2105.54	4858.40	5273.33	5006.32	5317.92	1709.51	2967.35	2291.65	2668.03	3001.10
		财政收入	1107.66	2678.77	2540.30	1809.28	1165.71	880.82	1593.39	1019.43	901.15	1005.03
		社会消费品零售总额	3615.77	5309.90	5173.24	2430.83	2479.01	2567.94	2026.84	1804.93	1961.58	2164.09
	人均经济水平	人均地区生产总值	79383.00	66940.00	69164.00	62574.00	22920.00	84167.00	122565.00	61533.00	67455.00	51136.00
		城镇居民人均可支配收入	27610.00	26738.00	28838.00	21402.00	17191.00	29244.52	26320.00	26864.00	25504.12	14357.64
		农村居民人均纯收入	11067.00	11986.00	13404.00	10675.00	4478.00	0.00	12969.00	11822.00	9858.00	7161.00
	产业带动	第三产业增加值占GDP比重	60.85	75.50	59.36	43.30	37.89	53.20	39.40	49.33	51.31	50.42
		第三产业从业人员比重	52.63	73.80	55.70	47.30	55.07	46.00	34.30	40.05	47.37	49.00
		高新技术产品产值占上规模以上工业总产值比重	37.02	25.04	23.30	30.00	15.18	55.19	34.10	24.03	35.88	40.84
	企业影响	世界500强企业数	1.00	31.00	3.00	0.00	0.00	2.00	1.00	0.00	0.00	2.00
		中国500强企业数	15.00	98.00	26.00	22.00	10.00	10.00	9.00	23.00	7.00	6.00
		中国民营500强企业数	3.00	5.00	17.00	9.00	10.00	7.00	28.00	56.00	14.00	8.00

续表

类别层	指数层	指标层	广州	北京	上海	天津	重庆	深圳	苏州	杭州	南京	武汉
科技文化辐射力	科技	R&D经费支出占GDP比重	1.82	5.90	2.70	2.40	1.20	3.78	2.00	2.74	3.00	2.35
		专利授权量	11095.00	22921.00	34913.00	7216.00	7501.00	25894.00	39288.00	15507.00	6591.00	5500.00
		大中型工业企业科学技术活动人员	3.40	5.60	15.31	3.17	4.90	16.20	5.30	3.71	1.83	7.50
	文化	文化,体育和娱乐业增加值占GDP比重	1.33	2.13	5.60	3.12	0.49	0.91	3.60	0.72	3.60	1.02
		国家级非物质文化遗产数量	10.00	50.00	23.00	12.00	19.00	1.00	19.00	17.00	6.00	7.00
		博物馆数量	31.00	151.00	111.00	18.00	37.00	25.00	27.00	35.00	38.00	23.00
	教育	普通高等学校数量	74.00	88.00	66.00	55.00	51.00	8.00	19.00	36.00	53.00	85.00
		普通高等学校在校人数	79.60	57.72	51.28	40.60	52.30	6.70	18.77	42.98	77.34	84.63
公共服务辐射力	医疗	卫生机构数	2341.00	6603	3013.00	2617.00	6512.00	1963.00	2524.00	2687.00	1764.00	2662.00
		床位数	59038.00	90100.00	99704.00	46353.00	92700.00	20100.00	37200.00	40200.00	24700.00	48100.00
	环保	单位地区生产总值（GDP）能耗	0.65	0.54	0.73	0.84	1.18	0.53	0.86	0.70	1.12	1.11
		建成区绿化覆盖率	38.21	44.40	38.10	30.30	36.76	45.00	42.50	39.94	44.11	37.46
金融辐射力	金融	金融业增加值占GDP比重	6.03	14.15	12.08	5.60	5.97	13.50	4.40	8.71	8.09	6.33
		金融机构本外币存款余额	20944.19	56960.10	44620.27	13887.11	11084.82	16938.19	11450.54	14284.21	11088.39	8761.62
		金融机构本外币贷款余额	13851.83	31052.90	29684.10	11152.19	8856.56	11646.34	9032.28	13113.30	9444.48	7535.32

续表

类别层	指数层	指标层	广州	北京	上海	天津	重庆	深圳	苏州	杭州	南京	武汉
开放程度辐射力	开放程度	进出口总值	766.85	2147.60	2777.31	639.44	77.90	2701.63	2014.50	404.20	337.45	114.73
		实际利用外资金额	387476.00	612000.00	1053800.00	908918.00	401600.00	416000.00	822700.00	401370.00	239200.00	293500.00
		国际会议数	11.00	114.00	61.00	5.00	1.00	0.00	0.00	4.00	5.00	0.00
		入境旅游者人数	689.41	412.50	628.92	141.02	104.81	896.36	219.13	230.40	113.45	66.90
		旅游外汇收入	36.24	43.60	47.96	11.83	5.37	27.60	9.97	13.80	8.37	3.29
基础设施辐射力	交通	旅客周转量	14538626	11464758	10025900	2976600	4814394	5433900	1679103	1321519	2909046	6549400
		货物周转量	21762287	4412317	14436000	101020000	16442995	11366400	1032213	2453539	28203704	19000500
		港口集装箱吞吐量	1131.38	0.00	2500.20	870.00	57.57	1825.00	271.80	0.00	121.00	56.50
		港口货物吞吐量	37549.00	0.00	59205.00	38111.00	8611.60	19365.00	24600.00	0.00	12146.00	8657.00
		机场货邮吞吐量	96.00	138.10	5699.96	16.81	18.74	61.00	0.00	22.63	20.01	10.19
		机场旅客吞吐量	3705.00	6698.27	301.88	578.03	1494.50	2448.64	0.00	1494.50	1083.72	1130.38
	信息通信	邮电业务收入	268.00	917.51	875.46	386.67	424.75	676.52	156.50	135.54	121.72	293.82
		移动电话用户数	2099.00	1825.40	2106.32	992.52	1281.70	1856.00	1146.15	1011.93	801.06	1037.00
		国际互联网用户数	280.19	504.90	1250.00	533.39	189.57	247.58	184.32	178.33	142.07	166.00

数据来源：1. 广州、北京、上海等十大城市 2010 年年鉴、国民经济和社会发展统计公报。2. 世界 500 强、中国 500 强、中国民营 500 强、国家非物质文化遗产和国际会议数等指标数据来源同上（2010 年）。

5. 2008 年十大城市基础数据

类别层	指数层	指标层	广州	北京	上海	天津	重庆	深圳	苏州	杭州	南京	武汉
综合经济实力	经济实力	常住人口	1115.34	1695.00	1888.46	1176.00	2839.00	954.28	810.00	820.20	758.89	897.00
		地区生产总值	8287.38	11115.00	14069.86	6719.01	5793.66	7786.79	6701.00	4788.97	3814.62	3960.08
		固定资产投资	2105.53	3848.50	4829.45	3404.10	4045.25	1467.60	2611.16	1980.50	2154.17	2252.05
		财政收入	843.14	2282.04	7532.91	1490.06	963.34	800.36	1457.58	910.55	742.40	9525.00
		社会消费品零售总额	3187.39	4645.50	4537.14	2078.70	2064.09	2276.59	1551.45	1577.59	1651.82	1850.00
	人均经济水平	人均地区生产总值	76440.00	64491.00	66367.00	58656.00	18025.00	83431.00	106862.90	58861.00	61445.00	44290.00
		城镇居民人均可支配收入	25317.00	24725.00	26675.00	19423.00	15709.00	26729.31	23867.00	24104.00	23122.69	13927.00
		农村居民人均纯收入	9828.00	10747.00	12662.00	9670.00	4126.00	0.00	11785.00	10692.00	8951.00	6349.00
	产业带动	第三产业增加值占GDP比重	59.01	75.40	53.70	46.20	37.29	50.30	36.37	46.70	49.99	50.19
		第三产业从业人员比重	52.61	72.40	55.04	47.30	54.83	45.80	32.20	39.59	46.56	48.34
		高新技术产品产值占规模以上工业产值比重	35.79	28.77	24.80	28.40	27.37	54.58	34.00	26.00	38.63	29.96
	企业影响	世界500强企业数	1.00	26.00	4.00	0.00	0.00	0.00	1.00	0.00	0.00	0.00
		中国500强企业数	13.00	96.00	29.00	25.00	10.00	18.00	8.00	21.00	11.00	8.00
		中国民营500强企业数	1.00	3.00	29.00	10.00	10.00	3.00	30.00	81.00	13.00	11.00

续表

类别层	指数层	指标层	广州	北京	上海	天津	重庆	深圳	苏州	杭州	南京	武汉
科技文化辐射力	科技	R&D经费支出占GDP比重	1.98	5.80	2.64	2.50	1.20	3.13	1.80	1.92	2.65	2.30
		专利授权量	8081.00	17747.00	24468.00	6621.00	4820.00	18805.00	17500.00	9831.00	4861.00	5329.00
		大中型工业企业科学技术活动人员	3.65	5.60	10.48	2.66	4.90	16.24	4.74	4.63	1.50	1.71
	文化	文化、体育和娱乐业增加值占GDP比重	1.07	2.23	5.54	2.92	0.48	0.87	2.83	0.70	3.50	1.30
		国家级非物质文化遗产数量	10.00	50.00	23.00	12.00	19.00	1.00	19.00	17.00	6.00	7.00
		博物馆数量	31.00	148.00	110.00	18.00	21.00	20.00	28.00	13.00	38.00	23.00
	教育	普通高等学校数量	63.00	82.00	61.00	45.00	47.00	8.00	18.00	36.00	41.00	55.00
		普通高等学校在校人数	73.62	57.60	50.29	38.64	48.50	6.56	16.68	40.96	72.50	70.97
公共服务辐射力	医疗	卫生机构数	2388.00	6523	2809.00	2784.00	2258.00	1806.00	2400.00	2544.00	1770.00	2643.00
		床位数	54973.00	86000.00	97780.00	46124.00	81950.00	19069.00	32300.00	38114.00	22865.00	43400.00
	环保	单位地区生产总值（GDP）能耗	0.68	0.57	0.78	0.89	1.25	0.54	0.91	0.75	1.18	1.21
		建成区绿化覆盖率	37.46	43.50	38.00	28.00	34.10	45.00	42.00	38.60	46.12	37.48
金融辐射力	金融	金融业增加值占GDP比重	5.38	14.20	10.25	5.36	5.23	12.50	4.17	8.15	8.00	6.04
		金融机构本外币存款余额	16929.47	43980.70	35589.07	9954.16	8102.00	13011.24	8800.00	11333.35	8562.27	6680.15
		金融机构本外币贷款余额	11079.55	23010.70	24166.12	7689.12	6384.03	9058.46	6580.00	10069.05	7483.10	5632.37

续表

类别层	指数层	指标层	广州	北京	上海	天津	重庆	深圳	苏州	杭州	南京	武汉
开放程度辐射力	开放程度	进出口总值	818.73	2718.50	3221.38	805.39	95.21	2999.55	2285.26	480.65	405.92	139.77
		实际利用外资金额	377413.00	608000.00	1008400.00	759679.00	272900.00	403000.00	813000.00	331154.00	237200.00	257300.00
		国际会议数	17.00	99.00	70.00	5.00	3.00	0.00	0.00	13.00	6.00	6.00
		入境旅游者人数	611.33	379.00	640.37	122.04	87.19	869.57	219.00	221.33	119.52	53.40
		旅游外汇收入	31.30	44.60	50.27	10.01	4.50	27.09	9.95	12.96	8.73	2.54
基础设施辐射力	交通	旅客周转量	13752318	10419977	8690700	1961200	4430156	4849600	2855005	1262027	3306345	6345131
		货物周转量	24620645	4542168	160310000	144790000	14864332	10941600	902918	1693612	1764631	17500147
		港口集装箱吞吐量	1172.45	0.00	2800.60	850.00	59.07	2142.00	256.99	0.00	129.21	0.00
		港口货物吞吐量	36954.00	0.00	58170.00	35593.00	7892.80	21125.00	2.07	0.00	11125.43	8316.00
		机场货邮吞吐量	93.00	138.10	301.88	463.70	16.03	60.00	0.00	21.08	18.76	8.99
		机场旅客吞吐量	3344.00	5829.52	5111.31	16.70	1114.00	2140.00	0.00	1494.47	888.13	920.26
	信息通信	邮电业务收入	266.32	800.81	833.80	351.77	424.75	611.75	142.74	124.78	104.60	211.11
		移动电话用户数	1971.00	1616.20	1880.90	817.45	1281.70	1862.00	1027.00	866.81	631.01	815.00
		国际互联网用户数	235.42	478.90	1160.00	461.18	189.57	205.50	106.53	163.67	107.08	98.67

数据来源：1. 广州、北京、上海等十大城市 2009 年年鉴、国民经济和社会发展统计公报。2. 世界 500 强、中国 500 强、中国民营 500 强、国家级非物质文化遗产和国际会议数等指标数据来源同上（2009 年）。

6. 2007年十大城市基础数据

类别层	指数层	指标层	广州	北京	上海	天津	重庆	深圳	苏州	杭州	南京	武汉
综合经济实力	经济实力	常住人口	1053.01	1633.00	1858.08	1115.00	1361.35	912.37	793.00	786.20	741.30	828.21
		地区生产总值	7140.32	9846.81	12494.01	5252.76	4122.51	6801.57	5700.00	4100.17	3340.05	3141.90
		固定资产产投资	1863.34	3966.60	4458.61	5050.40	3161.51	1345.00	2360.00	1684.00	1867.96	1732.79
		财政收入	838.99	1882.04	7310.26	1204.65	1057.29	658.06	1217.72	788.42	628.53	7699.00
		社会消费品零售总额	2624.24	3835.20	3847.79	712.62	1661.23	1930.81	1245.50	1296.31	1380.46	1518.00
	人均经济水平	人均地区生产总值	69673.00	60096.00	73124.00	47970.00	14660.00	76273.00	91911.20	52638.00	54558.00	35500.00
		城镇居民人均可支配收入	22469.00	21989.00	23623.00	16357.00	13715.00	24301.38	21260.00	21689.00	20317.17	11964.70
		农村居民人均纯收入	8613.00	9559.00	11382.00	8752.00	3509.29	0.00	10300.00	9549.00	8020.00	5371.00
	产业带动	第三产业增加值占GDP比重	58.33	65.26	51.90	38.50	42.40	49.70	34.56	46.00	48.40	50.06
		第三产业从业人员比重	52.20	69.30	55.04	44.89	54.14	45.80	29.50	34.80	46.06	48.09
		高新技术产品产值占规模以上工业总产值比重	34.51	30.00	25.60	28.00	30.10	54.44	33.00	24.00	39.71	34.90
	企业影响	世界500强企业数	1.00	23.00	2.00	0.00	0.00	0.00	0.00	0.00	0.00	0.00
		中国500强企业数	17.00	94.00	29.00	26.00	9.00	18.00	13.00	23.00	11.00	5.00
		中国民营500强企业数	2.00	6.00	27.00	12.00	8.00	6.00	28.00	81.00	13.00	10.00

续表

类别层	指数层	指标层	广州	北京	上海	天津	重庆	深圳	苏州	杭州	南京	武汉
科技文化辐射力	科技	R&D 经费支出占 GDP 比重	1.50	5.60	2.52	2.30	1.17	2.70	1.60	1.70	2.45	2.15
		专利授权量	8524.00	10100.00	24481.00	5584.00	4994.00	15552.00	8500.00	7564.00	3778.00	4044.00
		大中型工业企业科学技术活动人员	3.69	5.02	10.54	2.04	4.50	11.61	3.20	1.25	1.12	1.49
	文化	文化、体育和娱乐业增加值占 GDP 比重	1.31	2.40	3.50	2.30	0.68	0.85	2.90	1.00	3.30	1.15
		国家级非物质文化遗产数量	5.00	13.00	9.00	8.00	8.00	0.00	16.00	7.00	4.00	1.00
		博物馆数量	31.00	141.00	106.00	18.00	18.00	19.00	28.00	12.00	14.00	17.00
	教育	普通高等学校数量	63.00	83.00	60.00	45.00	38.00	8.00	18.00	36.00	41.00	55.00
		普通高等学校在校人数	68.71	56.80	48.49	36.89	44.58	5.89	15.24	39.28	67.79	77.84
公共服务辐射力	医疗	卫生机构数	2543.00	6189	2646.00	2352.00	2410.00	1781.00	2500.00	2607.00	2241.00	2403.00
		卫生机构床位数	52640.00	83736.00	95900.00	44335.00	74785.00	18069.00	31300.00	36928.00	21031.00	40700.00
	环保	单位地区生产总值（GDP）能耗	0.71	0.64	0.81	0.96	1.33	0.56	0.96	0.79	1.25	1.26
		建成区绿化覆盖率	37.14	43.00	37.60	27.00	27.03	45.00	44.20	38.55	45.92	37.35
金融辐射力	金融	金融业增加值占 GDP 比重	5.35	11.44	9.90	4.30	2.97	11.30	3.90	7.60	6.40	6.20
		金融机构本外币存款余额	14783.46	37700.30	30315.53	8242.07	6662.36	11495.79	7470.75	9310.96	7131.80	5471.38
		金融机构本外币贷款余额	9661.38	19861.50	21709.95	6543.83	5197.08	7965.45	5820.40	8430.68	6333.15	4414.84

续表

类别层	指数层	指标层	广州	北京	上海	天津	重庆	深圳	苏州	杭州	南京	武汉
开放程度辐射力	开放程度	进出口总值	734.94	1929.46	2829.73	715.50	74.45	2875.33	2130.00	434.26	362.00	99.62
		实际利用外资金额	341138.00	507000.00	792000.00	546033.00	122011.00	366200.00	738000.00	280181.00	206100.00	225000.00
		国际会议数	8.00	112.00	59.00	3.00	1.00	0.00	0.00	7.00	5.00	6.00
		入境旅游者人数	564.23	435.50	665.59	103.23	76.17	831.30	200.00	208.60	116.12	52.98
		旅游外汇收入	31.91	45.80	47.37	7.79	3.82	27.09	8.60	11.19	8.08	2.28
基础设施辐射力	交通	旅客周转量	12906006	9603464	8832500	1838000	3938936	3099000	2498592	1247733	3088785	5967000
		货物周转量	24706845	4490390	159490000	152210000	10497955	7941500	820219	1690499	17864460	14180000
		港口集装箱吞吐量	999.02	0.00	2615.20	710.00	49.97	2110.00	189.50	0.00	105.60	0.00
		港口货物吞吐量	37053.00	0.00	56144.00	30946.00	6433.54	19994.00	1.84	0.00	10859.00	0.00
		机场货邮吞吐量	90.00	141.60	290.14	12.60	14.42	62.00	0.00	19.56	18.04	8.96
		机场旅客吞吐量	3096.00	5331.00	5156.64	386.10	1049.23	2062.00	0.00	1173.00	803.70	835.00
	信息通信	邮电业务收入	247.82	653.10	715.48	30.07	365.81	513.54	134.77	115.56	94.39	180.62
		移动电话用户数	1778.00	1598.40	1776.50	738.27	1176.90	1844.00	918.00	809.59	577.90	624.08
		国际互联网用户数	194.50	452.90	1080.00	249.89	169.30	189.32	105.01	147.57	85.24	98.67

数据来源：1.广州、北京、上海等十大城市 2008 年年鉴、国民经济和社会发展统计公报。2.世界 500 强、中国 500 强、中国民营 500 强、国家级非物质文化遗产和国际会议数等指标数据来源同上（2008 年）。

二　指标数据无量纲化处理

1. 广州 2002～2011 年指标无量纲化数据

指标	序号	2002 年	2003 年	2004 年	2005 年	2006 年	2007 年	2008 年	2009 年	2010 年	2011 年
常住人口	1	0.11180	0.10636	0.10321	0.09569	0.11726	0.14314	0.17176	0.20465	0.24322	0.24514
地区生产总值	2	0.00387	0.03842	0.08152	0.12535	0.18313	0.24906	0.32052	0.37351	0.47381	0.57815
固定资产投资	3	0.00000	0.02485	0.05088	0.07637	0.10292	0.12792	0.16420	0.16420	0.24722	0.35991
财政收入	4	0.00000	0.00340	0.00749	0.01510	0.02243	0.06157	0.06202	0.09060	0.12209	0.13678
社会消费品零售总额	5	0.10635	0.12632	0.15598	0.19284	0.23759	0.30894	0.39995	0.46918	0.60827	0.73216
人均地区生产总值	6	0.13540	0.18180	0.23931	0.29983	0.36636	0.42133	0.47316	0.49570	0.55754	0.63513
城镇居民人均可支配收入	7	0.05767	0.12381	0.20046	0.25763	0.32136	0.42804	0.54410	0.63753	0.76174	0.91577
农村居民人均纯收入	8	0.39806	0.35586	0.38459	0.41101	0.45211	0.50000	0.57053	0.64246	0.73586	0.86021
第三产业增加值占 GDP 比重	9	0.58829	0.55360	0.54517	0.55962	0.55842	0.57263	0.58901	0.63334	0.63720	0.64924
第三产业从业人员比重	10	0.40869	0.41960	0.46837	0.47639	0.49532	0.50557	0.51470	0.51514	0.61024	0.60980
高新技术产品产值占规模以上工业总产值比重	11	0.31740	0.35840	0.37600	0.41940	0.42760	0.49020	0.51580	0.54040	0.59160	0.62260
世界 500 强企业数	12	0.00000	0.00000	0.02273	0.02273	0.02273	0.02273	0.02273	0.02273	0.02273	0.02273
中国 500 强企业数	13	0.14583	0.20833	0.15625	0.13542	0.14583	0.13542	0.09375	0.11458	0.14583	0.16667
中国民营 500 强企业数	14	0.01235	0.01235	0.01235	0.01235	0.00000	0.02469	0.01235	0.03704	0.07407	0.07407
R&D 经费支出占 GDP 比重	15	0.05462	0.06723	0.08193	0.10714	0.11765	0.07563	0.17647	0.14286	0.13655	0.16387
专利授权量	16	0.00000	0.02153	0.02966	0.03264	0.04329	0.07683	0.06984	0.11741	0.18047	0.23185
大中型工业企业科学技术活动人员数	17	0.04236	0.03445	0.02467	0.03818	0.05726	0.11965	0.11778	0.10615	0.10940	0.17551
文化、体育娱乐业增加值占 GDP 比重	18	0.52741	0.59168	0.15312	0.12098	0.16824	0.16446	0.11909	0.16824	0.20794	0.24386
国家级非物质文化遗产数量	19	0.00000	0.00000	0.00000	0.00000	0.09091	0.09091	0.18182	0.18182	0.18182	0.20000

续表

指标	序号	2002年	2003年	2004年	2005年	2006年	2007年	2008年	2009年	2010年	2011年
博物馆数量	20	0.11333	0.11333	0.10667	0.12000	0.12667	0.12667	0.12667	0.12667	0.12667	0.12667
普通高等学校数量	21	0.28395	0.44444	0.54321	0.62963	0.64198	0.67901	0.67901	0.81481	0.85185	0.87654
普通高等学校在校人数	22	0.25674	0.33768	0.42857	0.52973	0.59934	0.67173	0.72423	0.78817	0.83939	0.89521
卫生机构数	23	0.06314	0.07372	0.08557	0.09490	0.10573	0.09817	0.07864	0.07272	0.07851	0.21361
床位数	24	0.25108	0.27106	0.31010	0.33482	0.36414	0.38817	0.41437	0.46001	0.49947	0.53751
单位地区生产总值(GDP)能耗	25	0.57778	0.58889	0.61111	0.61111	0.64444	0.68889	0.72222	0.75556	0.85556	0.88889
建成区绿化覆盖率	26	0.29498	0.37605	0.41998	0.49059	0.51203	0.53033	0.54707	0.58630	0.68776	0.69561
金融业增加值占GDP比重	27	0.16474	0.12378	0.08549	0.08014	0.10686	0.21193	0.21460	0.27248	0.29118	0.34907
金融机构本外币存款余额	28	0.02915	0.05621	0.06977	0.09007	0.11333	0.13393	0.16479	0.22253	0.26582	0.30187
金融机构本外币贷款余额	29	0.02390	0.06605	0.07913	0.09100	0.12069	0.14886	0.18909	0.26775	0.33676	0.37786
进出口总值	30	0.04763	0.06395	0.08685	0.10705	0.13097	0.15361	0.17309	0.16103	0.22401	0.25285
实际利用外资金额	31	0.12106	0.15580	0.10619	0.13697	0.15501	0.18514	0.21579	0.22429	0.24173	0.26666
国际会议数	32	0.05263	0.01754	0.02632	0.04386	0.06140	0.07018	0.14912	0.09649	0.07895	0.03509
入境旅游者人数	33	0.40034	0.29438	0.36533	0.43490	0.48618	0.48618	0.53097	0.60522	0.72446	0.69012
旅游外汇收入	34	0.26612	0.22569	0.27014	0.33448	0.41594	0.47976	0.46986	0.54977	0.72213	0.74876
旅客周转量	35	0.24641	0.23718	0.41670	0.48469	0.55109	0.66455	0.71279	0.75761	0.89429	1.00000
货物周转量	36	0.10612	0.11971	0.13317	0.13025	0.13377	0.11776	0.11733	0.10324	0.11678	0.13701
港口集装箱吞吐量	37	0.08564	0.10557	0.12020	0.16241	0.22854	0.31476	0.36940	0.35646	0.40022	0.45436
港口货物吞吐量	38	0.23052	0.26389	0.32831	0.37498	0.45103	0.50926	0.50790	0.51608	0.58449	0.61533
机场货邮吞吐量	39	0.01035	0.00947	0.01105	0.01316	0.01439	0.01579	0.01632	0.01684	0.02544	0.02684
机场旅客吞吐量	40	0.20351	0.19080	0.25829	0.29745	0.33329	0.39354	0.42507	0.47095	0.52091	0.57252
邮电业务收入	41	0.15087	0.17247	0.16760	0.17796	0.18601	0.20184	0.21899	0.22055	0.24102	0.26165
移动电话用户数	42	0.04915	0.14281	0.15139	0.24374	0.33178	0.35296	0.40972	0.44737	0.51501	0.58501
国际互联网用户数	43	0.11613	0.14293	0.10163	0.08893	0.09257	0.06804	0.09353	0.12141	0.21028	0.30172

2. 2011 年十大城市无量纲化数据

指标	序号	广州	北京	上海	天津	重庆	深圳	苏州	杭州	南京	武汉
常住人口	1	0.24514	0.58654	0.73755	0.25374	1.00000	0.14026	0.14261	0.06084	0.03155	0.11971
地区生产总值	2	0.57815	0.81663	1.00000	0.50138	0.42790	0.52097	0.47186	0.24151	0.18710	0.22551
固定资产投资	3	0.35991	0.73411	0.60777	0.97381	1.00000	0.15752	0.35504	0.31315	0.44945	0.48616
财政收入	4	0.13678	0.44188	0.34148	0.54678	0.28520	0.14494	0.22067	0.13179	0.11124	0.09996
社会消费品零售总额	5	0.73216	1.00000	0.98618	0.43351	0.44850	0.45385	0.34212	0.29668	0.32071	0.21319
人均地区生产总值	6	0.63513	0.51312	0.52003	0.55017	0.15195	0.72444	0.70168	0.66409	0.62964	0.41093
城镇居民人均可支配收入	7	0.91577	0.85322	0.98879	0.29149	0.33762	1.00000	0.86707	0.90057	0.82457	0.47975
农村居民人均纯收入	8	0.86021	0.85545	0.90816	0.76628	0.37618	0.00000	1.00000	0.88500	0.76094	0.56972
第三产业增加值占 GDP 比重	9	0.64924	1.00000	0.56227	0.25632	0.03951	0.45628	0.14551	0.35437	0.42978	0.34546
第三产业从业人员比重	10	0.60980	0.99109	0.47884	0.43430	0.53519	0.45367	0.16927	0.30824	0.52339	0.44944
高新技术产品产值占规模以上工业总产值比重	11	0.62260	0.20000	0.36000	0.42000	0.00000	1.00000	0.54600	0.34000	0.61600	0.76000
世界 500 强企业数	12	0.02273	1.00000	0.13636	0.02273	0.00000	0.06818	0.00000	0.04545	0.00000	0.04545
中国 500 强企业数	13	0.16667	0.97917	0.25000	0.14583	0.08333	0.08333	0.03125	0.18750	0.08333	0.00000
中国民营 500 强企业数	14	0.07407	0.08642	0.18519	0.14815	0.12346	0.12346	0.29630	0.61728	0.14815	0.09877
R&D 经费支出占 GDP 比重	15	0.16387	0.97122	0.41387	0.32773	0.03361	0.44118	0.30672	0.81092	0.41176	0.30252
专利授权量	16	0.23185	0.58762	0.69922	0.16297	0.18732	0.56355	1.00000	0.40392	0.13807	0.10363
大中型工业企业科学技术活动人员数	17	0.17551	0.27933	0.82263	0.27235	0.12011	0.96741	0.28119	0.33799	0.26304	0.15363
文化、体育和娱乐业增加值占 GDP 比重	18	0.24386	0.31191	1.00000	0.58034	0.01134	0.06911	0.65406	0.10586	0.70132	0.14367
国家级非物质文化遗产数量	19	0.20000	1.00000	0.52727	0.23636	0.40000	0.01818	0.38182	0.40000	0.10909	0.14545
博物馆数量	20	0.12667	1.00000	0.72000	0.04667	0.18000	0.08667	0.16000	0.35333	0.21333	0.08000
普通高等学校数量	21	0.87654	1.00000	0.71605	0.58025	0.62963	0.01235	0.14815	0.37037	0.67901	0.87654

指标	序号	广州	北京	上海	天津	重庆	深圳	苏州	杭州	南京	武汉
普通高等学校在校人数	22	0.89521	0.55571	0.48375	0.41788	0.59249	0.01187	0.13890	0.41467	1.00000	0.92119
卫生机构数	23	0.21361	1.00000	0.37505	0.33611	0.66931	0.01134	0.13787	0.15047	0.06352	0.13661
床位数	24	0.53751	0.86083	1.00000	0.35205	0.99854	0.04491	0.27962	0.30566	0.12635	0.43196
单位地区生产总值（GDP）能耗	25	0.88889	1.00000	0.78889	0.68889	0.42222	0.95556	0.59778	0.83333	0.59778	0.56667
建成区绿化覆盖率	26	0.69561	0.97280	0.58577	0.39226	0.69456	0.94142	0.80858	0.67992	0.91109	0.55387
金融业增加值占 GDP 比重	27	0.34907	0.94924	0.77471	0.29386	0.35886	0.94657	0.26091	0.67943	0.53695	0.53517
金融机构本币存款余额	28	0.30187	1.00000	0.75816	0.17418	0.14902	0.24897	0.13964	0.18589	0.12614	0.08699
金融机构本币贷款余额	29	0.37786	1.00000	0.93010	0.32656	0.24362	0.32055	0.21163	0.34498	0.20736	0.16293
进出口总值	30	0.25285	0.88871	1.00000	0.22285	0.05064	0.94571	0.68238	0.13146	0.11605	0.03569
实际利用外资金额	31	0.26666	0.49294	0.96152	1.00000	0.78654	0.28556	0.65868	0.29590	0.19819	0.21460
国际会议数	32	0.03509	0.97368	0.63158	0.07018	0.06140	0.07018	0.03509	0.13158	0.05263	0.04386
入境旅游者人数	33	0.69012	0.44450	0.72712	0.12428	0.12688	1.00000	0.15122	0.24091	0.09289	0.05984
旅游外汇收入	34	0.74876	0.84054	0.90772	0.24737	0.11980	0.56953	0.19589	0.27991	0.15736	0.06022
旅客周转量	35	1.00000	0.80024	0.67421	0.12390	0.29383	0.33983	0.08542	0.01606	0.13826	0.42698
货物周转量	36	0.13701	0.02637	1.00000	0.49490	0.12067	0.09237	0.00334	0.01656	0.19055	0.12631
港口集装箱吞吐量	37	0.45436	0.00000	1.00000	0.36516	0.24859	0.71113	0.14762	0.00000	0.05805	0.02243
港口货物吞吐量	38	0.61533	0.00000	1.00000	0.62313	0.15952	0.30684	0.52236	0.11211	0.26026	0.10446
机场货邮吞吐量	39	0.02684	0.02919	0.06209	0.00321	0.00417	0.01454	0.00116	0.00537	0.00433	0.00215
机场旅客吞吐量	40	0.57252	1.00000	0.94776	0.09602	0.24219	0.35909	0.03737	0.22260	0.16525	0.15841
邮电业务收入	41	0.26165	0.42436	0.40357	0.13970	0.19704	0.30236	0.16090	0.11799	0.08420	0.09165
移动电话用户数	42	0.58501	0.58763	1.00000	0.19316	0.35978	0.51037	0.25929	0.18829	0.12476	0.20385
国际互联网用户数	43	0.30172	0.27287	1.00000	0.45713	0.15042	0.12161	0.08454	0.09709	0.10271	0.07894

3. 2010 年十大城市无量纲化数据

指标	序号	广州	北京	上海	天津	重庆	深圳	苏州	杭州	南京	武汉
常住人口	1	0.24322	0.56050	0.71698	0.25623	0.98421	0.13588	0.14019	0.05935	0.02730	0.10894
地区生产总值	2	0.47381	0.68343	0.87357	0.37889	0.29798	0.39673	0.37916	0.17487	0.11653	0.15099
固定资产投资	3	0.24722	0.67164	0.64530	0.82410	0.88751	0.14011	0.39070	0.26119	0.34401	0.41098
财政收入	4	0.12209	0.38265	0.28139	0.08640	0.18599	0.09051	0.18167	0.26837	0.08710	0.12393
社会消费品零售总额	5	0.60827	0.89156	0.86589	0.35392	0.35974	0.36979	0.27303	0.23166	0.25472	0.30024
人均地区生产总值	6	0.55754	0.45337	0.47036	0.44677	0.09907	0.60992	1.00000	0.42252	0.49604	0.33929
城镇居民人均可支配收入	7	0.76174	0.69715	0.80982	0.50237	0.29076	0.83194	0.70310	0.73635	0.66614	0.36029
农村居民人均纯收入	8	0.73586	0.76988	0.89086	0.68507	0.30634	0.00000	0.85086	0.76559	0.64600	0.48153
第三产业增加值占 GDP 比重	9	0.63720	0.93086	0.51722	0.24380	0.03445	0.42929	0.16430	0.34040	0.38906	0.40569
第三产业从业人员比重	10	0.61024	1.00000	0.58842	0.42094	0.56793	0.42316	0.13140	0.28307	0.46993	0.45880
高新技术产品产值占规模以上工业总产值比重	11	0.59160	0.23860	0.26400	0.41200	0.17160	0.91760	0.53200	0.59180	0.57360	0.59840
世界 500 强企业数	12	0.02273	0.93182	0.11364	0.00000	0.00000	0.04545	0.02273	0.02273	0.00000	0.04545
中国 500 强企业数	13	0.14583	1.00000	0.27083	0.18750	0.06250	0.09375	0.04167	0.18750	0.05208	0.07292
中国民营 500 强企业数	14	0.07407	0.04938	0.20988	0.11111	0.12346	0.12346	0.34568	0.69136	0.13580	0.11111
R&D 经费支出占 GDP 比重	15	0.13655	0.91597	0.34874	0.28571	0.00000	0.45378	0.25210	0.71849	0.36975	0.24160
专利授权量	16	0.18047	0.47119	0.70302	0.11588	0.13295	0.49392	0.67002	0.36027	0.08671	0.10273
大中型工业企业科学技术活动人员数	17	0.10940	0.26909	0.64711	0.12849	0.25186	1.00000	0.22858	0.18343	0.11080	0.32030
文化、体育和娱乐业增加值占 GDP 比重	18	0.20794	0.31191	0.98488	0.54631	0.00000	0.08129	0.75047	0.04726	0.65406	0.14178
国家级非物质文化遗产数量	19	0.18182	0.90909	0.41818	0.21818	0.34545	0.01818	0.34545	0.30909	0.10909	0.12727
博物馆数量	20	0.12667	0.96000	0.68000	0.04000	0.16667	0.08667	0.13333	0.35333	0.20000	0.08000
普通高等学校数量	21	0.85185	1.00000	0.71605	0.59259	0.61728	0.00000	0.14815	0.35802	0.55556	0.86420

续表

指标	序号	广州	北京	上海	天津	重庆	深圳	苏州	杭州	南京	武汉
普通高等学校在校人数	22	0.83939	0.55507	0.48845	0.39598	0.54213	0.00898	0.13783	0.40195	0.78539	0.87949
卫生机构数	23	0.07851	0.60176	0.18979	0.11632	0.11708	0.00794	0.11481	0.13296	0.05633	0.11947
床位数	24	0.49947	0.83990	0.74927	0.34537	0.84808	0.03368	0.23726	0.27800	0.08786	0.37200
单位地区生产总值（GDP）能耗	25	0.85556	0.93333	0.68889	0.65556	0.37778	0.91111	0.56222	0.72222	0.56444	0.30000
建成区绿化覆盖率	26	0.68776	0.94142	0.58577	0.26674	0.65272	0.94142	0.82845	0.67782	0.90900	0.53190
建成业增加值占 GDP 比重	27	0.29118	0.89581	0.73731	0.27694	0.27872	0.94657	0.20748	0.64114	0.47640	0.29920
金融机构本外币存款余额	28	0.26582	0.87894	0.67192	0.15860	0.11711	0.23682	0.12590	0.16702	0.10666	0.07852
金融机构本外币贷款余额	29	0.33676	0.90975	0.84377	0.26554	0.18683	0.35163	0.18206	0.30256	0.18443	0.13275
进出口总值	30	0.22401	0.68365	0.84054	0.17385	0.01158	0.78910	0.62009	0.10444	0.08874	0.02467
实际利用外资金额	31	0.24173	0.43426	0.83651	0.83124	0.43507	0.25996	0.61803	0.26497	0.13484	0.17514
国际会议数	32	0.07895	0.85965	0.71053	0.00000	0.05263	0.00000	0.00000	0.08772	0.00000	0.04386
入境旅游者人数	33	0.72446	0.41568	0.75900	0.10754	0.07992	0.92018	0.20176	0.21181	0.07408	0.03786
旅游外汇收入	34	0.72213	0.77902	1.00000	0.19289	0.07690	0.47790	0.16561	0.23668	0.12190	0.04015
旅客周转量	35	0.89429	0.72664	0.62103	0.11306	0.24226	0.28939	0.06641	0.00995	0.11686	0.35494
货物周转量	36	0.11678	0.02128	0.79325	0.48198	0.09506	0.07750	0.00206	0.01436	0.16688	0.10755
港口集装箱吞吐量	37	0.40022	0.00000	0.91587	0.31759	0.20857	0.70920	0.11481	0.00000	0.04579	0.02048
港口货物吞吐量	38	0.58449	0.00000	0.89803	0.56798	0.13288	0.30371	0.45356	0.00000	0.21751	0.13744
机场货邮吞吐量	39	0.02544	0.02752	0.06506	0.00355	0.03433	0.01419	0.00000	0.00497	0.00411	0.00193
机场旅客吞吐量	40	0.52091	0.96719	0.91366	0.09250	0.20087	0.33957	0.00000	0.21696	0.15928	0.14805
邮电业务收入	41	0.24102	1.00000	0.91430	0.37549	0.51948	0.72873	0.13220	0.10566	0.10104	0.07360
移动电话用户数	42	0.51501	0.45643	0.52459	0.15048	0.31955	0.42078	0.21532	0.14232	0.10395	0.16679
国际互联网用户数	43	0.21028	0.27287	0.91842	0.33440	0.11076	0.10977	0.06429	0.08293	0.04070	0.03756

4. 2009 年十大城市无量纲化数据

指标	序号	广州	北京	上海	天津	重庆	深圳	苏州	杭州	南京	武汉
常住人口	1	0.20465	0.56018	0.67456	0.22357	0.97245	0.11650	0.03889	0.04229	0.01378	0.07747
地区生产总值	2	0.37351	0.56131	0.74154	0.27283	0.21105	0.31515	0.28642	0.12120	0.06779	0.09213
固定资产投资	3	0.16420	0.57651	0.63866	0.59867	0.64534	0.10488	0.29328	0.19207	0.24845	0.29833
财政收入	4	0.09060	0.26034	0.24538	0.16640	0.09687	0.06609	0.14308	0.08107	0.06829	0.07951
社会消费品零售总额	5	0.46918	0.74297	0.72089	0.27768	0.28547	0.29984	0.21239	0.17653	0.20185	0.23457
人均地区生产总值	6	0.49570	0.40040	0.41743	0.36696	0.06326	0.53234	0.82642	0.35899	0.40435	0.27936
城镇居民人均可支配收入	7	0.63753	0.60200	0.68757	0.38456	0.21297	0.70414	0.58497	0.60713	0.55172	0.09751
农村居民人均纯收入	8	0.64246	0.69581	0.77813	0.61970	0.25996	0.00000	0.75287	0.68629	0.57227	0.41571
第三产业增加值占 GDP 比重	9	0.63334	0.98627	0.59745	0.21055	0.08022	0.44905	0.11660	0.35582	0.40352	0.38208
第三产业从业人员比重	10	0.51514	0.98664	0.58352	0.39644	0.56949	0.36748	0.10690	0.23497	0.39800	0.43430
高新技术产品产值占规模以上工业总产值比重	11	0.54040	0.30080	0.26600	0.40000	0.10360	0.90380	0.48200	0.28060	0.51760	0.61680
世界 500 强企业数	12	0.02273	0.70455	0.06818	0.00000	0.00000	0.04545	0.02273	0.00000	0.00000	0.04545
中国 500 强企业数	13	0.11458	0.97917	0.22917	0.18750	0.06250	0.06250	0.05208	0.19792	0.03125	0.02083
中国民营 500 强企业数	14	0.03704	0.06173	0.20988	0.11111	0.12346	0.08642	0.34568	0.69136	0.17284	0.09877
R&D 经费支出占 GDP 比重	15	0.14286	1.00000	0.32773	0.26471	0.01261	0.55462	0.18067	0.33613	0.39076	0.25420
专利授权量	16	0.11741	0.30405	0.49332	0.05619	0.06068	0.35097	0.56236	0.18704	0.04632	0.02910
大中型工业企业科学技术活动人员数	17	0.10615	0.20857	0.66061	0.09544	0.17598	0.70205	0.19460	0.12058	0.03305	0.29702
文化、体育和娱乐业增加值占 GDP 比重	18	0.16824	0.31947	0.97543	0.50662	0.00945	0.08885	0.59735	0.05293	0.59735	0.10964
国家级非物质文化遗产数量	19	0.18182	0.90909	0.41818	0.21818	0.34545	0.01818	0.34545	0.30909	0.10909	0.12727
博物馆数量	20	0.12667	0.92667	0.66000	0.04000	0.16667	0.08667	0.10000	0.15333	0.17333	0.07333
普通高等学校数量	21	0.81481	0.98765	0.71605	0.58025	0.53086	0.00000	0.13580	0.34568	0.55556	0.95062

续表

指标	序号	广州	北京	上海	天津	重庆	深圳	苏州	杭州	南京	武汉
普通高等学校在校人数	22	0.78817	0.55421	0.48535	0.37112	0.49626	0.00866	0.13770	0.39660	0.76401	0.84196
卫生机构数	23	0.07272	0.60983	0.15740	0.10750	0.59836	0.02508	0.09578	0.11632	0.00000	0.11317
床位数	24	0.46001	0.80878	0.91662	0.31758	0.83798	0.02280	0.21481	0.24849	0.07445	0.33720
单位地区生产总值（GDP）能耗	25	0.75556	0.87778	0.66667	0.54444	0.16667	0.88889	0.52556	0.70000	0.23556	0.24222
建成区绿化覆盖率	26	0.58630	0.91004	0.58054	0.17259	0.51046	0.94142	0.81067	0.67678	0.89487	0.54707
金融业增加值占GDP比重	27	0.27248	0.99555	0.81122	0.23419	0.26714	0.93767	0.12734	0.51113	0.45592	0.29920
金融机构本外币存款余额	28	0.22253	0.74052	0.56305	0.12104	0.08073	0.16492	0.08599	0.12675	0.08078	0.04732
金融机构本外币贷款余额	29	0.26775	0.75578	0.71695	0.19115	0.12602	0.20517	0.13101	0.24680	0.14270	0.08854
进出口总值	30	0.16103	0.48214	0.62859	0.13140	0.00080	0.61098	0.45118	0.07669	0.06116	0.00937
实际利用外资金额	31	0.22429	0.41399	0.78726	0.66485	0.23622	0.24839	0.59200	0.23603	0.09901	0.14489
国际会议数	32	0.09649	1.00000	0.53509	0.04386	0.00877	0.00000	0.00000	0.03509	0.04386	0.00000
入境旅游者人数	33	0.60522	0.34189	0.54770	0.08373	0.04929	0.80202	0.15800	0.16872	0.05750	0.01324
旅游外汇收入	34	0.54977	0.66893	0.73952	0.15455	0.05002	0.40991	0.12449	0.18650	0.09859	0.01635
旅客周转量	35	0.75761	0.58239	0.50037	0.09855	0.20331	0.23862	0.02459	0.00421	0.09470	0.30221
货物周转量	36	0.10324	0.01771	0.70762	0.49396	0.07702	0.05199	0.00105	0.00805	0.13499	0.08962
港口集装箱吞吐量	37	0.35646	0.00000	0.78773	0.27411	0.01814	0.57500	0.08564	0.00000	0.03812	0.01780
港口货物吞吐量	38	0.51608	0.00000	0.81372	0.52380	0.11836	0.26616	0.33811	0.00000	0.16694	0.11898
机场货物吞吐量	39	0.01684	0.02423	1.00000	0.00295	0.00329	0.01070	0.00000	0.00397	0.00351	0.00179
机场旅客吞吐量	40	0.47095	0.85144	0.03837	0.07348	0.18997	0.31125	0.00000	0.18997	0.13776	0.14369
邮电业务收入	41	0.22055	0.82260	0.78362	0.33054	0.36584	0.59922	0.11719	0.09777	0.08496	0.24448
移动电话用户数	42	0.44737	0.36690	0.44952	0.12194	0.20699	0.37590	0.16713	0.12765	0.06563	0.13503
国际互联网用户数	43	0.12141	0.26135	0.72536	0.27909	0.06497	0.10110	0.06170	0.05797	0.03539	0.05029

5. 2008 年十大城市无量纲化数据

指标	序号	广州	北京	上海	天津	重庆	深圳	苏州	杭州	南京	武汉
常住人口	1	0.17176	0.43794	0.52678	0.19961	0.96326	0.09780	0.03155	0.03623	0.00808	0.07150
地区生产总值	2	0.32052	0.49665	0.68071	0.22282	0.16518	0.28933	0.22170	0.10260	0.04190	0.05096
固定资产投资	3	0.16420	0.42525	0.57218	0.35869	0.45472	0.06865	0.23993	0.14547	0.17148	0.18614
财政收入	4	0.06202	0.21748	0.78478	0.13191	0.07501	0.05740	0.12840	0.06930	0.05113	1.00000
社会消费品零售总额	5	0.39995	0.63560	0.61809	0.22077	0.21841	0.25276	0.13556	0.13979	0.15179	0.18381
人均地区生产总值	6	0.47316	0.38164	0.39601	0.33696	0.02577	0.52670	0.70616	0.33853	0.35832	0.22693
城镇居民人均可支配收入	7	0.54410	0.51997	0.59943	0.30392	0.15258	0.60165	0.48501	0.49467	0.45468	0.07996
农村居民人均纯收入	8	0.57053	0.62388	0.73505	0.56136	0.23952	0.00000	0.68414	0.62069	0.51962	0.36857
第三产业增加值占 GDP 比重	9	0.58901	0.98386	0.46109	0.28041	0.06577	0.37919	0.04360	0.29246	0.37172	0.37654
第三产业从业人员比重	10	0.51470	0.95546	0.56882	0.39644	0.56414	0.36303	0.06013	0.22472	0.37996	0.41960
高新技术产品产值占以上工业总产值比重	11	0.51580	0.37540	0.29600	0.36800	0.34740	0.89160	0.48000	0.32000	0.57260	0.39920
世界 500 强企业数	12	0.02273	0.59091	0.09091	0.00000	0.00000	0.00000	0.02273	0.00000	0.00000	0.00000
中国 500 强企业数	13	0.09375	0.95833	0.26042	0.21875	0.06250	0.14583	0.04167	0.17708	0.07292	0.04167
中国民营 500 强企业数	14	0.01235	0.03704	0.35802	0.12346	0.12346	0.03704	0.37037	1.00000	0.16049	0.13580
R&D 经费支出占 GDP 比重	15	0.17647	0.97899	0.31513	0.28571	0.01261	0.41807	0.13866	0.16387	0.31723	0.24370
专利授权量	16	0.06984	0.22239	0.32847	0.04680	0.01837	0.23909	0.21849	0.09746	0.01902	0.02640
大中型工业企业科学技术活动人员数	17	0.11778	0.20857	0.43575	0.07169	0.17598	0.70391	0.16853	0.16341	0.01769	0.02747
文化、体育和娱乐业增加值占 GDP 比重	18	0.11909	0.33837	0.96408	0.46881	0.00756	0.08129	0.45180	0.04915	0.57845	0.16257
国家级非物质文化遗产数量	19	0.18182	0.90909	0.41818	0.21818	0.34545	0.01818	0.34545	0.30909	0.10909	0.12727
博物馆数量	20	0.12667	0.90667	0.65333	0.04000	0.06000	0.05333	0.10667	0.00667	0.17333	0.07333
普通高等学校数量	21	0.67901	0.91358	0.65432	0.45679	0.48148	0.00000	0.12346	0.34568	0.40741	0.58025

续表

指标	序号	广州	北京	上海	天津	重庆	深圳	苏州	杭州	南京	武汉
普通高等学校在校人数	22	0.72423	0.55293	0.47476	0.35023	0.45562	0.00716	0.11541	0.37500	0.71225	0.69589
卫生机构数	23	0.07864	0.59975	0.13170	0.12854	0.06226	0.00529	0.08015	0.09830	0.00076	0.11078
床位数	24	0.41437	0.76275	0.89502	0.31501	0.71727	0.01123	0.15979	0.22507	0.05385	0.28442
单位地区生产总值（GDP）能耗	25	0.72222	0.84444	0.61111	0.48889	0.08889	0.87778	0.47111	0.64444	0.16889	0.13333
建成区绿化覆盖率	26	0.54707	0.86297	0.57531	0.05230	0.37134	0.94142	0.78452	0.60669	1.00000	0.54812
金融业增加值占 GDP 比重	27	0.21460	1.00000	0.64826	0.21282	0.20125	0.84862	0.10686	0.46126	0.44791	0.27337
金融机构本外币存款余额	28	0.16479	0.55385	0.43316	0.06447	0.03783	0.10844	0.04787	0.08431	0.04445	0.01738
金融机构本外币贷款余额	29	0.18909	0.52761	0.56039	0.09290	0.05587	0.13175	0.06143	0.16042	0.08705	0.03454
进出口总值	30	0.17309	0.61491	0.73186	0.16999	0.00483	0.68027	0.51415	0.09447	0.07709	0.01519
实际利用外资金额	31	0.21579	0.41061	0.74890	0.53876	0.12748	0.23740	0.58381	0.17670	0.09732	0.11430
国际会议数	32	0.14912	0.86842	0.61404	0.04386	0.02632	0.00000	0.00000	0.11404	0.05263	0.05263
入境旅游者人数	33	0.53097	0.31003	0.55858	0.06567	0.03253	0.77654	0.15788	0.16009	0.06328	0.00040
旅游外汇收入	34	0.46986	0.68512	0.77691	0.12514	0.03594	0.40165	0.12417	0.17290	0.10442	0.00421
旅客周转量	35	0.71279	0.52284	0.42427	0.04067	0.18141	0.20531	0.09162	0.00081	0.11735	0.29056
货物周转量	36	0.11733	0.01835	0.78625	0.70974	0.06923	0.04990	0.00041	0.00431	0.00466	0.08223
港口集装箱吞吐量	37	0.36940	0.00000	0.88238	0.26781	0.01861	0.67487	0.08097	0.00000	0.04071	0.00000
港口货物吞吐量	38	0.50790	0.00000	0.79950	0.48920	0.10848	0.29035	0.00003	0.00000	0.15291	0.11430
机场货物吞吐量	39	0.01632	0.02423	0.05296	0.08135	0.00281	0.01053	0.00000	0.00370	0.00329	0.00158
机场旅客吞吐量	40	0.42507	0.74101	0.64972	0.00212	0.14160	0.27202	0.00000	0.18997	0.11289	0.11698
邮电业务收入	41	0.21899	0.71442	0.74500	0.29819	0.36584	0.53918	0.10444	0.08779	0.06909	0.16781
移动电话用户数	42	0.40972	0.30537	0.38322	0.07045	0.20699	0.37767	0.13208	0.08497	0.01562	0.06973
国际互联网用户数	43	0.09353	0.24515	0.66932	0.23412	0.06497	0.07489	0.01326	0.04884	0.01360	0.00836

6. 2007 年十大城市无量纲化数据

指标	序号	广州	北京	上海	天津	重庆	深圳	苏州	杭州	南京	武汉
常住人口	1	0.14314	0.40947	0.51283	0.17160	0.28473	0.07856	0.02374	0.02062	0.00000	0.03991
地区生产总值	2	0.24906	0.41765	0.58255	0.13149	0.06108	0.22796	0.15935	0.05969	0.01234	0.00000
固定资产投资	3	0.12792	0.44294	0.51663	0.60527	0.32236	0.05029	0.20231	0.10106	0.12862	0.10837
财政收入	4	0.06157	0.17426	0.76072	0.10108	0.08516	0.04202	0.10249	0.05611	0.03883	0.80272
社会消费品零售总额	5	0.30894	0.50464	0.50668	0.00000	0.15331	0.19687	0.08612	0.09433	0.10793	0.13016
人均地区生产总值	6	0.42133	0.34798	0.44776	0.25511	0.00000	0.47188	0.59165	0.29087	0.30557	0.15961
城镇居民人均可支配收入	7	0.42804	0.40848	0.47507	0.17898	0.07132	0.50271	0.37878	0.39626	0.34036	0.00000
农村居民人均纯收入	8	0.50000	0.55492	0.66075	0.50807	0.20372	0.00000	0.59793	0.55434	0.46558	0.31180
第三产业增加值占 GDP 比重	9	0.57263	0.73958	0.41773	0.09492	0.18887	0.36473	0.00000	0.27560	0.33341	0.37340
第三产业从业人员比重	10	0.50557	0.88641	0.56882	0.34276	0.54878	0.36303	0.00000	0.11804	0.36882	0.41403
高新技术产品产值占规模以上工业总产值比重	11	0.49020	0.40000	0.31200	0.36000	0.40200	0.88880	0.46000	0.28000	0.59420	0.49800
世界 500 强企业数	12	0.02273	0.52273	0.04545	0.00000	0.00000	0.00000	0.00000	0.00000	0.00000	0.00000
中国 500 强企业数	13	0.13542	0.93750	0.26042	0.22917	0.05208	0.14583	0.09375	0.19792	0.07292	0.01042
中国民营 500 强企业数	14	0.02469	0.07407	0.33333	0.14815	0.09877	0.07407	0.34568	1.00000	0.16049	0.12346
R&D 经费支出占 GDP 比重	15	0.07563	0.93697	0.28992	0.24370	0.00630	0.32773	0.09664	0.11765	0.27521	0.21218
专利授权量	16	0.07683	0.10170	0.32867	0.03043	0.02112	0.18775	0.07645	0.06168	0.00193	0.00612
大中型工业企业科学技术活动人员数	17	0.11965	0.18156	0.43855	0.04283	0.15736	0.48836	0.09683	0.00605	0.00000	0.01723
文化、体育和娱乐业增加值占 GDP 比重	18	0.16446	0.37051	0.57845	0.35161	0.04537	0.07750	0.46503	0.10586	0.54064	0.13422
国家级非物质文化遗产数量	19	0.09091	0.23636	0.16364	0.14545	0.14545	0.00000	0.29091	0.12727	0.07273	0.01818
博物馆数量	20	0.12667	0.86000	0.62667	0.04000	0.04000	0.04667	0.10667	0.00000	0.01333	0.03333
普通高等学校数量	21	0.67901	0.92593	0.64198	0.45679	0.37037	0.00000	0.12346	0.34568	0.40741	0.58025

续表

指标	序号	广州	北京	上海	天津	重庆	深圳	苏州	杭州	南京	武汉
普通高等学校在校人数	22	0.67173	0.54438	0.45552	0.33148	0.41371	0.00000	0.09997	0.35704	0.66189	0.76935
卫生机构数	23	0.09817	0.55766	0.11115	0.07410	0.08141	0.00214	0.09275	0.10624	0.06011	0.08053
床位数	24	0.38817	0.73733	0.87391	0.29492	0.63682	0.00000	0.14856	0.21175	0.03326	0.25411
单位地区生产总值（GDP）能耗	25	0.68889	0.76667	0.57778	0.41111	0.00000	0.85556	0.40778	0.60000	0.08556	0.07778
建成区绿化覆盖率	26	0.53033	0.83682	0.55439	0.00000	0.00157	0.94142	0.89958	0.60408	0.98954	0.54132
金融业增加值占 GDP 比重	27	0.21193	0.75423	0.61710	0.11843	0.00000	0.74176	0.08281	0.41229	0.30543	0.28762
金融机构本外币存款余额	28	0.13393	0.46352	0.35731	0.03985	0.01713	0.08664	0.02876	0.05522	0.02388	0.00000
金融机构本外币贷款余额	29	0.14886	0.43826	0.49070	0.06040	0.02219	0.10074	0.03988	0.11394	0.05443	0.00000
进出口总值	30	0.15361	0.43141	0.64078	0.14908	0.00000	0.65138	0.47804	0.08368	0.06687	0.00585
实际利用外资金额	31	0.18514	0.32527	0.56606	0.35825	0.00877	0.20631	0.52044	0.13364	0.07105	0.08701
国际会议次数	32	0.07018	0.98246	0.51754	0.02632	0.02205	0.00000	0.00000	0.06140	0.04386	0.05263
入境旅游者人数	33	0.48618	0.36376	0.58257	0.04778	0.02493	0.74015	0.13981	0.14799	0.06004	0.00000
旅游外汇收入	34	0.47976	0.70455	0.72997	0.08915	0.02493	0.40165	0.10232	0.14424	0.09390	0.00000
旅客周转量	35	0.66455	0.47629	0.43235	0.03365	0.15340	0.10553	0.07130	0.00000	0.10494	0.26901
货物周转量	36	0.11776	0.01809	0.78220	0.74631	0.04771	0.03511	0.00000	0.00429	0.08402	0.06586
港口集装箱吞吐量	37	0.31476	0.00000	0.82396	0.22370	0.01574	0.66479	0.05971	0.00000	0.03327	0.00000
港口货物吞吐量	38	0.50926	0.00000	0.771165	0.42533	0.08842	0.27480	0.00003	0.00000	0.14925	0.00000
机场货邮吞吐量	39	0.01579	0.02484	0.05090	0.00221	0.00253	0.01088	0.00000	0.00343	0.00316	0.00157
机场旅客吞吐量	40	0.39354	0.67764	0.65548	0.04908	0.13337	0.26211	0.00000	0.14910	0.10216	0.10614
邮电业务收入	41	0.20184	0.57751	0.63533	0.00000	0.31121	0.44814	0.09705	0.07925	0.05962	0.13955
移动电话用户数	42	0.35296	0.30014	0.35252	0.04717	0.17617	0.37237	0.10003	0.06814	0.00000	0.01358
国际互联网用户数	43	0.06804	0.22896	0.61949	0.10254	0.05235	0.06482	0.01231	0.03882	0.00000	0.00836

三　辐射力计算过程

1. 中心城市辐射力指数的合成方法

将中心城市总体辐射力指标体系中的 43 个指标无量纲化后的数值与其权重按公式（1）计算就得到中心城市的城市辐射力指数。

$$I = \frac{\sum\limits_{i=1}^{43} Z_i W_i}{\sum\limits_{i=1}^{43} W_i} \tag{1}$$

2011 年广州中心城市辐射力计算：

（0.245×2 + 0.578×4 + 0.360×3 + 0.137×3 + 0.732×3 + 0.635×4 + 0.916×1 + 0.860×1 + 0.649×2 + 0.610×2 + 0.623×1 + 0.023×2 + 0.167×1 + 0.074×1 + 0.164×4 + 0.232×3 + 0.176×3 + 0.244×3 + 0.200×3 + 0.127×2 + 0.877×3 + 0.895×2 + 0.214×3 + 0.538×2 + 0.889×3 + 0.696×2 + 0.349×4 + 0.302×3 + 0.378×3 + 0.253×3 + 0.267×3 + 0.035×2 + 0.690×2 + 0.749×3 + 1.000×2 + 0.137×2 + 0.454×2 + 0.615×1 + 0.027×1 + 0.573×1 + 0.262×1 + 0.585×2 + 0.302×2）/100 = 43.02%

其他年份和城市总体辐射力计算同上。

2. 分类辐射力指数的合成方法

本体系由综合经济辐射力、科技文化辐射力、公共服务辐射力、金融辐射力、开放辐射力和基础设施辐射力等六个分类组成。将某一类的所有指标无量纲化后的数值与其权重按公式（2）计算就得到类别指数。

$$I_i = \frac{\sum Z_j W_j}{\sum W_j} \tag{2}$$

2011 年广州综合经济辐射力计算：

（0.245×2 + 0.578×4 + 0.360×3 + 0.137×3 + 0.732×3 + 0.635×4 + 0.916×1 + 0.860×1 + 0.649×2 + 0.610×2 + 0.623×1 + 0.023×2 + 0.167×1 + 0.074×1）／（2 + 4 + 3 + 3 + 3 + 4 + 1 + 1 + 2 + 2 + 1 + 2 + 1 + 1）= 47.44%

其他年份和分类别辐射力计算同上。

综合计算结果如下:

(1) 2002～2011年广州辐射力。

辐射力类型	2002年	2003年	2004年	2005年	2006年
总体辐射力	15.39	17.25	18.11	20.70	23.94
综合经济辐射力	13.42	15.21	17.78	20.33	23.40
科技文化辐射力	11.97	13.55	6.46	6.91	10.02
公共服务辐射力	29.20	35.27	40.25	44.78	47.52
金融辐射力	8.18	8.62	7.89	8.64	11.29
开放辐射力	17.00	15.08	16.71	20.72	24.62
基础设施辐射力	12.87	15.24	18.65	22.03	26.14
辐射力类型	2007年	2008年	2009年	2010年	2011年
总体辐射力	27.15	30.05	33.08	38.43	43.01
综合经济辐射力	27.48	31.29	34.58	41.31	47.44
科技文化辐射力	10.62	13.47	14.14	15.77	19.24
公共服务辐射力	50.52	52.07	57.32	62.74	67.96
金融辐射力	16.96	19.20	25.61	29.72	34.35
开放辐射力	27.45	30.28	32.37	39.77	40.42
基础设施辐射力	29.69	32.67	34.26	40.32	45.95

(2) 2011年十大城市辐射力。

辐射力类型	广州	北京	上海	天津	重庆
总体辐射力	43.01	72.30	71.68	37.68	32.79
综合经济辐射力	47.44	73.25	61.36	45.91	38.64
科技文化辐射力	19.24	69.01	68.02	28.67	14.73
公共服务辐射力	67.96	91.86	65.19	47.60	64.90
金融辐射力	34.35	97.97	81.64	26.78	26.13
开放辐射力	40.42	73.10	87.12	36.92	24.98
基础设施辐射力	45.95	34.48	84.01	29.50	21.07
辐射力类型	深圳	苏州	杭州	南京	武汉
总体辐射力	40.99	33.67	33.14	30.71	26.44
综合经济辐射力	38.98	37.01	34.38	34.38	29.24
科技文化辐射力	37.74	47.21	42.74	31.71	16.72
公共服务辐射力	32.89	34.04	45.75	53.97	57.02
金融辐射力	54.95	20.97	43.10	31.48	28.90
开放辐射力	58.02	38.33	22.05	13.12	8.76
基础设施辐射力	32.38	13.44	7.81	12.45	14.81

（3）2010 年十大城市辐射力。

辐射力类型	广州	北京	上海	天津	重庆
总体辐射力	38.43	65.87	65.32	31.22	26.66
综合经济辐射力	41.31	66.62	56.90	36.12	33.39
科技文化辐射力	15.77	63.71	61.19	23.61	14.02
公共服务辐射力	62.74	81.85	56.21	40.73	49.48
金融辐射力	29.72	89.49	74.96	23.80	20.27
开放辐射力	39.77	63.40	84.39	29.30	14.12
基础设施辐射力	40.32	35.35	73.84	27.39	20.29

辐射力类型	深圳	苏州	杭州	南京	武汉
总体辐射力	37.93	31.46	28.91	25.60	23.20
综合经济辐射力	32.87	38.14	30.19	27.85	27.10
科技文化辐射力	37.60	40.33	34.89	26.45	17.79
公共服务辐射力	31.50	32.55	42.37	47.29	49.45
金融辐射力	55.52	17.54	39.73	27.79	18.31
开放辐射力	49.39	35.50	18.59	9.11	6.79
基础设施辐射力	32.85	10.80	5.91	10.22	12.40

（4）2009 年十大城市辐射力。

辐射力类型	广州	北京	上海	天津	重庆
总体辐射力	33.08	60.75	59.02	26.69	22.41
综合经济辐射力	34.58	59.00	51.56	30.17	27.29
科技文化辐射力	14.14	61.54	57.08	20.93	11.99
公共服务辐射力	57.32	79.81	57.24	36.13	50.51
金融辐射力	25.61	84.71	70.85	18.73	16.89
开放辐射力	32.37	56.76	66.40	23.90	7.52
基础设施辐射力	34.26	29.68	64.12	24.76	12.99

辐射力类型	深圳	苏州	杭州	南京	武汉
总体辐射力	33.22	25.92	22.55	21.63	20.52
综合经济辐射力	28.39	30.62	23.33	23.07	21.50
科技文化辐射力	32.62	33.46	20.33	23.71	15.85
公共服务辐射力	31.25	30.65	40.86	38.93	49.14
金融辐射力	48.61	11.60	31.65	24.94	16.04
开放辐射力	41.63	29.38	14.66	7.53	4.14
基础设施辐射力	27.66	8.11	4.91	8.08	12.13

（5）2008 年十大城市辐射力。

辐射力类型	广州	北京	上海	天津	重庆
总体辐射力	30.05	56.39	56.09	23.56	17.33
综合经济辐射力	31.29	52.66	52.59	25.67	23.73
科技文化辐射力	13.47	59.80	50.04	20.22	10.07
公共服务辐射力	52.07	76.20	53.88	31.05	33.24
金融辐射力	19.20	72.44	55.74	13.23	10.86
开放辐射力	30.28	57.61	70.14	20.93	4.79
基础设施辐射力	32.67	26.16	60.99	25.12	12.15

辐射力类型	深圳	苏州	杭州	南京	武汉
总体辐射力	30.74	21.54	19.77	19.05	18.72
综合经济辐射力	25.86	25.33	21.82	20.08	26.61
科技文化辐射力	27.26	24.00	14.03	21.05	11.96
公共服务辐射力	30.46	27.62	37.86	35.09	36.87
金融辐射力	41.15	7.55	25.79	21.86	12.49
开放辐射力	42.39	30.63	14.47	8.22	3.90
基础设施辐射力	27.70	5.29	4.00	5.16	9.30

（6）2007 年十大城市辐射力。

辐射力类型	广州	北京	上海	天津	重庆
总体辐射力	27.15	49.17	50.46	18.65	11.15
综合经济辐射力	27.48	46.40	48.68	21.03	16.00
科技文化辐射力	10.62	45.21	38.56	15.37	6.74
公共服务辐射力	50.52	73.25	51.74	27.19	23.06
金融辐射力	16.96	57.22	50.12	7.74	1.18
开放辐射力	27.45	54.43	61.62	14.91	1.05
基础设施辐射力	29.69	23.76	58.10	19.88	10.19

辐射力类型	深圳	苏州	杭州	南京	武汉
总体辐射力	27.28	18.36	16.40	16.26	15.64
综合经济辐射力	22.97	20.33	18.05	17.12	21.20
科技文化辐射力	20.36	18.82	7.63	16.52	8.01
公共服务辐射力	29.71	27.79	36.68	33.52	35.63
金融辐射力	35.29	5.37	21.57	14.57	11.50
开放辐射力	40.45	27.55	11.57	6.95	2.95
基础设施辐射力	24.87	4.17	3.24	5.42	6.86

四　趋势预测

运用 SPSS 统计软件对广州市 2002～2011 年相关数据进行估计，以预测今后几年的发展趋势。在预测分析中，测算的每一指标都比较了线性模型、二次曲线、三次曲线、指数曲线、对数曲线和复合曲线等多种模型预测结果，并逐一检验预测效果，最后选择了检验效果较佳又符合指标历史数据变化规律的二次曲线预测模型。分析结果显示二次曲线模型的拟合度最好，相关系数 $R^2 = 0.998$，检验值 $F = 1.567E3$，因此辐射力趋势预测选用二次曲线模型计算，计算结果如下。

广州市 2001～2016 年总体辐射力预测情况

年　份	2001 年	2002 年	2003 年	2004 年	2005 年	2006 年	2007 年	2008 年
总体辐射力	—	15.45	16.86	18.68	20.91	23.55	26.60	30.06
年　份	2009 年	2010 年	2011 年	2012 年	2013 年	2014 年	2015 年	2016 年
总体辐射力	33.92	38.20	42.88	47.97	53.47	59.38	65.70	72.43

参考文献

[1] J. Friedmann and G. Wolff, "World city formation: an agenda for research and action", *International Journal of Urban and Regional Research*, 1982 (3).

[2] J. Friedmann, "The world city hypothesis", In *Development and Change*, 1986, 17 (1).

[3] M. Castells, *The Informational City: Information Technology, Economic Restructuring, and the Urban Regional Process*, Oxford, Cambridge, MA: Blackwell, 1989.

[4] R. Cohen, "The new international division of labor", *Multinational Corporations, and Urban Hierarchy in Urbanization and Urban Planning in Capitalist Society*, edited by Michael Dear and Allen Scott, New York: Methuen, 1981.

[5] Richard Roberts, *The City – A Guide to London's Global Financial Centre*, The Economist Newspaper Co. Ltd., 2004.

[6] P. Geddes, *Cities in Evolution*, Williams & Norgate, 1915.

[7] P. Hall, *The World Cities*, London: Heinemann, 1966.

[8] S. A. Brenda, T. C. Yeoh, Chang, "Globalising Singapore: debating transnational flows in the city", *Urban Studies*, 2001, 38 (7).

[9] S. Hymer, "The multinational corporation and the law of uneven development", In *Economics and World Order*, edited by Jagdish N.

Bhagwati, New York: Macmillan, 1972.

[10] Saskia Sassen, *The Global City*: *New York*, *London*, *Tokyo*, 2nd ed. , Princeton: Princeton University Press, 2001.

[11] 萨森:《全球城市:纽约·伦敦·东京》,周振华等译,上海社会科学院出版社,2005。

[12] 谢守红、宁越敏:《世界城市研究综述》,《地理科学进展》2004 年第 5 期。

[13] 周振华等:《世界城市——国际经验与上海发展》,上海社会科学院出版社,2004。

[14] 宁越敏:《新国际劳动分工、世界城市和我国中心城市的发展》,《城市问题》1991 年第 3 期。

[15] 姚为群:《全球城市的经济成因》,上海人民出版社,2003。

[16] 柏兰芝、陈诗宁:《从跨国广告业看全球化和全球城市——以中国广告业为例》,《地理研究》2004 年第 5 期。

[17] 郑伯红:《现代世界城市网络化模式研究》,华东师范大学出版社,2003。

[18] 屠启宇:《谋划中国的世界城市:面向 21 世纪中叶的上海发展战略研究》,上海三联书店,2008。

[19] 金元浦:《北京:走向世界城市》,北京科学技术出版社出版,2010。

[20] 苏雪串:《基于世界城市功能定位的北京城市空间结构优化》,《世界城市北京发展新目标——2010 首都论坛论文集》,2010。

[21] 李国平、孙铁山等:《世界城市及北京建设世界城市的战略定位与模式研究》,《北京规划建设》2010 年第 4 期。

[22] 赵娇:《世界城市空间形态动态演进及对北京的启示》,《世界城市北京发展新目标——2010 首都论坛论文集》,2010。

[23] 赵晓康、王丽芳:《世界城市理论实证研究的进展与前瞻》,《河北学刊》2011 年第 2 期。

[24] 徐聪等:《世界城市理论研究的发展脉络与新进展》,《西安财经学院学报》2012 年第 4 期。

[25] 袁晓辉、顾超林:《世界城市研究的几个核心问题》,《城市与区域

规划研究》2012 年第 1 期。

[26] 蔡来兴等：《国际经济中心城市的崛起》，上海人民出版社，1995。

[27] 武前波、宁越敏：《国际城市理论分析与中国的国际城市建设》，《南京社会科学》2008 年第 7 期。

[28] 郝守义、安虎森：《区域经济学》，经济科学出版社，2004。

[29] 陈秀山、张可云：《区域经济学》，商务印书馆，2003。

[30] 唐艺彬：《美国大都市圈经济发展研究》，博士学位论文，吉林大学，2011。

[31] 林兰、曾刚：《纽约产业高级化及对上海的启示》，《世界地理研究》2003 年第 9 期。

[32] 林广：《交通运输与纽约城市的发展》，《城市问题》1997 年第 4 期。

[33] 钟鸣长：《中心城市经济辐射能力差异比较研究》，《经济探索》2009 年第 11 期。

[34] 杨亚琴、王丹：《国际大都市现代服务业集群发展的比较研究——以纽约、伦敦、东京为例的分析》，《世界经济研究》2005 年第 1 期。

[35] 周冯琦：《世界城市纽约对上海新一轮发展的启示》，《世界经济研究》2003 年第 7 期。

[36] 刘长全、杜旻：《国际大都市产业结构与工业布局演变趋势》，《上海经济研究》2005 年第 12 期。

[37] 舒冲、杨俊：《长三角都市圈内各主要城市的分工与定位——日本东京都市圈的启示》，《上海企业》2004 年第 8 期。

[38] 许学强、林先扬、周春山：《国外大都市区研究历程回顾及其启示》，《城市规划学刊》2007 年第 2 期。

[39] 国家发展和改革委员会：《珠江三角洲地区改革发展规划纲要 (2008～2020 年)》，2008 年 12 月。

[40] 《中共广州市委广州市人民政府关于全面推进新型城市化发展的决定》，2012 年 9 月 19 日。

[41] 马克思：《中国和英国的条约》，《马克思恩格斯全集》第 12 卷，人民出版社，1962。

［42］广州市统计局：《广州五十年》，中国统计出版社，1999。

［43］广州经济年鉴编撰委员会：《广州经济年鉴1984》，中华书局，1984。

［44］广州市规划局：《广州城市建设总体战略规划》，《人居》2002年第2/3期合刊。

［45］广州城市规划发展回顾编纂委员会：《广州城市规划发展回顾（1949~2005）》上卷，广东科技出版社，2005。

［46］广州市第二次全国经济普查领导小组办公室：《广州市第二次全国经济普查资料汇编》，中国统计出版社，2010。

［47］广州市计委、市国土办公室：《广州国土资源——经济资源篇》，广州出版社，1994。

［48］广州市规划局：《南沙地区发展规划》，2002年4月。

［49］广州市城市规划勘测设计研究院：《广州东南部地区规划研究》1997。

［50］广州百科全书编纂委员会：《广州百科全书》，中国大百科全书出版社，1994。

［51］广州市社会科学研究所：《广州经济中心文集》中册，1983。

［52］汤国良主编《广州工业四十年》，广东人民出版社，1989。

［53］沈柏年主编《广州经济蓝皮书2002》，广东人民出版社，2001。

［54］林树森：《广州城记》，广东人民出版社，2013。

［55］李权时主编《改革实践中的社会科学应用研究》，香港天马图书有限公司，2006。

［56］曾昭璇：《广州历史地理》，广东人民出版社，1991。

［57］关其学、刘光璞主编《论经济中心——广州》，广东高等教育出版社，1987。

［58］陈柏坚主编《广州外贸两千年》，广州文化出版社，1989。

［59］左正：《广州：发展中的华南经济中心》，广东人民出版社，2003。

［60］吴智文、曾俊良：《从稚弱到繁荣：广州百年经济发展剪影》，广州出版社，1996。

［61］胡序威、周一星、顾朝林等：《中国沿海城镇密集地区空间集聚与扩散》，科学出版社，2000。

[62] 林毅夫：《制度、技术与中国农业发展》，上海三联书店，1992。

[63] 薛风旋等编《中国的大都市》，商务印书馆（香港），1986。

[64] 方远平、闫小培：《大都市服务业区位理论与实证研究》，商务印书馆，2008。

[65] 杨治：《产业经济学导论》，中国人民大学出版社，1985。

[66] 高弘宫尾：《城市经济动态分析》，左正、左山译，暨南大学出版社，1991。

[67] 周一星：《城市地理学》，商务印书馆，1995。

[68] 柴彦威：《城市空间》，科学出版社，2000。

[69] 马洪主编《现代中国经济事典》，中国社会科学出版社，1982。

[70] 陈正祥：《广东地志》，香港天地图书有限公司，1978。

[71] 姚贤镐编《中国近代对外贸易史资料》第1册，中华书局，1962。

[72] 顾朝林：《中国城镇体系》，商务印书馆，1992。

[73] 彭泽益编《中国近代手工业史资料》第1卷，中华书局，1962。

[74] 沈光耀：《中国古代对外贸易史》，广东人民出版社，1985。

[75] 广州市社科所编《近代广州外贸研究》，科普出版社广州分社，1987。

[77] 吴郁文主编《广东省经济地理》，新华出版社，1986。

[78] 赵文林、谢淑君：《中国人口史》，人民出版社，1988。

[79] 广东省社会科学院编《明清佛山石碑刻文献经济资料》，广东人民出版社，1987。

[80] 王光振等：《珠江三角洲经济社会文化发展研究》，上海人民出版社，1993。

[81] 蒋祖缘、方志钦主编《简明广东史》，广东人民出版社，1987。

[82] 司马迁：《史记》，中华书局，1959。

[83] 罗章仁、应秩甫等编《华南港湾》，中山大学出版社，1992。

[84] 陈代光：《广州城市发展史》，暨南大学出版社，1996。

[85] 叶显恩：《广东航运史》，人民交通出版社，1989。

[86] 朱名宏：《广州城市国际化发展报告（2013）》，社会科学文献出版社，2013。

[87] 陆军：《世界城市研究》，中国社会科学出版社，2011。

［88］周振华：《崛起中的全球城市》，上海人民出版社，2008。

［89］隋广军：《广州建设国际商贸中心城市的实践与探索》，广州出版社，2013.

［90］倪鹏飞：《全球城市竞争力报告（2011～2012）》，社会科学文献出版社，2012。

［91］广东省对外贸易经济合作厅：《广东经济国际化之路》，花城出版社，2011。

［92］徐德志等：《广东对外经济贸易史》，广东人民出版社，1994。

［93］李江涛等：《广州发展战略的演变与抉择（1949～2009）》，广东经济出版社，2010。

［94］沈奎：《广州新型城市化发展的实践与探索》，广州出版社，2012。

［95］毕军贤：《资源型城市经济增长途径分析》，《城市问题》2002年第4期。

［96］邓强、张赛飞：《加快广州高技术产业发展对策研究》，《城市观察》2011年第4期。

［97］范德成、王晓军：《中国产业结构的动态投入产出模型分析》，科学出版社，2011。

［98］蒋昭侠：《产业结构问题研究》，中国经济出版社，2005。

［99］李三虎：《广州发展战略性新兴产业路线图研究》，《城市观察》2011年第1期。

［100］李善同、齐舒畅、许召元：《2002年中国地区扩展投入产出表：编制与应用》，经济科学出版社，2010。

［111］石敏俊、张卓颖等：《中国省区间投入产出模型与区际经济联系》，科学出版社，2012。

［112］隋广军主编《广州建设国际商贸中心的实践与探索》，广州出版社，2013。

［113］张延平：《广州市工业主导产业的选择和评析》，《广州大学学报》（社会科学版）2010年第8期。

［114］丁焕峰：《学习与区域创新发展》，中国经济出版社，2006。

［115］广州市委、市政府：《关于推进科技创新工程的实施意见》，2012。

［116］世界银行：《2030年的中国：建设现代、和谐、有创造力的高收入

社会》，www. shihang. org，2011。

[117] 约瑟夫·奈：《软力量——世界政坛成功之道》，东方出版社，2005。

[118] 克拉克洪等：《文化与个人》，浙江人民出版社，1986。

[119] D. 保罗·谢弗：《文化引领未来》，社会科学文献出版社，2008。

[120] 陈正良：《中国"软实力"发展战略研究》，人民出版社，2008。

[121] 杨苗青、陈小钢主编《文化都市——大城市以文化论输赢》，广州出版社，2002。

[122] 上海社会科学院世界经济与政治研究院编《国际体系与中国的软力量》，时事出版社，2006。

[123] 费宗惠等编《费孝通论文化自觉》，内蒙古人民出版社，2009。

[124] 中华人民共和国国务院：《文化产业振兴规划》，《人民日报》2009年9月27日。

[125] 《广东省建设文化强省规划纲要（2011～2020年)》，《南方日报》2010年7月30日。

[126] 王晓玲主编《中国广州文化发展报告》，社会科学文献出版社，2009。

[127] 卢一先等主编《中国广州创意产业发展报告》（2008)，社会科学文献出版社，2008。

[128] 中共广州市委宣传部理论处：《广州市第七次文化战略研讨会论文集》2008年11月。

[129] 张晓明、胡慧林、章建刚主编《2008年中国文化产业发展报告》，社会科学文献出版社，2008。

[130] 俞思念：《社会主义现代化与文化创新》，人民出版社，2006。

[131] 涂成林：《国家软实力与文化安全研究——以广州为例》，中央编译出版社，2009。

[132] 《广州城市总体发展战略规划（2010～2020)》，http：//wenku. baidu. com。

[133] 弗雷泽：《软实力：美国电影、流行乐、电视和快餐的全球统治》，新华出版社，2006。

[134] 孙有中：《美国文化产业》，外语教学与研究出版社，2007。

[135] 姜毅然等：《以市场为导向的日本文化创意产业》，人民出版社，2009。

[136] 姜锡一等编《韩国文化产业》，北京大学出版社，2009。

[137] 李宗桂等：《文化精神烛照下的广东：广东文化发展30年》，广东人民出版社，2008。

[138] 周薇、田丰等：《广东建设文化大省的理论与战略》，广东人民出版社，2006。

[139] 王乘鹏：《纽约市生产服务业的发展与其全球城市地位》，东北师范大学出版社，2010。

[140] 周振华：《伦敦、纽约、东京经济转型的经验及其借鉴》，《科学发展》2011年第10期。

[141] 王景敏：《泛北部湾中国区域港口物流资源整合优化探究》，《对外经贸实务》2013年第6期。

[142] 中共广州市委党校课题组：《广州推进新型城市化的体制机制研究》，2012年。

[143] 广东省社会科学院课题组：《面向世界　引领广东——广州对全省的辐射带动作用研究》，2013年。

[144] 顾涧清等：《广东海上丝绸之路研究》，广东人民出版社，2008。

后 记

　　认识与分析世界发展大势、判断与研究国际中心城市，是一个极为重要并且常做常新的课题。中国的城市特别是超大城市的发展，必须顺应世界发展潮流以及国际体系、国际秩序的深度调整。我们要具有世界眼光、把握时代脉搏，既不能被乱花迷眼，也不能被浮云遮眼，而要端起历史规律、科学规律的望远镜去细心观察。综合判断与分析，中国的城市发展仍处在大有作为的重要战略机遇期，特别是随着世界经济重心向亚太地区转移，中国有可能成为经济规模最大、经济发展最快的地区之一。在 21 世纪重要的历史机遇期，在我国创建若干个国家中心城市和国际中心城市，对中国未来的发展至关重要。广州要有从国家中心城市走向国际中心城市的担当。为此，按照广州市领导和中共广州市委宣传部的要求，市社科联组织广州地区有关高校、科研单位的专家学者，在深入开展"广州走向国际中心城市发展战略"课题研究的基础上形成了该著作《中心城市论——广州走向国际中心城市发展战略研究》。

　　全书共分十五章，各章撰写人如下：第一章顾涧清、李钧，第二章白国强、覃剑、葛志专，第三章周俊宇，第四章左正，第五章杜家元，第六章黄华，第七章李铁成，第八章谭哲，第九章丁焕峰，第十章丁旭光、温朝霞，第十一章魏伟新、王文琦，第十二章吴智文、杨长明，第十三章顾涧清、魏伟新，第十四章李钧、顾涧清，第十五章李志坚。参与修改统稿的人员有顾涧清、曾伟玉、董小麟、贺忠、杨长明、钟萍、魏伟新、王文琦、吴智文、张仁寿、李钧等，广东亚太创新经济研究院也参与了该课题的研究工作，全书最后由甘新审定。

在研究和撰稿过程中，我们参考和引用了有关专家学者的研究成果，虽然在本书的注释中已经一一标明，在此还是要向有关专家学者表示衷心感谢！书中有不妥之处，敬请有关专家学者和实际工作者提出宝贵意见。

编 者
2014 年 8 月